ナチズムに囚われた子どもたち

人種主義が踏みにじった欧州と家族

上

リン・H・ニコラス
Lynn H. Nicholas
訳◆若林美佐知

Cruel World
The Children of Europe in the Nazi Web

白水社

ナチズムに囚われた子どもたち——人種主義が踏みにじった欧州と家族◆上

CRUEL WORLD: The Children of Europe in the Nazi Web
by Lynn H. Nicholas

This translation published by arrangement with Knopf Doubleday Group,
a division of Random House, LLC
through The English Agency (Japan) Ltd.

Cover Photo : Corbis/Getty Images

過去、現在、未来のすべての「家族」のために
そしてとりわけ
ウィリアム、カーター、フィリップのために

ナチズムに囚われた子どもたち——人種主義が踏みにじった欧州と家族◆上

目次

時が死別の悲しみを癒やしてくれるというのは本当だとしても
それは昔も今も思い出のなかにだけ住んでいる愛する人が
その思いのなかから段々に消えていくのと引き替えなのだ。
面影は薄れ、声は微かになっていく。
だからしっかり繋ぎとめておきなさい……死んだ人たちと話をしなさい。名前を呼びなさい。
そういう風にして悲しみを死なせないようにしなさい、それがどんなものでも甘くしてくれる薬なのだから。

コーマック・マッカーシー『越境』(黒川敏行訳、早川書房)

謝辞

第二次世界大戦をめぐる出来事は、私が一九四〇年代後半に住んでいた戦後のオランダのどんよりした雰囲気と同じように、私の最初期の記憶の中にある。私はオランダにいた時、木のない公園、学級内にさまざまな国籍の奇妙な組合せが見られること、わが家のドイツ人家政婦(疑う余地なくある種の「被追放民」だった)の出自、あるいは、わが家のカクテル・パーティで立派な家柄の女性たちが大きなハンドバッグを食べ物で一杯にしているのが見られるという事実を、あまり不思議に思っていなかった。私たちもアメリカ合衆国大使館の一員として、商品を購入するには配給切符を使わなければならなかったが、ブレーメンハーフェンのアメリカ軍兵站部に貯蔵されているコーヒーのような、不足している品物を手に入れることができた。ブレーメンハーフェンは最も激しく爆撃されたドイツの都市の一つで、私たちは時折、配給品を受け取りに出向いていた。その場所と瓦礫の中で暮らしている人々の様子は、私が決して忘れたことのない光景である。私は時が経つにつれて、自分が当時目撃した物事への関心を募らせ、凝り固まったイデオローグと戦争が家族に及ぼした持続的な被害に衝撃を受けるようになった。ナチの計画の全体像と、そうした諸政策が思いがけない方法で結びついて、多くのさまざまな共同体に同時にどのように作用したかを示すのが私の目的である。ナチの活動が広範囲にわたったために、ナチが張った蜘蛛の巣に捕えられたあらゆる国と集団の運命を叙述することは不可能であり、それぞれの物語は多くの場所で行なわれたことの一例として提示されざるを得ない。

私はとりわけ、多くの国の助力者のおかげをこうむっている。彼らは生活を中断して、インタビューの手配、通訳、文書と写真の発見そのほかによって私を援助してくれた。彼らなくして、この本が出来上がることはなかっただろう。アメリカでは、故リチャード・ウィンスロウに最大の感謝を捧げなくてはならない。彼は何よりも、一九四五年にドイツへ向かった連合国救済復興機関（UNRRA）の最初のチームの一つを率いた人物であり、多くの時間をかけて戦時の経験を語ってくれた。彼はこのオーラル・ヒストリーに、この暗黒時代に愛用していた使い古しの書類鞄を含む、評価できないほど貴重な文書と往復書簡を付け加えた。ギリシアではトニー・リキアドポウロスが、国の複雑な政治状況を解明するための手がかりを提供してくれた。オランダではクリスティーネとゼノ・クーニフスが、ロンドンではジュリアとクリストファー・トゥーゲンドハットが私たちに特別な配慮をしてくれた。モスクワでは国立全ロシア外国文学図書館館長エカチェリーナ・ゲニエーワのおかげで、レーナ・チュネスノコーワとの作業という恩恵が得られた。彼女はガイドおよび通訳として働くだけでなく、以前のソヴィエト連邦での生活について多くを教えてくれ、さもなければ見つけられなかったインタビュー相手に引き合わせてくれた。モスクワではパトリシア・ケネディ・グリムステッドも大変貴重な助言を与えてくれた。これは、援助してくれた人々の一部に過ぎない。そのほかの多くの人々は参考文献一覧にあげてある。書き落としてしまったかもしれない人々にはお詫び申し上げ、全員に感謝したい。

故シビル・ミルトンが激励し、該博な知識を授けてくれたこと、国際連合文書館の職員、国立文書館、議会図書館文書課、アメリカ合衆国ホロコースト記念博物館および当館の驚異的な写真保管担当者であるマレン・リード、ジョージタウン大学図書館に格別の感謝を捧げる。ヨーロッパでは、ロンドンの帝国戦争博物館の文書局、アテネのベナキ博物館、アムステルダムのオランダ戦争資料研究所、モスクワの記念博物館で計り知れないほど貴重な資料を得られた。紙の資料だけではない。キンダートランスポートの六〇周年記念の再会を企画した人々が親切にも私を彼らの会合に招いてくれ、歴史を真に迫るものにすることができた。クノップフ社の担当編集者スーザン・ラルストン、デザイナーのアンシア・リングマン、ケン・シュナイダー、そしてとりわけエレン・フェルドマンにもう一度大きな感謝を捧げる。

何よりもすべての友人、家族、親族に感謝している。彼らは、私たちに恐ろしい悲しみとともに新世代の誕生という大きな喜びをもたらした過去数年間、私たちを見事に支えてくれた。彼ら、天使のような皆への私の感謝の念は言葉にできない。デイジー、カーター、フィリップ、タミー、ソニア、オリヴィア、ウィリアム、ロバート、ジョセフィンに格別の感謝を。彼らは皆、私の不在を大目に見てくれた。そして最大の感謝を夫ロビンに。彼はこの本のあらゆる面にわたって支援を惜しまず、大変忍耐強かった。

二〇〇四年、ワシントンD.C.

ドイツおよび併合されたオーストリアとチェコスロヴァキア
リトアニア
メーメル
バルト海
デンマーク
北海
ケーニヒスベルク
(カリーニングラード)
東プロイセン
ダンツィヒ
(グダニスク)
ポンメルン（ポモージェ）
リューベック
ハンブルク
ラーフェンス
ブリュック
シュテッティン
(シュチェチン)
オランダ
ブレーメン
エルベ川
ベルゲン=ベルゼン
ブィドゴシュチュ
(ブロンベルク)
ヴィスワ川
ベルリン
ワルシャワ
ハノーファー
ブランデンブルク
フランクフルト
(アン・デア・オーダー)
ドイツ
ポーランド
ルール川
ヴェーザー川
オーダー川
ベルギー
ブーヘン
ヴァルト
ライプツィヒ
ドレスデン
ブレスラウ
(ヴロツワフ)
ケルン
ボン
アーヘン
ハダマー
エアフルト
ヴァイマル
オールドルーフ
テレージエン
シュタット
(テレジン)
ズデーテンラント
シュレージエン
ライン川
フランクフルト
(アム・マイン)
ヴィルトフレッケン
クラクフ
ラインラント
マイン川
リディツェ
プラハ
ヴュルツブルク
ボヘミア
(ベーメン)
モラヴィア
(メーレン)
ルクセンブルク
ハイデルベルク
ニュルンベルク
チェコスロヴァキア
西部要塞
バイエルン
シュトゥットガルト
ストラスブール
グラーフェネック
ドナウ川
ダハウ
シュタイン
ヘーリング
リンツ
フランス
ミュンヘン
ハルトハイム
ウィーン
カウフボイレン
フェルダフィング
バーゼル
オーストリア
ハンガリー
インスブルック
スイス
クラーゲンフルト
強制収容所、
安楽死施設
1937年当時の国境
1939年8月31日
現在のドイツ国境
イタリア
ユーゴスラヴィア
0
マイル
200
0
キロメートル
300

西ヨーロッパ
オスロ
ノルウェー
ストックホルム
スウェーデン
スコットランド
北 海
デンマーク
バルト海
イギリス
(連合王国)
コペンハーゲン
エール
(アイルランド)
マン島
リヴァプール
フローニンゲン
オランダ
アムステルダム
ヴェステルボルク
ベルリン
ウェールズ
デン・ハーグ
ユトレヒト
ハーウィック
ロッテルダム
ドイツ
ロンドン
フュフト
ヘールレン
ライン川
ブリュッセル
リール
ベルギー
大西洋
チェコスロヴァキア
シェルブール
ルクセンブルク
ドランシー
バイユー
パリ
アルザス
ストラスブール
通過収容所
セーヌ川
オーストリア
フランス
ロワール川
1937 年当時の国境
スイス
1939 年 8 月 31 日
現在のドイツ国境
メジエール
オラドゥール
ヴィシー
リヨン
エヴィアン
ヴェネツィア
ドイツに併合された
アルザス 1940 年
イジュー
ミラノ
ドルドーニュ川
ボルドー
ル・シャンボン
ローヌ川
サン・セバスティアン
自由地区
1940–1942 年
フィレンツェ
アヴィニョン
ビルバオ
グール
モンテプルチャーノ
アドリア海
ゲルニカ
リヴサルト
マルセイユ
イタリア
ピレネー山脈
コルシカ
ローマ
スペイン
バルセロナ
ナポリ
ポルトガル
マドリード
メノルカ
サルデーニャ
リスボン
バレンシア
地 中 海
シチリア
ジブラルタル
0
マイル
400
0
キロメートル
600

東方のヒトラー帝国
フィンランド
ラドガ湖
ストックホルム
スウェーデン
レニングラード
(サンクトペテルブルク)
タリン
エストニア
北方軍集団
バルト海
リガ
ラトヴィア
メーメル
ケーニヒスベルク
(カリーニングラード)
オストラント帝国
弁務官領
シュトゥットホフ
リトアニア
カウナス
(コヴノ)
ヴィーツェ
ブスク
スモレンスク
モスクワ
1941年12月
ヴォルガ川
ダンツィヒ(グダニスク)
東プロイセン
ドイツ
ヴィスワ川
ヴォルフスシャンツェ
=ラステンブルク
ヴィルニュス
(ヴィルノ)
ミンスク
中央軍集団
ベルリン
ズボンシネク
ポズナニ(ポーゼン)
ビアウィストク
ヴァルテラント
トレブリンカ
ベラルーシ
ソヴィエト社会主義共和国連邦
カリシュ
ワルシャワ
コンスタンティノフ
ウーチ
ポーランド
ブレスラウ(ヴロツワフ)
マイダネク
ソビブル
クルスク
ヴォルガ・
ドイツ共和国
南方軍集団
シュレージエン
ルブリン
シュチェブレシュチン
ザモシチ
クラクフ
ニスコ
ベウジェツ
ジトーミル
キエフ
ドン川
1942年11月
ハリコフ
チェコスロヴァキア
総督領
リヴォフ
ヘーゲヴァルト
スターリングラード
(ヴォルゴグラード)
アウシュヴィッツ
ガリツィア
ヴィンニツァ
ウクライナ帝国
弁務官領
ドネツ川
B軍集団
オーストリア
ドニエプル川
ハンガリー
ベッサラビア
ロストフ
ルーマニア
オデッサ
クリミア
黒海
コーカサス
0 マイル 400
0 キロメートル 600
1937年当時の国境
1939年8月31日現在のドイツ国境
ドイツ軍の最前線
ドイツに併合された地域 1939-1941年
強制・絶滅収容所

プロローグ

ヨーロッパで第二次世界大戦が正式に終了した三週間後、一九四五年五月二九日の昼時少し前に、ミュンヘン近郊、カウフボイレン・イルゼー精神病院小児病棟の婦長、シスター・ヴェルレは四歳のリヒャルト・イェンネの寝台に近づき、致死薬を注射して彼を死に至らしめた。彼女は経験豊富で、尋問者に対して率直に述べたところによると、かつて「少なくとも二一〇人の未成年者」を同じ方法で殺害していた。死亡時刻は一三時一〇分だった。リヒャルトは「精神薄弱児」と診断されて、数か月前にこの病院に送られ、念入りな食餌療法によって飢餓状態に追い込まれた。そして五月二九日には、シスター・ヴェルレの訪問を待つまでに十分衰弱していた。バーデン州イーリンゲンに住むリヒャルトの両親宛の死亡証明書には、注射のことは触れられておらず、チフスが死因とされていた。

四月二六日にシュヴァーベンの花盛りの丘陵地帯にある美しいカウフボイレンの町を占領していたアメリカ軍は、リヒャルトの死に気づかず、リヒャルトだけでなく、シスター・ヴェルレと彼女の同僚の手にかかったほかの犠牲者の遺体を見つけるのに五週間かかった。アメリカ軍はナチの施設長を逮捕したが、院内で蔓延しているチフスを恐れたために、思い切って中に入ることができなかった。内部ではいつものように日常的な作業が進行していた。七月二日になってやっと、二人の医療将校が建物の中に入った。彼らの目に映ったのは、信じ難い光景だった。一五〇〇人ほどの重病患者が不潔な有様で監禁されており、体重が七・五キロしかない一〇歳の少年もいた。彼らはまた、埋葬されないまま、一九四四年一一月に完成した真新しい火葬場が閉鎖されたために迅速な処理が行なわれなかった遺体で一杯の、息がつまるような遺体安置所を見た[1]。

リヒャルト・イェンネは、おそらくナチの絶滅機構で殺害された最後の人である。ナチの絶滅機構は、この殺人行為によって、一周して出発点に戻って来たことになる。なぜなら、ドイツ国民を動員して、絶滅収容所を運営する者に基礎的な訓練が施されたのは、この施設および類似の諸施設のネットワークだったからである。それらの絶滅収容所は、最近連合軍によって解放されたばかりだった。ナチ期には、リヒャルトだけでなく、ほかにも何百万人もの子どもが計画的に殺害された。何万人もの子どもが、レニングラード、アテネ、オランダ、そのほかの戦地で、戦闘に伴う飢餓によって亡くなった。ほかの子どもたちは、ナチの人種政策により、はなはだしく原始的な状況で実施された前例のない強制移住を生き延びることができなかった。何千人もの十代のヒトラー・ユーゲント団員が戦死し、巻き込まれたすべての国の子どもたちが、断種され、疎開の最中に命を落とし、戦争が引き起した病気で亡くなり、あるいは強制労働のために死んだ。彼らは強制収容所、難民キャンプ、懲役キャンプで衰弱し、都市爆撃とソ連、ギリシア、フランス、チェコスロヴァキアの何百もの特定の村をナチが報復のために焼き払った際に死んだ。これらの村のなかでは、ディストモ、オラドゥール＝シュル＝グラヌそしてリディツェがよく知られているにすぎない。正確な人数は確定できないが、膨大である。歴史家アラン・ブロックは、第二次世界大戦によるヨーロッパの軍民の死者を四〇〇〇万人と概算している。この膨大な死者の数は理解を越えたものであり、人は実際の出来事、戦争そのもののさなかに加害者と被害者双方に確かに起きた出来事に対して、通常の反応ができなくなってしまう。それゆえ、ブロックが述べているように、統計は重要だと銘記する必要はある「が、そのような規模で人が受けた被害を想像する力を失わせる効果があるので、この何百万人ものなかの個々人が私たち自身と同じような個人、すなわち一人の男性、一人の女性、一人の子どもであり、あるいは一人の赤ん坊でさえあるということを強調するのが、同様に重要である[2]」。

　カウフボイレンでの発見は、絶滅収容所の状況についての恐ろしい報告があった数週間後であり、西側連合軍の正式なベルリン進駐と同時期だったので、国際的にはあまり報道されなかった。だがアメリカ軍はかなり当惑して、この町の占領部隊を別の部隊と交代させた。この出来事は、解放されたヨーロッパで強く必要とされていた事柄に対処するために進行中のさまざまな取組みがなす巨大なモザイクの些細な一片にすぎなかった。一九四五年七月六日付のロンドンの『タイムズ』紙は、英米連合軍共同民事委員会がドイツに五八〇万人の難民がいることを確認したという発表について報道した。そのうち三三〇万人はすでに本国へ送還され、二五〇万人が収容所に残されていた。彼らは楽観的にも、問題は九月一日になれば「自然に解決し、国籍を失った人々と故国に送還できない人々の世話という問題だけが残されるだろう」と見込んでいた。この人々のために担当者が派遣されることはなく、一九三八年に設立され、これまでは影響力を行使できなかった「難民問題に関する政府間委員会」が彼らの先行きを任された。

　民事委員会の穏当な発表内容は、その限りでは問題がなかった。だが、統計外には多くの問題が残されていた。終戦時の難民の人数は、別の見積もりでは、ドイツだけでも一二五〇万人に達していた。民事委員会の発表は、ハンガリー、ポーランド、チェコスロヴァキアから追放されて一九四六年にドイツにたどりついた七八〇万人や、ソ連の支配下に入った地域から西に向かって移動中の何十万人もの人々について言及していないし、ギリシアからノルウェーに至る新たに解放された諸国の栄養失調の市民、ワルシャワ、スターリングラード、ベルリン、ロンドンの空襲で焼け出された何百万人もの人々、世界のどこかで故郷を得ようとした亡命者と引揚者も含んでいない。その人数は、日本が敗北したあとではさらに増えたことだろう。これらの多数の人々は、連合軍と救援機関の責任に任されてしまった、あるいは任されることになった。連合軍と救援機関はまもなく、彼らの最も極端な想像や準備を越えた事態に直面し、彼らの慈悲深い願いは、戦争中の出来事によっても少しも緩和されることのなかった政治的政策、人種的判断、国家的私利私欲の挑戦を受けるだろう。

リヒャルト・イェンネの運命を免れた大勢のヨーロッパの子どもの生活は、規範を甚だしく逸脱していた。解放されたあらゆる国で、都会生活ですれた、乱暴な集団が、徒党を組んで食べ物を盗んだ。親のない子どもたちは、収容所からの移動を待ちながら死体の山の間で遊び、あるいは仮設病院で死にかけていた。いまだに不十分な難民キャンプに家族とともに収容された子どもの生活も、大してましではなかった。疎開児童は、もはや顔も覚えていない親と再会するため、不安を抱きながら船や列車に乗り込んだ。その一方で、強制収容所や戦場から戻って来ることのない親を空しく待つ子どもたちがいた。

何千人もの子どもが、記憶の最後に残っている故郷に向かって、道路や列車に一杯の群衆に紛れて、一人きりで田舎をうろついていた。あらゆる場所で何年もの間隠れていた子どもたちが、沈黙と嘘を約束して、見慣れぬ世界に姿を現した。ドイツに占領された諸国から、「ゲルマン化」のためにごく幼い時にドイツの養家に送られた多くの子どもは、捜し出されるまで隠れたままでいたし、自分が本当は何者なのかがわからない子どももいた。

これがアドルフ・ヒトラーの遺したものだった。純粋な民族に属す身体的に完璧な人々によって支配され、人種的に受け入れ難く、経済的に役に立たない者は排除される世界という、ナチの凶悪なユートピアの夢は、歴史上ほんの僅かな期間しか続かなかった。だが、その当時はとてつもない規模になり、諸国民の無関心と無意識になされた支援によって肥やされ、彼らは膨大な人数の犠牲を払ってそれに終止符を打った。

ヒトラーが『わが闘争』で叙述したアーリア人の巨大帝国建設に向かう迷いのない前進は、注意深く調整され、政治的に抜け目がなかった。彼は、政治的支持や経済的メリットを一時的に得るために必要ならば、遺憾ながら、自分のイデオロギーに折合いをつけるつもりもあった。そこで、ポーランドを征服するために、ソ連を支配する「ユダヤ的ボリシェヴィキ」としばらくの間手を組むことさえしたのである。彼の人種についての強迫観念さえ、不可侵ではなかった。初期の同志、ヘルマン・ラウシュニングは、ヒトラーのつぎのような言葉を引用している。

科学的な意味において人種というものが存在しないことを……私は完全に理解している。だが君は農場主そして家畜飼育者として、種属という概念なくしては、飼育を成功させることはできないだろう。そして私は政治家として、これまで歴史的基盤の上に存在してきた秩序を廃止し、新たな、完全に反歴史的な秩序を主張できる概念と、できれば理論的な基盤を必要としている。……そしてこの目的のために、人種という概念は私にとって非常に役に立つのだ。……国民社会主義は、人種という概念によって革命を外国にまで広げ、世界を作り替えるだろう。(3)

だが、それはまず、ドイツ社会を完全に統制するために欠くことのできないものになっただろう。第一次世界大戦の悪しき余波に替わる新たな将来像を発展させなければならず、無駄の徹底的な除去と完全雇用によって経済を回復させなければならなかった。何よりも、見解の党派性や不一致は許されずに、一人の特別な指導者への完全な服従が要求され、国内の抵抗や外国の干渉を引き起こさずに、すべてが達成されなければならなかった。

ヒトラーは、自分の計画における子どもの重要性を最初から認識していた。国家は「子どもは国民の最も貴重な宝であると宣言[4]」しなければならなかった。だが、すべての子どもではない。彼らは健康な「アーリア人」でなくてはならず、「遺伝性虚弱体質」であってはならず、さらに立派に教育されなければならなかった。第一の基準に合わない者は排除されるだろう。残りの者は、言いなりになる年齢のうちに家族と宗教の影響から引き離され、ナチ・イデオロギーでもって教化され、上級職員から奴隷労働者に至るまで一定の厳密な精神的、身体的基準にしたがってランク付けされ、それに応じて訓練され、適切な場所で活用されるだろう。征服された国々の子どもたちも、この秩序に含まれる。被占領地域にはスラヴ人のような価値のない人間が住んでおり、地元の住民は排除されるか、あるいは奴隷化され、その土地には「特別な基準に適合した」人々が改めて居住するだろう。彼らは、「特別に委託された人種的任務」にしたがって選抜されて定住する。こうして、「もっぱら最も高い人種的純粋性とそれゆえに最も高い人種的能力を持つ人々を住人とする大陸[5]」の建設が可能になる。『わが闘争』に書かれ、幾重にも重なった巨大な官僚機構によって実現されたこれらの理論の結果として、無数の子どもが、それまでどんな子どもも味わったことがない経験をする、すなわち、放浪と追放のうちに何年も過ごし、家族から永遠に引き離され、そして死ぬことになる。そのプロセスはドイツにおいて始まる。

第1部

完全無欠のナチの創造

民族至上主義国家は……生活全体の中心に人種を置かなければならない。
人種を純粋に保つよう留意しなければならない。
子どもは国民の最も貴重な宝であると宣言しなければならない。
健康な者だけが父親になるよう取り計らわなければならない。……

民族至上主義国家は教育という事業全体において、知識の植え付けではなく、
絶対的に健康な身体の育成を最優先しなければならない。
知的な訓練は二の次でよい。……

民族至上主義国家の教育と訓練という事業全体の究極は、
それにゆだねられた若者の本能と知性、
精神と頭脳に人種の観念と人種の感覚を刻印することにある。
少年少女は、最後に血の純潔の必要性と本質を認識することなく、学業を終えてはならない
……人種の観点からは、この教育も兵役で完了しなければならない。

アドルフ・ヒトラー『わが闘争』第二部

第1章 優生学の応用

ヒトラーは、「人種」支配を強化したいという自分自身の欲求において、特に独創的というわけではなかった。これは時が始まって以来存在してきた欲求である。創世記の著者でさえ、神に「我らに象りて我らの像のごとくに我ら人を造り」と宣言させた。その考えはかつて、そして多くの場合は現在も、誰とも同じように見、考え、行動する者の手のうちで生命の活動が支配されることを可能にしてきた。そうした支配は、完全になされる場合、自分自身と同等の人間の増加、そして人種、階級、思想が違う人々の征服、排除ないし除去さえも目標とする。一九世紀末に生物学がそうした社会支配を促進しようとする者の武器となり、優生学という分野が造り出された。それは曖昧な定義としばしば故意に歪曲された研究に基づく学問分野であり、ナチによってひどく悪用されたために、その名称さえ受け入れ難いものになっている。

だが一九二〇年代半ば、ヒトラーの『わが闘争』が出版された時には、優生学は大流行になっていた。優生学は、発祥の地であるイギリスとアメリカ合衆国で、おもに教養のある白人の上流階級、中産階級の改良と、どの人種であろうと貧しい下層階級の増加の抑制を目的にしていた。貧困の傾向およびそれと結びついた犯罪と病気のようなあらゆる特質は、遺伝するものと思われていた。この理論は米国で、すでに居住している人々に適用されただけではない。「貧乏人」の多くは、大部分が最近になって南欧と東欧から来た移民で、彼らはたまたまカトリック教徒とユダヤ教徒でもあった。このことが、特定の場所からの移民を制限するという必然的な結論をもたらした。そして実際に優生学の権威者は、一九二一年と一九二四年の移民法に賛成して証言した者の中でも目立つ存在だった。移民法は一八九〇年、すなわち南欧と東欧から「異邦人の奔流」が押し寄せて来る以前にすでに合衆国に住んでいた各民族の割合を基準に、移民割当数を決定したものである。[1] ヒトラーはこの法律に大いに賛成して、つぎのように記している。

今日、弱々しくはあっても「市民権についての」よりよき概念に向けて踏み出した、注目に値する一つの国家が存在する。もちろん、それはわれわれのモデルであるドイツ共和国ではなく、アメリカ合衆国である。……アメリカは、不健康を原則的な理由として移民を拒絶し、一定の人種を帰化させないようにする、それだけのことによって、緩慢な歩み出しではあるが、民族至上主義的な国家概念に固有の見方を明言している。[2]

米国では、適切な結婚や子どもを産むにふさわしい者（たとえば理想的な農民家族は州の見本市で人目にさらされた）の義務について、多くの勧告がなされていたが、優生学のおもな推進力は、てんかん、結核、アルコール依存症、精神病、そして性的な乱脈といった、当時「不治」と考えられていた特質を持つ人々の増加を避けることに向けられていた。これらに、「怠惰」、「反社会的行動」、そして「精神薄弱」といった、むしろ定義のはっきりしない状態を加える研究者もいただろう。第一次世界大戦が勃発した時には、米国の三〇州がこれらの苦しみを被っている人々の結婚を禁止する法律を

ドイツの優生学の教科書に掲載された人のさまざまなタイプを示す説明図。

制定していた。

優生学者はまもなく、社会的な堕落を除去するのに最も簡単な方法の一つは断種であるという結論に達した。これは一九世紀末以来、米国の州の公共施設で、一定の犯罪的で常軌を逸した被収容者に対して、暗黙のうちに施された処置である。一九一七年、米国の一六州が公共施設での断種を認める法律を通し、ほかの州もこれに追随した。この処置は、実際は犯罪的でも絶望的に常軌を逸しているのでもなく、知能テストで落第点を取った、あるいは社会的に好ましからざる「クズ」と見なされた人々も含めて施された。これらの法律の犠牲者は、系図調査、外見の評価、そして噂に基づく大いに非科学的な基準によって分類された。彼らは人ではなく、国家の重荷となる物と見られていた。

そのような人々を見つけ出して分類するには、徹底的なフィールドワークが必要とされる一方で、法律の延長には、地方の福祉の専門家や州議会の猛烈なロビー活動が必要だった。ヴァーモント州の一九三一年の断種法に結実した優生学調査は[3]、のちにナチによって利用された方法の最も重要な事例である。調査は、ヴァーモント大学の情熱的な、政治的に抜け目のない動物学教授、ヘンリー・F・パーキンスが着手した。パーキンス自身はフィールドワークを行なわなかった。その仕事は、誰が「クズ」なのかということに疑問を持たない、ほとんど無報酬の専門家、中でも、アメリカの優生学運動発祥の地、ニューヨークのコールド・スプリング・ハーバー研究所の優生記録所で訓練を受けたハリエット・アボットが熱心に遂行した。多くの情報は、州議会からより多くの財源を確保したい州の福祉施設と教護院が、個人情報を開示して進んで提供した。このプログラムでは「精神薄弱者の人口調査」が必要だった。全児童が検査され、「障害者」が登録されることになっていた。福祉施設とそのほかの諸機関の被収容者も検査され、結果は所在地、「人種」（この場合はフランス系カナダ人とアメリカ先住民が対象だった）、家族史にしたがって分析された。近親結婚やそのほかの退化の傾向が系図分析によって発見され、それぞれの家族が「国家にどれほどの負担をかけるか」が見積もられたのだろう。アボットは、これらすべての情報から、障害を持った家族のプロファイルを作成したのだろう。まもなく六〇〇〇人がリストに載せられ、六二の家系が分析された。不運なことに、これらにはヴァーモントで最も尊敬されている市民が少なからず含まれており、再検査が必要になった。こうした努力が厳密な方法でなされたために、パーキンス教授の断種法を通過させようという一九二七年の最初の試みは失敗に終わった。彼と同僚たちは諦めなかったが、言葉づかいは緩和され、子どもの福祉のような前向きな思想を強調するようになり、激しい論争の末、一九三一年、自発的断種による人類改良条例がヴァーモント州議会を通過した。[4]

このような法律は批判されずにいなかった。イギリスでは、断種は一八六一年の対人犯罪法違反と見なされ、決して合法化されなかった。[5] 多くの米国人にとって、しばしば強制的になされた断種は犠牲者の憲法上の権利を侵害するものと思われ、ヴァーモントと同様の法律は、多くの州の裁判所と議会で即座に停止されたり却下されたりした。だが優生学の推進者たちは、簡単には退けられなかった。一九二八年、彼らは反対派に挑戦するための事例を見つけた。「道徳的低能」のキャリー・バックである。彼らは、「バック対ベル」の争いをはるばる最高裁判所まで持っていこうとした。

キャリー・バックは、長年施設に収容されている「精神薄弱」の女性の娘だった。同じ理由で同じ施設に引き渡されることになっていた一七歳のキャリーは、一九二四年に私生児を産んだ。優生学のパルチザンたちは、女児も「精神薄弱」と思われたら、キャリーの断種は遺伝という理由で正当化されるだろうと判断した。証拠は流布している優生学の理論に基づいていた。キャリーと彼女の母は、知能テストの結果「精神薄弱者」と思われた。優生学の最も活動的な推進者の一人であり、優生学記録事務所長であるハリー・ラフリンは専門家として証言し、家系図に基づいて、しかし実際に彼女らを診察することなく、彼女らは「働きのない、無知な、そして価値のない南部の反社会的白人階級」に属するという判断を下した。ラフリンが派遣した赤十字の職員は、キャリーの生後七か月の赤ん坊、ヴィヴィアンを訪れ、その子は「全く普通でない様子」だったと述べた。優生学記録事務所が実施したテストの結論では、ヴィヴィアンは「平均以下」だった。最高裁判所は、八対一で、その家族は「遺伝性精神薄弱」に冒されていると票決し、「優生学的理由による断種は国家の警察権力の枠内にある」と明記した。治安判事オリヴァー・ウェンデル・ホームズは、意見書のなかで、つぎのよく引用される所説を述べている。

われわれは、公共の福祉が最良の市民に彼らの生命を要求する事例を、一度ならず見てきた。……無能者がわれわれの存在を圧倒する事態を回避するために……国家の力をすでに弱めた人々に、もっと小さな犠牲を求めないのはおかしなことだろう。予防接種の強制が原則的に認められるならば、卵管のカットも認められる。……低能者が三代続けば、それを認めるのに十分である。[6]

この家族が確実に子どもを産まないようにするため、キャリー・バックの妹で、施設に入っていなかったドリスも断種されたが、胃の病気のための手術だという説明がなされた。後年、彼女と夫は子どもを持とうとしたが叶わなかった。彼女は一九八〇年まで、自分が子どもを産めない理由を知らなかった。彼女はその時、「私は泣き崩れ、叫びました。夫と私は本当に子どもが欲しかったのです。私たちは子どものことで夢中でした。私は自分が何をされたのか、全く知りませんでした[7]」と語った。

今日の基準では、姉妹のどちらも精神的に欠陥があると見なされないのは明らかである。小さなヴィヴィアンは、一九三二年に幼くして亡くなるまで、学校で立派にやっていたということだし、姉妹が断種されて数年後に、知能テストの作成者は、家族に実施されたテストが杜撰なものだったと自ら認めた[8]。こうした事実にもかかわらず、この政策は多くの州で何十年もの間続けられた。最近、二〇〇三年九月二九日になって、ノース・カロライナ州知事が公式に謝罪し、一九二九年から一九七四年までの間に断種された七六〇〇人の人々に対する賠償を命じた[9]。

ヒトラーが権力を掌握した一九三三年、米国ではほぼ二万件の合法的な断種が行なわれていた。大恐慌が必要とした福祉プログラムはこの努力を奨励し、一九四一年には総数でおよそ三万六〇〇〇件に達した[10]。だが、オリヴァー・ウェンデル・ホームズと優生学の熱狂にもかかわらず、科学はすでに、優生学の理論を進化させるために使われた統計と論拠の虚偽および優生学が体現する固有の偏見を論証し始めていた。バートランド・ラッセルからクラレンス・ダロウに至る思想家は、民主主義に対する優生学の脅威も認識していた。ラッセルによれば、議論の熱気のなかで知能が欠けていると頻繁に宣告された政治的反対派は、自分自身が手術を受けていることに突然気がつくかもしれなかった。そしてダロウは一九二六年、権力を持った一団が、インテリであろうとなかろうと、「自分自身の利益のために、必然的に人類の飼育を命ずるだろう[11]」と述べた。ヒトラーはこのメッセージを十分過ぎるほどに受け入れた。彼は『わが闘争』でつぎのように述べている。

変質者と精神病者が子孫をもうける能力と機会を、たった六〇〇年間奪うだけで、計り知れない不幸からの人類の解放だけでなく、今日ではほとんど想像もできない回復をもたらしたことだろう。民族のうち最も健康な者の繁殖力がこのように意識的、組織的に強化されれば、少なくとも、われわれの現在の身体的な、そしてそれゆえの精神的な衰退をもたらした病原菌が撲滅される結果、新しい人種が誕生するだろう。[12]

ナチはこれらの概念に従って、一直線に仕事にとりかかった。米国、デンマーク、ノルウェー、そのほかの諸国では合法的な断種プログラムの事例があったにもかかわらず、[13]ヴァイマル共和国ではそのような法律は賛成を得られなかった。一九三三年、ヒトラーは躊躇しなかった。七月一四日に遺伝病防止法が同意条項なしで成立した。政治家ヒトラーは、七月二〇日のヴァチカンとの政教条約締結を無事に済ませるため、法律の公布を七月二五日まで延期した。断種は、ヴァチカンにとって言うまでもなく破門を意味したからである。[14]

法律の公布は、米国の事例への言及に溢れたプロパガンダと、実際にアメリカの優生学者の遠慮のない支持を背景にしていた。彼らは、ヒトラーがほかの「北方」人種と米国そのものに対して衝撃的な言葉の攻撃を仕掛けるまで、意見を変えようとしなかった。

新しい規定は、注意深く考え抜かれて実行に移された。人々は処置を自発的に申し出ることができ、医師は当事者の承諾なしに案件を遺伝病審査裁判所に委託することができた。これは三人のメンバーで構成される委員会で、そのうち一人は優生学の専門家でなくてはならなかったが、彼がきわめて客観的であることは望めそうになかった。上級裁判所はあったが、上訴が却下されれば、断種は強制的に行なわれた。反響は圧倒的だった。一九三四年一月一日の法律施行後、最初の二年間で三八万八四〇〇件（米国での一世紀間の総数の一〇倍）の「告発」が主に精神病院によってなされた。裁判所と手術室は夜間も開けておかなくてはならなかった。あるアメリカ人は、ベルリンのとある手術室の廊下から流れ作業で行なわれる処置を観察して、つぎのように記している。

地下で六人の医師が忙しく働いていた。……病院のベッドが厳密な正確さで往来していた。医師が白い腹壁を素早く巧みに切開し、切開部分を広げて、外科用の留め金で固定した。彼らは探り針で調べ、管をそっと持ち上げると、それを巻いて切断した。傷口は縫われ、身体は移動させられて別の身体に交替した。……私は一時間以上にわたり、生命の揺り籠が損なわれていない女性がやって来ては、抜け殻になって去って行くのを目撃した。[15]

おもに「先天性精神薄弱」という融通のきく範疇に分類された人々、および、てんかん、アルコール依存症、重度の奇形、聾唖の人々に対して、一九三六年に一六万八九八九件の処置が施された。[16] 多少は年齢が考慮されて、一一歳以下の子どもの断種はすべて禁止され、一五歳以下の少年の強制的断種も同様だったが、それ以外については、法律の完全な遂行が強制できた。

断種に適した人数は、明らかに障害のある人々の蔭で、一九三三年一一月に成立した対常習的犯罪者法の条項によって増大した。この法律によって、犯罪者と「反社会的分子」を精神病院に監禁することが可能になり、そこでは「遺伝的犯罪性」ゆえに断種を施すことができた。「反社会性」の定義は時が経つにつれて、いっそう融通がきくようになった。一群のドイツの優生学者が、この人々を分類するために激しく争った。心身をさいなむさまざまな苦悩が鑑定の対象になり、反社会性が遺伝性のものであると証明するために、ヴァーモントで行なわれたような大規模な、時には矛盾する系図研究が準備された。結局、反社会的というレッテルは、ナチの社会構成に適合しない者を誰でも放り込む、便利ながらくた入れのような範疇になった。ナチの基準は経済性と再生産性であり、国家に支出を強いるホームレス、慢性的な失業者、あるいは「怠業者」といった伝統的に福祉の対象だった人々とともに、健康な子どもをもうけることのない同性愛者や売春婦を標的にしていた。一九三八年夏、ヒムラーは怠業者を標的とするキャンペーンを命じ、これらの「反社会的」な人々を強制収容所に送った[17]。

一九三五年の結婚健康法によって、さらに多くの人々が断種の犠牲になった。この法律は、結婚許可証を得る前に遺伝性疾患がないかどうか医学検査を受けることを義務づけた。アメリカの外交官は、新政府の公式の健康担当部局は、「特別な要請がない限り」まだこの業務にとりかかっていないが、一年以内に効果的な対処がなされるだろうと報告した。「これまで」と彼らはつけ加えた、「精神的欠陥があり、慢性アルコール依存症であり、あるいは常軌を逸した浪費癖のある不適格者の結婚を禁じる法的な基盤は存在しなかった……新しい法律のもとでは、もはやそれは許されないだろう[18]」。法律の効果はしばしば圧倒的だった。結婚したいと思う者が、精神疾患のある親族や遺伝性疾患を持つことがわかった場合、断種されただけではない。「健康人」との結婚は、パートナーが千年帝国のために必要な子どもを産む妨げになるので、禁じられた。

外交官たちは、人種問題におけるナチ政府の能力を正しく判断していた。中央集権化された巨大な官僚機構は、数年のうちに、断種と結婚問題に携わる一万二〇〇〇人ほどの地方医療公務員を抱えるようになっただけでなく、国民遺伝資質目録を立ち上げ、それには全住民の人種的特徴が記録されることになっていた[19]。これらすべての方策は、キャリー・バックに対して専門家として証言したハリー・ラフリンには見事なものと思われた。彼は、自分自身がてんかんだったという事実にもかかわらず、一九三五年、ハイデルベルク大学から名誉学位を授与された。それは彼について、「未来の世代の……人種の資質と人種の健康を決定する基礎的な生物学的、社会的原則の実践的応用としての優生学の性質に関して、ドイツとアメリカの科学者の間に共通理解が存在することの証である[20]」と言明するものだった。

犯罪者、反社会的人間、精神障害者、身体障害者の断種はそれほど多くの国際的な批判を受けずに実施できた一方で、健康で法律を遵守している人々が単なる人種上の理由で断種されるのは容認され難かった。だからといって、「異人種」に属すると定義されたドイツ市民が純粋なアーリア人との関係を認められたとしても、民族を汚すものとして法的措置を彼らに拡大して適用するというナチの決意が弱まることはなかった。忍耐と、亡命の強制のようなそれほど議論の的にならない方法も、この集団から民族を守るために必要だった。あらゆる手段に不可欠だったのは、「異人種」に属する人々を定義し登録することだった。この「異人種」にはユダヤ人、「ジプシー」、黒人が含まれたが、彼らだけに限られていたのではなかった。

ヒトラーの政権掌握から三か月も経たないうちに、ヘルマン・ゲーリングは、ラインラント諸州を管轄するプロイセン内相としての権限で、いわゆるラインラントの私生児たち、すなわち第一次世界大戦後にその地域を占領するために派遣されて来た「有色人種の」フランス部隊とアメリカ部隊がもうけた庶子の人口調査を命じた。占領軍として「有色人種の」部隊が使われたことは、一九二〇年代に大変な議論を巻き起こした。[21]ドイツの代表団は、そのような事態の回避を試みるようにとの指令を携えて、ヴェルサイユ会議に赴いた。彼らはこの件で、アフリカのフランス植民地から来る大勢の「堕落した」部隊を投入すれば、フランス人は不要な非難にさらされるだろうというアメリカ軍の意見に支えられていた。この件についてウッドロウ・ウィルソン大統領の質問を受けたフランス首相ジョルジュ・クレマンソーは、「ライン川左岸を黒人部隊が占領するのはゆゆしい誤りだろう」と述べて、植民地部隊の撤退を約束した。不確かではあるが、おそらくドイツ人の望みと逆のことをしたいという強い欲求を含むいくつかの理由によって、この約束は守られず、三万から四万人の北アフリカ人、セネガル人、マダガスカル人の兵士、少数のイギリス植民地兵、そしてアメリカ黒人兵までもが展開した。このことは、一九二〇年四月までは悪名高い事案にならずに済んでいたが、この時、英米が逆の助言を与えたにもかかわらず、ドイツ軍のルールへの不法侵入に対する返答として、「有色人種の」フランス分遣隊がフランクフルト占領に派遣されたのである。これがもたらした不安の中で、フランス部隊が群衆に発砲し、何人かの死傷者を出した。

ドイツおよび国際的な報道機関は大騒ぎを繰り広げた。ロンドンの『デイリー・ヘラルド』紙では、ジャーナリストのE・D・モレルが「ヨーロッパを打つ黒い鞭。フランスがライン川で性的恐怖をまき散らす。ドイツの若い少女たちの失踪」という見出しで、「梅毒持ちの原始的なアフリカの野蛮人」がドイツ女性をレイプしていると書きたてた。[22]ドイツ国会の議員たちは、ドイツの若者が汚されることについて述べ、アメリカではそのような犯罪のために黒人男性がリンチされると正しく指摘した者もいた。ドイツ政府は注意深くも黒人部隊そのものを非難することはせず、フランス政府が異人種をヨーロッパに送り込んでその文明を破壊しようとしたと批判した。その間に、事態はローマ教皇が部隊を移動させるよう嘆願するまでになり、抗議の請願には五万人のスウェーデン人女性が署名した。

ドイツ駐在将校の米国務省宛報告書と報道機関が後日実施した調査によれば、事態は大してセンセーショナルではなかった。彼らの見解では、フランス人の規律は良好で、一八か月で一三件という少数の犯罪が適切に裁かれた。[23]大騒ぎの多くは明らかに、ドイツへの同情を買い、フランスに圧力をかけて占領を終わらせるためのものだった。一九二一年初めの米国では、新任の大統領ウォレン・G・ハーディングに影響を及ぼそうとして、「黒人の恐怖」に関するドイツのプロパガンダが増加し、マディソン・スクエア・ガーデンの集会では一万二〇〇〇人の同調者が数えられた。ニューヨークでは人種的な熱情より反独感情の方が表面上はまだ強かったため、それは無条件の成功とは言えず、対抗して開かれた米国在郷軍人会連盟の集会には二万五〇〇〇人が参集した。[24]

一九二三年、あるスウェーデンの牧師がリリエブラートという名前で、「黒人の恐怖」に対抗する自分自身の運動を始めようとして、ラインラントに駐留する黒人部隊の子どもの人数についての統計を要求した。ドイツ政府は大規模な略奪の神話が疑われるのを好まなかったし、占領地区では調査の権限が大幅に制限されていたので、決して正確な数字をあげようとしなかった。リリエブラートは、不正確な報道の記事と噂に基づいて自分自身で計算せざるを得なかった。彼の結論は一冊の本にまとめられて出版され、アメリカとヨーロッパの双方で大いに売れた。彼はこの本で、ラインラントには今後一五年のうちに二万七〇〇〇人の混血児が生まれ、「将来全ヨーロッパにとって災いとなるだろう」と断言した。実際、彼は、自分がそのような子どもを大勢見たし、マインツにいたそのうちの一人は「背中が黒と白の縞模様で覆われていた」とも語っている。その間に、ドイツ政府お抱えの統計学者が、善良な唱道者の要望に刺激されて独自の調査を行なったが、七八人の子どもを見つけることができただけで、この数字は公表されなかった。ドイツの国土に黒人部隊が存在することに抗議する約六万七〇〇〇のアメリカ人の署名をもたらした、リリエブラート博士の有効な論証から得られる利益の方が選ばれたのである。[25] 相変わらず内密のまま調査はさらに続けられたが、総数が目に見えて増えるということはなく、もっと重要な出来事ならびに害毒をもたらす部隊の漸次的撤収の蔭で、この問題はゆっくりと鎮静化した。

だが、この問題の周知には効果があった。ヒトラーは、一九二五年に出版された『わが闘争』第一部、すなわちドイツの血がユダヤ人によって故意に汚されていることに対する痛烈な非難の一つにおいて、「ラインラントにニグロを引き入れたのはユダヤ人だったし、今もそうだ。連中は、必然的に生まれてくる私生児によって憎い白色人種を破滅させようという隠された思考とあからさまな意図を持っている[26]」と記している。のちにナチの信者たちのために、彼らのイデオローグ、アルフレート・ローゼンベルクがこの理論を補強した。ローゼンベルクは、「一四〇年前のユダヤ人解放と同じように、黒人によってヨーロッパを非人間化するのに貢献している[27]」とフランスを非難した。一九二〇年代に散見される論説によって、このような考えが社会一般の意識に浸透し、黒人兵の子どもに、もともとセンセーショナリズムの中で強調された否定的な特徴づけがなされた。黒人に対する恐怖はまもなく、ほかのドイツの子どもたちの間に浸透していった。後年ナチ青年組織の高位のリーダーになった、六歳のメリタ・マシュマンは、列車内で黒人兵を見た時、恐怖心で一杯になった。「私たちは空いたコンパートメントに逃げ込んだ。私は、母が私たちをなだめようとして何を言ったか思い出せないが、ドイツのあらゆる苦しみがあの黒い皮膚の男たちに具体化したかのような恐怖の感情を覚えている[28]」。

一九二七年、ラインラントの私生児問題に関して、新たに考慮すべき事柄が注目を集めた[29]。いちばん年嵩の子でもやっと八歳だったが、彼らが思春期に達した時に子どもをつくらせないように方策を講じるべきだと考えられたのである。「痛みのない方法」による断種について示唆する役人がいる一方で、宣教師の仲介による国外追放を提案する役人がいた。だが、時はまだ熟していなかった。ヴァイマル共和国の厚生省は、法的、社会的諸関係を理由として、どちらの提案も却下した。そのようなプロジェクトには、一九二七年にはまだ不可能だった種類の特別な法律制定が必要だった。

一九三三年以降は、それが不可能ということはなくなった。当局は大騒ぎの挙句、ゲーリングが命じた人口調査で見つかったのは一四五人の「私生児」だけだった。だが、この数字は正しいものではないだろうと考えたので、ベルリンの人類学者、ヴォルフガング・アーベル博士をさらなる研究のためヴィースバーデンに派遣した。そこでは以前、八九人の子どもが見つかっていたのである。鼻、唇、頭の形、ならびに皮膚、目、髪の色の念入りな測定を含む相当の調査の結果、アーベル博士が見つけ出したのは、五歳から一一歳までの確実な該当者三三人のみだった。彼らは「黒人」であり、その上、博士の見解では、不健康であるだけでなく、扁平足や、泣き叫び、爪を噛むといった初期の「精神病質の徴候」のような、遺伝的に好ましくないあらゆる種類の特徴を示していた。[30] ナチの法律により彼らは断種には若過ぎるとされたので、これは厄介な事態だった。

またも「私生児」の人数が少なかったことは、ベルリンで驚きをもって受け止められた。これを修正するために、プロイセン内務省は、「ヨーロッパ人」として通用する子どもの多くの出自を母親が隠したに違いないと示唆し、実際は五〇〇人から六〇〇人に達するはずだと見積もった。遺伝的に不適切な「私生児」をもっと多く見つけたいという望みをもって、ラインラントの学校の生徒を対象とする、さらに徹底的な身体的調査が命じられた。だが、ごく少数の例外を除いて、標的になった子どもたちは健康であるばかりでなく、学校での成績も模範的だった。

ラインラント問題に焦点をあてつつ、不安にかられて、内務省、外務省、ナチの人種問題担当者の間で討論が重ねられるようになった。外務省は、新政府が発布した過激な人種法と、非アーリア人に対して公になされる、時には暴力的な犯罪行為についての外国からの抗議に悩まされていた。日本、インド、トルコ、ブラジルのような重要な貿易相手国は、ドイツで生活し働いている自国民の扱いに不安を抱いていた。外務省は、外国に居留しているドイツ人に対して報復行為がなされるのではないか、貿易に影響があるのではないかと懸念していた。外交官は、これまでのところ外国の苦情に答える際に、人種法は単にユダヤ人に対する「緊急法」、あるいは多くの国にあるものと同様の雑婚禁止法に過ぎず、外国の非アーリア人は安全だと説明しなければならなかった。外務省は、フランス植民地部隊とアメリカ部隊がのこしていった黒人の子どもを標的とした公の断種キャンペーンは、ほかの諸国をも動揺させるだろうという見解だった。人種問題担当者との討論において、ドイツの外交官たちは、「非アーリア人」の代わりに「ユダヤ人」という単語を使うことはできないか（明らかにこの方が他国をそれほど刺激しないだろうと感じて）と訴えた。そうすれば外務省は、どの民族が（受け入れ可能な）「ヨーロッパ諸民族」に対立するものとしての（受け入れ不可能な）「異人種」であるか、あるいはそうでないかを決めなくてすむだろう。だが、人種の専門家たちは動じなかった。彼らは、ドイツ国民でない者のために譲歩し、場合によっては彼らの問題も扱う用意はあったが、ユダヤ人とほかの異人種の間に根本的な相違はない、ドイツ人をあらゆる異種の血から守ることが自分たちの目標であると主張した。

そして、秘密裡にではあったが、ラインラントの私生児の冷酷な追跡が続けられていた。子どもを対象とする特別断種法が社会に与える負の影響は、明らかにドイツそのものにとってもあまりにも大きくなるだろうと予想された。宗教指導者たちは疑問の余地なく抗議するだろうし、健康問題の専門家が、非合法の断種を行なって沈黙を守るとは信じられなかった。唯一頼みになるのは、既存の裁判所システムに対して責任のない特別機関をナチ党組織内に創設することだった。手続きは、子どもたちの親あるいは保護者の「許可」を得て、用心深く選ばれた医師によって行なわれるだろう。人種衛生担当者によれば、総統がプロジェクトに最終的な認可を出すことになっていた。

ヒトラーがこの方策を認めたかどうかは明らかでない。だが、少し延期されたあとで、ナチの警察と保健担当機関がラインラントの私生児の問題に全面的に投入されたことがわかっている。一九三七年春、ベルリンの秘密国家警察司令部に、プロジェクトを監督するための事務所が設置された。遺伝病審査裁判所によく似た三つの特別委員会が、ラインラントの事例を処理するために任命された。それぞれの事例に番号がつけられ、人類学者が再調査した。ずっと以前から登録されていた子どもたちは、容赦なく追跡された。新規に河船のキャビンボーイとして雇われた一七歳の少年は、三つの町を追跡された。彼が最初に人類学的に試験され測定されたのは二年前で、一九三七年六月一六日に別の試験に呼ばれたが、運行中の河船に乗っていたため現われなかった。これがきっかけとなり、秘密国家警察、複数の地方警察局、ラインラントの三委員会を巻き込んで、総力をあげた人間狩りが行なわれた。少年を国家の敵と断じた電報が飛び交った。担当の役人は、何時であろうと子どもが見つかり次第召喚するよう命じた。六月二九日午前一二時一五分、委員会メンバーは秘密国家警察がマインツの近くで少年を発見したと知らされた。彼らは少年を夜間に車でケルンの病院に届けた。彼はすぐに別の身体検査を受け、断種の専門家たちの前で訊問された。彼の母と義父は立ち会わなかった。もっと悪いことに、委員会の観点からは、人類学者が居合わせなかったのが手続き上の難題だったが、彼らは別の教授を信用した。その教授は前月に子どもの写真を見て、「非ヨーロッパ」人種で「黒人」と「マレー人」の容貌をしていると決めつけた。両親も、以前に示された形での断種に「同意している」と思われた。こうして書類が整えられ、手術は翌日行なわれた。

この少年の恐ろしいほどの孤独は、歳月を越えて私たちに訴えかけてくる。誰も何も感じないではいられないほどだが、そのような疑念が断種プログラムに関わった人種衛生学の担当者を悩ましたようには見受けられない。このプログラムにしたがって、一二歳の少女（彼女は少なくとも義父に伴われてはいたが）、大勢の一五歳の少年たち、そして少なくとも一人のアメリカ兵の娘が手術室に送り込まれた。アメリカ兵の娘は、キャビンボーイの翌日、ボン大学附属婦人科病院で断種された。これらすべての事例について、手術がどのように行なわれたか、外科医が子どもの書類に詳細を記している。

断種の命令が私のところにきた。手術の最中に、両方の卵管から薄片が切除された。……手術と回復に支障はなかった。退院の時、腹部は柔らかかったが、触れられても痛まず、傷口はよくなっていた。この順調な回復のあとでは、将来どんな問題も起きるとは考えられない[31]。

だが、一九九一年に別の断種の犠牲者が証言したように、問題はたびたび生じていた。ナチの外科医はそれを重要だとは認識しなかったかもしれないが。

その結果、私は今でも多くの病気にかかっています。私が受けたすべての手術に合併症がありました……そして、心理的圧迫がいつもありました。この頃では、私の隣人の老婦人たちが孫や曾孫のことを話す時、私はひどく傷ついてしまいます……なぜなら、私はたった一人で、誰の助けもなくやっていかなければならないからです[32]。

委員会によって断種されたラインラントの私生児の正確な人数はわからないが、おそらく三〇〇人より少ないことはない。このプログラムの実施は、伝統的で人道的な法だけでなく、ナチ自身の法さえ出し抜いたという点で特に意味がある。警察組織に組み込まれた秘密の機関を使い、当時の中心的な衛生学者によって手順が確認されたことは、将来の大規模で恐ろしいプログラムのモデルになった。

ドイツ国内で記録された断種の総数は、一九四五年、およそ四〇万件に上り、実際はもっと多かったと推測できる。これは、肌が浅黒く足が曲がったナチ宣伝相、ヨーゼフ・ゲッベルスがその年までに博した異常な成功について熟考する時には、特に超現実的と見なされる数である。彼は遺伝性の奇形にもかかわらず、祖国のために六人の子どもをもうけた。

ドイツ国内の「黒人という恐怖」に対処するのは、対象人数が少なく、全員が一世代に属していたので、大して難しくなかった。「ジプシーというペスト」は、倫理的な理由ではなく科学的な理由によって、ずっと難しい課題になりそうだった。「ジプシー」はヨーロッパでは何世紀にもわたって魅惑と疑惑の的であり、多くの場所では今でもそうである。流浪の民の故郷はインド半島と考えられており、その身体的特徴だけでも、彼らを北方民族の神殿から追放するには十分だった。「ジプシー」は学術上「アーリア人」だったので、ナチの理論家にとっては厄介な存在だった。この不運な事実は、彼らが放浪の、そしてヨーロッパのブルジョアにとっては受け入れ難いほど不潔な生活を送っていることによって相殺された。その際、彼らがたいていは正規の教育を受けていないことは、言及するまでもなかったが、彼らに「怠け者」で「反社会的」で「精神薄弱」の分子というレッテルを貼り、強制収容所に拘禁し、断種するのに好都合だった。

ラインラントの私生児の場合と同様に、「ジプシー」の登録と分類は「ペスト」の管理に肝要と思われた。この場合もずっと以前からの積み重ねがあった。一八九九年、中央ジプシー局がバイエルンに設立された。一九〇五年、所長のアルフレート・ディルマンは当局向けの便利な『ジプシー・ブック』を上梓した。この本では、「ジプシー」はもともと一般的に犯罪傾向があると書かれているだけでなく、およそ三〇〇〇人の名前が、系図および「本物のジプシー・タイプ」、「明らかにてんかん」といった身体に関する記述とともにリストになっていた。物乞い、放浪癖、通商免許不所持、偽名使用といった犯罪で留置されたことのある、最も悪名高い連中は写真入りで掲載された[33]。「ジプシー、放浪者、怠業者と戦うために」バイエルンで一九二六年に制定された法律は、多くの規定を適切にもうけ、一九二九年、ヴァイマル政府によって採用された。動物に関する鑑札、野営地の制限、「ジプシー」の子どもたち（彼らは家で「適切な教育」を受けていると見なされた場合は登校を免除されていた）の登校の義務化を扱ったいくつかの条項は、正当なものと思われる。そうでもなかったのは地方警察への強制的な登録で、地方警察は、常勤で働かないことや、そのほかのさまざまな、取るに足りない理由で「ジプシー」を労働キャンプや監獄に送り込むことができた。この時には「放浪者」や「怠業者」といった語句の意味はいささか不明瞭になっていたらしく、バイエルンの内相は率先して明確化しようとした。「ジプシーという用語はよく知られており、さらに説明する必要はない。誰がジプシーと見なされるかについては、人種科学が定義するだろう」。そこで、放浪者は人種的には「ジプシー」ではないが、一般的な行動や振る舞い、生業、放浪の習慣から「ジプシー」と同等の者と定義された。規定は、放浪者は基本的に「不誠実やジプシーのような生活様式をごまかすために[34]働くに過ぎない」と続けた。ドイツでは一九三三年、およそ一五〇の「ジプシー」に関する規定が記録されている。それには、六歳以上の「ジプシー」全員の指紋を採取し、特別なＩＤカードの所持を命じたプロイセンの法律も含まれている。

「ジプシー」を強制収容所に送り、犯罪者や反社会的人物として断種することは、現行の法律で簡単にできたが、ナチにとって「ジプシーというペスト」は犯罪の問題ではなく、人種の問題であり、「ジプシー」は純粋なドイツ民族から完全に隔離されなくてはならなかった。そこで一九三四年、ドイツ国籍を持たない「ジプシー」全員が追放された。一九三五年、放浪する「ドイツ・ジプシー」はさらに厳しく監視されるようになった。多くの地方自治体の住民の支持を得て、「ジプシー・キャラバン」の伝統的な野営地は特別な囲い地に制限された。囲い地はたいてい壁に囲まれ、警察が監視していた。いくつかの土地では、囲い地にいる者は門限を守るよう要求され、仕事、学校、あるいは治療のためでなければ外出できなかった。一九三六年のオリンピックの間、ベルリンから「ジプシー」を追い出すために、このタイプの巨大な囲い地が大急ぎでマルツァーンに設置された。マルツァーンは、郊外の共同墓地とごみ捨て場の隣にある湿地帯だった。

もっと難しかったのは、「定住ジプシー」の問題である。彼らは放浪罪にはひっかからなかったし、何世代も前からの結婚によって外見上はほかのドイツ人と区別できないこともあった。ナチの人種問題担当者は、ドイツ社会への「ジプシー」の参加を制限する特別な法律がないことに苛立ちを隠せなかった。何とか対処するために、新たにつくられた反ユダヤ法の原理が応用された。この分類によって、純粋に人種的理由に基づく「ジプシー」の迫害が可能になる一方で、すでに「人種の健康」を扱っているさまざまな機関にとって、仕事はさらに複雑になった。ここに、人類学的定義と優生学的分析を必要とするもう一つの分野があった。

助けをもたらしたのはローベルト・リッター博士という人物である。彼はドイツ、フランス、スイスで研鑽を積んだ児童精神病学者で、「反社会的な」若者および放浪癖やそのほかの犯罪的な特徴の系図上の追跡を専門としていた[35]。リッターはナチ党員だったことは一度もなかったが、それにもかかわらず、その地方の断種委員会のメンバーであり、民族の人種的必要条件を熟知していた。一九三六年、彼は人種衛生学・人口生物学研究所として知られる、新設の全国保健局の一部局長就任のオファーを受けた。資金は保健局と親衛隊（SS）機関が提供した。リッターの新しい部局の主要任務は、ドイツにいる「ジプシー」全員の登録だった。最初リッターは、ナチの官僚機構に巻き込まれるのに気が進まなかったが、自分のライフワークを発展させる可能性にそそのかされて、その仕事を引き受けた。

まもなく教授と彼の助手たちは、はるかに過激な英米の優生学者と酷似した調査方法を用いて、

「ジプシー」の囲い地から強制収容所に至るまで押し寄せ、血液サンプルを採取し、頭の鋳型を石膏で作製し、写真を撮り、家族史を記録した。助手の中に、完璧な北方人種であるエーファ・ユスティン（彼女はのちに「ジプシー」の子どもたちについて博士論文を書いた）がいた。彼らは、被験者をリラックスさせるために、宣教師のようなポーズをとることもあった。一九三七年、「長さ数メートルにわたり、何ミリかの小さな文字と数字で、過去一〇世代にわたってドイツに住んでいるジプシー全員の系統樹が記された[36]」並外れた書類を作り上げることができた。リッターは、放浪する純血の「ジプシー」に対しては共感を抱いており、彼らに自分たちの生活様式を維持させるべきだと感じていた。だが、視察旅行の結果、彼とユスティンは二人とも、ドイツ人と「ジプシー」の混血が示した遺伝的な弱さは断種を絶対的に必要としていると結論づけた。リッターは、これらの「悪質なジプシー」は、断種措置が施されたのちに、遠方の厳しい監視下に置かれた特別居留地に送られて生活すればよい、彼らはそこで「才能を維持しながら、満足のいく生業に携われるだろう。彼らは小さな家庭を営み、暇な時には読書し、映画に行き、音楽を楽しみ、あるいはスポーツに興じることができるだろう[37]」と空想した。

政府が、これらの牧歌的な特別居留地に長期にわたって出費することはなかった。エーファ・ユスティンも、「ジプシー」の血統の子どもは、たとえ家族から引き離されて特別な学校に入ろうとも、社会にきちんと順応できる大人にはなれない、彼らも断種されなければならないと決めつけた。彼らの世代はこうして制限されていく。

「ジプシー」の将来についての政府自身の考えは、リッター博士ほどロマンティックではなかった。一九三八年五月、親衛隊指導者ハインリヒ・ヒムラーは、ミュンヘン刑事警察の小さな「ジプシー」問題担当課を、「ジプシー」というペストを撲滅するための中央国家機関に格上げし、その本部をベルリンに移した。一二月八日に出された公式の布告で、すべての「ジプシー」問題は刑事警察のもとに統合されることになった。[38] 一九三九年初め、ヒムラーはまさにこの公布に沿って行動し、ドイツにいる三万人ほどの混血および純血の「ジプシー」それぞれに関する正確なデータを要求した。これには名前、住所、勤務地が含まれていた。そうして各人に、「ジプシー」の血がどれだけ混じっているかの等級を示すさまざまな色の識別票が配られることになった。圧倒されたリッターは、「四月初めに少なくとも三〇〇〇件の人種分析を提出[39]しなければならないと大騒ぎした。リッター自身の見積もりで、該当する「ジプシー」のおよそ九〇パーセントにドイツ人の血がいくらか混じっているという事実のために、分類は容易でなく、「非ジプシー」から「純血ジプシー」まで、間にドイツ人の血がどれだけ混じっているかで配列された「混血」を入れて、五つの異なったカテゴリーが必要になった。[40] のちにシンティのフランツ・ヴィルベルが証言したところによれば、審査には大変な時間がかかった。

ヴィルベル家は、東プロイセンのアレンシュタインに、リッターとユスティンが任務のためにやって来た時点で六年間住んでいた。一七歳のフランツはヴァイオリン製作所の徒弟だった。一九三九年晩夏、彼と家族全員は、そのうち最も幼い者は六歳だったが、地方保健局に出頭を命じられた。従わないと強制収容所に送られると知らされていた。彼らは保健局で、リッター、ユスティン、助手二名に迎えられた。ユスティンはシンティ語を流暢に話し、一家を安心させ、検査は慣例であると説明した。彼らは服を全部脱ぐよう言われた。質問は病歴についてのものだった。頭蓋骨と顎の形、額の高さ、鼻の大きさと形、目の色と位置などが計測され、長いテーブルに向かって各人の用紙に記入しているリッター博士に伝えられた。指紋と足紋がとられ、血液と髪のサンプルも同様だった。最後に、被験者はそれぞれ自分の用紙に署名した。検査の目的は、彼らには知らされなかった。リッターとユスティンが正確な目的を知っていたかどうかも明らかではない[41]。だが、ヒムラーは知っていた。ヴィルベル一家の検査が行なわれてわずか数週間後に、ドイツ軍がポーランドに侵攻した。ポーランドには、リッターの想像とはかなり違うものではあったが、「ジプシー」の「特別居留地」用の場所がたくさんあった。

一九三九年一〇月半ば、すべての「ジプシー」が住所変更を禁じられた。警察は人口調査と各家族の「社会的価値」の分析を命じられた。この情報から、新設のポーランド総督領への移送リストが作られたのだろう。人口調査担当者は決定の際にリッターのデータの参照を要求された。短気な職員が書類の到着を待っている一方で、決定はしばしば延期されたが、実際のところ、「ジプシー」に見える多くの人々が福音とされていたリッターの分類によって移送を免れた[42]。

移送は、これから見るようにカオスといってよいポーランドの状況によっても、数か月延期されなければならなかった。ナチの全官吏が移送という方法に同意していたのではない。一九四〇年一月、全国保健指導者レオナルド・コンティ博士は移送は「急進的な解決」に至らない、単なる便宜に過ぎないように思われると書いている。彼の見解はつぎのようなものだった。

　ジプシー問題の最終的解決は、ジプシー全体または一部の断種によってのみ達成される。……私は、この問題の合法的な解決の時期は過ぎた、われわれは特別な手段としてジプシーと混血ジプシーを即刻断種しなければならないと考える。……断種が完了し、これらの者が生物学的に無害になれば、彼らが追放されようと、銃後で労働力として使役されようと、大した問題ではない[43]。

コンティの異議にもかかわらず、一九四〇年、およそ二五〇〇人の「ジプシー」がポーランドに送られた。一四歳以上の者は全員、ドイツに戻って来た場合は断種に同意するという書類に署名しなければならなかった。この最初のグループは労働キャンプで短期間過ごしたのちは、きちんと管理されなかったので、追放された多くの家族は自分たちで何とかやっていかなければならなかった。多くは餓死し、あるいは再び捕えられて別のキャンプに送られたが、人種問題専門家にとっては不本意なことに、少数の人々はどうにかドイツに帰還できた(44)。

リッターはその間、ドイツとオーストリアの「ジプシー」各人の厳密な分類を続けていた。ヒムラーはあらゆる種類の人種調査に夢中になり、親衛隊によるチベットでの人種調査をも支持した。それはリッターの理論に強く依拠したものである。人種調査の結果が尊重されて、一定の「価値の高いアーリア人であり得る純血ジプシー」の家族は迫害と追放を免れた。ヒムラーのこの決定は、ほかのナチ官吏からは非難されたが、何千もの生命を救った。

混血の「ドイツ・ジプシー」は幸運でなかった。一九四二年一二月一六日、ヒムラーはいわゆるアウシュヴィッツ令を出し、彼らの移送を命じた。混血の人々は、重要な戦争関連の仕事をしている、ドイツ人配偶者がいる、勲章を貰った、あるいは傷病退役軍人である、などたくさんの複雑な理由で移送を免れることができたが、多くの者にとって、免除されるには、自分自身と子どもたちの断種に同意する必要があった。移送の量が増えるにつれ、短気な警察官は、リッターのリストを参照せずに、たびたび勝手な決定を下した。だが少なからぬ家族が、同情した地方官吏の引き延ばし戦術やさまざまな種類の遅延によって救われたことは、言っておかなくてはならない(45)。

一九四三年三月になると、「ジプシー」はユダヤ人と同じく洪水のごとく移送されるようになり、それには、養父母の保護や教会が経営する孤児院から引き離されてきた非常に多くの孤児が含まれていた。エーファ・ユスティンが博士論文のために研究した三九人の子どもは、一九四四年五月九日にムルフィンゲン（ヴュルテンベルク）の聖ヨゼフ孤児院から連れ出された。この子どもたちは無慈悲に追い立てられ、当局への訴えは、親衛隊全国指導者の名のもとに軽蔑されて退けられた。追立て人は、一歳の「悪質なジプシー」の孤児をアウシュヴィッツに連れて行くため、「純血ジプシー」（それゆえ免除される）の赤ん坊の子守に往復切符を渡しさえした[46]。

「ジプシー」は、かなり例外的ではあったが、アウシュヴィッツで家族が一緒にいることを許されていた。そのため、収容所で彼らが占めていた部分は、「ジプシー」家族用の区画として知られていた。ナチがこの頃、彼らの将来の処遇をどのように考えていたかは明らかでないが、リッターの政策に忠実に、妻と娘は新しい断種法を試すために利用され、九四三二人と推定される一四歳以下の少年少女が実験動物になった。彼らを双生児の優生学実験やさまざまな疾患の調査のために利用したヨーゼフ・メンゲレ博士については、多くのことが書かれている[47]〔メンゲレは生体実験の被験者として双生児を好んでいた〕。メンゲレ博士は、気に入った場合には子どもたちを抱きしめてキャンディをやったし、幼稚園をつくってお伽話の絵で飾ることもした。だが、彼に可愛がられているように見えた子どもは、翌日には全く無頓着に殺されて、その器官を検査される可能性もあった。子どもたちがどのように扱われたか、数人の子どもの世話を任された元被収容者が叙述しているように、それは恐ろしいものだった。

> 人体測定学の実験は、つぎのように行なわれました。子どもたちは裸にされ、何時間（二時間から五時間）にもわたって計測されました。……これは子どもには大変苦しい体験でした。脅され、疲れ果て、空腹で、震えながら、彼らは朝六時に起きて、収容されている区画から外来患者用病院まで一キロ半を歩かなくてはなりませんでした。……検査が行なわれた部屋には、暖房がありませんでした。子どもたちは……X線装置の前に五〜一五分立ったままでした。彼らが装置

の前にさらされている間、相談と議論が行なわれていたからです。……［収容されている区画に］帰って来ると、子どもたちは発熱し、悪寒があり、ひどく咳をし、瘻管に感染し、肺炎の症状さえ見られました。……とくに恐ろしかったのが形態学検査です。子どもたちの指、そして静脈から、時には同じ犠牲者から二度、三度と血液が採取されました。子どもたちは泣き叫び、自分を守ろうとして、誰にも触らせまいとしました。彼らは注射器で刺されることをひどく恐れていました。(48)

メンゲレの同僚科学者であり実験材料の提供者であるローベルト・リッターは、これらの悲惨な場面にも人種に関する見解においても動揺することなく作業を続け、一九四四年三月、ついに「ドイツ・ジプシー」二万三八七二人のリストを完成させた。(49) この時には、何千人という人々が断種されており、家族用の区画はまもなく引き払われた。最終的に、アウシュヴィッツだけで一万一〇〇〇人以上の「ドイツ・ジプシー」が亡くなり、その中にはヴァイオリン製作者フランツ・ヴィルベルの家族二三人が含まれていた。振り返ってみて、リッターとユスティンによる検査は「通常のもの」とは言い難かった。

断種の強制やそのほかの優生学的処置は、有用ではあっても人種的に異質な小さな集団――とくに白人世界で通常劣等者と見なされている経済的弱者――に適用するのは比較的たやすかったが、大多数が中産階級に属し、完全な市民権を所有している五〇万人のユダヤ人をドイツから排除するには、決して十分ではなかっただろう。ナチ体制初期においても、彼らを孤立させる方法はなかった。古いゲットーはとっくになくなっており、非常に多くのユダヤ人が完全に同化しているだけでなく、戦時にはすすんで兵役に就き、経済分野、知的職業、芸術における一流の貢献によって尊敬を勝ち得ていた。過激な反ユダヤ主義政策は、経済と軍隊の立て直しを図っている間はヨーロッパの融和を引き出そうという権謀術数においても、ドイツのためにならなかった。ヒトラーはこれらの事情によく通じていたが、ユダヤ人を排除しようという彼の決心は理性の及ばないところにあった。それは、最も不適切な状況にあっても彼が多くの場合隠せなかった、すべてを食い尽くす強迫観念だった。米国大使ウィリアム・ドッドは、一九三三年晩夏と秋の日記に、総統に迎えられたあるアメリカ人訪問者が、ヒトラーが「ユダヤ人の絶滅について、ほかの国は抗議する権利はないし、ドイツは最大の災いから自らをどのように解放するかを世界に示していると力説しながら、強い口調で語った」と報告したと記している。ヒトラーは、ニューヨークの銀行家ウィンスロップ・アルドリッチとヘンリー・マン[50]に向かって同じような調子で語り、二人は、ヒトラーが「自分自身をドイツの救世主と見なしている」と、最高の皮肉を込めて報告した。

だが、ヒトラーは申し分のない政治家であり、このように口が滑ったり、最も狂信的な支持者が断続的に暴力沙汰を起こしたにもかかわらず、その時々の雰囲気や必要に合わせて強弱を変化させたり、テロと明らかな無関心という小休止を交互にしながら、反ユダヤ主義キャンペーンを五年にわたって巧みに編成した。その結果として、ドイツ人もユダヤ人も最新の無法な規定に慣れてしまい、外国政府が一致した行動をとることはなかった。このプロセスによって、ユダヤ系住民は繰り返し誤った希望を抱いたが、その希望は、最悪の事態は過ぎ去ったのだと信じることで、たいていバランスを欠いたものになった[51]。

ユダヤ人をドイツでは生活できないようにして国外へ去らせるのが、基本的な考えだった。彼らは一九三三年と一九三八年の間に、一連の法律と法令によって徐々に仕事と事実上はあらゆる市民権を奪われた。これと並行して、ほかの異人種と同じようにユダヤ人は生物学的に危険であり、まともな人間ではないという考えを広める目的の「教育」活動と宣伝活動が推進された。新しいナチの神殿で、ユダヤ人は悪を不潔に体現するものという役割を与えられた。ナチの人種主義の毒は、成り行き次第で増減しながら、ドイツの社会的、心理的構造の滋養となり、過去の最悪の迷信と不寛容を復活させただけでなく凌駕して、それらに附随する邪悪な衝動を証明した。それに似たものは、偏見が深くしみ込み、一つの集団が別の集団の絶対的な無慈悲にさらされるところでは、どこでも見られる。

そのようなプロセスは実際に、ベルリンからたった二日の距離にあるソヴィエト連邦ですでに最終的な段階に達していた。一九三〇年と一九三八年の間、ヒトラーがユダヤ人とそのほかの異人種をドイツから排除するプロセスに着手していたのとまさに同時期に、ソヴィエト指導者ヨシフ・スターリンは、飢餓、追放、殺害という方法で、人種というよりむしろ民族そして階級として（絶滅の根拠は重要でないと思われる）、ソヴィエト農業集団化の障害となった何百万人ものウクライナの富農あるいは土地所有農民とその家族を排除していた。このプロセスは一九三二年から三三年にかけての冬と春に、テロ飢饉として知られるようになった頂点に達し、最終的な死者一一〇〇万人のうち七〇〇万人が飢饉で亡くなったと考えられている。

これは、二〇世紀ロシアの最初の大飢饉ではなかった。たった一〇年前に、何千トンもの緊急食糧が国際援助組織によってロシアに送られた。だがこのたびは、援助要請はなく、クエーカー教徒のような外国の支援組織は追い出され、飢饉の被害地域にジャーナリストが立ち入ることは許されず、飢饉地帯の境界線では脱出も食糧搬入も禁じられた。飢饉の存在はソヴィエト政府によってきっぱりと否定されたが、田舎に死体が散らばっているのを発見した外国人記者がソ連からこっそり持ち帰った報告書には、信じ難い恐怖の光景が叙述されている。

　最近北コーカサスとウクライナを訪れた際に、私は政府と農民の間で繰り広げられている戦いのようなものを目撃した。戦場は、どんな戦争とも同様に荒れ果て、広がっている。……一方には何百万人もの飢えた農民がおり、彼らの身体は食糧欠乏のために膨らんでいることが多い。もう一方には、プロレタリアート独裁の指令を実行する秘密警察（ＧＰＵ）の隊員がいる。[52]

スターリンもこのような状況を戦争として、農民が政府に反抗する戦争として言及した。指令は実際に、残忍に実行に移された。モスクワが要求してきた現実的とは言えない小麦の割当生産量を達成するために、献身的な若い幹部共産党員が送り込まれて、農民が隠したとされる貯蔵穀物を探し出そうとした。彼らは、割当量が達成されないのは農民側の「サボタージュ」ゆえだと信じるよう教え込まれ、長い金属ドリルで武装して、ほんの少しでも食糧が隠されている可能性がある場所すべてを厳密に調べるために、村々に押しかけた。すでに多くの死体が村々に転がっており、小屋に住む家族全員が死に瀕しているという状況だった。結果は破滅的だった。

　農民たちは犬、馬、腐ったじゃがいも、樹皮、草――見つけることができたものは何でも食べた。……人々は野獣のようで、共喰いさえしかねなかった。そしてどうしようとも、死に近づいていった。彼らは一人で、そして家族全員で死んだ。彼らはあらゆる場所で――庭で、市街電車で、列車の中で死んだ。[53]……多くのことは忘れられるが、これら餓死の恐ろしい光景を、見た者は決して忘れないだろう。

多くの家族は人食いに駆り立てられ、それが広範囲に蔓延したので、政府は禁止のポスターを印刷しなければならなかった。あるアメリカ人記者は、ソヴィエトの役人のモスクワ事務所でそれを見て驚愕した。

膨らんだ子どもを脚の上に横たえた、困窮した母親の絵が飾られ、死んだ子どもを食べるのは野蛮だ、という文が書かれている。……役人は私に説明した、「……私たちはこのようなポスターを何百という村、特にウクライナの村に配布しました。そうしなければならなかったのです」と。(54)

非協力的だと見なされたすべての村で生き残った住民は、まもなく至る所で見られるようになった牛車に積み込まれ、シベリアに送られた。そこには新来者のための適当な設備は何もなく、さらに非常に多くの人々が死んでいくだろう。

「祖国に対する反逆者の家族の一員」であり、「富農主義」が遺伝していると見なされた富農の子どもたちに、住居は与えられなかった。優生学者はこうした判断に満足したことだろう。(55) 飢饉が起きた時、親は最も弱い子どもを死なせなければならなかった。そうした子どもを町に連れて行き、誰かに拾われることを期待しながら捨てることもあった。

継ぎの当たった袋のようなものを着た農婦が、横道から出て来た。彼女は三歳か四歳の子どもの破れた上着の襟を、重い荷袋のように引きずっていた。その女性は子どもを大通りまで引いて来て、ぬかるみに突き落とした。……子どもの小さな顔はむくんで青かった。小さな唇の周りには泡がついていた。手と小さな身体は膨らんでいた。ここには人間の各部分がひとかたまりになったものがあり、すべては死病に罹ったようでありながら、生命の呼吸によってまだ一つに維持されていた。母親は誰かが子どもを救うために何かしてくれることを願いながら、その子を道に置き去りにしたのである。[56]

学校から帰宅した少年少女が、屋内で家族全員が死んでいるのを発見することもあっただろう。この子どもたちの一団は駅の周辺に集まって、鳥や猫を捕まえて食べ、物乞いをし、盗み、施しを求めた。作家のアーサー・ケストラーは、列車の窓から観察しながら、彼らは「アルコールの壜から出て来た胎児」のように見えると思った。[57] 捕えられた小さな泥棒たちは、「児童用労働居留地」に送られた。そこでは、彼らの将来は明るいものではなかった。いくつかの駅では、いっそう人情のある役人が、列車を待避線に引き入れて、彼らに最小限の量の代用コーヒーとパンを与えた。ある町では七歳から一二歳までの子どもおよそ三〇〇〇人が、一九三三年春と夏に飢饉のために死亡したと推定されている。[58] 彼らは、ぞんざいに掘られた穴に埋められた。駅で働いていたある労働者は、「当時この手順は普通のことになっていたので、誰も注意を払わなくなった」と述べている。[59]

命じられたことに疑問を持ち始めた活動家は、「共産主義の世界的な勝利」のためなら「何万もの人々、何百万もの人々を殺害しても許されると確認した。彼らは皆、われわれの仕事を妨害しているのだから。そして、こうしたすべてに躊躇すること、あるいは疑いを持つことは、『インテリの神経質』と『ばかげたリベラリズム』に屈することを意味した」。[60] あまりに多く疑いを抱いた者は、彼らの標的とともに追放されたり処刑されたりした。子どもの大量死について正確な数字はないが、飢饉の圧倒的な歴史を書いたロバート・コンクェストは、幼い子どもの死者は一九三三年五月末におよそ三百万人にのぼったと推定している[61]。

子どもの中には、遺伝的な資質にもかかわらず、ソヴィエトの権力者にとって役に立つ者がいた。健康な子どもたちは、国家の利益と財産を是が非でも守る必要のために教化された。彼らは、富農が隠匿小麦を発見した共産党員の若い労働者を殺害するという宣伝映画を見せられ、「経済的圧迫、組織的・政治的孤立、身体的破壊といった方法で強制的に除去されるべき敵を見つけ出して認知する」ことを教えられた。自分の親を引き渡した子どもたちは、ソヴィエトの新聞で法外に讃えられ、現金からレーニン全集に至る賞を与えられた。母親が集団農場から穀物を盗んだと報告した一三歳の少年は、手柄として詩を書くよう言われた。その中には、「お母さん、あなたは国家に危害を加えた。僕はもうあなたと一緒に生きていけない」という行があった。この出来事を西側の新聞に伝えたロイターの特派員は、母親が「子どもたちの食糧を補うために」穀物を盗んでいたのかどうかはわからないと述べている[62]。

追放と家族の破壊では十分でなかった。スターリンがあらゆる敵対者の粛清を偏執狂的に続行した時、シベリアそのほかに追放された富農は、「反革命の扇動者」と見なされたために、「最高の罰」の標的とされた最初の集団の中にいた。各地方で処刑されるべき人数の割当は、中央で決められた。総数で七万二〇〇〇人にのぼる人々が、地方官吏によって選抜され、「迅速かつ簡単な方法で」取り調べられ、超法規的な三人委員会によって判決を下された。粛清のタイミング、費用、体制は、有罪判決を下された者の列車での移送に至るまで組織化されていた。死刑は宣告されなかったが、さらなる追放と強制収容所（グラーグ）への収容を言い渡された一六万七二〇〇人の人々の活用は、注意深く着手された。この不運な人々の家族は、「反ソヴィエト活動の能力」がなければ、「一般に懲罰の対象ではなかった」。だが、彼らは「国境地帯」やほとんどの大都市に住むことはできず、「組織的監視」下に置かれた。[63]「人民の敵」の妻や子どもは、「あらゆる種類の不平の種……と退廃を広めることのないように」、逮捕されて「抑圧される」のが日常的だった。スターリンは、一九三七年の一〇月革命記念日を祝う晩餐での乾杯の挨拶でそれに触れた時、「われわれはそのような敵それぞれを撲滅するだろう……敵の親族、敵の家族を撲滅するだろう。……われわれは誰であろうと、行動と思考によって――そうだ、思考によって――社会主義国家の統一を侵害する者を撲滅するだろう。徹底的な、親族に至るまでの、すべての敵の撲滅のために！」と述べた。[64]

ヒトラーはソヴィエトの状況を見逃していなかった。だが、権力を掌握した当初は、広大な地域を閉鎖し、住宅を破壊し、手に入れられるすべての食糧を徴発するために教化された党員を送り込み、大飢饉とシベリア送りによってドイツから五〇万人のユダヤ人を排除するという、スターリンが実行したことが、ヒトラーにはまだできなかった。実際のところ、ナチの新聞は、反ボリシェヴィズム・キャンペーンの一環として、ロシアの状況についてきわめて批判的な記事を載せていた。[65]スターリンのように行動できるのは、まだ先のことになるだろう。ドイツの東方にあってまもなく征服される地域の人の目が届かない広がりは、ヒトラーがその価値を信じた、ドイツ民族にとって不可欠の生存圏となるだろう。それだけでなく、「ジプシー」の運命が示しているように、そこには多くの使い道があるだろう。

一九三三年冬、真面目に受け取るべき危険の可能性は、ナチの過激な行動が「勝利の瞬間の熱気の中でとられた処置」[66]以上のものだとは想像できないドイツ・ユダヤ人にとって、遠いように思われた。それは、ベルリンから報告していたほとんどの外交官も同様だった。三月二五日、ベルリン駐在のアメリカ領事ジョージ・メッサースミスは、ドイツの「穏健な」分子が間もなく優勢になるだろうと確信して、次のように報告している。「首相ヒトラー氏が、政府内、専門職、実業界に見られる、ユダヤ人を標的とする見境のない全般的な行動を是認することはないだろうと信ずべき多くの理由がある。……首相は、もしユダヤ人差別の計画が続けられるなら、ナチ党そのものと現政府を転覆させかねない事実に注意するよう進言されている」。反ユダヤ行動は「ドイツがアメリカ合衆国とイギリスで享受している尋常でない好意」にとって不利益になるだろう。「穏健な見解を持つ著名なドイツ人」が信じるところでは、首相は「ユダヤ人の状況を、穏健で明快な方法で外国に知らせる明確な声明を出すに違いない(67)」。

首相は実際に何らかの「明快な」声明を出すつもりだったが、他国にとっては「穏健」とは言えないものだっただろう。三月二九日、ナチの主要機関紙『フェルキッシャー・ベオバハター』は、四月一日にユダヤ企業をボイコットする指令を出した(68)。もう一つのナチの新聞『攻撃』は、この行動により、「残忍なユダヤ人迫害が行なわれているという嘘を広めている」外国の新聞が、「ばかげた反ドイツ宣伝活動を開始するだろう」と仮定して非難し、これらの嘘によりドイツ製品がボイコットされるかもしれないという噂が広まっていると断言した。ドイツ国民は、今や「防御の姿勢を切り換えて攻撃に移るだろう。彼らは嘘の汎ユダヤ主義ヒュドラの毒で膨れ上がった頭を切り落とすだろう〔「世界征服を企むユダヤ」をギリシア神話の怪物、多頭の水蛇ヒュドラにたとえている〕」。このかなりけばけばしい脅しに、後段ではもっと実際的な脅しが続いた。「もし外国でドイツ製品のボイコットが試みられるなら、ドイツ国民は、ユダヤ人がいかなる仕事も見つけられないばかりか、誰もユダヤ人から物を買わないようにすべきだろう(69)」。

ボイコット告知の翌日、三月二三日に国会を通過した自滅的な全権委任法によって付与された特別な権力を用いて、自立性の強かったドイツ諸州の州議会が解散に追い込まれ、こうして中央集権化された権力もヒトラーが手中に収めた。メッサースミス領事は、ヒトラーが個人的には穏健であるとまだはっきり確信していたが、将来何が起きうるか理解し始めていた。

　事態の進展は急で、由々しくも昨日来、危機的状況が存在するかのような性質を帯びており、誰にも……ナチ運動を指導していると思われている者にさえ……明日何が起きるかをはっきり述べることはできない。……（反ユダヤ主義）運動がある強さを持つようになり、最も狂信的な支持者さえ期待していなかったほどその活動が広まっていることは今や明らかであり、運動が制御しきれなくなっており、流血のクライマックスを迎えるかもしれないと信じる真の理由がある。[70]

　ユダヤ人を脅しつけることと、誰がユダヤ人なのかを定義づけることとは、全く別の事柄である。宗教や人種が何であろうと、人間には近くにいる者と結婚する傾向が、また新たな環境に適した宗教の変種を創造する傾向があると仮定すると、それは現在でも変わらずに問題であり続けている。ユダヤ人についてのナチの定義は、常に人種の用語で語られたが、人類学的な調査のみによって決められたのではなかった。それはどれほどいかがわしいものだったとしても、ほかの異人種にも適用されたが、個人の明らかになっている出自、あるとすれば配偶者、両親、祖父母が決定要因だった。この七人〔本人、両親二人および祖父母四人〕かそれ以上の人々の組合せは、極めて複雑な状況をもたらし、裁判所ならびに急速に膨張しつつあるユダヤ人問題担当官僚団を嘆かせた。一九三五年九月のニュルンベルク法は、現存の反ユダヤ規定を成文化して日常の活動をより強く規制するもので、その成立によって、誰がユダヤ人なのか、より明確な定義が不可欠になった。[71]ナチの人種問題担当機関にとって重要だったのは、軍務や労働において国家にとって有用であるかもしれない混血者に備わっているドイツ人の部分を、どのようにして守るかということだった。三人または四人の「ユダヤ人」祖父母がいる者は問題にならなかった。「ユダヤ人」の祖父母が一人か二人の場合、つまり「混血」として知られる四分の三あるいは二分の一ドイツ人の場合はずっと難しかった。これらの範疇に属する者の多くが純血のドイツ人あるいはユダヤ人と結婚する、そうして彼らの子どもたちがさらに別の範疇に属するようになると、事態は複雑化した。一九三五年一一月一四日のドイツ国公民法の規定による、その後も継続的に改定された基本的な定義は、つぎのようなものである。

ユダヤ人　祖父母のうち二人がユダヤ人で、一九三五年九月一五日の時点でユダヤ教信徒共同体に属している者、あるいはユダヤ人と結婚している者、および三人または四人のユダヤ人の祖父母を持つ者。

第二級混血　祖父母のうち一人がユダヤ人である者。

第一級混血　祖父母のうち二人がユダヤ人で、一九三五年九月一五日の時点でユダヤ教信徒共同体に属さず、ユダヤ人との結婚もしていない者。[72]

ユダヤ教信徒共同体に「属している」というのは、単にシナゴーグのメンバーであるということではなく、その人が自分自身をユダヤ人だと考えているかどうかによっていた。「混血」はかなり保護されてはいたが、それでも深刻な制約を受けやすかった。言うまでもなく、ユダヤ人の定義をはっきりさせたこの説明によって、あらゆる事例が含まれることはなく、最終的な分類を免れるためのあらゆる類いの請願と訴訟が裁判所に持ち込まれ、程度はさまざまであるが成果もあげた。

ユダヤ人と分類された人々に対して、一連の容赦ない法令が続けて出された。米国と植民地帝国の隔離法に学び、またユダヤ人を孤立させ排除するために何世代も前に使われた無数の規定に逆戻りして、これらの法律により、雇用、交通、買物を制限した。住居の供給が制限され、電話の使用が禁止され、公衆トイレと公衆浴場への立ち入りが拒否され、ペットの飼育さえ禁止された。ほとんど毎日新しい規則が出され、それらによって新たに定められた犠牲者は、さらに悲惨な状況に追い込まれた。その目的は、彼らを純血のアーリア人から完全に隔離することだった。これをかわすのは困難だった。ユダヤ人は全員、身分証明書を携行しなければならず、配給カードからパスポートに至るまで、ほかのあらゆる書類にも、結局のところ人種的分類が記されることになった。最終的な識別票である黄色い星は、ヒトラーがもともと賛成していたものだが、ドイツ本国では一九四一年まで使用されなかった。だが、この印はその時にはほとんど必要でなくなっていた。一九三九年以来ナチの保安警察が中央ユダヤ人自治組織を完全に統制し、まだドイツに残っている者が強制移送される日には、それらを通じてほとんどのユダヤ人の居場所を正確に把握していたからである。

第2章　不適格者の排除

一九四一年二月半ばの寒さの中、農業を営むバイエルンの小さな町アプスベルクの中央広場で、最も陰鬱なブリューゲルの絵画からとってきたかのような一場面が展開していたが、それは紛れもなく現代社会の一齣だった。住民のほとんどが目撃したのは、広場の右に建つオッティリエンハイム修道院に住んでいた一〇〇人以上の「精神薄弱者」が、二台の大きな濃い灰色のバスに詰め込まれる光景だった。患者の多くは地元の農場で働いていた。彼らは自ら進んで行こうとしたのではなく、修道院から一人ずつ引きずり出された。集まった町の住民の中には、政府に関して「無責任な」発言をする者がいる一方で、おおっぴらに泣いている者もいた。この「不穏な状況」を報告したナチの官吏は、泣いている者の中には「何人かの党員さえも」いたと不愉快そうに記している。彼は、修道院の司祭が、連行されそうになっている人々に聖体拝領を授けたことで、敬虔なカトリックの町で否定的な雰囲気を「醸成した」と非難した。この官吏は、起きたことは詳細に調査されるだろうと上司に請け合ったが、「ドイツの防衛という方針によって排除される人々を移動させるにあたっては、何とかもっと機転をきかせるべきだ」とかなり素っ気なく示唆した。[1] 灰色のバスで出発した人々が戻ってこないという事実は、この頃にはもう、この町だけでなくほかの多くの町でも一般に知られていた。さらに「機転」をきかせるための口実はまもなく提供され、一九三九年に始まった除去のプロセスは終戦まで続くだろう。

一九三八年半ばにドイツの浄化は大きく前進した。人種の調査と分類は、順調に進捗し組織化された。「ジプシー」は特別居留地に集められ、強制収容所は犯罪者と政治的反対者で一杯になった。大勢のユダヤ人が亡命し、これらすべての集団に属する多数の人々が断種された。だが、これだけではとうてい十分と言えなかった。障害者は、断種されようとされまいと、特に国家の施設で養う場合に経済的な重荷であり、まもなく戦争になることはナチ指導部の数人しか知らなかったが、戦時にはますますそうなるはずだったので、浄化のプロセスは速度を上げなければならなかった。国家が役立たずの障害者を厄介払いするのに最も有効な方法は、言うまでもなく死、あるいはもっと受け入れやすい言い方をすれば「安楽死」だった。

この選択肢の考慮は、ナチには意外ではなかった。この概念は第一次世界大戦以前に多くの場所で研究されていたが、議論は普通、末期患者に苦痛を免れさせる必要に限定されていた。しかしながら、ドイツでは第一次世界大戦時に、飢餓状態に際して精神病院が患者に優先順位をつけるよう強制されたという事情があり、これが、安楽死の対象を末期患者から生きるに「値しない」と見なされた人々へ広げる考えにつながった。

誰が犠牲になるか、疑問はほとんどなかった。第一次世界大戦時に精神病院に収容されていた最も重篤な精神病患者の三〇パーセントが、社会により有用な人々が優先されたために、食糧の配給量を極端に減らされた結果、死亡した。一九二〇年に二人の科学者、カール・ビンディング博士とアルフレート・ホーヘ博士が『生命の抹殺の許可　価値のない生命』という題名の本を出版し、昏睡状態の人や「明らかに負の価値しかない」人を殺害する権限の政府への付与を提案したが、「負の価値」という範疇の定義づけはあまりはっきりしていなかった。著者たちは、この殺人で起きる可能性のある間違いはそれほど深刻に受け取る必要はない、「人類は比較上ほとんど数に入らない過ちによって多くの同胞を失っている」のだからと主張した。[2]「比較」とは、人道主義ではなく経済的なものだった。学識ある医師たちは、精神病患者それぞれが国家にかける負担を慎重に分析した結果、国家という船にとって底荷に過ぎない者の生命を維持する理由を見出せなかった。

「遺伝性疾患」者を支えるために健康な市民が課される負担を示すプロパガンダ用の説明図。

安楽死の合法化という考えは、一九二〇年代には強い反対にあった。ドイツの多くの医師と精神医学者は、そのような政策の危険性を指摘したが、それは多くの人々が、無差別の安楽死宣告が可能になると感じたためである。正しく予言されていたのは、そのような処置が実施されたら、施設に送られた人は誰もが恐怖にさらされ、安楽死が日常茶飯事になっている施設の看護婦はたちまち残忍になるということである。理論的な議論は、一九三〇年代に入っても、世界大恐慌の影響で以前より安楽死を支持する方向で続くが、ヒトラーさえも、戦争という隠れ蓑を得るまでは、この役立たずで「堕落した」市民の大規模な根絶をあえて実行に移そうとはしなかった[3]。しかしながら、この企てが彼の心中にあったことは明らかである。一九二九年のニュルンベルクでのナチ党大会で、ヒトラーは考え込みながらも、「もしドイツで一年に一〇〇万人の子どもが生まれ、七〇万から八〇万人の虚弱な人間が排除されたら、結果として強さが増すだろう」と断言した[4]。

最終的に安楽死計画を実施した者を被告とする戦後の裁判では、この案件におけるヒトラーの関心を示す証言が繰り返された。ヒトラーと毎日接していた総統官房長ハンス・ハインリヒ・ラマースの一九六一年の証言によれば、ヒトラーが精神病患者の安楽死について論じたのは、一九三三年の遺伝病防止法を議題とする会議の最中だった[5]。

ヒトラーの側近だった医師カール・ブラントも、ヒトラーが早くも一九三五年、「教会が行なうと予想される公の抵抗が、戦時にはそれほど目立つ役割を果たすとは思えないので」、戦争が始まり次第、安楽死政策を実行に移そうと計画していたと証言した。ブラントの覚書によれば、ヒトラーはポーランド侵攻後まもなく、「安楽死問題の明確な解決」を望んでいると述べた上で、「想定するところについて、私に全面的な指令を出した[6]」。

安楽死の準備に関しては、別のもっと不気味な指示があった。アメリカ領事は一九三四年七月、その年五月にある法律が通過したと報告している。それは火葬に関する官僚的形式主義を緩和して「土葬と同等に」するもので、非ユダヤ系宗教団体がその法律の通過に尽力し、「正教会を狼狽させる」だろうと記した[7]。輿論の形成を目的として、「遺伝病を持つ者が民族に負わす重荷」について専門家集団に講義するために、ナチの弁士が送られた。その一方で、親衛隊の機関誌『黒色軍団』は記事を載せて、「白痴に生まれついた子どもは人格を持たない。人為的に生かすのでなければ、一年と生きることはできない。この子どもは、動物ほどにもその存在を自覚しない。そういう子どもは見つけ出されても、どうにもならない」と読者を安心させた[8]。

一九三八年に軍人と高等学校の生徒が精神病院を視察し、その際患者はフリーク・ショーの見世物のように扱われた。ある学校の生徒たちは、人種衛生学の授業のために観察のまとめを書くよう言われた。彼らの準備は万全だった。患者の介護によって国家が負わされる財政的負担や、患者の動物のような面に言及しない者はほとんどいなかった。そう信じるよう言われたのと違って、患者は吐き気がするような嫌な存在ではないと述べ、監禁されたら、相対的に健康な人々でも具合が悪くなるのではないかという疑問を抱き、病人を「見世物」にすることに抗議した生徒たちは、レポートを赤字で訂正され、人種衛生学の教科書の再読を命じられた[9]。

ヒトラーが言及した「安楽死問題解決」のための「全体的指令」は、さらに別の秘密の専門家委員会で作成され、ラインラントの私生児たちを対象にしたものと似ていた。この委員会の名称は最終的に、「重篤な遺伝性、先天性疾患を科学的に記録する国家委員会」、あるいは略して「国家委員会」という典型的に大袈裟なものになるだろう。ヒトラーの主治医テオ・モレルも、一九世紀に遡る安楽死の歴史の研究にとりかかった。彼は、長らく表面化しなかったエヴァルト・メルツァーの一九二〇年の報告書も調査した。メルツァーは精神薄弱児施設長で、患者の両親にアンケートを送り、子どもの寿命を「痛みを与えずに縮めること」についてどう思うか尋ねた。彼が驚いたことに、返答してきた人々の大方は、子どものためにそのような死に反対することはないだろうとほのめかした。ただし自分自身で決定せずに済み、正確な状況が知らされる限りで、というのも、一つの答えに書かれていたように、「自分の血肉を分けた子どもに死を宣告するのは難しい」からである[10]。モレルの報告書は、障害者の殺害を勧告していた。なぜなら、彼らの生命は本物の生命ではなく、他人に吐き気を催させる恐ろしい動物のような存在であり、国家にとって費用がかかるからである。彼は「五〇〇〇人の白痴一人に二〇〇〇ライヒスマルクかかるとすると、一年につき一〇〇万。五パーセントの利息をつけると、二〇〇万の資本準備金に相当する」と記して、さらに事務的な対処を主張した(11)。

ヒトラーと側近は、重篤な疾患あるいは障害を持つ新生児の安楽死に許可を求める両親の請願にあと押しされて、子どもの安楽死計画にも着手した。ブラント博士は、一九三九年初めに受け取った手紙が計画を活性化させる触媒になったと証言した。ヒトラーは、明らかに目が見えず、手足が部分的に欠けていて、「白痴と思われる」子どもの検査のためにブラントを送った。ブラントは子どもを見たあとで、その子の生命を終わらせるのが慈悲だと同意した主治医たちに、起訴はされないと確言したので、子どもは致死薬を注射された。

これは、ヒトラーが長年あたためてきた計画に医学界は大反対しないだろうということを示す出来事だった。しかし安楽死を殺人と見なしていた教会と司法にはあてはまらなかったので、ドイツにおける殺人作戦は、司法制度上の抜け道を考え出さなくてはならなかった。これにあたって、担当の秘密機関は「国家委員会」と名づけられ、ヒトラーの個人的な総統官房内に隠されたまま、カール・ブラントと総統官房長フィリップ・ブーラーによって運営されることになる。

一九三九年八月一八日、内務省の保健問題専門家たちが、明らかに障害のある新生児と三歳以下の子どもの全員登録を命じられた。完璧を期するために、密告者に報告一件につき二ライヒスマルクが支払われた。地方官吏が登録書類を集めて、政府機関ではなくベルリンの匿名私書箱宛てに郵送した。それによって、情報は私的な科学あるいは統計調査プロジェクト用であるかのような印象が生じた。報告書がベルリンに到着すると、非医学系の官僚が最初の選抜を行なった。ついで書類は安楽死を支持する三名の専門家に送られ、彼らは子どもを見ることなく、書類に「＋」(殺害する)または「－」(生かしておく)の印をつけた。登録の追跡調査は徹底的だった。

ある施設が一九四二年の早い時期に、「一九四一年四月二五日以来、遺伝性の精神薄弱のために貴施設に収容されている」一二歳のハンス・Kが「まだ民族の有用な一員となりうるか」を尋ねる手紙を受け取った。それを否定する答えは死の宣告に等しかった[12]。子どもが選抜されると、地元の保健組織が、子どもを家または施設から引き離すことについて、両親を納得しなくてはならなかった。宣告を受けた子どもを受け入れるための特別な収容所が、普通は既存の施設内に設けられたが、たいてい町から遠く離れていたので、両親が訪ねるのは難しかった。子どもたちを運んだのは灰色のバスではなく、通常は列車だった。最終的におよそ三〇の児童用安楽死施設が国中に散在することになった。一九三九年、ゲルデンに開設された最初のものは、ブランデンブルクのすぐ外側にある大きな複合病院で、安楽死担当のためにほかの施設に派遣される医師たちの訓練所となった。

誰もがこの仕事に適任だったのではない。ヘルツェルと名乗ったある匿名の医師は、安楽死の担当を依頼された時、最悪の殺人者の一人、上司のヘルマン・プファンミュラー博士に手紙を書き、職を辞した。ヘルツェルは、「新しい方法」は「説得力のあるもの」だと認めていたが、「最終的な結論としては、自分自身がそれを実行するのは別の事柄です。私は裁判官と実行者の間に存在する違いに気づきました」。そしてつぎのように付け加えた。

これを冷酷な熟慮に従った組織的な仕事として実行することが引き起こした嫌悪感と同じくらいに、多くの事例で出来事の自然な成り行きを改善したいという望みは強烈でした。……でも私は子どもたちの医療上の保護者として、感情面でいくらか彼らに結びついていたし、この感情的な接触は、ナチの医師の観点からも必ずしも弱さとは言えないと思います。しかしそれゆえに、私はこれまでの仕事に新しい任務を結びつけることができないのです[13]。

一九三九年一〇月、殺人はたちまち軌道に乗り、計画の実行者は感情面の心配をやめて、殺人罪で起訴される可能性を心配し始め、ヒトラーを説き伏せて、ある種の正式認証を用意させた。そのような書類の政治的な危険性に気づいていた総統は、左記のきわめて複雑な声明（同じように訳す歴史家は二人といない）を個人の便箋に書きつけた。

全国指導者ブーラーとブラント博士の責任のもとに、特に認められた医師は、権限が拡大されて、最善の人道的な判断と症状の慎重な診断に基づいて、不治と見なされる病気の患者に慈悲深い死を与えることができる。

この書類の日付は、明らかに殺人を戦争と関連づけるために、注意深くも遡って一九三九年九月一日になっていた(14)。

ヒトラーの取巻きは、この曖昧な書付を成人の安楽死を正当化するものとしても利用し、その結果およそ一〇万人の生命が奪われる。成人用の計画は順調に、別の秘密の事務所で立てられた。この計画は、シャルロッテンブルクのティアガルテン四番地の接収されたヴィラに事務所が置かれたことに因んで、「T4」として知られた。ここでは、親衛隊少佐ヴィクトル・ブラックおよび総統官房の指揮下で、もう一つの大規模な登録システムが動き出し、技術上の問題に直面していた。比較的少人数の障害児を殺害するために好まれた方法は、薬品によるものだった。これは、標的とされた何万人もの成人患者を排除するには実際的ではなかった。計画立案者は無意味な経済統計を使って、ドイツ国民一人につき患者一人、あるいは七万人の障害者を「消毒」に割り当てた。かなり議論を重ねたのちに、一酸化炭素ガスが最も効果的な方法として選ばれた。一九三九年秋、ドイツ軍がポーランドに殺到していた時に、ガス室および焼却炉の建造と（人を使った）実験が、ゲルデンの児童施設から道を下った所にあるブランデンブルクの施設と、遠く離れたヴュルテンベルクの、フランケンシュタイン城に似たグレーフェンエックの城で始まった。ほかに四つの施設が、戦時中のさまざまな時点で使われていた。

機関の発覚を心配していたヴィクトル・ブラックは、多くの地方職員が死亡率と火葬の急激な増加に備えなければならないことに気づいた。そこで一九四〇年四月、ドイツ市長協議会がある秘密会議で手短に情報を伝えられた。ブラックは、生きるに「値しない」と見なされる人々が役立たずで、費用がかかり、人間性に欠けていることについていつものとおり強調してから、治る見込みのある患者や戦傷者のために、彼らを除去する必要があると説明した。そのため、治る見込みのない者は「旧式の特別な施設に押し込めなければならない」。そこでは「彼らをできるだけ早く死なせるために、あらゆる手が尽くされなくてはならない」。きわめて慎重な行動が必要になるだろう、「なぜなら、世間はそれについて知らなくてよいからである。教会が死者の火葬に強硬に反対しているため、何よりも困難が増す。教皇との論争は全く望ましくない。それを理由にわれわれとの戦争に介入してくる可能性があるアメリカによっても、事態は危険にさらされる」。しかし、と彼は付け加えたが、それは誤っていた。「問題全体を世間から隠しておくことは可能である。それは大した問題ではない[15]」。

ヒトラーが見越していたように、国家が重篤な障害児の世話を引き受けるという事実を思いがけない幸運と受け取る両親もいた。クララ・Eの妊娠していた母親がその事例である。彼女にとって、従軍中の夫が留守の間、盲目で麻痺のあるクララとほかに四人の健康な子どもたち、そして家族所有の農場は世話できないと思われた。両親の中には、安楽死を望む者さえいた。だが大方は、子どもを諦めるよう説得しなければならなかったし、主治医と共謀して激しく抵抗する両親もいた。このことはベルリンの当局者をひどく苛立たせた。一九四一年九月、彼らは地方の保健専門家の決意を固めさせるために冷酷な指令を出した。[16]そこでは、重篤な精神的問題のある子どもが「有効な治療を受けるか、あるいは施設に収容される」ことは民族共同体にとって最大の関心事であると、疑う余地なく明言されていた。治療の必要性は問題にするようなことではなく、以前の指令ではっきり書かれている。障害児が施設に収容されれば、両親は経済的な不安とストレスから解放され、健康な子どもたちの面倒をよりよく見られるようになる、とそれは続けた。また子どもの問題の遺伝的性格を「明らかにし」、両親がそれ以上子どもをもうけないよう「適切に」思いとどまらせるだろう。面倒を見ている者は、実際は子どもの状態に合わせているだけなのに、しばしば改善が見られると考えるために、子どもを遠方へ送り出す覚悟ができていないことがある、と指令は警告した。これは、特に「情愛、好意、音楽への愛情が身内に非現実的な希望をしばしば与える」「モンゴロイドの」子どもの場合にあてはまる。そのような親には、「時宜を得た」施設への収容が彼らと子どもにとって最適だと告げるべきである。

少なくとも一人の地方官吏は、この無情な一斉攻撃に動かされなかった。トゥットリンゲンの国家保健局の無名の所長は、一〇歳のグンター・Fをカウフボイレンの殺人施設に送る命令を受けた。子どもはそこで、「国家委員会が提供した設備」によって「最高の治療」と「現代的療法」を受けることができる。所長は、「もし親あるいは保護者が予想外の問題を起こしたら、内務省［国家委員会からの連絡のための表向きの機関として使われている」から彼らに送られたそれぞれの通達状の内容を適切なやり方で知らせること」と言われた。トゥットリンゲンの所長は、そのいずれにも応じようとせず、つぎのように答えた。「私は原則として、親あるいは保護者の意向に反して子どもを国家委員会の施設に送ることを認めません。さしあたり、この事例は打切りとするよう検討することになるでしょう[17]」。

ほとんどの親は、明らかに最初は疑いを抱いていなかった。施設のファイルは、訪問を望み、洗濯物を返送しようとし、情報を求める母親の手紙で一杯である。施設はまもなく不安を鎮めるための渉外技術を高めた。多くの場合、施設は嘘をついただけである。「あなたの小さな息子さん」あるいは「あなたの可愛いアンネマリー」といった甘ったるい婉曲語句と、子どもの状態が悪化する可能性に備えて親を巧妙に覚悟させる言い回しで一杯の手紙が、問合せへの返事として出された。

あなたのお子さんのような種類の発達障害を持つ子どもは、いつも知能の発達が遅れています。……経験が示すように、こういった子どもの九〇パーセントが、伝染病にかかりやすいために長生きできません。……あなたのお子さんが病気になりましたら、すぐにお知らせします。心配なさる必要はありません。当方は最近、薬物治療コースを開始しました[18]。

「薬物治療コース」は、実際のところ、大きな心配の種だった。ルミナールを継続的に服用させるのが、子どもの殺害に好まれた方法である。ルミナールは呼吸機能を低下させ、犠牲者は数日すると、それ以前の何週間かにわたって餓死するほどの配給量で弱っている場合は特に、たいてい肺炎を悪化させた。スピードアップのために、最後はスコポラミンと混ぜたモルヒネが投与された。子どもが死ぬ時に、いつも痛みを感じなかったわけではないことを示す少なからぬ証拠がある。ルミナール投与とそれに伴う窒息性の肺炎は、たいてい数日続いた。もっと嗜虐的な医師には、餓死あるいは電気ショックといったほかの方法を好む者もいた。子どもたちが無邪気な方法で何が進行しているのかを認識していたことを示す証拠もある。ある施設では、子どもたちが「咳のゲーム」と呼ばれる遊びをしているのを知って、看護婦が驚いた。

子どもがいったん「不治である」と宣告されれば、子どもをナチの保健専門家の管理から引き離そうという努力は、めったになかったにしても時には成功することがあった。ある医師は、「医学的助言」に逆らって子どもを「無分別な父親」のもとに返さなくてはならなかったと、いやいやながら記している。[19]

エリー・Oの事例は、もっと典型的である。エリーは快活な四歳半の脳性麻痺の子どもで、「多幸症」で「おしゃべり」と描写されている。彼女は誰にでも話しかけ、「尋常でない状況の変化」に直面した時に泣き叫ぶだけだった。長い文を繰り返すことができたし、どこにでもある物の名をあげることもできた。彼女は、アーヘンの家が爆撃され、母親と二人のきょうだいが疎開したあとで、ボンの病院に連れて来られた。爆撃後二週間経って、エリーの母親は、再び子どもの面倒が見られるようになったので、一週間のうちに子どもを引き取りたいという手紙を寄越した。病院の医師は、エリーの帰宅を調整しようとして、子どもの状態は改善されていないが、帰宅が許されない理由はないと地元の当局に知らせた。だが当局は、「爆撃で焼け出されて家を失った母親」に十分面倒を見ることはできないという理由でエリーの帰宅を許さず、子どもは別の施設に送られるべきだという勧告がなされた。両親の宿泊設備を確認する努力がなされたとは思われない。エリーはさらに二か月間ボンの病院に留め置かれ、一九四四年三月二四日、一九人のほかの幼い患者とともに、ヴィースバーデンの近くのイドシュタインにあるカルメンホフ病院の安楽死病棟に送られ、そこで一三日後に「肺炎」のために死亡した。この「尋常でない状況の変化」に際して快活なエリーが泣き叫んだかどうかは、報告書からはわからない。

エリーの父親は、報告された彼女の死因が正確なものとは信じなかった。戦時の旅行は困難だったにもかかわらず、彼は真実を知ろうとイドシュタインへ赴いた。

私はカルメンホフに到着して、最初に一群の子どもたちに会い、娘のことを尋ねました。子どもたちは彼女を知っているが、連れて行かれて戻って来なかったと答えました。……私は本部に行き、わが子の行方について正確な情報を知っている医師あるいは誰かを探しました。私が見つけた医師は、彼女は四月七日に肺炎で死亡したと言いました。私はこの説明に満足せず、正確な詳細を知ろうとしました。わが子が自然死だったとは信じないと言いました。彼らは私に、用心深くしなければ追い出されるだろうと言いました。子どもの墓を見たいと頼むと、共同墓地に連れて行かれ、たくさんの盛り土の墓を見ました。そのうちの一つがわが子の墓だということでした。墓に供えるためにいくらか花を買ってもよいかと尋ねると、駄目だと言われました。……私は主任医師との面談を許されませんでした。私は今でも、わが子は自然死ではなかったと確信しています。[20]

言うまでもなく、親は死に際して子どもの枕元にいることを決して許されなかった。死因となった病気に関する通知書は、通常子どもの死後に届いた。実際に手紙の郵送は、ちょうどそうなるように慎重に計画されていた。ほとんどの人々は、葬式に出て慰められる機会も奪われた。どうにか子どもが埋葬される前に到着した親は、目にしたものに驚かされた。ある母親は、息子の服のポケットに、彼の苦しみがはっきりと記されたノートを見つけた。「大好きなママ、僕はここにこんな人たちと一緒にいたくない。……僕は自分の道を行くだろう。ここに留まりたくない。僕を連れに来て」。精神障害では全くなく、「反社会的」とされて、青少年訓練キャンプから安楽死施設に移送された少年は、殴り殺される前に三度逃亡を試みた。死亡証明書には、彼が「血液の循環不良のために」死亡したと書かれていた。[21] もう一人の疑い深い父親は、息子の痩せ衰え傷ついた身体を見ることを許されて、本当の死因を告げてほしいと主任医師に頼んだ。医師は襟の折返しにつけた金のナチ党の徽章を指して、「皆がこれのために死ぬのです」と言った。[22]

家族を特に苦しめたのは、情報不足だった。安楽死委員会は、成人担当であれ児童担当であれ、患者の移動を家族に通知しないことが少なくなかった。親族は訪問のために到着すると、相手が移動してしまったことを知る、しかも居場所についての情報はない。ファイルは捜索中の親族が必死になって書いた手紙で一杯である。すべての物語が悲劇的な結末を迎えた。ほかの家族は何とか国外へ出ようとする一方で、施設に収容された娘の傍にいるために隠れてベルリンに留まったあるユダヤ人女性の場合も同じだった。同情したある地方施設長の助言で、彼女はポーランドのルブリン近くのヘウムノにある「施設」——実際は絶滅収容所——に四回にわたって手紙を出した。少女はそこへ移送されたのだが、彼女の努力は役に立たなかった。「私はこれ以上どこを探したらよいのでしょう」と、一九四一年一月、再び所長に宛てて手紙を書いた。「親愛なる所長様、おそらくあなたも父親でいらっしゃるでしょう。そして、私が可愛い子どものことを心配しながら、何か月も苦しんで眠れない夜を過ごしたことを、よくご理解いただけることでしょう[23]」。

一九四〇年秋になると、子どもたちの親族以外にも不安が広がった。「ライプツィヒの領事館管轄地区から連れ去られた精神病患者の謎の死と親衛隊の関与」という題名の好奇心をそそる公文書が、一〇月一六日、ライプツィヒのアメリカ領事館からベルリンの大使館に届けられた。この月の初めに、副領事がある知人から、地方紙に掲載された一群の死亡記事について何か妙なことに気づいたかどうか尋ねられた。情報提供者は、知人の母親が施設に収容され、その後何も知らされないままどこかへ移されたと話した。娘は何週間も手紙を書き、探し回った挙句に、母親がリンツの近くのハルトハイムにある施設にいることを知った。その直後、彼女は母親が亡くなり火葬されたと知らされた。遺灰はライプツィヒの共同墓地に送られるということだった。彼女が打合せのために共同墓地に行った時、そこの園丁が「何ということだ、ここで何が起きているんだ、これは私が今日リンツから受け取った同じような五つ目の骨壺だ！」と叫んだ。領事は、一〇月前半に「ドナウ川のリンツの近くでの」突然死と火葬を伝える二二件の非常によく似た死亡記事が新聞に掲載されたこと、ライプツィヒの住民は「この身の毛のよだつ出来事の遠くまで及ぶ結果を恐れる気持ちに襲われている。恐怖と生命が完全に危険にさらされているという感情が根をおろし始めている」とも報告した。しかし、と領事は続けている、「記事は……ほとんど直接の非難を含む表現がきわだつようになり、たいそう注意を引くようになったので、まもなく発禁になるだろう」[24]。アメリカのほかの領事たちも同じような噂を報告している。

殺人を世間に秘密にするのは簡単だというヴィクトル・ブラックの言葉は、現実に反していた。親衛隊によって厳重に警備されて殺人施設に向かう灰色のバスの流れ、そして施設の煙突から立ちのぼる嫌な臭いのする煙は、周辺の町で噂になった。ゲームをする村の子どもたちは、身の毛のよだつような城に閉じ込めると言って脅かし合った。被収容者は何か秘密の致死ガスのための実験材料として利用されているという噂があっという間に広まり、ベルリンに報告された。もっと確かな証拠もあった。殺人施設の一つで働いているある看護婦が、一九四一年三月、一通の匿名の手紙をベルリンのアメリカ領事館に送った。彼女はつぎのように書いている。

私は不幸にも、悲しい情報をお伝えせざるを得ません。私たちの政府は、実験施設で大勢の精神病患者や病人を毒ガスで殺しています。……何百人どころではなく何千人もの人々が最近殺されたと保証します。

彼女は犠牲者の家族の住所を確認のために付け加え、「殺人者を正義の手に引き渡すために、あなた方の力でできることをしてくださると期待」して、熱烈な懇願を終えた[25]。

絶え間ない苦情の奔流が司法省に押し寄せていた。衝撃を受けた地方官吏は、ナチの福祉組織が多数の精神病患者の死によって返還された公的資金を私物化しようとしていると暴露した[26]。統合失調症の息子を持つある高級官僚は、進行中の事態は「ちょうど強制収容所で行なわれているのと同じ明白な殺人」であると伝える手紙を匿名で書き、挑戦的に続けた、「ベルリンの親衛隊がこうするように一律に指令しているのです。……今まで七年間、この殺人者の一味はドイツという名を汚してきています。もし私の息子が殺されたら、ああ！　私はこれらの犯罪があらゆる外国の新聞に発表されるよう準備するでしょう。……私は検事が起訴するよう要求するでしょう」。彼はほかの多くの人々と同じく、総統はこの成り行きについて何も知らないのだと確信していたので、追伸に「私は同時にヒトラーにも手紙を書きます」と付け加えた[27]。

シュトゥットガルトの主席検事は、町の後見職と遺言検認裁判所が、殺人施設が出したおよそ七〇の「ステレオタイプな」死亡通知を受け取り、疑心暗鬼に陥っていると報告した[28]。一方でブランデンブルクの勇敢な裁判官ロタール・クライシヒ博士は、ヒトラーが安楽死認可のために書いた非公式の書付を司法相に見せられても動じることなく、計画に関わっている官吏に対する殺人訴訟手続きに着手しようとした[29]。これはすべて、司法相ハンス・ギュルトナーが指示した。多くの機関の不安に駆られた官吏が殺人合法化の法律を起草したが、ヒトラーがその公布を拒否したために、「狂人の秘密裡の根絶をすぐに中止しなくてはならなかった。最近行なわれた処置は、素早く広範囲に、少なからず偽装されて知れ渡った。……当局がドイツ司法行政は何も知らないというふりをするのは不可能である」ことを、帝国官房に示すためだった。[30]

ヒムラーも、グレーフェンエックで進行中の事案についての手紙を受け取っていた。一通は高貴な生まれの城の住人、フォン・レーヴィス夫人からのもので、ナチの男友達の派手な添書とともに届いた。その中で、彼女は「天から舞い降りて来た北方の女神」であり「運動の熱心な支持者」であると書かれていた。添書の筆者は、「親衛隊全国指導者を無条件に信頼している」ので、フォン・レーヴィス夫人がその手紙によって「誤解」を被ることはないだろうと確信していると書いたあとで、「男性は立ち向かうことができるが、女性には近づくことが許されるべきでない事柄が確かにあります。……それゆえ、われわれが国民の永遠の生命のために戦うことを望むという理由で、ある事柄を今日引き受けなくてはならないとすれば、それらを前にして女性が身震いするような事柄は、現実に秘密にされているような方法で扱われなければなりません」とお世辞たらたらでほのめかしている。フォン・レーヴィス夫人は手紙の中で、あからさまな目的を持った安楽死政策に対する驚きを表明しているだけでなく、最もひどいのは「恐ろしい不安の感覚を醸成する公の秘密」であると断言している。問題は、と彼女ははっきりと書いている、「遅くなり過ぎる前に総統の耳に入れるべきでありますし、ドイツ国民の声が総統の耳に届く道があるに違いありません！」[31]。これらのメッセージがヒトラーのもとに届いたかどうかはわからないが、ヒムラーは、「国民は親衛隊の灰色の自動車に気づいていて、常に煙を出している焼却炉で何が行なわれているかわかっていると思っている。そこで起きていることは秘密だが、長いことそのままではいない」と記して、グレーフェンエックでの作戦中止を部下に命じた[32]。

グレーフェンエックとブランデンブルクでのガス殺と焼却は中止になったが、殺害は続いた。ペースダウンし、世間の目があまり届かないほかの施設に移されただけのことである。それでも、抗議活動は形成され続けた。一九四〇年夏、附属の施設でドイツのほぼ半数の身体障害者を保護している教会が、彼らの死に完全に気づいた。内国伝道として知られるプロテスタント福祉組織の牧師ゲルハルト・ブラウネは、「精神薄弱の」少女二五人の殺人施設への移送命令に恐れをなして、調査を始めた。彼は国家委員会の偽装事務所を見つけ出し、証拠を携えてそこの役人と対峙した。すべてを否定されたので、ブラウネは詳細なメモをヒトラーに送った。ヒトラーは、計画の中止はできないが、処置が「もっと慎重に」実行されるようにすると答えた[33]。ブラウネは数日後、曖昧な罪状で秘密国家警察に逮捕された。

この努力の直後に、ヴュルテンベルクのプロテスタントの主教テオフィル・ヴルムが、牧師によるもう一つの抗議を行なった。彼は内相ヴィルヘルム・フリックに宛てて一通の雄弁な手紙を書き、「病者の生命が終わりを迎えるべき時の決定は、全能なる神がなさる」と述べ、「子どものうちの一人が精神的に損なわれているなら、確かにそれは両親にとって深い悲しみの源でありますが、神がこの子どもに生きることを許しておられる限り、両親はその子にすべての愛情を注ぐでしょう」と力説した。ヴルムは、親衛隊がキリスト教を否定していることも非難したが、ヒトラーのことは「積極的にキリスト教」を信奉していると感じていたので、非難しなかった。そして、と彼は続けた、「若い人々が、国家にとって生命が神聖なものではないと気づき始めたら、彼らはそこから、個人の生命にとってどんな結論を導き出すでしょうか。犯罪に関わっている者がある人物の除去が役に立つと言うことで、他人のすべての権利の侵害が正当化されないでしょうか。この斜面を転げ落ち始めたら、止まることはないでしょう」[34]。

一九四〇年八月一一日、カトリックの司教たちも抗議し、一二月にはヴァチカンが、「国家権力の命令に基づいて、死に値するような罪を犯してはいないが、民族にとって役に立たず、むしろ重荷であり、その力と強さの邪魔になるという理由で、そういった人々を直接に殺害することは許されない」と公表した[35]。

唯一の不運は、これらの抗議のほとんどが社会に広まらず、動揺を恐れた役人たちによって、政府と教会の上層部内に礼儀正しく封じ込められたことである。抗議が社会全般に広まるのは、さらに八か月経ってからである。一九四一年八月三日になって、ミュンスターのカトリックの司教フォン・ガレン伯アウグストが、官僚を通して、また大勢の「非生産的な民族同胞」の差し迫った除去に関する彼自身の司教管区からの報告という形で、殺人施設に提出された抗議に対して返答がないことに怒り、雷のような説教の中で思い切った発言をした。彼は殺害方法を暴露したのちに、殺人に関わった機関を公式に告発したと知らせた[36]。説教は管区内の全教会で読み上げられ、まもなく連合軍にも伝わって、連合軍が印刷した何千部ものコピーをイギリス空軍がドイツ中に撒いた。ヒトラーは秘密の露見に気づいて、成人の安楽死計画の中止を三週間後に命じた。公に知られたのは厄介だったが、実際のところ、標的とされた「生きる価値のない生命」七万がすでに殺害され、八億八五〇〇万マルクが節約できたと見積もられた。計画を遂行したT４の事務所は、別の名称のもとで存続した。そのよく訓練された人員と芸術的な設備は、これから見ていくように、まもなく拡張され、ドイツ国内と新たに征服された東方の土地の双方で厳重に秘密にされたまま、新たに「非生産的」と分類された犠牲者を「撲滅する」ために使われるだろう。そして成人の安楽死は、すでに子どもに適用された断種と薬物というもっと巧妙な方法を用いて、前近代的な環境でまもなく再開されるだろう。

若い人々も見逃されなかった。国家委員会はヒトラーの特別命令に従って作戦を続行しただけでなく、十代を含めるために年齢制限を上げた。[37] 一九四三年三月には制限が拡大されて、外国人強制労働者の完全に健康な子どもと教護院に収容されている半ユダヤ人の子どもが含まれるようになる。この子どもたちの扱いは、以前と違ってもはや穏やかなものではなかった。四人のきょうだい、クララ、アルフレート、エーデルトラウト、アマンダ・ゴットヘルフはハダマーの施設に送られ、全員が三週間以内に「腸炎」で死んだ。彼らの移送を命じられた役人は信じなかった。

この奇妙な死は私を当惑させ、疑念はハダマーの施設の公式発表によっても拭い去られませんでした。一方で私は、公式発表が……信じるに値しないものとして議論の対象になることはないという事実を、考慮しなければなりませんでした。私は決して、処置の修正や解明に成功しなかったでしょう。そのような出来事が繰り返されることを避ける以外に、私に残されたことはなく……そこで口頭で、何があってもこれ以上子どもをハダマーに送らないよう、施設の責任者たちに個人的に指図しました。[38]

彼がこの努力に成功したかどうかはわからない。

一〇万人近くの子どもが国家委員会に登録され、そのうちおよそ五二〇〇人がすぐに殺害されたことがわかっている。もっと多くの子どもが、別の理由で施設に留め置かれ、間接的な方法で死に至った。子どもの安楽死計画を継続する動機は、関わった専門家たちにとって重大だった。看護婦と技術者は、一人死ぬたびに特別賞与を受け取った。あらゆる動機が金にからんでいたのではない。職員は、死に痛みが伴うことについて秘密厳守を誓っていた。多くの者が、世話している可哀想な子どもたちいたが、実行の要求に恐れを感じていたが、自分は無力だったし、担当医師を恐れていたと証言した。ナチの敗北後にリヒャルト・イェンネを殺害したヴェルレ看護婦の超然としたサディズムは、このしばしば繰り返される言訳に疑惑を抱かせる。

医療専門家の多くにとって、施設に収容された子どもたちは、メンゲレ博士の双生児と同じく、研究に役立つ実験材料としてあまりに魅力的だった。彼らを実験に利用したいと申し込んできたのは、ポリオ、ダウン症、二分脊椎症の研究者である。一九四二年、国家委員会の医師の一人は、「国家委員会の子どもたちは、ほかの二つの領域で科学に貢献している。猩紅熱ワクチンの試験が可能になり……また結核に対する免疫性という非常に重要な領域にとって有用である」[39]と誇らしげに指摘した。

ハイデルベルクのある研究所では、三歳から一三歳までの発達障害の子ども三〇人が博士論文のためのホルモン実験に利用された。この博士論文は「精神薄弱児における新陳代謝の耐久試験」という適切なタイトルで、一九四六年になって出版される。実験には流動体の吸入および排泄の正確な測定、流動体の強制摂取が含まれており、博士号請求者モニカ・シュナイダーは、それが「実験をさらに難しくした」と付け加えた。ほかの測定は、大量のアドレナリンとインシュリンの注入後に、頻繁に間隔をおいて血液を吸引して行なわれた。悲しいことに実験は決定的なものではなく、結論を絶対的に確実なものにするには、さらに数百人の「白痴」が必要だったと思われ、生きた子どもを使ってこそ多くのことが言えると記されていた。しかしながら、すべてが無駄だったのではない。割り当てられた殺人施設に子どもたちが送り出されると、事情を認知しているシュナイダー博士は、患者ディトマル・Kの「すべての腺組織」を「脳と一緒に」自分のところに戻してもらいたいという要望を持って、どこまでも追いかけた。[40]

資料には、すべての殺人施設が数種の研究所と連携していて、何一つ無駄にされなかったことが示されている。脳の需要が特に高かった。実際、研究者は自分が望むどんなタイプの障害児の脳でも注文できた。研究熱心なモニカの義父であり、バーデンの人種政策局の局長だったカール・シュナイダー博士は、子どもの書類を熟読したのちに、急使に適当な器官を送らせた。[41]

最初の児童用安楽死施設、ゲルデンは、ベルリン・ブーフのカイザー・ヴィルヘルム脳研究所と緊密に連携していた。ここではユリウス・ハラーフォルデン博士がおよそ六〇〇の脳をコレクションしていた。彼は「もしあなたがこの人々全員を殺すつもりなら」と、戦後あるアメリカの捜査官に向かって語ったと言われている、「少なくとも脳は利用できるように取り出しなさい」[42]。そして、それらは実際、一九九〇年に至るまでフランクフルトのマックス・プランク研究所で利用されていた。脳のうち少なくとも三三個は、一九四〇年一〇月の同じ日にゲルデンで死んだ七歳から一七歳までの子どものものだった。戦後の裁判である証人は、六五人ほどを加えたこの子どもたちは、「殺害という特殊な目的のために」そこへ送られて来たのだと証言した。[43] 検死解剖は処刑直後に行なわれた。処刑は、道を下って行った所にあるブランデンブルクの成人用ガス室で一度に行なわれたようである。[44]

普通の血液検査が行なわれる通常の健康診断に子どもを連れて行った親は誰でも、苦しい体験の間、母親の腕に抱かれている子どもさえ、どんなに恐がるかを知っている。ナチの医師のうち少なくとも一人は、おそらく、自分の子どもが出生時の損傷を伴って生まれて来た時に、人は不完全な存在を愛せるのだと気づいたために、計画から退いた。だがこの種の人間性は、優生学に傾倒した者には稀だったと思われるし、純粋で優れたアーリア人種の発展という概念の受容は、方法が過激だと感じられた時でさえ、大して問題にならなかった。一九歳で両親を亡くしたヒトラーは、自分が結婚に向かないと認めて、子どもを持たないままでおり、親の愛情と喪失という感情に現実に直面することがなかった。

第3章

支配人種の増殖

国民の純化というナチの強迫観念と並行していたのが、その数を増やすという決意である。第一次世界大戦で何百万人もの若者が失われたことと、一九二〇年代と一九三〇年代の経済的な荒廃と恐慌の結果、ドイツの出生率はひどく低下した。ヴァイマル政府は、全ヨーロッパに共通するこの問題を完璧に把握しており、子どもの健康と福祉を促進するための公的プログラムを作成した。あらゆる種類の団体が、一九世紀の大家族の復活を支持するキャンペーンを繰り広げた。「最良の」人々は最小限の子どもしか持たず、出生率が高いと思われているスラヴ人や、自由恋愛や離婚にうるさくない共産主義者の神なき模範に民族が脅かされている、という永遠の懸念があった。だが、下層階級の母親は子どもを育てるために働き続けなければならず、しかも女性解放運動がきざしていたために、家族は小規模なままだった。加えてたいそうな大家族は、優生学者が非難した貧しく教育のないごくつぶしを一般に連想させた。(1)

ナチは、子づくりの伝統的なモラルの側面には関心がなかった。彼らが関心を持ったのは、純粋性と数だけである。人種的に純粋な個人を大勢貯えることは、ナチの膨張主義計画を支えるのに重要だった。この目的のために一連の法令、福祉関連の指令、宣伝用の声明が出され、大人数で、居心地のよい、古風な家族への回帰を促進しようとしたが、実際の目的は家族を未来のナチ幹部の孵化場に変えることにあった。ナチの計画は最初からうまくいくはずがなかった。なぜなら、それはあらゆる人間的な要求と希望を無視し、何世紀にもわたる市民的、宗教的伝統に公然と挑んだだけでなく、経済的にも不可能だったからである。

「異人種の」または「混血の」ドイツの家族は、当然のことながら新しい計画から除外されていた。異人種とアーリア人の結婚は、一九三五年、結婚健康法が通過する一か月前に、「ドイツの血と名誉を守る法」によって禁じられた。自分の精神を守るためにナチ当局と妥協しようという試みは、同情心のある地方役人に援助されたとしても、めったに成功しなかった。それを示すのが、忘れ去られた「ジプシー」が先祖にいるが、完全に同化した家族の娘である二一歳のリゼロッテ・Wの事例である。この表向きは理想的な家族には五人の男の子と一人の女の子がおり、その受け入れ難い血筋については一九四二年まで報告されていなかった。父親は第一次世界大戦時に勲章を授けられた退役軍人であり、息子の一人はフランス侵攻の際に戦死していた。ほかの四人の息子はヒトラー・ユーゲントに所属していた。この家族は「ドイツ人」と見なされるという地元警察の推薦状にもかかわらず、父親と息子たちは職を奪い断種すると脅迫された。リゼロッテはあるアーリア人兵士の子どもを妊娠して五か月だったが、恋人との結婚が許されるなら断種されても構わないと自ら申し出た。この懇願は無視され、娘はその代わりに「反社会的」であるとの廉で投獄された。刑務所の医師は彼女を診察して、強制収容所での労働にも留置にも適さないと言明した、「なぜなら、彼女は出産の数か月前だったからである」。この所見は疑いもなく善意のものであったが、その代わりに死の宣告となった。リゼロッテはアウシュヴィッツに移送され、出産予定日の少し前に赤痢で死亡した。彼女の死は悪くない結果をもたらした。彼女の父と兄弟は断種されただけで、移送も殺害もされなかった。[2]

「ジプシー」に対しては過激な措置がとられたが、ドイツの上層階級に属していても結婚法から逃れることはできなかった。国防軍の大佐メルヒオール・クーノ・フォン・シュリッペンバッハは、名門サレム寄宿学校の卒業生で、チェコ国籍のイロニカ・ドゥドコーヴァとの結婚を望んでいた。許可を得るために、青年は自らどぎつい人種審査を耐え、多くの書類を提出しなければならなかった。書類には「花嫁の四枚のヌード写真」が含まれ、「そのうちの一枚は両側から撮られた……人種審査のための完全なヌード」だった。彼の側から「厳しい苦情」が申し立てられたので、少女は撮影の際にビキニの水着の着用を許された。その結果彼女は「人種的に適格」と宣言されたので、二人は一九四二年、正式に結婚し、まもなく娘が生まれた。メルヒオールが出征中にイロニカは再び妊娠したことがわかり、両親のもとに引っ越しした。これはドイツ人とチェコ人の同居を禁止する総統の特別法規に対する違反だったので、親衛隊に報告された。イロニカは実家を退去するよう強制され、無思慮にも、完全ユダヤ人の未亡人で二人の子どもを持つチェコ人の家に引っ越した。これはもちろん、人種専門家の目にはもっと悪質にうつった。彼らはフォン・シュリッペンバッハ大佐に手紙を書き、「子どもたちが半ユダヤ人の子どもと同じ家庭で育てられていること」に、大佐自身が不賛成だろうと仮定した上で、大佐が家族を別の場所に移すようにと要求した。大佐は事態に対処するため急いでプラハに赴いた。そして人種専門家たちから、彼の妻がドイツに移らず、彼が戦死した場合は、子どもたちは母親から引き離されて新しい名前をつけられ、子どものないドイツの夫婦との養子縁組が予定される、さもなければ、彼らが「ドイツの良識によって育てられる」保証はないと通告された。フォン・シュリッペンバッハがこうした所見に抗議すると、ナチの役人たちは、彼は「外国人と結婚する前にこういったことを考えておくべきでした。結局のところ、綺麗で品のよいドイツの少女は大勢いたのですから」と言ったものである。(3)

子どもを産んでもよいカップルのための人口増加計画は、一九三三年に結婚資金貸与制度という全く無害な形で始まった。この制度は、新婚夫婦世帯の援助に低額の貸付金を提供するものだった。負債は子ども一人につき二五パーセント減額され、四人目の子どもが生まれたのちに完全に控除された。欠点は制度を利用した場合に母親が働けないことだったが、これは、計画は出生率を上げるために役立つだけでなく、当時の高い男性の失業率の解決策とも見なしていたナチにとっては好都合だった。母親の労働禁止という規定のために、特に女性が伝統的に農業に携わる地方で、最初のうち貸付金の利用は広まらなかった。一九三〇年代末になるとドイツ軍と軍需産業の双方が拡張し、失業は労働力不足に転換したので、母親の労働禁止は緩和されざるを得なかった。一九三九年、新婚家庭の四二パーセントが貸付金制度を利用していたが、それにもかかわらず、一家族の子どもの数は平均一人のままだった。[4]

結婚資金貸与制度は始まりに過ぎなかった。あらゆる可能な手段が、子づくりの奨励に利用された。産児制限をする病院は共産党の地盤と見なされて閉鎖され、妊娠中絶に対する罰則は強化された。中絶は人種の遺伝的な健康を守るためにのみ行なわれ、その場合は強制的だった。一九三五年以降、医師は人種専門家からすべての疑わしい流産について通報するよう命じられ、そういった事例には警察の捜査が入った。[5]一九四一年には「異人種」に属する人々だけが刑罰を受けることなく中絶できるようになり、事実それを奨励された。これらの法律は、さらに厳格に施行されるだろう。一九四一年、純血ドイツ人への避妊具の販売が全面的に禁止された。離婚の理由も人口増加に役立つよう拡大された。[6]不妊、子づくりに消極的、あるいは「回復不能な婚姻の破綻」は、「文句のつけようのない」離婚の正当な理由になった。不幸な結婚に縛りつけられた人々は、子どもをもうけようとしないだろうという考え方である。離婚した男性が新家庭を十分に養えるよう、子どもの養育義務は緩和された。

この政策の結果、一九三九年に離婚ブームが起きたが、目に見えるほどの出生数増加には至らなかった。[7]

あらゆる人がプレッシャーを感じていた。当時ヒトラーのお気に入りの建築家だったアルベルト・シュペーアは、結婚して六年になる妻を一九三四年に初めてヒトラーに紹介したが、総統は彼女が妊娠五か月であることを知らずに「結婚六年で子どもがいないのですか、なぜ」と言った。シュペーアはのちに、「床が開いていれば、姿を消せたのに」と思い出を語った。[8] 彼はそれ以上、総統を失望させなかった。一九四三年、シュペーアには六人の子どもがいた。ヒトラーの第一の側近マルティン・ボルマンは九人の子どもでシュペーアをしのぎ、ゲッベルスも六人、ヒトラー・ユーゲントの指導者バルドゥア・フォン・シーラハは四人の子どもがいた。だが、北方人種の偉大なる後援者であるゲーリングとヒムラーは、それぞれ一人しか嫡出子がいなかったし、言うまでもなくヒトラーは子どもがなかった。

国家は、子どもを産んでよい母親にあらゆる種類の援助を与えた。貧しい女性は、乳幼児用品一揃いから乳幼児用シリアルに至るまですべてを提供された。既存の福祉組織は大いに拡大され、ナチ国民福祉団の旗のもとに統合された。一九四一年、母子支援局という特別部門が、妊娠女性およそ二万九〇〇〇人のためのカウンセリング・センターを設置し、助産婦、家事手伝い、訪問看護婦の一団を派遣した。大勢の妊娠女性が、出産と産後の回復期のために、湯治場と見紛う特別な母親ホームに送られて一か月を過ごした。[9] さらに無数の下位組織に支えられたナチ女性団が、出産と家政の実践課程を後援し、六万人の会員に大家族を持つよう奨励した。[10] これらのどれも、利他的なものとは言えなかった。女性と子どもたちはカウンセリング・センターで欠点を注意深く観察され、ナチの家族政策を数え込まれた。産科ホームはしばしばユダヤ人から接収された別荘に設置され、一日のうちのかなりの部分を教化クラスが占めていた。食前には総統に祈りが捧げられた。母親たちは手を掲げてナチ式敬礼をし、食事を施してくれた総統に感謝し、「私たちはあなたにすべての力を捧げます。あなたに私たちと子どもたちの命を捧げます」と詠唱した。

食後には民俗的な合唱と演劇の上演があったが、それは戦争歌（「万歳、万歳、われわれは敵を殺すために、武器とテントとヘルメットと槍を持って戦場に向かって行進する」）によって何度も中断された。セックスに関する講義によってさらなる出産が奨励され、少女たちが退所する際には一巻の「刺激的な」文学が贈られた。[11]

ナチ国民福祉団は、ある施設長がアメリカ人見学者に向かって「私たちは子どもたちが六歳になって学校が引き受けるまで、ヒトラーのために子どもたちを守るのです」と語ったように、子どもたちを非常に注意深く把握していた。制服の看護婦の一団が、幼い子どものいる家庭を定期的に訪問した。看護婦は子どもたちにナチ式挨拶を教え、成長した暁には「総統のための戦士」になれるよう戦争ごっこを奨励した。その邪魔をする母親は非難され、母親は皆さらに出産するよう常にプレッシャーにさらされていた。[12] 働く母親のために、就学前の子どもを昼間世話する特別な施設が国中に設置された。これらの施設には、ナチ国民福祉団で特別に訓練された教師が配属されていた。一九三六年公刊の施設用の手引きでは、いかにも子ども向けの活動をあげるだけでなく、彼らに「ナチズムと民族共同体への奉仕」を教え込むよう要求していた。[13] 花綵《はなづな》で飾ったナチ旗とヒトラーの肖像画がその前提だった。家具や建物は可能な限り厳密にドイツ風の型式のもので、生後六か月の赤ん坊にも制服が支給された。子どもたちはここでも、総統のために死ぬことをさらに強調した戦争歌を教えられた。彼らはあらゆる事柄において、総統に従わなければならなかった。少女たちは、人形遊びをはじめとする母親らしい活動を奨励された。ニュルンベルクに近い施設の幼い少年たちは、ヒトラーのために何をしたいかと尋ねられた時、「たくさん食べて」「強くなり」、兵士になって「フランス人を撃ち殺したい」とはっきりと言った[14]。子どもたちの健康も慎重に管理された。毎日歯磨きをし、健康診断が頻繁に行なわれ、食べ物は豊富で、運動も盛んだった。

このような精力的な努力にもかかわらず、出生率の上昇は、ヒトラーが気に入るにはあまりに緩慢だったし、中絶の割合は減少しなかった。党は家族を賞賛するために一連の奨励策を展開したが、それはほかのもの以上にばかげていた。ヒトラーは一九三五年のニュルンベルクでのナチ党大会で、人口増加のための努力は「女性にとっての戦争だ」と宣言した。「子沢山の」家族は家賃が減額され、無料映画券が与えられた地方もある。小さな子どもたちに囲まれ、「世界で最も美しい名は母」という標語で飾られた母親が描かれた「名誉カード」が、三人以上一〇人以下の子どもがいる母親全員に配られた。このカードがあれば特約店での優待や割引を受けられたが、うまくいかなかったようである。というのは、地方の役人も小売商人も、子沢山が、ナチ指導部が融資もせずに奨励したサービスの理由として適切とは考えていなかったと思われるからである。一九三六年以降、中央政府はさまざまな種類の褒美を提供した。母の日は国民の祝日となり、一九三八年にドイツ母親名誉十字章が、少なくとも四人以上出産した母親のために制定された。三〇〇万のメダルが授与された儀式は手の込んだもので、これ以降、ヒトラー・ユーゲントの全団員に、メダルをつけている母親への挨拶が義務づけられた。おそらく母親十字章ではなく経済的な理由によって、一九三三年に最低だった出生率は、一九四〇年におよそ二倍になったが、ナチが熱望し、妄想していた一九世紀末の数字よりはるかに低かった[15]。

既婚の母親への援助が、どんなにイデオロギーの影響下にあろうとも、一般に喜んで受け入れられた一方で、シングル・マザーを保護し、奨励し、非嫡出子という烙印を除去しようとするナチの努力はあまり成功しなかった。ナチ国民福祉団のホームは、遺伝的に問題のない未婚の母や彼女らが産んだいわゆる国家の子どもを差別しなかったし、養子縁組のサービスを行なったが、第二子出産後のシングル・マザーの断種を提案した。ヒトラー、ヒムラー、そして多くのナチの理論家たちは個人的には、一夫一婦制と結婚を、ブルジョアの偽善的なモラルによって人口増加を阻害する不要な束縛と見なしていた。しかしながら、この見解は党の支持者全員が共有するものではなかった。彼らのほとんどは、伝統的な宗教的基盤から離れることがなかった。ナチ理論自体が混乱を招いた。未婚の母は、母親十字章を授与された母親が世話をする子沢山の家族という概念に適合しなかった。大敵である共産主義者が、未婚のままの出産に賛成していたことも知られていた。総統への忠誠は全く当然のことであるにしても、不道徳な、あるいは「反社会的」な、そしてそれゆえに「ドイツ人」であるに値しない存在としての未婚の母に対する古くからの見方を変えるのは、別の事柄である。尊敬されているナチの人種専門家でさえ、父親がわからないと子どもの純血性が確実ではないという論理的な理由により、未婚での出産に異議を唱えた。一般的に、そのような子どもはあまり健康でないし、精神的にも不安定だと考えられていた。主要な諸機関はしばらくの間、シングル・マザーに対して「フラウ」という丁寧な呼びかけ、税の軽減、平等な福祉の提供以上のことをしなかった。さらに遺憾なことに、非嫡出子の父親であることは、ドイツ正規軍において軍法会議にかけられる罪状のままだった。ナチの中核組織、特に(愛国的なことに一一人の子どもをもうけたゲルトルート・ショルツ・クリンクを会長に戴くナチ女性団のような)女性限定の組織さえ、未婚で妊娠した働く女性を非難し続けた。[16]もっと過激な実験は、親衛隊の最奥部で行なわれるだろう。

隊員に対する親衛隊の人種的要求は、そのほかの国民に対するそれより、最初からかなり厳しかった。一八〇〇年に遡って祖先がアーリア人であると証明しなければならない場合もあり、先祖の寿命、忠誠心、体力、そのほか多くの特性が検討対象だった。このようなアーリア主義の化身たちは、誰とでも結婚してよいというわけにはいかなかった。ナチが権力を掌握する以前でさえ、親衛隊員の未来の妻は、夫と同じ基準を満たしていなくてはならなかった。一九三二年一月一日現在で必要な証明書がなくては、親衛隊員の結婚は許可されず、違反の場合は免職になるおそれがあった。[17]認可された者は全員が、親衛隊の名簿に厳粛に掲載された。一九三四年には、親衛隊員は若いうちに結婚し、少なくとも四人の子どもをもうけることを、あるいはもしこれができない場合は、遺伝的に「価値のある」子どもを養子にして「ナチズムの精神で」育てることを普段から奨励されるようになっていた。一九三五年、ヒムラーはこの政策を促進するという名目で親衛隊の人種植民局内に小さな一組織を設置した。「生命の泉」協会として知られているこの組織は、「子沢山で人種的および生物学的に健全な」親衛隊員の家族の支援を公の目的としていた。だが、人種的および生物学的に健全で、両親の家族を審査した結果、子どもも「同じように価値がある」と見なされた場合には、未婚の母にも居場所と保護を与え、生まれてきた非嫡出子の世話をすると約束していた。[18]ヒムラーは、自分が何を言っているのかよくわかっていた。ブルジョア道徳を猛烈に非難していたにもかかわらず、彼自身の二人の非嫡出子は世間と妻の目から注意深く隠されていた。[19]

「生命の泉」の実際の財源は親衛隊の他部局とナチ党の資金ということになっていたが、親衛隊の上級将校は協会への所属を要求され、給料から会費が差し引かれた。下級将校が会員になるのは任意だった。会員数は二三万八〇〇〇人が期待されていたが、残念なことに一九三九年の段階で八〇〇〇人にとどまっており、[20]一一〇〇人の親衛隊員の大家族だけが組織の支援を受けていた。親衛隊指導者の激励にもかかわらず、親衛隊員の六一パーセントは未婚のままである一方で、既婚者九万三〇〇〇人は一家族につき平均一・一人の子どもしかいなかったからである。統計が改善されなかったのは、血統審査に非常に多くの調査が必要だったために、一九三七年現在で二万件の結婚許可申請が未処理のまま残っていたという事実、あるいは、選抜された将校は二五歳を過ぎるまで結婚できないという完全に矛盾した規定のためである。[21] 親衛隊指導者は、そういった小さな問題に大して関心がなかった。「生命の泉」設立に際して、ヒムラーは、母親が生活できるなら、ヒムラーの本当の動機はアーリア人の子どもの中絶を妨げることにあった。ヒムラーは、母親が生活できるなら、そうでなければ中絶されてしまう「価値のある」子どもを少なくとも一年に一〇万人救うことができると計算していた。彼が熟考したところによれば、これは三〇年で四〇〇万の軍隊を供給し、国民総生産に八億三二〇〇万ライヒスマルク上乗せするのに十分な人数だろう。[22]

最初の「生命の泉」ホームは、一九三六年、ミュンヘン近郊のシュタインヘーリングに開設された。一九三九年にはドイツとオーストリアにさらに五つのホームが存在した。ホームは、ナチ国民福祉団のそれと同様、目立たないように、たいていは郊外や田舎の公共施設や別荘として使われていた建物に設けられた。基本的な組織はナチ国民福祉団のホームにそっくりだったが、内装はより好ましく整えられ、教化がより重要とされていた。収容者には秘密のヴェールがかけられていた。彼女らはたとえ未婚であっても、ファースト・ネームに名誉ある敬称「フラウ」を付けて呼ばれた。居住者の五〇パーセントほどが未婚だった。入所許可を出す親衛隊の医師たちは、「職業上の掟だけでなく、それ以上に親衛隊全国指導者への特別な誓約によって守秘義務があり」、「これから母となる女性たちの名誉を守り」、彼女らを「社会的追放」から保護することを期待されていた。[23] 入所許可を得るのは、理論上簡単ではなかった。候補者は、すでに複雑な親衛隊の諸要求に加えて、自筆の履歴書、写真、記載された父親が本物であるとの宣誓書を作成しなければならなかった。父親の身元と人種に関する十分なデータが明らかにされなければならなかった。これが不可能な場合、母親は入所できなかった。[24]ヒムラー自身が最終決定を下した。彼は「家禽飼育者の衒学趣味」[25]をもって書類を精査し、職員たちによく小言を言った。職員は、誰が「南東ヨーロッパ人」あるいは「東バルト人」（どちらも好ましくない人種カテゴリー）なのか、誰があるべき「人種の精髄」であるのか、それともそうでないのかについて、いつもはっきりわかっているわけではなく、混乱していたからである。

ヒムラーは、女性の希望を明らかに完全に無視して、どのホームも、全員が平等で幸福にナチ・イデオロギーを学ぶ「母親の共同体」になるだろうと空想していた。人種理論のような刺激的なテーマを扱う教化授業のあとで、母親たちが輪になって坐り、雑談を交えて討論することが期待されたが、そのようなことはめったになかった。共同体という考えもうまくいかなかった。既婚の母親は未婚の母親と交際したがらず、階級が上の親衛隊将校の妻は一人部屋や台所仕事の免除のような特典を望んだ。男性が入るのを許されたのは客間だけで、就寝時間は早かった。全体の雰囲気は、居心地のよいクラブというより、むしろ非常に厳格な寄宿学校、あるいは少年院のそれだった。食事は豊富で胃にもたれ、母親たちの不平のもとだった。メニューはヒムラーが個人的に吟味した。彼はじゃがいもとヒマワリの種を大いに好み、神経によいと聞いたために毎日朝食に出させているオートミールの作り方を配布することさえした。[26]

スケジュールは厳格で、女性たちは身体や態度に欠点があるかどうか常に監視されており、どちらも除名の理由となった。それでも、自分たちは「産む機械」ではない、「ダハウに」収容されているかのように扱われるべきではないとはっきり言う女性もいた。そうした感情の爆発は見逃されなかった。ロシアで親衛隊の仕事をしたことがある母親は、そこで起きたユダヤ人とその赤ん坊の大量殺戮について語ったために、すぐに追い出された。[27]ホームの職員が記入した秘密書類は各母子について継続的に作成され、「極秘」のスタンプを押されてヒムラー自身に送られた。これらの書類は「全国指導者調査票」と名付けられていた。親衛隊指導者は家族を四種に分類した。第一グループ、すなわち最も望ましい種類の女性が「生命の泉」やそのほかの親衛隊機関に頻繁に受け入れられる一方で、第四グループの女性は追い出された。プログラムのこの段階でのホームに留まるかどうかの基準は、入所許可に使われた基準ほど科学的でなかった。「世界観」および「性格」は、人種および健康と同じほど重要視された。エルゼ・W夫人は「静かで、控え目で、スマート」だが「リーダーシップを取る資質」と「活力」に欠けているとファイルに記載されていた。彼女は妊娠と出産の期間に苦情が多かったことを批判され、「疑わしい」身体的問題についてのさまざまな「根拠のない」不平が、子どもを授かったことで得られた彼女の幸福に影を投げたと記された。苦しかったと思われる妊娠期間を過ごして三六歳で初めて母親になったエルゼにとって幸いなことに、彼女の評価はその後好転し、プログラムに留まったが[28]、ほかの多くの母子は報告の内容次第で追い出された。

「生命の泉」ホームで生まれた赤ん坊は地元の役所に出生届が出されなかったので、特定できる「出生地」がなかった。親衛隊が赤ん坊の後見人になり、支援のために特別な保護事務所を設置した[29]。これは、児童関係の主要諸機関との間にひどく厄介な問題を生じさせた。「生命の泉」で生まれた子どもには医療、教育、あるいは福祉の利用につながる通常の多くのルートが閉ざされていた。彼らはどの管区にも登録されていなかったからである。問題は、ホーム内に公的な出生登記所を設け、偽りの住所を使うことで部分的に解決した。親衛隊は偽りの身元を作り上げさえし、手の込んだペテンを積極的に支援した。ドイツ占領下のオランダで、ドイツ人学校の女性校長が妊娠した。彼女は偽名でドイツに送られ、予定日に「生命の泉」ホームで出産してオランダに帰ったが、赤ん坊はホームに残った。彼女は少し経ってから子どもを「養子にし」、子どもは彼女のもとに送られたが、偽りの姓のままだった。[30] 追い出された母子は、このシステムのいかがわしい支援を受けられず、現実社会で大変な困難に直面した。このような子どもの出生証明書は下級の役人を等しく当惑させた。

母性をあらゆる手段で称揚したにもかかわらず、ヒムラーにとって重要なのは子どもだった。母親から引き離されて育児室に留められた赤ん坊を、看護婦チームが用心深く監視していた。看護婦は、おしめの取替は一日に六回と得意気に報告した。これは単なる能力の問題ではなかった。看護婦の厳しい管理のもとで、「価値のない」子どもはすぐに見分けられた。欠陥がそれほど深刻なものでない場合は、母子は追い出されるだけだった。そうでなければ、両親とも断種を免れず、子どもは施設に送られ、その将来は不確実だった。[31] 子どもたちは、授乳のために母親のところに連れて行かれた。これは強制的だったが、胸の形を維持したい母親はよく拒否した。親衛隊の小児科学の理論では、子どもは二歳になるまでは何も覚えておらず、それまでは何の支障もなく「集団で」過ごせる。二歳を過ぎると、家庭生活が基本と見なされ、その年齢に達した時に母親が養育できない場合、子どもは育児施設に送られた。

受け入れられた子どもは、伝統的な洗礼式の悪質なパロディーである命名の儀式において、偉大な親衛隊共同体の真のメンバーとなった。この儀式では崇高なドラマが演じられた。あるホームでは、儀式が挙行される部屋に花、月桂樹の枝、ナチの旗、ヒトラーの胸像だけでなく、総統の母親の肖像画も飾られていた。全職員、全入居者、そしてしばしば子どもの親族数人が招待された。「代父」に選ばれた親衛隊将校（子どもがヒムラーの誕生日に生まれた場合はヒムラー自身）が母子に付き添った。通常はホームの所長が祭司を務めて短い説教をし、原罪という概念は、未婚で母親になることは女性を汚すという教会の教えと同じように、「非ドイツ的」だとしてはっきり拒絶した。間に音楽をはさんで、司祭が「ドイツの母」に、子どもを「ナチ世界観の精神に則って」育てると約束するかど

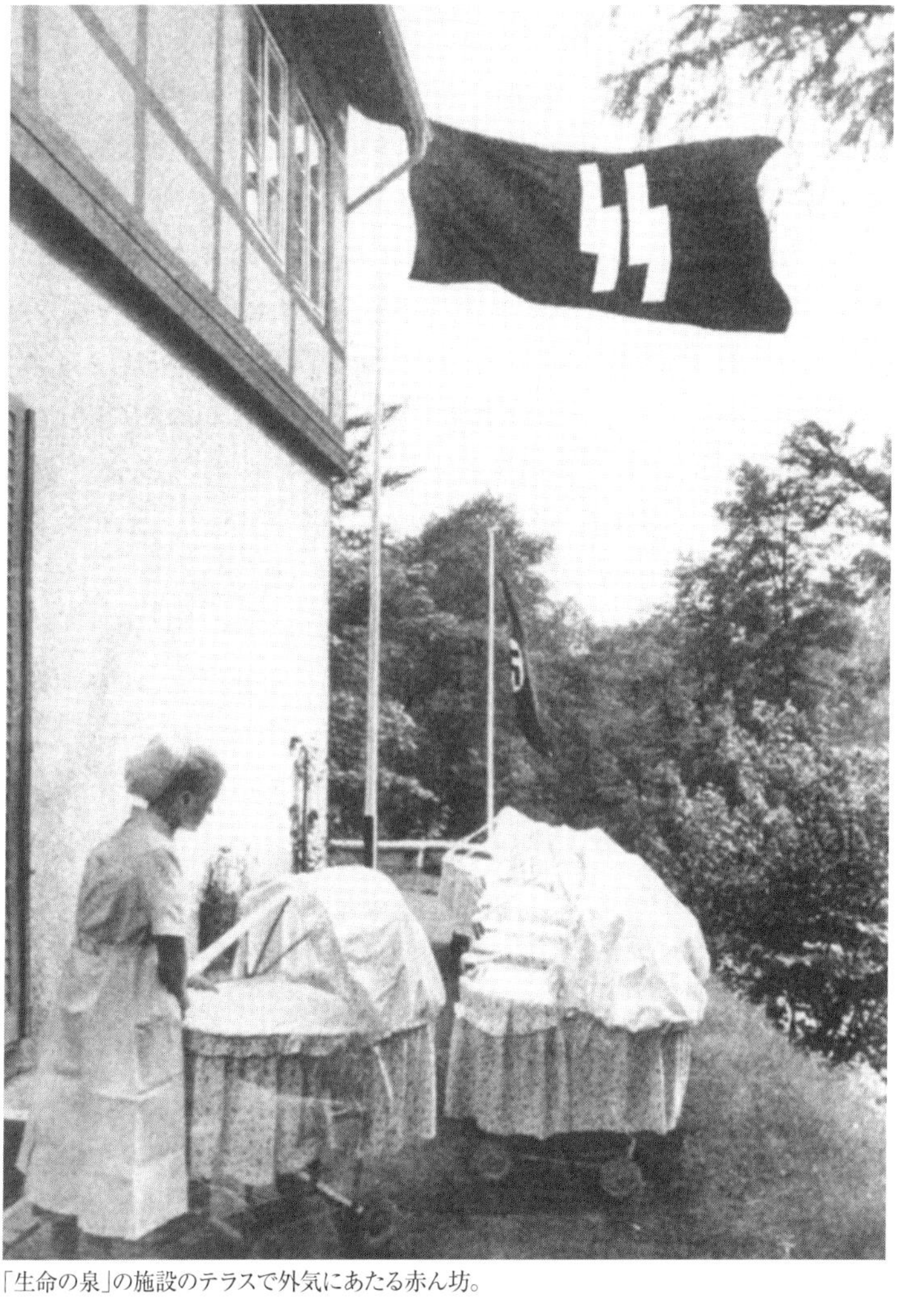

「生命の泉」の施設のテラスで外気にあたる赤ん坊。

うか、「代父」に、子どもの教育を「親衛隊一門」の思想に従って監督するかどうかを尋ねた。これらの確約が得られると、所長は鞘から抜いた親衛隊の儀式用短剣を子どもの上に掲げて言った。「私は君をわれわれの一門に迎え入れ、君に何某という名を与える。名誉をもって、この名を負うように！」。示されたのは、フレイヤ、ゲルヒルト、あるいはシグールトといった古代北欧の名前で、一般的なものではなかった。多くの母親は命名の儀式を黙ってやり過ごし、のちに内緒で子どもに洗礼を受けさせた(32)。

ヒムラーの不撓不屈のあらゆる努力は、結局のところ、非嫡出子をドイツ社会に受け入れさせるには不十分で、親衛隊の大多数も「生命の泉」の子どもを養子にしたり育てたりすることに熱心ではなかった。ホームで雇われた地元の人々は、豊富な食事と十分な給料を喜んだが、未婚の母に大した尊敬を払いもしなかった。彼らの態度は、被雇用者が未婚で妊娠したら解雇されるという規則によって悪化した。親衛隊の医師と看護婦さえ、ホームでのポストを最後の拠り所としていただけで、常にごまかしが必要とされていることにストレスを感じていた。「人間を馬のように種付けし飼育する」活動やそのほかの醜悪な噂が盛んに流布していたが、事実ではなかった。そのような噂が意味するところは、上品ぶっていたヒムラーを震え上がらせた。彼もアーリア人の強さを弱めることを恐れたため、人為的な妊娠という考えには消極的だった。それでも、秘密厳守のホームは多くの絶望した母親には本当の天国だったし、結局のところ、大方の母親は自分の子どもをどうにか育てた。在籍者数は戦争が始まるまで少ないままだった。ホームはたいていの場合、継続的な爆撃から遠く離れた場所にあって、食糧が豊富に供給されており、戦時中はそれが大きな魅力だった。ドイツでは一九三五年から一九四五年までの間に、「生命の泉」ホームでおよそ五〇〇〇人の非嫡出子が生まれたと推定されている。ヒムラーが空想した何十万人に比べて、かなり少ない人数にとどまった(33)。

戦争が始まると、出産を奨励するプロパガンダは「生命の泉」と全く無関係に盛んになったが、兵士が出征して戦死の可能性が生じると、妻や恋人は孤児になるかもしれない子どもを産むことにあまり熱心でなくなった。ナチ党の総統代理ルドルフ・ヘスは、この傾向に対処するため、党は嫡出子であろうとなかろうと孤児の保護を引き受ける用意があると公表し、戦死した兵士の妊娠中の婚約者に宛てた、広く知られたクリスマスの手紙の中で、「女性が祖国に対してなすことのできる最も崇高な奉仕は、民族が生き延びるために、人種的に健康な子どもを贈ることである」と記した。

この宣言は、親衛隊の出版物が取り上げて賛意を表しただけでなく、出征する兵士は「後継者」を残して行くべきだという考えを奨励した。世間は憤激し、カトリック教会と国防軍も否定的な反応を示した。[34] ヒムラーさえこれを撤回せざるを得なくなり、自己弁護的な長く新しい宣言の中で、自分の以前の声明は「誤解された」と述べた。親衛隊員が夫を前線に送り出している女性を誘惑するべきだなどと言ってはいないし、これは実際に、ドイツ女性への侮辱であると。だが、と彼は言い抜ける余地を残した。

八二〇〇万の人口の中には、既婚女性に近づく下劣さや人間的な弱さを持つ者が一人ぐらいはいるだろうし、誘惑に必要な二つの前提条件がある。一つは誘惑する者であり、もう一つは誘惑される者である。われわれは、戦友の妻に近づくことは不道徳ではあるが、ドイツ人女性自身がおそらく最善を尽くして自分の婚姻関係を守ると信じる。[35]

そして言うまでもなく、彼女の子どもは、合法的なあるいは非合法の父親が死んだ場合、面倒を見てもらえるだろう。抗議はあったが、パンドラの箱は開けられてしまい、非嫡出子の出生数はすぐに増加した。親衛隊のキャンペーンは論争によって妨害されることなく、全くその逆だった。戦争がソ連にまで広がり、何万人もの戦死者が出ると、親衛隊による奨励は盛んになるばかりだった。

ドイツ兵はソヴィエト・ロシアに勝利したのちに、敵の侵略に対してヨーロッパ全土を防衛しなくてはならないだろう。……結局のところ、同じ勝利者として将軍たちと並んで立つのは、ドイツの母親であろう。……勝利を可能にするのに十分な数の息子を持ち、国民を代表するドイツの母親である。(36)

ナチの報道では実際に、「自分の最も崇高な義務を回避する少女は、持ち場を放棄する兵士と同じく、裏切り者である」と明言されていた。スイスからドイツの報道を傍受していたアメリカの外交官は、『南ドイツ日曜便』紙に載ったつぎのような広告について、多数報告している。

兵士、二二歳、長身、金髪、青い目。総統と祖国に自分の命を捧げる前にドイツ人女性と関係を持つことを希望。彼女にドイツの名声を受け継ぐ子どもを残すつもりである。(37)

一九四四年一月、ドイツの母親たちは実際に将軍たちと並んで、勝利ではなく敗北の恐怖のただ中に立っていた。あらゆる鼓舞にもかかわらず、総力戦の影響で、出生率は再び一九三三年のレベルに下がったが、ヒトラーは自分の人口計画を諦めなかった。マルティン・ボルマンがかつて遠く離れた東プロイセンの東部戦線総統司令部で記録した所見によると、今や多数の十代の少年を含むおよそ七万三〇〇〇の部隊がウクライナで差し迫った死に直面している時に、包囲されたヒトラーは、戦場ではまだ勝利するだろうと確信しているが、人口の前線では敗北が明らかだと語った。戦後三〇〇万人から四〇〇万人の女性が未亡人になるか、未婚のままになるだろうという推定のもと、ヒトラーは、兵士たちはそれでも可能な限り多くの子どもをもうけるよう奨励されると述べた。女性を納得させるには、多くの「教育」が必要とされるだろう、女性は一度結婚すると「貞操に関して狂信的に」なることが少なくないからである。「教育」が勝利するには、時間が必要だろう、「すべての兵士が直ちに、自分が死んだ場合に妻や婚約者がほかの男の子どもを産むことを望むわけではない」からである。だが、戦争が終わり、夫や恋人が間違いなく鬼籍に入っていれば、「庶出」という否定的な響きを持つ言葉は、ドイツ語から駆逐されなければならないだろう。多くの有名人が庶出であった事実は強調されなければならない。恋愛と相性に基づく一夫一婦制は言うまでもなく奨励されるべきであり、子どもは父親の姓を名乗るべきであるが、国家は「疑似婚姻関係」をも奨励し、非嫡出子に庇護と食事を提供するべきである。ナチ国民福祉団経営の寄宿学校が、母親とそのような子どもを「支援する」ために大幅に増設されるべきである、特に「最も善良で有能な子ども」はたいてい「手に負えず、母親だけでは監督しきれない」からである。ヒトラーはこの書類の第二八節で、「特別な申請によって、一人だけでなく二人目の女性とも婚姻関係を結ぶことができ、二人目の女性とその子どもも男性の姓を名乗る」と言明したことによって、以前の提唱を完全に越えた。この取り決めにも、必要な場合は国家による援助がなされ、その基金は部分的に独身者への特別な課税でまかなわれる(38)。こういった事柄すべてが死者の生命を無駄にしないためになされなければならないと、自分の民族を滅ぼした人物が断言したのである。

第4章　世界新秩序を担う者の教育

ナチ・イデオロギーでは、あらゆる過激派の思想と同じく、成長しつつある世代の教化が重要だった。学校で過ごす時間は、国家が理想的に子どもを統制できる時間である。ここでは子どもに、家族から引き離して、ナチズムの原則を叩き込むことができた。ドイツの学校のナチ化は一朝一夕でなされたのではなく、実際のところ、全体としては成功したとは決して言えなかっただろう。ナチ化のプロセスが人種的純化に限られず、学校制度の完全な再編と民族の知的基準の転換を目標としていたので、かなり多くの教育者が暗黙のうちに抵抗したためである。

人種的、身体的に望ましくない生徒と教員を学校から追い出し、人種意識を教え込むことは、教育に関するナチの計画の一部に過ぎなかった。若いドイツ人は、自分が属する人種の優秀性を一度自覚すれば、人種を増やし防衛するだけでなく、征服によって人種に新しい領土を提供する準備にとりかかるに違いなかった。国内の敵を憎むだけでは十分でなかっただろう。今度は、第一次世界大戦の時にドイツを処罰した諸国が処罰されなければならなかった。世界中に散在するドイツ人は、自分の人種的起源を自覚し、本国の同胞によって救済されなければならなかった。ヒトラーは、そのような闘争について、適切な題名がつけられた著作『わが闘争』の中で長々と論じている。それはドイツの若者を戦いに誘う呼びかけだった。ヒトラーの見解では、教育は何よりも、「身体的に堕落した者」、「そのような鷲の堂々とした飛翔に従う」には意志が弱過ぎる者に対立するものとして、「真に偉大な精神」（ヒトラー自身を指すと思われる）に応じられる身体的に強健な市民を育てなければならなかった。精神的能力と科学的学校教育の発展は、「責任に喜びを感じるようにする訓練と結びついた意志力と決断力の奨励」に比べれば、二義的なものに過ぎなかった。さらに、子どもの適切な育成は「個人の問題でも、本来親に関係する事柄でもなく」、「国家によって代表され守られる民族の自己保存の要求」だった。ヒトラーの見解では、「打ちひしがれ、無防備で、世界中から足蹴にされている」ドイツ国民は、「国家の若い戦友」に、ほかと比べて「絶対的に優れている」のだという信念を植え付ける必要があった。

ナチ教育は中等学校で修了するのではなく、「卒業後」に継続されて「将来の兵役準備」になるものであり、合格点で修了した場合は、子どもに「市民証、すなわち公的活動を許可する法的書類、および結婚のための身体的健康を確認する健康証明書」という二通の書類が与えられる。(1) この課程を修了する能力がない、あるいは意志がないアーリア人の運命が正確にどうなるかについては、まだ説明がなかった。

ヒトラーの計画は、実際的な見地から、兵役のために身体訓練を施された教化前の若者の自己革新の場を作り上げる明確な青写真だったと言える。特に人文学における知的な追究と長期間の勉学は、この計画に馴染まなかった。若者を可能な限り早く、政府の監督下での任務に獲得するには、中等学校で過ごす時間の短縮と大学に入学できる学生数の厳しい制限が望ましかっただろう。そのような計画は、「危険なインテリ・プロレタリアート」を代表する「雇用されない」大学卒業者の数を減らすことによって、ほかの多くの国と同じように大恐慌の中で荒廃したドイツ経済の利益にもなったことだろう。学生は、労働力になるよう強いられて若いうちに賃金生活者となり、早く結婚して祖国のためにより多くの小さなアーリア人をもうけ始めるものと思われた[2]。

　これらの改革の実行は、巨大な事業となったことだろう。ドイツでは第一次世界大戦後の軍人への賞讃と国家の処遇への憤激が激しく、教員は保守的な傾向が強く、伝統的に厳格なドイツの学校で教育の基準を完全に変えるのは、厄介な問題だった。最も熱心なナチさえ、しばしば立派な学校の卒業生でもあり、卒業生が常にそうであるように、献身的に伝統を守ろうとした。

　ドイツの学校制度は、ほとんどのヨーロッパ諸国と同じように、一九三三年の時点では階級に基盤を置いた宗派別という複雑な構造で、私的な利害、地方政府、宗教団体によって左右されていた。宗教は、教会経営であってもそうでなくとも、すべての学校で教えられていた。世俗の学校では、ユダヤ教を含む各宗派がそれぞれ宗教の授業を担当した。一九二六年に通過した法律で、最初の四学年の間はあらゆる階層の生徒がひとまとめにされたが、標準化はそこで終わり、その後子どもたちの進路は二つに分かれた。八年間の学校生活を終えて一四歳で勤労生活に入る者と、さらに五年間の中等学校を卒業する者である。制服はなく、カトリックからユダヤ教まで、職業学校から高尚な知的教育および古典教育を施す学校まで、一六以上のタイプから選んで子どもを通わせることができた。そのような多様性は、ナチの好むところではなかった。ナチは特に宗派別学校を嫌った。宗派別学校は、教会を全体として排除しようという、緩慢ではあるが冷酷な党の意図の前に屈服する最初の一つになるだろう。

　ヒトラーは、教会の力とその大衆掌握について知り尽くしていた。キリスト教会組織は、ユダヤ教共同体と同じく、ナチがその破壊を目標としていることを当初は理解できず、熱烈な愛国主義、反共産主義、反ユダヤ主義という点で競合関係にありながらも、新体制と協力しただけでなく、初期には強力にあと押しした。しかしまもなく、将来のドイツには唯一の宗教しか存在しないこと、そしてそれはキリスト教ではないことが明らかになった。致命的に分裂したプロテスタントの諸宗派による遅まきの勇敢な抵抗は、情け容赦なく弾圧された。ヒトラーが一九三三年にヴァチカンと締結した政教条約はまもなく破られ、ドイツでの弾圧を目の当たりにした教皇ピウス一一世は、一九三七年三月、『燃えるような悲しみをもって』という題名の回状を発し、「絶滅……以外の目的のない……破壊的な宗教戦争」について警告した。

ヒトラーは、特にカトリックの勢力が強いバイエルンで、すべての教会を何百万人もの献身的な信者から何事もなく取り上げることはできなかったが、教区附属学校を徐々に閉鎖し、世俗の学校で伝統的に義務化されていた宗教の課程と活動を廃止して、子どもたちの教会からの引き離しに着手した。教員は減らされ、宗教の点数は成績表の最初でなく最後に置かれたが、結局削除された。一九三五年に学校での祈りはしてもしなくてもよいことになった。まもなく教室に十字架を掲げることが禁止され、一九三八年には古くから行なわれてきたクリスマス野外劇の上演が禁止された。[3] 激しい抗議ののちに十字架が元に戻された管区もあったが、一九四一年、一四歳以上の子ども対象の宗教教育は、ユダヤ系以外のすべての学校でなくなった。同年、教区附属学校制度の最後の名残だったカトリックの幼稚園が消滅した。

遅まきながら、ドイツの説教壇から抗議の声があがった。一九四一年、フルダの会議に集まったカトリックの司教たちは、「どんなキリスト教徒の家庭も神の小さな家にならなければならない」ので、親が子どもに宗教教育を施すよう熱心に説いた。またミュンスターのガレン伯クレメンス司教は、学校で子どもが堕落する可能性について親に警告した。

今日親の要望と無関係に全児童が通うよう強制されている学校で、彼らは何を聞いているのだろう。新しい教科書で何を読んでいるのだろう。キリスト教徒たる両親よ、あなた方に本を、特に高等学校で使われている歴史の本を見てほしい。歴史的真実の尊重の欠如に恐れを抱くだろう。それによって、未経験な子どもをキリスト教と教会への不信、すなわちキリスト信仰への憎悪で満たそうという試みがなされているのである。……あなた方を親とする家庭、あなた方の親としての愛情と忠誠、そしてあなた方の模範的なキリスト教徒としての生活を、敵の攻撃の猛威を受け止めて、子どもたちのまだ弱い力を繰り返し強化できる、強靭で頑丈な、揺るぎなく堅固な鉄床に鍛え上げなさい。(4)

司教たちの恐れには十分な根拠があった。一九四一年秋、教皇のもとに派遣されていたアメリカ大使は、教会が事実上存在しなくなったポーランドとロシアにヴァチカンの長官が言及して、「占領地域における教会の現状について大変暗い図を描き、それは将来ますます悪化するだろう」と記した。(5)ドイツの教会にも同じ運命が待っていることは、ベルリンとチューリヒからワシントンに宛てたほとんど同時の外電で明らかにされていた。ベルリンのアメリカ大使館は、ナチの理論家アルフレート・ローゼンベルクが書いた「第三帝国における文化と宗教」という題名の原稿コピーをヴァチカン大使が入手したと報告している。そこでは、すべての聖職者が強靭なナチの官吏になるよう提案されていた。彼らは結婚を要求されるだろう、独身者として「国民から新しい血を奪っている」のだから。この原稿では、「国内政治における教皇権力の完全な排除」が唱えられ、新しい「ドイツ教会」は総統が率いるだろうと簡潔に述べられている。(6)これらの考えは、「国民的ドイツ教会」のための過激な三一項目のプログラムについて報告したチューリヒからの外電で補足されていた。新しい国家は唯一の教義を持つだろう。それは「人種と民族」である。そして「八〇〇年という不吉な年にドイツに輸入された奇妙な異国のキリスト教信仰の……完全な除去」が決定された。全教会の財産は国家に移管され、「ドイツ民族に対して……嘘をつくことしかせず、自分の地位と甘いパンへの愛に唆されている」現聖職者は一掃されるだろう。聖書は焼かれて『わが闘争』がそれにとって代わり、すべてのドイツ人が「本書に従って人生をおくり、全うして」、本書は祭壇を飾る唯一のものとなるだろう。妙な話だが、祭壇は古い教会にも残されるだろう。神は認めるが、「卑屈にも」跪いたり、聖餐式を執り行なったりはしない。新しい宗教は寛大ではないだろう。「民族的なドイツ教会は罪の赦しを認めない。……罪は一度犯されれば、高貴かつ不滅の自然法によって情け容赦なく処罰され、罪人が生きている限り罰が続くだろう」。最後にあげるが、決して見過ごせないのは、第三〇項で、新しい教会が創設される日には、「キリスト教の十字架がドイツ国内と植民地のすべての教会、聖堂、礼拝堂から外され」、「ドイツの唯一の征服されざる象徴」である鉤十字がそれに「とって代わらなければならない」とされていたことである。(7)

こうした狂信的な変化が未来に待っていたとしても、何世紀にもわたって同じような攻撃を生き延び、伝統によって守られてきたカトリック教会には何の危険もなかった。ナチの高官の中には、伝統的な洗礼命名式を新しい「命名式」に代えた者もいたが、そうしない者もいた。ヒトラーでさえ、ゲーリングの娘を多くの旧式の「名づけ子」の一人に数えた。そして結局のところ、聖餐式の侍者はヒトラー・ユーゲントの制服の上に白衣を着用していた。だが、宗派経営の学校における基礎的なカリキュラムの必要条件と人事はすでに国家の管轄下にあり、これらの分野でナチによる支配が直接感じられた。

一九三三年以前にも、来たるべき教員団の粛清を予見させる出来事があった。一九三二年五月、（ヴァイマルの服装規定で禁じられていた）ナチ党の制服を着た若者が、補欠選挙での党の成功に意気揚々となり、ヒトラーの権力掌握を期待して、ベルリンの学校に鉤十字旗を掲げた。教員団のメンバーが旗の片付けを要請したところ、親ナチの玄関番に無視されたので、一九一七年の戦闘で片腕を失った復員兵であるユダヤ系の教員が屋根によじ上って、皆の拍手喝采を受けながら旗を引きずり降ろした。彼の栄光は長くは続かなかった。ナチの若者の苦情を聞いた校長は調査を命じ、その教員を停職にした。これには生徒の大多数が憤った。[8]

そのような調査は一年後にはもはや必要ではなかった。一九三三年四月初め、職業官吏再建法が公布された。第三帝国の一二年間に制定される何百もの反ユダヤ法の最初のもので、教員を含むすべての「非アーリア人」公務員の「退職」が要求された。それまでの教育官僚は多くの管区で親ナチにとって代わられ、三人の（親ナチの）教員で構成された委員会はまもなく「殺人委員会」と称されるようになり、同僚の人種的背景と政治的傾向の調査を開始した。[9] 解雇は頻繁に予告なく行なわれた。ある日学校に到着した教員は、教室への入室禁止を簡単に通告される。このような突然の免職は生徒にも教員にも衝撃を与えた。ある教員はつぎのように回想している。

別れを告げる相手は誰もいなかった。なぜなら、ほかの人は皆教室へ行ってしまっていたからだ。……午後になって……同僚、生徒、母親たちがやって来た。何人かは悲しみ、国に怒り、大小の綺麗な花束を抱えている人々もいた。夕方になると、小さな家は香りとさまざまな色で一杯になった。……葬式のようだと思った。そしてこれは実際に、ドイツの公立学校における私の教員生活の葬式だったのだ。[10]

粛清されたのはこのようなユダヤ人教員だけではなかった。左翼や宗教的な傾向が強いと疑われた者は誰でも、時には屈辱的な状況で首にされた。どうにか留まろうとする者は、「ナチズムと総統に公然と反対することは一言も認《したた》めも発言もしなかった」という宣誓書に署名しなくてはならなかった。[11] ベルリンの最優秀校では、「ある年配の教員が学校から追い払われる時、一団の子どもが後ろから野次っていた」と報告されている。[12] ヴォルフェンブッテルのエリート校、グローセ・ギムナジウムでは、人気のあったプロテスタントの宗教学教員が、ナチの「ドイツ・キリスト者」教会の教義ではなく、ルターの公教要理と聖書の授業を主張したため免職になった。後任の「宗教」の授業は民族至上主義イデオロギーをあまりにも強調したので、選択科目になり、完全にボイコットされた挙句、廃止に追い込まれた。激怒したナチの当局者は調査を命じ、反対派の生徒数名を放校処分にし、この機会を利用して、「教会が扇動した陰謀の妨害に失敗した」廉で、尊敬されていた校長（彼はナチのばかげた指令に抜け道を見出そうと努力していた）を首にした。[13]

　大半を占めていた愛国的で政治的に正統な教員さえ、ナチ体制の最初の数年間は実際に混乱していた。基本的なカリキュラムの必要条件は、卒業要件の平等性を保証するため、常に国家が定めていたが、学科、教科書、宗教教育の選択において、学校と現場に大きな自由裁量の余地が残されていた。個々の教員は、ベルリンと地元双方のナチ政府から出されるひどく断片的で非論理的な指令と禁令に、最善を尽くして対処しようとした。ナチ政府は突然、ドイツの偶像ゲーテをあまりにも国際的でリベラルだとして直接非難したり、無謀とも言える狂信的愛国主義に基づく気まぐれから、フランス国境に近いカールスルーエでフランス語の授業をやめさせようとした。[14] つぎにあげる歴史の教員用の手引きに見られる見解は、鵜呑みにするにはあまりにもばかげていたので、宣伝相ゲッベルスさえ非難した。

エジプト文化の素晴らしさは、北方系のヒッタイト人が流入した結果である。北方系のインド人、メディア人、ペルシア人がアジアの歴史と文化を創ったのである。……古代ギリシア人と彼らの素晴らしい文明は、ドイツ的中央ヨーロッパに由来するものであり、ギリシア文明は国にデモクラシーが導入された時に衰えた。これは、劣等な南方諸人種が北方支配人種と混ざり合った事実による。……衰頽したイタリアに注入された北方の血が、高貴なルネサンスを創造したのである。……国際的な影響と異国の諸要素の流入が、ドイツの血を汚しつつ、ドイツの発展を阻止した。[15]

教育制度の支配をめぐるナチ党指導部内の争いが原因で、学校関係の指令は緩慢にしか出されなかった。教員はあらゆる分野と同様に、政府の監督下にある中央組織、ドイツ教員連盟への参加を要求された。この陣笠組織と並んで、ナチ教員同盟を含むもっと過激な党組織が存在する一方、規模が拡大したドイツ言語学研究者会議のような以前から存在する組織が機能し続けていた。

一九三四年五月一日、ベルンハルト・ルストの監督下に教育省が創設されたことにより、混乱は解消された。ルストはプロイセン州教育相で、ヒトラー政権成立以前に政治活動により首になり、精神的不安定を噂された元教員である。一九三四年夏と秋の間に、矢継ぎ早に指令が出され、いっそう計画的な学校改革が始まった。より多くのナチ・テキストの講読が義務化された。選抜された親で構成される協議会と教員による顧問団は、指導者原理が優先されたために廃止された。指導者原理はまもなく全政府組織の基軸となり、これによって学校関連の事柄が完全に校長の監督下に置かれるようになった。校長は当然のことながら、党に忠実な者の中から任命された。土曜日の授業時間はナチ党とヒトラー・ユーゲントの活動にあてられた。夏期休暇の延長が提案されたが、これから見ていくように、若者がそうした活動に使う時間を増やすためだった。新思想を広めるため、講演者が教員組織に派遣された。ドイツ言語学研究者会議に所属する中等学校の教員は、一九三四年一〇月二八日、以下のことを知らされた。

ドイツに敵対する言説をこれ以上容赦すべきではない。民族的かつ社会的であるという条件のもとで、われわれは、はっきりかつ明白に、エネルギーのあらゆる源泉、すなわち、特に科学の分野におけるあらゆる天才が完璧かつ自由に発展していくことを認めるべきである。……客観的な科学が議論の主題であろうと、完全に管理された国民と国家という枠組から外れることはできないが[16]。

別の会議では、ある講演者が「明確な態度をとらない」純粋に客観的な科学を拒絶する一方で、別の一人が、「高等学習施設の目的」は「アドルフ・ヒトラーのドイツのための政治的闘士」の訓練であると、公然と述べた[17]。

教育相は、これらの理論を援護しようと、参考用小冊子と教授用の訓令をどっさり学校に送りつけた。文法の教員は、「アドルフ・ヒトラー、祖国の救済者」あるいは「ドイツの人種的魂の再生」といった示唆的な題名のエッセイのリストを渡された。多くの教員は、はじめはこれらの方針を真剣に受け取らず、新しいアカデミックな捧げものを無視して古典を使い続けるか、あるいはあからさまな皮肉をもって新しい教材を使った。新しいイデオロギーとともに歩んで行く意志のある者さえ、「ナチ精神」をどのように数学に導入すればよいか、シャルルマーニュをゲルマン精神の英雄または裏切り者のどちらとして紹介すべきか、確実にはわからなかった。カトリックの地域では、総統の肖像が義務として掲げられている壁には、その隣に十字架が残されており、ナチ式挨拶をきちんとしない教員が多かった。人気のあったある教員は、毎日生徒につぎのように挨拶した。

彼は教室に入って来て、窓の傍の前方の角に立っている木製の地図掛けの所に歩いて行き、腕木の一本を天井に向けて上げ、自分の腕を上げてそれに向かって静かに挨拶し、それから私たちの方に向いて、微笑んで言った、「おはよう、みんな、坐りなさい」。彼の教室では、ドイツ式挨拶をすることも「ハイル・ヒトラー」と言うこともなく、私たちは彼がどんな危険を冒しているか正確に知っていた(18)。

この初期には、教育相ルストは反抗的なあらゆる教員を簡単に首にすることも、学校運営の維持もできなかった。画一的な訓練を受けたナチ教員の新幹部が準備されなくてはならないことは明らかだった。これにはもっと多くのエリート教員が猛烈に抵抗したが、ルストは構わずに押し進めた。彼は一九三四年末、教員養成校を「知的過ぎる」と見られていた従来の大学施設から田園地帯に移転させる命令を、諸州の教育担当者に宛てて出した。学生はそこで何の妨害もなく教化され、純粋なドイツ農民との接触は彼らのためになると考えられた。これに加えて、休暇中の特別キャンプが設けられ、現役と将来の教員がナチズムの原理を学ぶ授業を受け、「軍事的スポーツ」と「共同体精神」に力点を置くプログラムは参加が義務づけられることになっていた。言うまでもなく、これは、旧式の教員にはほとんど受け入れられなかった。一九三五年春、ドイツ事情の観察者たちは諸州では全般的にどのアイディアも実行に移されなかったと報告している。[19]

だが、個々の教員が自分の好きなようにクラスを運営できる一方で、「公認の」教科書の浸透は止められなかった。教育相ルストが唱道する人種的傾向を帯びた歴史テーマは、ドイツの「地政学地図」によって支えられていた。それらの地図では、ドイツの諸部族と諸公国の勢力拡大と縮小、ドイツを第一次世界大戦に追い込んだ「包囲」政策とその結果としての植民地喪失および民族の「奴隷化と障害者化」、戦後ドイツに課された賠償金によって生じた経済的苦境が示されていた。戦争を連想させる象徴で飾られたもっとけばけばしい地図も、隣国と比較してドイツが軍事的に弱体であると示していた。こういったすべてに、東欧におけるドイツの植民が飛び地になっていることを示す詳細な図と、ほかの人種と比較してドイツの出生率が低下していることを示し、一九六〇年までにスラヴ人の数がドイツ人の二倍近くになると予想するグラフが付け加えられた。この不均衡にもかかわらず、「ドイツの人口過剰――東部における人口不足」という題名のもう一つのグラフは、ドイツの人口密度はソ連の一五倍にあたるという、いささか混乱させるような情報を生徒に提供した。[20]新聞の娯楽欄の論説は、これらの考えを支持した。ヴュルテンベルクとホーエンツォレルンの『NS・クーリエ』紙には、「以前ドイツが支配していた」地域にある記念碑の地図と写真の切抜きと蒐集を少年少女に勧める素敵な写真が掲載されていた。これらには、フランスのストラスブールの大聖堂と、「およそ一〇〇万人の住民および盛んな石炭鉄鋼業もろともポーランドに譲渡された」オーバーシュレージエンの建築物が含まれていた。[21]

こうした情報を伝えたアメリカの外交官は、この考えは「ドイツ国民の復讐の感情をかき立てる」と思われると記している。復讐は部分的に米国に向けられていた。米国は、「ヨーロッパからの被追放者」が黒人およびユダヤ人と混ざり合って作り上げた、「指導者のいない民主主義の」混血の社会と性格づけられ、今や世界で最も裕福な国家であるが、労働争議と人種闘争のためにまもなく倒壊するだろう[22]。ナチの新聞は、頻繁に発生しているアメリカ黒人のひどいリンチについて多く報道して、この予想を裏付けた[23]。子どもが新聞を読まなくても、一般向けのビラが定期的に市民の郵便受けに投げ込まれた。メリタ・マシュマンは三〇年経っても、色鮮やかな小冊子がどんなものだったか覚えていた。

郵便箱から地図を取り出した日、私は小学校で静かにしていなければならなかった。その地図は華やかで、私を喜ばせた。ヨーロッパの国々は、鮮やかな色彩で相互に際立っており、各国に裸の赤ん坊が坐ったり、這ったり、立ったりしていた。私は地図を父に見せた……父は、この子どもたちはそれぞれが国の出生率を表わしているのだと説明してくれた。つまり、ドイツの家庭の平均の子ども数はポーランドの家庭よりずっと少ないということだった。ドイツを表わす青い区画におびえた小さな女の子が坐っているのは、それを示していたのである。すぐ右側の黄色い区画では、元気な小さな男の子が四つん這いで攻撃的にドイツの国境に向かっていた。「あの男の子を見てごらん」と父が言った。「あの子は健康で強くてはち切れんばかりだ。彼はいつかこの小さな女の子をやっつけてしまうだろう[24]」。

教化は歴史と地理に限られていなかった。ありふれた数学の教科書が、『数字における航空防衛』や『代数学の国民政治的応用』という題名のものに替えられ、懸案の言葉の問題でさえ、新しいイデオロギーに適合させられた。

飛行機が二一〇キロメートル離れた場所へ爆弾を投下するために、時速二四〇キロメートルの速さで飛ぶ。……爆弾投下に七分三〇秒かかるとして、その飛行機はいつ戻ると考えられるか[25]。

物理学と化学の授業は、飛行術、ミサイル弾道計算、毒ガスに終始した。文法の教科書はもはや生徒に、文章の分析や、「祖母」や「犬」で一杯の無害なフレーズを複数形にすることなど要求せず、接頭語「in」〔否定を意味する〕を用いたつぎのような風刺に満ちた例文を使用した。「例文五三。もしドイツ国民が統合されないままでいても、彼らは無敵、無比、無類、不屈であり続けるだろう[26]……」。最も初歩的な読本の教科書は軍事的な色彩を帯びた。『ラインラントの子どもたち』という題名のものは、つぎのような感動的な詩句を持つ母音字で、章を終えた。

太鼓の音を聞け、ドン、ドン、ドン——
トランペットの音を聞け、タテラタタ！
来たまえ、キャンプを片付けて[27]！

お伽話さえ、「存在をかけた闘争のための準備」として機能するだろう。教員は、これについて自分で考えてはならず、物語を選んで『民族と総統』という題名の一巻にまとめるよう命じられた。それは「闘争における対比が最も明白に表われている」物語であり、また、物語の中で「少年は強くなければならない。ドイツの子どもは信義に厚く忠実でなければならない……誠実は死よりも強い」。お伽話は、言うまでもなくアーリア的でなければならず、「原始的な異国の人々」の物語であってはならなかった。ある有益なテキストは、『シンデレラ』の独特の解釈を提供している。それは、醜い

Wir wol len un ser Haus schön ma chen.
O ja, Ma mi, ru fen al le.
Ich ho le un se re
Erich + Fine su chen Ro sen.
Min chen + Len chen ma chen ei nen
Ju li us, ma le ein schö nes
Nun al le ans Haus.
Ho le ei ner un se re
Ich, Ma ma, ich. – Ja, Erich auch.
ナチの象徴で飾られた小学校の読本。

姉妹というテーマへの新しい見解を示すものであり、物語は、人種的に純血な乙女と異人種の継母との争いを象徴化しているのである。「シンデレラは王子に助けられました。彼は、直感を奪われずに保っていたため、純粋なシンデレラを見つけることができたのです。彼の身体を流れる血が、彼を正しい道へと導いたのです[28]」。

　いわゆるヴァイキング世代の若い十代の少年は、ドイツの英雄的古代というより指導者原理の実例として、古代北欧のサガを読むよう言われた。ここには高貴な指導者が描かれている。彼らには、恐ろしい冒険を経て死に至るまで、自分自身の身体的な強さに「盲目的な自信」を持ち、指導者に完全に一身を捧げた一団の英雄が付き従っていた。このテーマを近代にあてはめることによって、フリードリヒ大王からビスマルクに至るほかのドイツの英雄たちが賞讃された。犯罪とミステリーは除外されたが、レッド・バロンの軍事的功績は採用された。冒険は一般的によいものと考えられた、というのも、「冒険をしたいという望みは普通にすべてのドイツ人の血に流れており」、「英雄への予備的な段階を形作る」からである。残念なことに、最も人気のある冒険物語のいくつかには非アーリア人が登場するので、排除の対象になった。『アンクル・トムの小屋』は、「ナチズムの政治教育思想の正反対」であり「植民地思想への文学的対抗プロパガンダ」だという理由で禁止された。『ロビンソン・クルーソー』は、明らかに「最も困難な状況を生き延びた北欧の英雄」であり、立派な人物だが、フライデーはそうではなかった。新しいイデオロギーと一致させるのが何よりも難しかったのは、ヴィネトウならびにテクムゼーという酋長を主人公とする、大人気の「レッド・インディアン」物語だった。ドイツの作家、カール・マイとフリッツ・シュトイベンの作品で、ヒトラーも若い頃に読んだものである。ドイツ人は「あらゆる……必要な鋭敏な感覚をもって有色人種の危険に対処するべきである」という警告は、「人種的自覚の欠如と、彼ら自身の間での人種的絆の確立の重要性がわからなかったこと」が「レッド・インディアン」の没落につながり、それゆえよい実例であるという議論をもって、高貴な野蛮人ヴィネトウのために翻された。「レッド・インディアン」は人種科学の猛攻撃を生き延びただけでなく、ヴィネトウの本はヒトラー・ユーゲントの賞品にさえなり、おそらく適切と考えられて、のちには、パルチザンと戦い、拡大したドイツの東部国境でドイツ人植民者を守った部隊に贈られた。

このような準戦時下で、少女の役割を決めるのは難しかった。ナチの信念では、男性と女性は別々に教育を受けるべきであり、それればかりでなく、少女は将来に備えて全く違う学科を勉強するべきだった。性別の学校は、国内のカトリック地域ではすでに標準になっていたが、共学が教育資金を節約するための方策になっている地域もあった。特別な家政女学校はずっと以前から存在していたが、一般に見下されていた。これらの学校はすぐに格上げされたが、アカデミックな高等学校のすでに盛り沢山なカリキュラムに家政学を嵌め込むのは困難だった。教育相ルストは、その種の科目は少女の母親が教えられるだろうと、最初は弱々しく示唆したが、少ないながら針仕事の課程を設けることに決めた。全学校を統制する一般的な制令は一九三八年まで存在せず、その一方で、アカデミックな高等学校で消極的ながら適切にも「語学」の課程と縮小された理数系の課程を残して、家政学の課程が設けられた。これは、人種理論の授業とナチの福祉機関での実習を課されていた。これらの制令および共学を禁止するほかの制令が、きちんと施行されることはなかった。学問を志す生徒とその親はあらゆる種類の抜け道を見出したし、結局、男性が軍隊に召集されたために枯渇したドイツ人労働力の巨大な需要が、(29) 政策の転換を要求した。それは、少女に国への奉仕を促すプロパガンダによって完全なものになり、ナチが女性に対して最大の支配権を主張する課外領域で達成されるだろう。

ヴィネトウが成功裡にヒトラーに認められたにもかかわらず、現実の非アーリア人の子どもには、新しい教育現場に明らかに居場所がなかった。だが教育を受ける権利は、ドイツ市民として公認された全児童にあった。そこでナチは最初、学生の直接の排除より、むしろ再整理に重きを置いた。「ドイツの学校および大学の学生数の過剰を排する法」という特別な法令によれば、非アーリア人学生は多数を占めてはならず、そうした生徒の上限はどの学校でも全在籍者の五パーセントとされた。父親が第一次世界大戦の復員軍人であるか、あるいは混血の子どもは免除された。一九三五年三月、この法律は、進学してもよい生徒と第四学年修了後も中等学校に残る生徒を選抜する方法を定めた行政命令によって拡大された。判断の基準はあまり学問的とは言えなかった。「体力の減退の結果として深刻な疾患」を持つ子ども、あるいは「遺伝病に苦しんでいる」子どもは、中等学校に入学できなかった。「身体の衛生と清潔の必要について認識しない」子どもは、これらが「公共の礼法とモラルから派生した重要な問題」であり、あるいは「友愛精神に対する絶え間ない攻撃、共同体の全般的福祉を無視するもの」だという意識において改善が見られない場合、退学処分になった。そして、「秩序の感覚が欠けている生徒は……『率直な』性格でない生徒と同じように」、どちらも学業の継続は許されなかった。一度受け入れられれば、学年を上がっていくだけでなく、「運動場における……高潔な性格」と「リーダーシップをとる特別な才能」も重要だった。重要なのは「民族的適合の要求」であり、それによれば、非アーリア人が優先的な扱いをされることはなく、ユダヤ人は奨学金を得られず、「どんな方法であろうと、国家を損ない、あるいは全ドイツ人の民族的結束の原則を傷つける生徒は中等学校を退学になる」[30]。これらの規定は、特に「ジプシー」の子どもを排除するのに都合がよかった。彼らは「蚤だらけで、育児放棄され、全体として教育を受ける能力がない」だけでなく、「ドイツ人の血統に属する級友にとって倫理的な脅威」と見なされていた。これを理由に、地元市民の強力な支援を得て、「ジプシー」の子どもを退学させた管区もあった[31]。

しかしながら、こういった方法は、ほかの多くのナチの規定が実施される場合と同じように、清潔で輝くような中流、上流階級ユダヤ人の子どもに関しては、具体的な行動に移すのが難しかった。彼らの隔離を要求するのは真に結構だったが、校区にはそれによって多くのトラブルが起きた。ユダヤ人の子どもを隔離された教室や建物に入れた管区もあった。ユダヤ人の子どもが二〇人や三〇人いる所ではどこでも、ユダヤ人共同体が一部資金を提供して、隔離された小学校を建てるという提案が浮かんだ。言うまでもなくユダヤ人学校は存在していたが、その収容能力には限界があり、多くの同化ユダヤ人と「非アーリア人キリスト教徒」は通いたがらなかった。このすべての頂点に、異なった等級の混血児、あるいはユダヤ人の父親か母親と一人から三人の祖父母を持つ子どもたちに適用されるさまざまな規定があった。そのような子どもの多くはカトリック、あるいはプロテスタントの洗礼を受けていたが、しばしばどっちつかずの状態に陥った。ある校長は言ったものである、「ユダヤ教徒がいて、キリスト教徒がいる。だが最悪なのは混血児だ」と[32]。

カトリック教会が改宗者の援助を続ける一方で、ドイツ・プロテスタント諸宗派は改宗者を早々に見放した。プロテスタントの「アーリア人」集団から追い出されたこの子どもたちは、最初はユダヤ教徒の集団に適格ではなかった。一九三三年、第一次世界大戦後にプロテスタントに改宗したある医師は、つぎのように苦々し気に書いている。

［私の子どもたちは］ユダヤ人社会がいつでもどこでもその成員に提供してきた庇護を失ってしまった。彼らはキリスト教会から何の庇護も［得ることがなく］、何も期待することができないと思う。キリスト教徒としても、ドイツ人としても除け者である。これ以上に無慈悲な運命が無垢な者を見舞うなどと、誰が想像できるだろうか(33)。

そのような子どもたちのうちのごく少数が、クエーカー教徒に受け入れられた。彼らは、社会民主党員やそのほかの禁止された政治団体の子どもたちをも支援した。ナチは、クエーカー教徒を複雑な感情をもって扱い、注意深く監視し続けていた。この任務を割り当てられた不運な秘密国家警察のスパイは、クエーカー教徒の集会でしばしば眠り込んでしまい、いやいやながら否定的な報告を提出する羽目になった。彼らの多くは、子どもたち自身と同じように、第一次世界大戦後に貧困に陥った何十万人ものドイツ人に食べ物を提供したクエーカー教徒の無料食堂で食事をとっていたからである。

時間が経つにつれて、学校はユダヤ人生徒にとってますます孤独な戦場となった。仲間の前で毎日、自分への悪意に満ちた言葉を耐えなければならなかった子どもの屈辱は、想像するにあまりある。子どもたちの孤立は、彼らが自分の苦しみをまだ愛国的な家族から隠そうとしたという事実と、そんなことが可能だとは長い間信じられなかった親もいたという事実によって深まった。子どもを助けようとする親の試みは、たいてい事態を悪化させた。マリアンネ・レーゲンスブルガーは、学校演劇で聖母マリアを演じること（大いに適切な配役だと思われるが）をすでに非難されていたが、彼女の母親は、アーリア人のように見えるよう、彼女の髪を金髪に染めた。これは何の役にも立たなかった。マリアンネの担任は彼女に、「金髪にしてもあなたは決してアーリア人にはならない」と告げたものである。(34)

一九三〇年代のヨーロッパの子どもは、普通はスクールバスに乗らなかった。彼らは歩くか、自転車に乗るか、あるいは公共交通機関を利用した。この普通なら最も心配のない、学校生活の中で楽しい部分は、まもなく非アーリア人にとって身体的、精神的な鞭打ち刑となった。道路は頻繁に、制服を着て行進する、北欧人に愛された集団、すなわち儀式用短剣とそのほかの装具をみせびらかすナチの集団で一杯になった。彼らは行進しながら、多くの場合人種主義的な歌詞を含む愛国的で政治的な歌を歌った。至る所で目につくプロパガンダを避けるのは不可能だった。駅の売店には、ユダヤ人から身を守るようドイツ民族に勧めるポスターが貼られていた。お菓子屋や必修教科書を売っている店さえ、ユダヤ人はどこかへ行くようほのめかす掲示を始めるものがあり、公共の場所の特別なショーウィンドウには、半扇情的な雑誌『突撃者』の数ページが展示されていた。それは、無垢なアーリア人の乙女を苦しめる忌まわしいユダヤ人の漫画を専門に載せている雑誌だった。十代のユダヤ人のほとんどは、この汚物を見たいという欲求に抵抗できなかったが、時にはヒトラー・ユーゲントの暴れ者に強要される者もいた。彼らの生活は、ヒトラー・ユーゲントによって全般的に辛いものにされていた。

私は、うさぎに襲いかかる犬の群れのように、帰り道に待ち伏せするのを楽しみにしている一団の少年たちから、走って逃げなければなりませんでした。破れたズボンとシャツ、目の周りの黒い痣、打撲傷、血の出た膝と肘、涙、そして父の叱責の数は、覚えていられないぐらいでした。「ユダヤ人の男の子は、通りで喧嘩などするものじゃない、逃げるんだ」と父は言いました。私は瞬く間に速く走れるようになりました。一一歳になった一九三六年には、ボクシングとレスリングも上達していました。[35]

ユダヤ人を明確に区別できるよう黄色い星を着けさせるようになった一九四一年のずっと前から、年長のユダヤ人の子どもは、徽章を着けていないことで目立つようになっていた。ナチが政権をとる以前、無数の組織の中でナチ党の恩恵やメンバーシップを示す徽章の着用は、今日Tシャツを着るのと同じように、たいそう人気があった。ユダヤ人は一九三三年ののち、多くがそれを望んでいたにもかかわらず、鉤十字あるいは党の徽章と制服の着用を許されなくなった。半ユダヤ人のヴェレーナ・ゴートは学校で唯一の「非アーリア人」だったが、級友との間に何の問題もなく、全校が送られたナチのパレードにも参加した。彼女はのちに、「一緒に行くだけでよかったのです」とインタビュアーに語った。「一人離れていることは難しかった」。だが、正しい服装をせずに混ざることは、彼女にはできなかった。「ほかの人たちは制服で走り回っていました。……そして私は、七〇〇人の少女のうちで唯一人……その一部ではありませんでした……一二歳か一三歳なら、それはとても辛かったことでしょう」[36]。仲間に入れてもらいたいと望んでいたもう一人の小さな少女は、級友と担任が彼女をいじめて、ユダヤ人はナチの徽章を着けてはならないという理由で、彼女が着けていた鉤十字の腕章を奪おうとする夢を見た。彼女はその夢の中で、ヒトラー自身が彼女に会っていい子だと言い、腕章をくれたと勝ち誇って宣言した。彼女の空想の中では、教員と子どもたちはその後彼女に対して親切になった。[37]

どんな儀式の機会も罠になり得た。何をすべきか知るのは難しかった。たいていの学校では、ユダヤ人の子どもは、民族の一部と見なされていないという事実にもかかわらず、屋外で朝の集会が催される際には、ナチ式の敬礼をするよう要求された。親がしばしばそうしないように言ってきかせても、「超人的」でないたいていの子どもはとにかく敬礼した。敬礼しなかった者は、その手を竹の棒で叩かれる罰を受ける恐れがあった。[38] しかしながらベルリンの生徒クラウス・ショイレンベルクは、級友たちと一緒に敬礼した時に、全く異なる経験をした。

私がそうするのを、体育教師が見ました。彼がやって来て、皆の目の前で私をものすごい勢いで殴りました。「ユダヤのガキめ」と彼は金切り声をあげました、「おまえはドイツ式敬礼を許されていない」。私は泣き始めました。たった八歳だったのです。私は「僕もドイツ人だ！」と叫び返しました。彼はさらに声を張り上げました、「何だと、おまえがドイツ人だって。おまえはユダヤの豚だ！」……そこで私は宗教の先生のところに行って、「ユダヤの豚」とは何かと尋ねました。ユダヤ人とは何だったのでしょう。

教員は、ユダヤ人であるとは、金曜日の夜に蠟燭を灯して安息日を清浄に保つことだと説明した。クラウスは皆がそうしていると思っていたので、ユダヤ人だけがそうするのだと聞いて驚いた。[39] 学校の扉の内側にいても、そこは伝統的に社会からの避難所だったのだが、事情はましなわけではなかった。ある小学校では、アーリア人の子どもが、ユダヤ人の子どもが座っていた椅子をごしごしみがくためにスポンジと石鹸を持たされた。[40] ユダヤ人の少年は、どんなに優秀でもスポーツや修学旅行に代表として参加できず、遠足からはたいてい外されていた。同行を許された場合でも苦しみが待っていた。

　私たちの体育と水泳の教員は、タフな根っからのナチでした。私たちは最初の日に、水泳パンツをはいてプールに沿って並ばなければなりませんでした。私たち全員が整列した時、彼は言いました、「ヘルツ、前へ出ろ。おまえはそこにいるんだ。われわれは半ユダヤ人と一緒にプールに入りたくはない」。それ以来、毎週二時間あった水泳の授業の時、私は水泳パンツをはいたままプールの縁で過ごしました。[41]

　そのような場合に子どもを家に留めるよう親に警告する親切な教員もいたが、母の日の祝いの時でさえ、たいそう残酷な教員もいた。ある教員が二人の少女に言った。「あなた方は祭典に出席できるけれど、ユダヤ人なので、歌うことは許されません」。子どもの一人が自分も母のために歌いたいと抗議すると、教員は答えた。「あなたにお母さんがあることはわかっています……でもユダヤ人の母親に過ぎません」。[42] 歌っている子どもたちの中で黙って立っていることがどのようなことか、想像するだけで身震いがする。

　最も無垢な子どもらしい友情さえもはや許されないというのが、自尊心を傷つけられた子どもがしばしば親から隠そうとする事実だった。

　「子どもたちは、」自分がどんな目にあっているかを何としても私たちに知られないようにしていましたが、その子どもらしい顔に見られる苦しみの印はあまりにも明らかだったので、気づかずにいられませんでした……そのことを語らなければならなかったのは妹の方でした、なぜなら、子どもはもう我慢できなくなって、ひどくすすり泣きながら話したので、一言も聴き取れなかったからです。……「パパ」と彼女は言いました、「お姉ちゃんは今まで親友の隣に坐っていたの、家に帰る時も遊び時間も一緒にいてはいけないと言われていたんだけど。でも、今日先生が皆の前で、もうアーリア人の女の子はユダヤ人の女の子の隣には坐れないと言ったの。それはアーリア人の恥になるからって。そして先生は、お姉ちゃんに壁際の一番後ろのベンチに坐るように、アーリア人の女の子は誰もこの列に坐ってはいけないと言ったの。お姉ちゃんは今、教室の一番後ろに一人で坐っているの[43]」。

知的な世界にも避難所はなかった。そこではあらゆる機会に、北方民族とゲルマン民族のメッセージが植え付けられた。すべての学問分野で「国際的ユダヤ人」の陰謀および「非アーリア」人種の劣等性と生物学的な醜悪さが強調された。これは非アーリア人生徒を取り立てて標的にしたものではなく、ドイツ人生徒教化の一環だった。「異人種の血統」の生徒は、知的な人間としては存在しないかのようだった。

地理と歴史で取り入れられたテーマは、生物学においてさらに発展した。人種学と優生学の授業はまもなく、指定されたクラスで必修化された。この命令は、優生学のテキストを何年もの間放置されていた過激論者にとって朗報だった。教育のどのレベルにも対応できるように、何百もの本と小冊子が出版された。それらは誇張が多く宣伝臭の強い長々とした文章で書かれていて、情熱的な狂信者さえほとんど冷めてしまうほどだった。そういった本は、うわべは生物学のテキストだが、遺伝学と前史について最小限紹介したあとは、ほぼ全頁が完全に非科学的な人種の定義およびその仮定上の性格に費やされていた。

一九三四年に公刊された、そのジャンルの典型的な本の一冊では、ヨーロッパの人種は北欧、南東欧、アルプス、地中海、東欧・バルト海という五つの主なタイプに分けられていた(44)。写真と図表で身体的特徴が示され、比較された。見栄えが最も良いのは、言うまでもなく北欧人種だった。目、唇、顎、鼻（北欧は薄い、地中海は反っている、南東欧は肉付きがよい、東欧は分厚く、反ってはいない、等々）、顔、頭、身体の形状が比較された。そしてもちろん、北欧人種の優秀性を示す精神的、知的な質がこれに付け加えられた。

ヨーロッパ外の事情はもっと複雑だった。インド人（ヴィネトウではない、インドの人々）は元来「インド・ゲルマン人」であり、劣った人種との混血で劣化したが、インド人のチャンドラセカール・ラマン博士が一九三〇年にノーベル物理学賞を受賞したという事実により、インドの北方的要素はまだ完全には根絶されていないことが明らかになった。アフリカでは黒人が白人植民者に対して「生物学的に勝利し」、異分子が絶望的なほど混ざり合った米国でも同じことになるだろう。さらに、フランス人は一六八五年にユグノーを、一七八九年に貴族を追放したことにより、またナポレオン戦争と第一次世界大戦を遂行したことにより北欧系の市民を減らしてしまい、それが彼らの「知的な退歩」の理由となった。別の部分ではユダヤ人が取り上げられた。ユダヤ人は誰よりも悪質だった。彼らは「純粋な」人種ではなく、東洋と中東の諸民族が複雑に混ざり合い、さらに南東欧の人々とも混血した結果であるが、いっそう肉厚な鼻を持つユダヤ人を南東欧人から区別するのは容易だった。

本の中にはニュルンベルク法の詳細な解説書もあった。著者たちは、ニュルンベルク法によって、ユダヤ人が彼ら自身の生活を送ることが許される一方で、ドイツの純血が保たれると主張している。どんな種類の雑婚も非難の対象だった。ユダヤ人とともに、特に黒人と黄色人種への言及があった。読者は「中東」および「東洋」から「わがドイツの東方」に至る地域の分子との混血も避けるべきだと警告され、こうして、人間以下あるいは劣等人種と呼ばれる第二の民族集団としてスラヴ人が登場してくる。

生徒たちは、これらの好ましくない人種が優勢になるのを防ぐために、自分自身の純血の源を突き止めるのが全ドイツ人の義務だと教えられた。このために、ある教科書では（いくぶん矛盾しているのだが）結局鼻と顎について記述されているが、外見の分析だけでは不十分だった。北欧人の外見が、それは認めなければならないのだが、常に北欧人種の印であるとは限らなかった。実際に（宣伝相ゲッベルスのような）小柄で色黒のタイプが欠点のない北欧人である可能性もあった。本当の人種は、系図の分析によってのみ決定され得た。一二歳向けのある小冊子には、たいそう装飾的でかなり紋章学的な図表が折り込み頁に載せられ、完璧な指示が与えられていた。完全な家族史は人がどの人種に属するかを説明するのに役立つという理由で、生徒は家族の記録簿をつくるよう助言された。それは筆跡のサンプル、先祖の写真、そのほかの書類で構成される[45]。生徒はまた、家族のあらゆる「特殊な感情、能力、精神病気質、あるいは重要な病気についての情報をできる限り多く」記述するよう言われた。そうすれば、「遺伝的集団」のより適切な「選別」と改良ができるだろう。こうして子どもたちは無意識のうちに、さまざまな人種機関に情報を提供する結果になった。

人種衛生学の講座は最も重要だった。なぜなら、私たちが見てきたように、全人生がかなり小さな系図の結果にかかっていたからである。結婚してよい相手は誰か、どこへ旅行してよいか、どこで仕事をしてよいか、食糧の割当量はどれくらいか、そして最終的に、死に追いやられるか否かがそれによって決められる。たとえその心構えがあったとしても、人を劣等人種と分類するのは十分不快な事柄だった。日常の宿題をこなす中でこのことが判明した時の衝撃が、破壊的に作用する場合もあった。半ユダヤ人、あるいは四分の一ユダヤ人の子どもの多くは洗礼を受けていて、親は祖先について教え

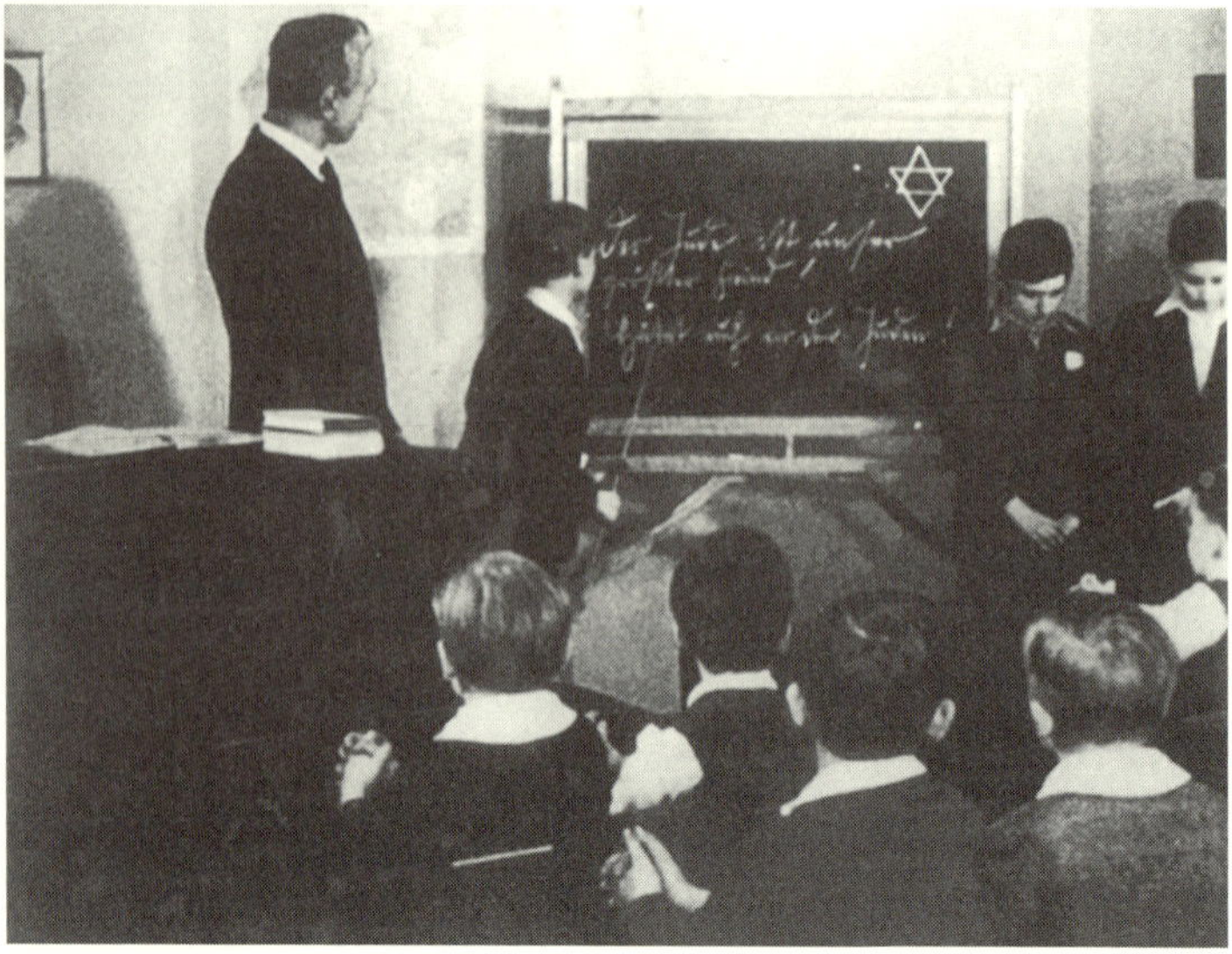

授業中に侮辱されるユダヤ人児童。

ていなかったので、血筋が暴露されると、自殺や身体的な病気に追い込まれることもあった。その血筋ゆえに、彼らには教育上、仕事上の選択肢がほとんどなくなり、同時に社会的に追放されたからである。「罪深い」親に対する憎悪は稀ではなかった[46]。

こうした状況でブラック・ユーモアも聞かれた。家族の中ではつぎのような冗談さえ語られた。「理想的なアーリア人はどのような外見をしているか。ゲッベルスのように背が高く、ゲーリングのように痩せていて、ヒトラーのように金髪だ[47]」。

回想録とオーラル・ヒストリーの中には、「アーリア人」と間違われるだけでなく、人種の完璧な例として見本にされる金髪碧眼のユダヤ人の子どもが大勢出てくる。

　その朝、ほとんどのクラスが大ホールに集まっていました。新設の人種局の将校が人種の差異について話すために来ていたからです。……彼は、二つの人種集団、すなわち高級な集団と低級な集団があるのだと言いました。世界の支配を定められている高級な人種はチュートン人、つまりドイツ民族でした。その一方で、最低の人種の一つがユダヤ人種でした。そしてそれから……彼は見回して少女の一人に彼のところに来るように頼みました。「見なさい、この子の小さな頭、広い額、真っ青な目、そして金髪を」と彼は言いました、「背が高く痩せた姿を。これが純粋で混血したことのないチュートン人種の明白な印です」。この時少女たち皆がどんなに笑ったことか、あなたがお聞きになっていたら。それから、ホールのあちこちから叫び声が上がりました、「その子はユダヤ人よ！」。あなたがその将校の顔をご覧になっていたら！……校長が立ち上がりました……素早く、そして……将校に退出してもらいました、興味深く啓蒙的なお話に感謝しながら。……その時、私たちはまた笑い出しました。[48]

「アーリア化」手続きの要求によって制度と戦おうと試みる混血の家族もあった。道徳的に欠点のない、あるアーリア人の祖母は、息子の父親はユダヤ人の夫ではなく、旅行中の「シュヴァルツヴァルト出身の工場主」だったという宣誓書に署名した。彼女の息子と金髪の孫たちはアーリア人のおじに付き添われ、聴取のためにテュービンゲンの人種専門研究所に赴いた。娘の記憶はつぎのようなものである。

私の父は……とても堂々としていました。「一方」……このアーリア人のおじは……まるでユダヤ人のようでした。私たちがそこに、そう、テュービンゲンの城に着くと、教授がまっすぐにこのおじのところにやって来て言いました、「今日は、ゴルトマン博士」。するとおじが「あなたは間違っています、先生。私は家族の中のアーリア人です」。……そして、あなたなら笑えなかったでしょうけれど……私たちは爆笑するところでした。科学者たちはひどく赤面しました。……私の父は……誰よりもヴィルヘルム皇帝のように見えたのです。……とにかく、彼らの全理論は一五秒で覆されました。[49]

ユダヤ人の子どもの経験は、学校によって大きく異なっていた。最悪だったのは田舎の学校の子どもで、彼らはしばしば孤立して苦しんだ。ベルリンのような都市の大規模な学校では、深刻な嫌がらせを受けずに学校生活を続ける者もいたし、ほとんど全員に、しばらくの間は彼らを守ってくれる教員や仲のいい同級生がいた。だが、ユダヤ人の生徒と彼らの同情者の双方に対する圧力は無慈悲で、ユダヤ人を守ろうとする行動はまもなく危険になった。一九三六年には、六万人と推定される五歳から一六歳までのユダヤ人の子どものうち、三分の二近くが、通常のドイツ人学校から純粋なユダヤ人学校に転校した。彼らはユダヤ人学校にいても、政府の管理から完全に自由というわけにはいかなかった。ドイツ教育省はカリキュラムの多くの面に相変わらず口を出し、鉤十字とダヴィデの星の両方が浮彫りになった卒業証書が中等学校卒業者に授与されることもあった。同化した家庭の子どもの多くにとって、ユダヤ人学校で受ける教育はユダヤの文化および宗教との最初の接触だった。だが、子どもたちがどれほど同化していたとしても、彼らにとって分離学校が避難所だったことは確かである。[50]ポツダムのユダヤ人寄宿学校に転校したある少年は、地区の実科学校で歴史の教員から何か月も自尊心を傷つけられたあとに、やっと「愛情に満ちた雰囲気の中で自由と幸福を感じ、それは学習でも同じだった」と記憶している。[51]彼は実科学校で唯一のユダヤ人生徒であり、それゆえ「あらゆる手段を駆使した「教員の」悪意」に耐えなければならなかった。自身が教育者であるアメリカ大使ウィリアム・ドッドは、分離は「ユダヤ人の子どもを通常の学校から転校させることにおいて、有益かもしれない。彼らは通常の学校で決定的に自尊心を傷つけられていたのだから」と記している[52]。ドイツ中でユダヤ人企業が略奪され、シナゴーグが放火され、大勢のユダヤ人が殴られて強制収容所に送られた「水晶の夜」の余波で、ナチ政府はとうとう一九三八年一一月一五日、残っていたすべてのユダヤ人生徒を学校から追い出す理由を見つけた。それは、今や「ドイツ人生徒がユダヤ人と同じ教室にいるのは耐え難いと思うのは当然」というものだった[53]。

ナチは、大学に対しては学校に対する以上に、もっと仮借ない計画を立てていた。内務省は一九三三年四月、表向きは国内の大学卒業者の失業者数を減らすために、一九三四年秋の入学者を一万五〇〇〇人に限定し、そのうち女性が占める割合を一〇パーセントとした。この徹底的な削減により、入学してくる学生は半分以下になった。入学を拒絶された二万人は、有難くも、地区の職業安定所に赴いて仕事を探すか、職業訓練所を紹介してもらうよう言われた。

学生数削減は、大恐慌の影響ですでに減少していた入学志願者数、そして入学許可が出されたのは医学的に調べた結果「民族的に確かな」学生に限られていたという事実と関連していた。いずれにしても、学問に励む以上に行動せよというナチのプロパガンダによって、学生はますます減少していたが、いくつかの大学は財政的危機に直面する結果になったので、この政策は再検討されなければならなかった[54]。大学は独立した思考の伝統的な砦だったが、新進の研究者が失われただけでなく、もはや非協調的な学究に長期にわたる避難所を提供することもないだろう。知的な独立性にもかかわらず、大学教授も公僕であり、一九三三年四月の公務員法は彼らにも適用された。その結果、全世界が驚いたことに、何百人ものドイツの最も有名な研究者が免職になり、その中にはアルベルト・アインシュタインを含む多数のノーベル賞受賞者がいた。

　法律が公布されて数日のうちに、主要な学生組織の一つ、親ナチのドイツ学生同盟は、「好ましくない」教授のリストを求める地方指導者たちに秘密の覚書を送った。それにはユダヤ人だけでなく、政治的左翼、平和主義者、ナチ党に批判的な言動を行なった者、あるいは学生に人気のない者が含まれていた。この資料は国際的報道機関に漏洩し、「教授に対するヒトラー・エリートの戦争。学生作成のブラック・リスト。考えなしの産物」という見出しをつけられて、ロンドンの『デイリー・テレグラフ』紙に掲載された[55]。政府は当初、伝統的に不可侵の地位にある完全アーリア人の教授を免職にするつもりはなく、代わりに六五歳定年退職を定めた法律を制定した。また州の教育相に、研究者の所属を意のままに変え、あるいはその地位の廃止によって退職を強要する権限を与えた。学校教員のような、よりレベルの低い教育者は、一〇歳の子どもにふさわしい四週間課程のナチ教化キャンプ参加を命じられた。彼らはそこで、「六人部屋で眠り、制服を着用し、土を掘り、スポーツをし、教育的講義を受けた[56]」。

　粛清は人事に限られず、ナチの観点からばかげた、非愛国的な、人種的に受け入れ難い科目すべてに及んだ。新しい政策がもたらした一つの成果は、国家的規模の儀式として実施された焚書だが、これは将来行なわれることを表面的に示唆したに過ぎない。ドレスデンのロマンス語の教授でユダヤ人のヴィクトル・クレンペラーは、優れた戦時日記の中で、彼と所属学科がゆっくりと苦しみながら排除されていく有様を鮮明に記述している。大学学部委員会の秘密工作によって短期間守られた教授もいたが、学生にとって常に好都合だったのではないにしても、事態の進展は情け容赦なかった。たとえば一九三三年四月、ドレスデンのユダヤ人教授が試験の実施を禁じられた。継続中の課程を学生がどのように修了するのかは明らかでなかった。ドレスデンでロマンス語を学ぶ学生の問題は、一九三六年七月、イタリア語課程を除く全学科が閉鎖されて解決した。[57]イタリア語は、枢軸の同盟者ベニート・ムッソリーニの代理人たちと付き合うのに役立つと考えられた。ロマンス語およびそのほかの受け入れ難い科目に取って代わったのは、「文化と民族についての研究」といった講座や、「アジア「卑しむべきスラヴ諸民族を意味する」の政治的経済的諸問題」といった偏見に満ちた講義で、これらは大学で強制的に準備されたものである。

学部はナチの制令に対して、慎重に抗議した。ドイツの教授団は、伝統的に保守的かつナショナリストであり、ヒトラーの躍進を支持した非党員のうちでかなりの割合を占めていた。だが、対外政策や反ユダヤ主義の点でナチに同調していた学者さえ、指導者原理が導入された大学委員会での権力と、学生に対する権力の双方が制限されることには驚いた。クレンペラーが書き留めたように、「今や、手紙も電話での会話も道端での立ち話も安全ではない。皆が、隣人が密告者なのではないかと恐れている[58]」。

これはもはや偏執狂の妄想ではなかった。アメリカ大使ウィリアム・ドッドは、日記にヘルマン・オンケンの事例を記述している。オンケンはベルリンの名高い（そしてアーリア人の）歴史学科長だったが、自分の学生の一人から暴力的な攻撃を受けた。一七世紀イングランドのオリヴァー・クロンウェル時代の空位期間についての率直な記述が、事実上ヒトラー政権に対する批判になっているというのが、学生の言い分だった。この件が広く知れ渡ったのちに、党の精神的指導者アルフレート・ローゼンベルクは、教授の「退職」を教育省に命じた。オンケンは、ほかの学生の抗議によってその学期の間は在職できたが、夏に免職になった。[59]

しかしながら、教授たちが自分の大事な研究のための資金を得ようとして新体制に取り入ろうとしたり、粛清された同僚の突然空いた地位、研究ファイル、そのほかの特典を手に入れようと望みながら黙っていたので、学部がこのような性質の抗議を行なうことは稀だった。このような工作の冷笑的な側面は、学生にも欠けていなかった。中世フランス語を専門とするオックスフォードの優れた教授で、一九三〇年代に卒業学期のためにドイツに派遣された女性が、有名なユダヤ人教授の免職について尋ねた時、男性の同僚が「彼は実際のところ決して有能ではありませんでした」と言ったと、戦後数年経ってから、憤慨しながら語った[60]。ナチさえ、こうした教授たちの見苦しい熱心さを面白がっていると見受けられた。彼らは待ちきれなかったように時流に乗り、アカデミックな行事の際に徽章のついた党の制服を見せびらかした。

親ナチ学生のデモの暴力は、ヒトラーの政権掌握以前に何年にもわたって大学を混乱させ、大学に対する公然たる非難および大学が完全に閉鎖されかねない現実的な恐れと結びついていたが、その結果、大学当局はさまざまな軍事組織との妥協を探り、自分たちの縄張りを維持するために陰謀に頼るようになった。閉鎖の恐れは根拠のないものではなかった。総統の実際に悪意に満ちた反インテリ傾向を理解するには、『わが闘争』に目を通すだけで足りる。ヒトラーが頻繁に表明したその姿勢は、一九三八年のある演説におそらく最も雄弁に示されている。彼はその演説で、いつものように一九一八年のドイツの敗北の責任をインテリに押しつけ、インテリは――

信義がなく、信念がなく、何よりも危機と危険の瞬間にしっかりと立つことがない。心が広く健康的な大衆は、民族共同体に共に参加することをためらわないが、［インテリは］臆病な雌鶏のように散り散りになる。それゆえ彼らとともに歴史は作れず、彼らは社会を支える要素としては役立たずである[61]。

と断言した。
ナチ党指導層のほかの者は、こうした考えに共鳴することが多かった。悪意に満ちた雑誌『突撃者』の編集長ユリウス・シュトライヒャーは、一団の教授に面と向かって、彼らは「顎髭と金縁眼鏡と科学的な顔を持った老人」で「ほとんど何の価値もなく」、「いわゆる高等教育」によって人々から隔てられていると言ったという(62)。

大学生になって、学生を無用だとする体制の支持を合理化するのは、容易ではなかったに違いない。ドイツ学生指導会は実際に、ヒトラーの発言を検討して、本物の学究ではなく「長髪で肩をいからせた」不良連中に言及したに違いないと言ったものである(63)。学生指導者は教授と同じように、大学の閉鎖を恐れていた。そうなれば、自分たちは不要な存在になる可能性があったからである。そこで、政治教育の課程で彼らに課された、全学生を学生組織に登録させるという使命を成功裡に達成するには、学部との協力が必要だと見なしていた。ドイツの学生は伝統的に自分が所属する学科の講義にのみ出席したので、これは困難な使命だった。イデオロギー教育の授業に変更できる単位もなかった。そのため、特別な課程を導入してそれを必修化し、出席と成績の記録をつけるには、大学当局との協力が必要だった。成功したいという欲求は、観念を越えた現実的なものだった。ナチ・ドイツ学生連合は一九三五年三月に主要な党組織として認められ、ヒトラー・ユーゲントおよび親衛隊と同等の地位を獲得した。連合の役員の大方は野心的な一定年齢の「学生」で、権力掌握に喜びを見出していた。大学行政との容易でない協力はうまくいかなかったが、その原因となったのは、頻繁に起きる騒動、権謀術数、以前カトリック学生連合などの非ナチ組織に所属していた人々の完全な吸収をめぐって起きた、ドイツ学生連合などのほかのナチ学生団体との激しい競争である。すべての非ナチ組織は一九三

○年代末に、成功裡に吸収されたり、廃止されたりした。[64]
学生指導者は新会員募集、宣伝活動、準軍事活動で多忙なことが多く、自分自身の課程のために準備する時間がほとんどなかった。大学レベルの内容の政治ゼミナールを準備する時間、あるいは学部の「ナチ学」を監督するための時間は、もっと少なかった。イデオロギー研究の集団が設立された時も、慣れない講師にとって難しかったのは、学生が学校とヒトラー・ユーゲントで何年にもわたって聞いてきた決まり文句を繰り返させないこと、ナチ指導者らの退屈な著作をテキストにして報告の割当を行なうことだった。そういった著作のどれも、分析的な学問に値するものではなかった。ナチ的な偏向を伴って教えられる科学の課程は、成功とは言い難い結果に終わったが、学生指導者は挫けなかった。アインシュタインの「ユダヤ的」な相対性理論が物理学の課程から排除されたりすれば、その科目を学んでも意味はないという指摘があった時、ハンブルク大学学生連合のイデオローグは、「理論におけるアーリア的要素」を取り出す方法を真剣に調べようとした。こういった行き過ぎの結果として、学生が試験勉強できたのは、当局によって課される果てしのない課外活動後の短い自由時間だけだったので、長期欠席と無気力が横行した。学問のナチ化の影響は、一九三七年秋になると大学の外でも感じられるようになった。空軍将校、経済計画立案者、ドイツ研究会議議長は皆、十分質の高い技師がいないと不満を述べた。ナチ・イデオローグのアルフレート・ローゼンベルクさえ、科学に関する限り、党は教義にこだわり過ぎてはならないと言明した。ハンブルクの教授が指摘したところでは、科学知識のナチ化は、特に新兵器の開発が問題になる時に、国家にとって不利益になるかもしれなかった。[65]産業界はあまり慎重ではなかった。一九三九年の科学産業の雑誌には、「化学研究における主導権は外国に移った」とにべもなく書かれていた。[66]
実際のところ、学生がとにもかくにも課程を修了できたのは奇跡である。課された義務は、軍事から農業までのあらゆる分野に及んでいた。学生は、これらの要求を回避するために、あらゆる方法を試した。それには、頻繁に大学を転校すること（ドイツで長年大目に見られてきた）が含まれており、ナチ官僚は決して彼らに追いつけなかった[67]。一九三三年春、全学生にスポーツが強制されることになった。同年九月、ナチ突撃隊は「ドイツ革命の前衛の精神で身体と精神の訓練」を組織するために特別の大学事務局を設立した。各学部は苛立ちながらも、新しいプログラムに合わせるために、大学全体のスケジュールを再調整しなければならなかった。さらに腹立たしいことに、新しいプログラムの立案者はしたい放題で、スケジュールの変更など考慮したりしなかった。三学期にわたる苛酷な軍事訓練が命じられた。プログラムを完遂しなかった学生は、翌年の登録を認められないことになっていた。訓練はたいそう激しく、時間を喰ったので、ハンブルクの教授たちはまもなく、欠席の劇的な増加、ゼミナールで見られる「相当な無気力」、成績の壊滅的な低下に気づき、あまりの甚だしさに、プログラムはたった一年で廃止された。

大学構内から突撃隊が撤退したのちに、学期中は学生にかかる圧力がいくらか減ったが、休暇はもはや楽しいものではなかった。休暇は盛りだくさんの義務的なプログラムで費やされた。まず、早くも一九三三年春に導入された学生の労働奉仕があった。特別キャンプでの四か月の労働と政治的教化、加えて大学入学前に六週間の準軍事訓練が行なわれた。言うまでもなくユダヤ人学生は参加できず、カトリック理論の研究を志すような望ましくない学生も免除された。しかしそれは彼らを隔離し、周辺に追いやるためだった[68]。

大学入学前の労働キャンプは序の口に過ぎなかった。熱心な学生指導者は、入学後の休暇にも同じような計画を立てたが、多くの学生は夏に授業料を稼がなくてはならなかったので、それらの計画の多くは潰れた。工場労働者が余暇を得られるように、学生が代わりに働くという計画への反響は悲惨だった。もっと成功したのは農村労働奉仕で、たいていの場合、ポーランド国境地帯の農場での労働だった。

農村労働奉仕がほどほどに人気がある一方で、それと対になった活動、いわゆる収穫支援は全く人気がなかった。一九三九年にはミュンヘンとハイデルベルクの学生が公然とこの活動に抗議するデモをしたという。彼らはある集会で、ナチの担当者に向かって口笛を吹いたり、卵を投げつけたりした。学生一二人がダハウに送られたが、「ヒトラー諸共に没落」という落書きが夜間の街路に現われた[69]。自ら収穫支援に不適格だと示そうとして、陸軍の夏期訓練に志願する学生も見受けられた。これは、「ドイツとポーランドの国境で必要になった警備体制の観点から」、収穫に十分な学生数を可及的速やかに確保するよう命じられていたドイツ学生指導会にとって、好都合とは言えなかった。陸軍への流出は阻止され、有事には電撃戦の機械化部隊が新たに刈り取られた畑を通ってポーランドに侵入できるよう、およそ四万五〇〇〇人の学生が小麦を刈っているのが見られた[70]。陸軍を選びたいと思っても、学生にはまもなくほかの選択肢はなくなった。

大学生活の社会的側面が無視されることはなかった。ナチは、若者がヒトラー・ユーゲントやそのほかの組織での日夜にわたる教化から解放されて、伝統的に自由で奔放な学生生活にいきなり投げ込まれるのを、全く好んでいなかった。体制のごく初期から、大学関係の社会組織すべてを単一のナチ連合に統一するために努力が払われた。これは、無数の学生組合、宗派別協会、友愛会、民族共同体と調和しないエリート組織と見なされていた有名なブルシェンシャフト〔ナポレオン戦争後のウィーン体制下で一八一〇年代後半に各大学で創設された学生結社。元来、学生相互の親睦だけでなく、愛国心の育成をはかる側面があった〕の統合を意味していたが、このプロセスは慎重に行なう必要があった。ドイツの上流市民の多くがそういった団体の同窓生だったからであり、その中にヒトラー側近の一人である首相官房長官ラマースがいた。彼は一九三四年、彼ら全員をナチの要求に応じさせるという、ほとんど達成不可能な任務を与えられた。学生は学生であり、ナチの政策は、国家官吏がさっさと適応したのと違って、伝統的に秘密主義で独立性の強い団体には、それらが親ナチである場合でさえ、常に受け入れられたわけではない。メンバーの人種的純粋性の証明や、非アーリア人のメンバーと卒業生の追放を拒絶する団体もあった。有名な事件として、ハレのアルトマルク学生組合が、代わりにナチのメンバーを追い出し、団長が「わが団の色を身に着けている者はわが団の兄弟である。……私は自分のために、あるいは自分の人種のために兄弟を犠牲にはしない」と宣言したこともあった。[71] 信仰告白の友愛会は、宗教上必要とされる物の除去をためらった。何世紀にもわたってメンバーが身に着けてきた色とりどりの旗、帽子、制服の放棄に誰もが深い憤りを感じた。これらは、普通の冴えない黒と赤の帽子に代わることになっていたのである。古くからあるフェンシング友愛会は、抑え込むのがいっそう困難だった。そのメンバーは決闘を諦めるぐらいなら刑務所に入るつもりであり、禁止後も遠方の森林地帯で決闘を続けていた。

学生を扱う上でユーモアは通用しなかった。一九三五年五月、ハイデルベルクの古く排他的なザクセン・ボルシア友愛会の学生が、「全学生に課されている国民、国家、大学への義務をゆゆしくも侮辱した」廉で厳罰を受けた。二件の犯罪がこの評決の原因だった。タキシードを着た学生たちが五月二一日、ヒトラーが外交政策に関する演説を放送している最中に外出し、「ハイデルベルクのある酒場に赴き、大騒ぎしながら入っていって、一人は節をつけながらシャンペンの壜を叩いていた」。数日後、別の酒場で「団員たちがアスパラガスの食べ方について、特に総統はどんな食べ方をするのかについて大声で議論していた」。事件は、「学生の封建的反動を示す反逆的行状」という見出しで『フェルキッシャー・ベオバハター』紙で報道された。全国青少年指導者バルドゥア・フォン・シーラハが、この事件後少し経ってから、ヒトラー・ユーゲント全団員にブルシェンシャフトからの脱退を要求し、さもなければヒトラー・ユーゲントから除名され、多くの分野で出世する機会が大幅に狭められるだろうと布告した。フォン・シーラハはアスパラガスの件を面白がらなかった。彼は布告の中で事件に言及し、それは「ドイツが働いている一方で、威張り散らし、飲み騒いでいる学生団員の小さな徒党の野蛮さ、規律の欠如、本物の底なしの俗悪さを示す恐るべき肖像」を提供するものであり、「そのような分子が聖なる総統を貶めるのをやめなければ、彼らは裁かれる」と大喝した。[72] フォン・シーラハがヒトラー・ユーゲントに与えた規定は、ナチ党員は既存の学生友愛会に所属できないという、一九三六年五月の法令によって一般化された。

ナチは学生組合を完全に破壊するつもりはなく、自分たちの青年組織の役に立つ一単位に変えようとしたのである。ナチは三〇名程度の学生で構成される団体を「戦友会」に組織しようと目論んだ。学生たちは一軒の家に共同で住み、集団教化を受け、適切な活動に参加する。学生が思い浮かべていたのは以前の学生組合の家であり、実際幸運なことに、禁止された多くの学生組合が彼らの建物をナチに貸して、自分たちの集会はどこか別の場所で続けていた。その一方で、新体制と行動を共にしようと、「戦友会」に移行した学生組合もあった。だがこれらは、ナチにとって十分熱狂的とは言えず、まもなく解散に追い込まれた。「戦友会」がなぜ若者に人気がなかったか、その理由は簡単にわかる。必修の活動スケジュールは六時三〇分に「防御的スポーツ訓練」で始まり、「整理整頓と家事」も行ない、必修の午睡、ナチ党が催すイデオロギー訓練と「特別行事」は夕方にまで及んだ。一日のうちで学生が解放されたのは一時間の自由時間だけだった。[73]

かなり禁欲的な「戦友会」の生活は、ヒトラーの好みを完全に反映してはいなかった。総統は明らかに、男性同士であまりにも長く共同生活をしていると同性愛に陥ると思い込んでいた。少なくとも一つのナチ施設では、男性の三人部屋や一人部屋は問題なかったが、二人部屋は禁止されていた。ヒトラーはこの堕落を避けるために、女性との交際を熱心に奨励した。これは、アメリカの友愛会でよく見られるような酔っ払いのお祭り騒ぎのようなものではなく、「女性と交際するときの礼儀作法の練習」と称されるような礼儀正しい催しだった。[74]

当局は一九三〇年代末、フェンシングの禁令の解除とそのほかの緩和によって「戦友会」を鼓舞しようとしたが、指導層が予想したようなナチ・イデオロギーの完全な細胞には決してならなかった。「戦友会」の家は開戦後、用心のために、また地方当局によるある種の共謀で、元の状態に戻された。ナチが抜き打ちの視察をしがちだったので、協調の見かけは維持された。一軒の家は、押し入れ中を狂信的に捜索されたあとで、閉鎖を免れるために、総統の写真を隣の「戦友会」からちょうど間に合うように借り出した。大学と学生組合に対してナチが抱いた恐れは、根拠のないものではなかった。有名な白バラ抵抗グループの全員がこの環境に属しており、一九四四年七月二〇日のヒトラー暗殺未遂事件参加者のほとんど全員が学生組合の同窓生で、同窓会を情報交換のために利用していた。[75]

第5章 ヒトラーの子どもたち

ナチ政権は、伝統的教育システムからの移行が徐々に行なわれる一方で、並行して過去の苛立たしい伝統に煩わされない仕組を構築するのに忙しかった。ナチの若者が生きる新世界で、子どもが家庭という私的領域で過ごす時間は可能な限り少なくなるはずだった。家庭には古い思想と書物が隠されており、教会や地方の慣習に忠実で、新秩序とは相容れない。新秩序の指導者たちは今や、「若者を所有する者が未来を所有する」というスローガンを実現しようとしていた。ここで言われている「若者」は、言うまでもなく純粋なアーリア人の血統を文書で証明された、完全に健康な子どもに限られていた。

一九三八年、ヒトラーはスケジュールをつぎのように要約できた。

この若者たちはドイツ人として考え、ドイツ人として行動する以外の何ものも学ばない。この少年たちは一〇歳でわれわれの組織に加入して、初めて新しい空気を吸い、それから四年後にドイツ少年団からヒトラー・ユーゲントに移って、そこでさらに四年をわれわれのもとで過ごす。その後、階級と地位の障壁を作った者の手に彼らを返す予定はなく、むしろすぐに党、労働戦線、突撃隊、あるいは親衛隊……などに送り込む。そして、もし一八か月あるいは二年経ってもまだ本物の国民社会主義者になっていなかったら、労働奉仕に送られて六、七か月間そこで鍛錬される。……そして、もし六、七か月後にもまだ階級意識や地位へのプライドが残っていたら、国防軍がさらに二年間の訓練を引き受け、彼らが二年あるいは四年後に帰って来た時には、古い習慣に滑り落ちるのを防ぐために、彼らを再びすぐに突撃隊、親衛隊等々に戻し、生きている間二度と自由になることはないだろう。そして、もし誰かが私に「取り残された者がいるでしょう」と言ったとしたら、「ナチズムはまだ終わりを迎えたわけではない、スタート地点に立ったばかりだ」と答える。(1)

このような経過をたどる統制は、総統の結論でその成功が大いに強調されていたが、突然に達成されたものではなかった。ヒトラーが首相に就任する何年も前から、ヒトラー・ユーゲントはほかの歴史の長い少年組織の解散と吸収に専念していた。これらの組織は、革命的共産主義者からロマン主義のブント運動まで、さらに王党派を含む右翼団体までの全般にわたっていた。ブント運動は、キャンプや焚き火を囲んでの歌を呼び物にした共同の戸外活動を通じてドイツ人の生活を再生する試みだった。右翼の一部は、ヴァイマル共和国陸軍による準軍事演習で訓練されていた。これらのさまざまな組織に加えて、プロテスタントとカトリック双方の教会が運営する組織もあった。ヒトラー・ユーゲントは、ヴァイマル共和国の最後の年に準軍事的分子が行なった暴力的デモのために、多くの管区で非合法化された。一九三二年四月、行進と制服着用が禁止されたが、ほとんど効果がなかった。ナチは制服を脱ぎ捨て、「国民社会主義青年運動」と改称しただけだった。首相フランツ・フォン・パーペンはヒトラーを宥めようと数か月後に禁令を解いたので、ヒトラー・ユーゲントは再び完全な栄光

敬礼の仕方を教わるヒトラー・ユーゲントの制服姿の3人のドイツ人児童。

に包まれて行進できるようになった。ヒトラーの首相就任で、闘争が議題にあがり、全青少年組織はすぐに半分アメリカ人のバルドゥア・フォン・シーラハの指揮下で「統合される」ことになった。一九三三年九月、シーラハは全国青少年指導者に任命され、ヒトラー・ユーゲントがライバル組織を抑え込むのは、今や時間の問題に過ぎなかった。

ヒトラー・ユーゲントに対する初期の抵抗には、容易ならぬものがあった。中産階級の親は、ヒトラー・ユーゲントの下層階級的性質、監督なしの男女一緒の活動、路上での暴力を好む傾向を非難した。ヒトラー・ユーゲント団員との対立は、よく組織された青年運動を傘下に置くカトリック教会で特に激しかった。ヒトラーを支持するかどうかはしばしば激しい論争の的だったが、問題はそれではなく、若者の統制だった。一九三三年八月、司教たちが、ヴァチカンとの政教条約締結に関してヒトラーに謝意を述べ、新首相は「神によって任命された」と言明したのちに、何千人ものカトリックの若者が、ベルリンのノイコルン・スタジアムでの式典でヒトラーへの忠誠を誓った。[2] 包囲されたほかの青少年組織の多くは、不撓不屈の努力でヒトラー・ユーゲントとの抗争を繰り広げた。カトリックはキャンプでの射撃実習を許可し、プロテスタントは「好戦的なキリスト教」を唱えた。ベルリンのユダヤ人団体は、明らかに闘争的でない少年たちに、グレーのシャツと黒い縁取りのついたグレーのスカーフを着用させたが、それはヒトラー・ユーゲントの制服によく似て見えた。[3] ブレスラウの別のユダヤ人団体は、「ドイツ人(彼ら自身)」を見知らぬ敵と戦わせる戦争ゲームで締めくくる立派な準軍事訓練を行なったあとで、キャンプファイヤーの周りに坐って、「理想主義的なコサックと北欧の歌」が融合したものを歌った。[4] 年嵩のユダヤ人生徒の中には、愛国心に満ち溢れて、ヒトラー・ユーゲントへの加入をヒトラーに納得させようとする者もおり、皮肉なことに少数の者がしばらくの間、宣伝の役割を果たす一種の準会員として認められていた。[5]

だが、新たに力を得たヒトラー・ユーゲントに、分け前を与えるつもりはなかった。フォン・シーラハの指揮下で次第に競争の決着がつきつつあった。ナチは学校評議会の代表者の任命と結びついた政治的な汚い策略、大規模な宣伝活動、そして特に子どもたちが相互に強制的に教化するという手段によって、一九三六年末、五〇〇万人ほどの「自発的な」団員を獲得した。一九三三年一月のおよそ一二万人から、そこまで増えたのである。[6] ヒトラーは、反対派はもはや問題にならないと確信して、ついに「ヒトラー・ユーゲントに関する法律」を公布した。それは、「ドイツの全青少年は家庭と学校における教育とは別に、ヒトラー・ユーゲントで、民族と共同体に奉仕するナチズムの精神において、身体的、知的、倫理的に教育されるだろう」と宣言するものだった。しかしながら、入団はまだ強制的ではなく、一九三六年一二月までは制度化されなかった。[7] 非協力者はその間に、ヒトラー・ユーゲント団員でなければドイツのエリート高校の卒業証書(アビトゥア)をとる試験に参加させないという手段で、簡単に列に加わった。
ヒトラー・ユーゲントの正式活動の魅力はとても大きかったので、強制はほとんど必要なかった。何か栄誉あるものに所属したいという欲求は、意気消沈し打ち負かされたドイツでは特に強く、国民は自分の国が誇り高い存在であれと熱望していた。十代になっていたメリタ・マシュマンは、ヒトラーが首相に就任した晩の感覚を決して忘れなかった。

その夜の何かものすごい感覚は、今でも私に残っている。轟くような歩きぶり、赤と黒の旗の陰鬱な華やかさ、松明が顔に反射して煌めく光、そして攻撃的でもあれば同時に感傷的でもある旋律の歌。……縦隊が何時間もかけて行進していった。私たちは、彼らの中に繰り返し、自分たちとほとんど年の違わない少年少女を見かけた。……私はこの流れの中に飛び込み、包まれて、流されていきたかった。(8)

「見習い」と呼ばれた少年たちは、一〇歳になるとドイツ少年団の候補者になった。ドイツ少年団はナチ青少年運動の第一段階に位置する。少女たちはドイツ少女団に入った。少年は茶色のシャツ、黒い半ズボン、鉤十字のついた腕章、軍帽というスマートな制服を身に着けた。少女の制服はもっと保守的な青いスカートと白いシャツに限られていたが、徽章で引き立っていた。服装だけではなかった。子どもはそれぞれ、軍事活動に重点が置かれた厚い訓練マニュアルと報告ノートを渡された。報告ノートには達成できたことや欠けていることが、少年時代を通じて細心に記録された。活動は大変で時間がかかった。
水曜日の夜は、たとえヒトラー・ユーゲントの施設で行なわれたとしても、全国的に「家庭の夕べ」として知られた教化の時間にあてられた。より幼い子どもたちには、赤と黒の布が掛けられた部屋で、わくわくするような光のショーを見せることがあった。別の催しとして、「国民の忠誠心の強化を意図した」一六週間のドイツ史講習が含まれていた。この講習は外国にいるドイツ人青少年のために、アフリカ、アジア、アメリカ向けの特別放送で繰り返された。ドイツの出版物に掲載された抜粋から、子どもたちが聞かされた思想を知ることができる。

今から短いラジオ劇「ハインリヒ一世とその息子オットー」が始まる。一三歳の息子は、父がフン族と九年間の休戦協定を結んだこと、貢ぎ物を捧げるつもりでさえいることに憤っている。ザクセン人はこの恥辱に耐えられなかった。父はなぜ九年間の平和が必要なのかを息子に説明する。騎兵隊を育成して、フン族を単に一時的にではなく最終的に打ち負かすためである。この短い劇は、騎兵隊長たちに対するハインリヒの演説をもって終わる。[9]

このような刺激的なドラマにもかかわらず、「家庭の夕べ」はたいてい退屈だった。はるかに洗練された十代の青少年は、ばかげた宣伝パンフレットと粗悪な映画にまもなくうんざりしてしまった。長々とした繰り返しの多い演説はまもなく彼らの関心を引かなくなり、『わが闘争』をめぐる議論は「竜頭蛇尾に終わる」傾向があり、集会は全般的に「致命的に面白味に欠けていた」。その結果、ゲームや合唱で時間を費やすことを許す指導者もいた。[10]

「国家の青年の日」として別扱いにされた土曜日は異なっていた。土曜日は戸外で過ごし、年少の子どもも、訓練のための演習として通常一六から一九キロメートルを行進した。週末はへとへとに疲れてしまうが、わくわくするような、一般にどの国の少年にも好まれている野外ゲームが目白押しで、地図の読み方、スパイ活動、「勝利」を競う団体競技が含まれていた。これらの野外演習は、子どもがこのシステムを通じて成長するにつれて、ますます軍事的、狂信的な愛国主義の性質を帯びていった。ドイツ少女団の「家庭の夕べ」では、もっと多く家政学が取り上げられていたが、土曜日は同じように厳しく実用的な戸外活動に費やされた。ある「スパイ活動」の演習では、一つの部隊全員が混んだ百貨店での、一人はドイツ人、一人は外国人の二人の「スパイ」の追跡と、秘密書類の交換の妨害に送られた。これは店の従業員や客の注意を引くことなく、遂行されなくてはならなかった。成功裡にやり遂げられた[11]。このような活動は、「本物のスパイをつかまえなければならない時」のための良い練習と見なされた。こういった催しは団体への忠誠心を鍛え上げ、個人主義を抑圧するという目的で、真剣になされた。

数週間にわたって若者を家庭から引き離した。

移行期間は不安に満ちていた。ドイツ少年団への入団の式典は、毎年ヒトラーの誕生日の四月二〇日に予定されていた。少年たちはその前日の夜通し、劇的要素のある遺跡に向かって象徴的に行進した。好まれたのは、煌めく松明で照らされた中世の城である。そこで夜が明ける頃、彼らは「鉄のように堅固な」兵士になって「ドイツをあるべき姿」にし、「われわれの偉大なる忠誠共同体」への参加を勧告されたことだろう[12]。トランペットのファンファーレと「世界に冠たるドイツ」の歌が鳴り響いたあとで、少年たちはナチの旗を囲んで、それぞれが誓いの言葉を述べた。「私の力のすべて、私の強さのすべてを、われらが祖国の救済者、アドルフ・ヒトラーに捧げます。私は私の命を彼のために捧げます。そうすれば神のご加護があるでしょう。一つの民族、一つの国家、一人の総統！」。

最終的な入団は自動的ではなく、少年たちは六か月後に入団試験を受けなければならなかった。これは、厚い訓練マニュアルと身体的能力双方の内容を確認する大変厳しい一連の試験で、その頂点に

「勇気の試験」があり、恐れられていた。「勇気の試験」では、完全武装で二階の窓から飛び降りるといった、人をひるませるような荒業が要求された。彼らはこれを済ませたのちに初めて、ヒトラー・ユーゲントのシンボルが浮彫りになった特製の短剣を渡された。これは、アーリア人であろうとなかろうと全ドイツ少年の垂涎の的だった。[13]

短剣は陸軍将校用の帯皮にさした。ドイツ少年団の基本的な制服は、こうして正式な団員の徽章で飾られた。リーダーの地位に上がった者は、もっと多くの徽章と黄金の鷲がついた帽子を与えられた。

制服はナチ生活全般において極度に重要だった。制服を着ていれば、上司に簡単に認識され、着用者が自尊心を持ち、くすんだ茶色の民間服を着て締め出された人々を辱めることになる。新しいナチの制服は、一部の子どもたちにとっては、かつてエリート校の生徒がかぶっていた、学年ごとに色が違う優雅なまびさしのついた帽子などの伝統的な制服を身に着けられない埋め合わせになった。階級差をなくそうと試みた新政府によって、伝統的な制服は禁止され、儀式として焚き火で焼かれた。ほかの青少年組織の制服、たとえば王党派のドイツ民族ビスマルク少年団のたいそう意匠をこらした制服は、この組織が消滅したことを確認するために、ナチが実際に集めて廃棄した。ナチの制服は、ドイツ少年団がすばらしい軍装をした太鼓とラッパの楽隊に先導されて町中と国中を行進し、伝統的な全祝日のパレードと、党がたいていは偽の若い殉教者や英雄を讃えるために捏造した数えきれないほどの新しい儀式に参加することで、常に人目についていた。

こうしたことすべては、学校や教会へ行くよりずっと楽しかった。親の不賛成も、何よりも恐ろしい人種差別も、光栄ある場面に参加したいという、たいていの幼い子どもたちが抱いていた希望を抑えつけられなかった。「ドイツ少年団の年」と称され、ヒトラー・ユーゲントが団員獲得に乗り出した一九三六年に圧力は特に強くなった。小学校の教員は児童にドイツ少年団への加入を促すよう命じられた。ヒトラーの四七歳の誕生日に、一〇歳から一四歳までの子ども全員を加入させるのが目標だった。学校には感情に訴えかける映画や、ほかの目に見える財政的援助が押し寄せた。ナチ党の各管区は小さな単位に分けられて、激しい団員獲得活動が展開した。ハンブルクのある学校では、全員がドイツ少年団員になった最初のクラスに賞品が出された。教員が黒板に貼り出した大きな表は、入団した各児童が割り当てられた空欄に書き込むようになっていた。親が賛成しないと言った子どもは、教員との面談のために親を連れて来るよう言われた。日ごとに三々五々、空欄が埋まっていった。クラスが賞品を逃す原因には誰もがなりたくなかったが、このクラスにはたまたまハンス・ユルゲン・マサキオイがいた。彼の母親はドイツ人で、父親はアフリカ人だった。彼も空欄に書き込みたかったが、ドイツ少年団には不適格だと聞いてショックを受けた。彼はそれを信じられず、母親に頼み込んで地域のドイツ少年団の集会所に連れて行ってもらった。彼はドアから覗き込んで、幸運な団員たちを目にした。

私は羨ましくて気づいたのだが、彼らのほとんどが、菱形に象られたヒトラー・ユーゲントの鉤十字の徽章がついた短剣をさしていた。制服を売っている隣の店のウィンドウにそれが飾られているのを見てから、私はひそかにこの大きな儀式用の武器が欲しくてたまらなかった。その光り輝く刃に彫りつけられた「血と名誉」という言葉も、その象徴的な意味は全く理解できなかったのだが、私の心をかきたてた。

しかし、母親と息子はその建物からぶっきらぼうに追い出され、学校では教員がマサキオイの空欄を表から消しただけだった。こうしてクラスの全員が団員になった。賞品として、月曜日が休校になった。だが、それはマサキオイには適用されず、とにかく登校して別の教室で着席していなくてはならなかった(14)。

優れた資質を備えた小さなアーリア人さえ、親が政治的に正しくない場合は入団を拒否された。これは大変な恥辱だったので、一〇歳の子どもが自殺を企てたという話が聞かれ、「罪深い」親を憎んだり拒絶したりということも普通だった。家族に対するそのような拒絶は、まさしくナチが望んでいたことである。親の監督を逃れられるのが、子どもと十代の少年少女にとってヒトラー・ユーゲントの最大の魅力だった。責任感と自尊心が早くも芽生えていた。ドイツ少年団のリーダーたちは、一四歳になれば三〇人あるいはそれ以上の一部隊を指揮することができ、全リーダーのほとんどが二十代だった。ヒトラー・ユーゲントの「義務」は、若者が宿題や家庭の雑用をしない言い訳として最適だった。勤務中のヒトラー・ユーゲント「官吏」が、党の返報を恐れる教員の判断がなくても飛び進級した場合に成績が下がるのは、よくあることだった。親が不満を漏らせば、当局に脅される可能性があった。同調圧力は大きく、しばしば皿洗いさえ深刻な問題になった。

一六歳のユルゲン・ヘルプストは、時間をかけて準備されたドイツ少年団の夜間演習に参加する予定だった。今日で言えばペイントボール競技のようなもので、待ち伏せと偽装を駆使して戦い、「各グループは、自分たちと敵対グループの少年たちが手首に結んだ色とりどりの紐を引きちぎることを目標にしていた」。この重要な催しが、東部戦線から戻って来ていた父親が故郷で過ごす最後の晩と重なった。ヘルプストは、「以前には一度も経験しなかったような、引き裂かれる思いがした。……私は父をがっかりさせたり、父よりも森で私を待っている興奮の方を尊重していると悟らせたくなかった」。だが「義務感」の方が強く、少年は「恐怖を感じながら」演習に出かけた。ナチではなく、ヒトラー・ユーゲントの影響に不満を示していた父親は一か月後に戦死した。何年も経ってから、その時でもまだ大きな苦しみを感じつつ、彼は書いている。

私がそうした理由を考える上で、想定できる経歴上の利益よりはるかに説得力があるのは、少年たちのリーダーとして認められ、つき従われることから得られる感情的な報酬と直接の満足であり……［そして］私がその晩仲間に加わらなかったとしたら、彼らは私を臆病だと言って責めただろうという恐れだ。……私が恐れていたのは、仲間が将来、最も大切な思い出から私を疎外することだった。(15)

少女にとって、親とナチの法律のどちらを選ぶか決めるのは簡単ではなかった。入団したばかりのある少女は、母親と一緒にユダヤ人経営の店に入って行くのを当局者に見られるのを恐れて言った。

「ママ、私は一緒に入って行けない。……ママだってユダヤ人の隔離のことを知っているでしょう。……私は団員なのに、ユダヤ人の店に入って行かなくてはいけないの？」。するとママは言いました、「なぜできないの……」。あなたは、若者がこのように前後に引き裂かれた姿を思い描けますか。私は入って行きたかったのです。私は人間性に反することは、何もありません。でも、私は入ってはならないのです。そう、私は今でも自分の中にこの分裂を見ています、私の目の前にその店があり、母は中に入って行きました。……私は外に立ったままで、でもとても気分が悪かった。……私は初めて、党の政策からかけ離れた慈愛深さを知りました。私は決して自分を許せません。(16)

別の一一歳の少年は、「大きくて強い」ドイツ少年団の教員から、ユダヤ人との事業を両親に思いとどまらせるよう言われていたが、「水晶の夜」の翌日、仕事上付き合いのあるユダヤ人の知人が台所で父親の席に腰掛けているのを見つけて、ぎょっとした。父親はその夜、その男性がフランスへ逃げるのを助けた。「父が戻って来た時、母が『確かに誰にも見られなかったの』と尋ねました。父は母に『安心して休んでいいよ』と言い、その時私は、母が明るく微笑んだのを見ました。そして私は人生で初めて、両親の息子でありたくないと願いました[17]」。

ナチ運動のために働くことが何よりも刺激的だった。当時一七歳のメリタ・マシュマンは、自分が幸福になることが重要なのではなく、「ドイツのために働く」ことが重要なのだと記している。ヒトラー・ユーゲントの少女版であるドイツ乙女団での生活は、今や「それ自体が重要」であり、彼女は「自分自身から目を逸らして、自分自身の幸福について考えることをやめ、わが国の国民を守る能力を発見し」、「その能力を維持する仕事に熱狂し、逃避した……第三帝国の終焉に至るまで」。彼女の場合、ウクライナにおける共産党の若者の活動と同様に、熱狂ゆえに「目を逸らされた」だけでなく、ユダヤ人の同窓生の兄弟が指揮していると噂されていた共産党の若者グループへの浸透も試みた。ユダヤ人の一家はマシュマンの突然の政治的転向に不信の念を抱いて集会を中止したので、彼女は惨めにも失敗した。彼女が指定された家を訪れた時に、外に隠れていた秘密国家警察のスパイが踏み込むはずだったのである。

活動は実際に重要だったが、スローガンと式典も効果があった。マシュマンはのちに、意気消沈している時には「旗……を一目見ること」によって、あるいは「私たちが人生の目的と考えていることを表現しているテキストの一つ」を思い浮かべることによって元気づけられたと記している[18]。犠牲の精神を吹き込んだのは、何よりも音楽だった。音楽が感情をかき立てるという反応は実際にほとんど

ナチ党の式典におけるドイツ乙女団の少女たち。

の社会で見られたものであり、ナチが人をぞっとさせたのは、それが目標としたもののためである。一九三四年、アメリカのジャーナリスト、ドロシー・トンプソンは南ドイツで車を走らせた時に、ムルナウの近くでヒトラー・ユーゲントの夏期キャンプに行き合い、驚愕した。

子どもたちは美しかった。……彼らは一緒に歌っていたが、普通のドイツ人のように斉唱してはいなかった。彼らは何千人もいて、戸外の空気の中で、まだソプラノの若い声が丘にこだました！　それを聞いた者は感傷的になった。

大きな旗が丘陵の斜面に翻っていて、キャンプを威圧していた。旗は遠くからやっと全体を見ることができるほどに大きく、たいそう目立っていたので、毎日何度も子どもたちの目に入った。旗は白くて鉤十字が描かれており、そのほかに七つの単語だけが大きな黒い文字で書かれていた、「君たちはドイツのために死ぬために生まれてきた」と。

自動車の運転中は、考える時間がたくさんある。ムルナウからミュンヘンまで、私の頭の中をいろいろな考えが回り続けていた。「子どもたちよ、何のために生まれてきたの」。大臣だった私の父なら「神と同胞に仕えるために」と、私が教えを受けた先生たちなら「あなたがなれる最高のものになるために。あなたが持っている最善のものを発展させるために」と言ったことだろう。時代は変化する。

速度計を見ると、私は一時間で一〇五キロメートル走っていた。私はそこから離れたかった。[19]

ヒトラー・ユーゲントにとって、そして実際にあらゆるナチにとって、全式典の中で最も重要なニュルンベルク党大会ほど効果的に、人の心をかき乱すメッセージを痛感させるところは、ほかのどこにもなかった。この一週間にわたるプロパガンダの狂騒は国際報道、ニュース映画、ラジオ放送を通じて伝えられ、ナチの主要政策を公表し、軍事力を見せつける機会だった。およそ七〇万人の参加者の中で、ナチ青少年部隊は花形の扱いを受け、どの地域と組織も最良の者だけを送り込んでいた。党大会の何か月も前から、ドイツ中で計画と訓練が行なわれた。一九三八年には、何百輌もの列車が八万人を越えるヒトラー・ユーゲント団員とドイツ乙女団員を大会に運んだ。彼らは町の近郊ラングヴァッサーの巨大なテント集落に宿泊した。一〇歳のアルフォンス・ヘックは「旗の海になっている狭い旧市街」を通ってこのキャンプ地に向かう三・二キロメートルの行進に参加して、すでに有頂天になっていた。

歩道は人で一杯になっており、行進している人々に駆け寄ってキスしようとする若い女性もいた。さらに、戦略上重要な場所に何十もの楽隊の音が聞かれ、「ドイツ」と呼ばれる荘厳なものに所属しているという圧倒的な雰囲気が感じられる。

ヒトラー・ユーゲントの日には、何百もの旗を持った少年少女が競技場に向かって行進し、複雑な動きの行進演習を披露したのちに、ヒトラーの演説を聴くために整列した。最も幼い参加者の一人だったアルフォンスは最前列に並んだ。彼は演説が感情に及ぼした影響を決して忘れなかった。

ここに私たちの力強い指導者がいた。彼はたいそう謙遜しながら、自分の青春がどれほど厳しいものだったか、特に第一次世界大戦の苦痛に満ちた敗北後は……ほとんど希望がなかったと語った。それから彼の声は高くなり、力に満ち、奇妙に訴えるような強さのある耳障りなものになった。それは私たちの身体に触れるものだった、なぜなら、その感情のすべては私たちの顔に反映されたからである。私たちは簡単に、無比の支配者の手中の道具になった。……「諸君、私の若者たちは」と彼は、そう思えたのだが、視線を私だけに向けて叫んだ、「偉大なる将来におけるわが民族の最も尊い保証である。……諸君、私の若者たちよ」と彼は耳障りな声で叫んだ、「いつの日か世界を支配することを忘れるな！」……私たちは民族の自尊心の熱狂にとらわれ、ほとんどヒステリー状態に陥っていた。引き続く数分間、私たちは涙を流しながら声を限りに叫んだ。「ジーク・ハイル、ジーク・ハイル、ジーク・ハイル！」。私はこの瞬間から、身も心もアドルフ・ヒトラーのものになった。[20]

ヒトラーには、若者を鼓舞しなければならない理由があった。ドイツはその日、ニュルンベルクで彼が演説していた時に、ズデーテン地方の支配をめぐって今にも戦争に突入しようとしていた。ズデーテン地方はドイツとの国境に接したチェコスロヴァキアの広い領土で、住民の多数は民族ドイツ人だった。実際、二日後のニュルンベルクにおけるヒトラーの最後の演説は非常に脅迫的で、プラハでこれを聴いていたアメリカの特派員は、翌日ドイツ爆撃機が飛んで来るだろうと予想し、チェコ政府はドイツ人地区に戒厳令をしいた[21]。だが、興奮したヒトラーの子どもたちには、この現実がわからなかった。演説が終わると、全員が「古代チュートンの祭を思い出させる神秘的な空気を醸し出す」大篝火の周りに集まり、バルドゥア・フォン・シーラハがメダルを手渡している間中、ヒトラー・ユーゲントの歌を歌っていた。メダルはアルフォンス・ヘックにも手渡されて、彼を驚かせた。これは、ほかのすべてと同じように、自発的に行なわれたことでも、個人的な出来事でもなかった。プロパガンダ目的で、部隊長はドイツ少年団の新入団員の中から二名を選んで全国青少年指導者に紹介するよう命令を受けていたのである。

一四歳になると、ドイツ少年団のリーダーだけは新入団員の指導のために残ったが、ドイツ少年団とドイツ少女団からヒトラー・ユーゲントとドイツ乙女団に移り、その際それぞれ別の主要な変化があった。活動内容はすぐにより真剣なものになった。遠足や教化の活動が続く一方で、ヒトラー・ユーゲントとドイツ乙女団の少年少女は今や、中央のナチ諸機関による数多の共同体奉仕活動、政治活動、軍事建設プロジェクトに動員された。それら諸機関は、少年少女の活動の統制をめぐって激しい競争を繰り広げていた。戦前のヒトラー・ユーゲントとドイツ乙女団の官僚機構は巨大だった。一三の部局が映画を制作し、書籍を印刷し、新聞を発行し、宣伝活動を行ない、地方組織を整備した。医療奉仕活動を行ない、対外政策局を備え、多くの軍事、工業、農業訓練課程を編成し、エリート学校と指導者育成課程を設置した。ヒトラー・ユーゲントには独自の秘密国家警察さえあり、あらゆる点で本家に匹敵していたと思われる。

ヒトラー・ユーゲントとドイツ乙女団への加入を要求された若者が、組織の黒幕にいつも気づいていたわけではなかった。大多数は、一五名で構成される地方の班に参加するだけだった。三つの班が小隊を、そして三つの小隊が中隊を構成した。小隊と中隊はそれぞれ独自の旗と団体精神を定めており、慎重に選ばれたリーダーが指導者原理に従って絶対的権力をふるった。こうして下部組織がまとめられていき、全国を六つに分け、それぞれがおよそ三七万五〇〇〇人を抱える大管区のレベルに至った。ドイツ乙女団の構造も同じで、名称だけが違っていた。

ヒトラー・ユーゲントとドイツ乙女団が存在していた間に、特に貧困地域で重要な共同体奉仕活動に携わっていたのは確かである。だが、団体によって熱意や組織の能力に大きな差があり、その主な原因は、ヒトラー・ユーゲントの爆発的な成長に対処できる、訓練が行き届いたリーダーの不在だった。刺激的な式典は毎日催されるわけではなく、未経験な団体リーダーは「ほかにもっとましなことを知らないので、われわれを隊列のまま何時間も立たせ、互いに挨拶をし、街区中を行進した」と、うんざりしたある参加者が記している。[22] 一九三七年には、ヒトラー・ユーゲントの強制的な活動が団員の一部には単なる惰性と化す危機的な状況になり、儀式の多くは無意味になった。[23] 多くの学校の教員は、ヒトラー・ユーゲント指導部から報道を通じて恒常的に加えられる攻撃に苛立っており、自分たちの権力を再び主張し始めた。あるナチ官僚は、「彼らは生徒の活動日に宿題を出し始め、生徒たちはそのため活動を欠席するようになった」と不満を述べた。[24]

行政と財政の会計事務が書類事務を苦手とする若いリーダーたちの任務となり、品行は完璧から程遠かった。若者は若者を指導するよう後援されていたが、結果的に規律はしばしば緩んでしまった。

同性愛、十代の妊娠、そのほかの乱交の事例が見られた。アーヘンの一二歳のドイツ少女団員が自分が所属する隊周辺に下品な歌を広めたために、トラブルに巻き込まれた。親衛隊の新兵補充係はフランクフルト旧市街の状況に衝撃を受けた。そこでは、「退廃の印」と、身体的、人種的に受容できないあらゆる種類の少年たちがヒトラー・ユーゲントに所属しているのが見出された。彼らは特に、いくつかの隊に見られる「女性的な要素」に狼狽した。「広い骨盤、狭い肩、女性の第二次性徴」およびび「女性的な身体の動き」を持つだけでなく、長い髪を見せびらかしている若者は「強い香水の匂いがし」、議論のような「上品な職務」に携わっている上層部にしか適さなかった[25]。この描写が肥満した青少年指導者バルドゥア・フォン・シーラハだけでなく、丸々と太って宝石で飾り立てた空軍司令官ヘルマン・ゲーリングにもぴったりなことには、誰も触れなかった。

この傾向に対処するために、志願兵という選択肢が奨励された。それなら少年たちの関心をもっと強く引くだろうと思われた。少年たちはヒトラー・ユーゲントの機械化部隊、海軍、飛行部隊に、そして山岳部隊にさえ志願できた。これらはたいそう人気があり、言うまでもなく、より大掛かりな予備軍事訓練を提供した。ヒトラーは、ヒトラー・ユーゲント軍事訓練キャンプ（WEL）の大規模なネットワークの創設を認めた。在学中の者は休暇中に参加し、雇用者は若い労働者の参加を認めるよう要請された[26]。戦争が始まるや否や、軍事訓練キャンプに送られて補助部隊に入隊させられる者の年齢はますます低くなっていった。アルフォンス・ヘックは、ニュルンベルクに参列して四年後の一九四二年、一四歳になっていたが、飛行部隊に選ばれ、復活祭休暇の終わりには三〇回のグライダー単独飛行を成し遂げて、大いに満足した。彼の唯一の野心はその時以来、戦闘機での飛行になった[27]。この部隊の少年たちは、ほかの農業奉仕や労働奉仕を免除されることもあった。本来ならば、これらは若者全員に日常的に義務づけられていたものである。

ほかの大勢の子どもたちは、スポーツから大工仕事に至るまで、あらゆる事柄におけるヒトラー・ユーゲントの際限のない競争に巻き込まれて、のべつまくなしに忙しかった。国が主催した職業競争は、一九三九年に三五〇万人の参加者を数えた。競技者はまず地方レベルで競い、ついで国家レベルで優勝を争った。銅細工師、電気技師など各分野の優勝者はベルリンに招待されて、祝福され、ヒトラーに謁見した。[28] これは常にナチの計画どおりの結果になったわけではない。一九四四年の電気技師の優勝者は、半ユダヤ人のヘルマン・ローゼナウだった。ナチ体制末期に至っても人種的な側面より大砲の材料の方に関心があった補充係によって、彼はほかの皆と同じように軍事訓練キャンプに送り込まれた。ヘルマンは、以前はヒトラー・ユーゲントから排除されたが、キャンプでは優秀な成績で、消火活動やそのほかの能力で徽章を獲得した。彼はのちに語っている。

私はこれまでの時間と課された任務を楽しんでいたと言わざるを得ません。……私が排除されなかったのは、その時が初めてでした。誰も私を奇妙な不具の虫けらであるかのように扱ったりしませんでした。ほかの誰とも同じように、普通の人間でした。仲の良い友人たちが……ヒトラー・ユーゲントのリーダーになった学校時代でも、追放された存在であることは当然にも憂鬱の種でした。

ローゼナウは、もはや一九四四年四月には爆弾で破壊されたベルリンに危険を冒して出かけて行くことのなくなったヒトラーに会わず、ドイツ労働戦線の指導者、ローベルト・ライ博士から賞を受け取り、ナチの最高級官僚の一団と食事をする前に、ラジオでインタビューを受けた。ヘルマンは嬉しかった。「私個人にとって、これは勝ち誇ってよい状況でした。『人間以下』である私が、大物全員と同席していたのです。そして誰も、私が本当は何者であるかを知りませんでした」。ヒトラー・ユーゲント指導部は事実を知ると賞を取り消し、メダルの返却を要請してきたが、ヘルマンは断わった。「私には自尊心がありました。……とにかく私は国家主催の競技で優勝者と認められたのですから」[29]。

身体の健康はスポーツが不得手な総統の強迫観念の一つだった。身体が健康な子どもは、戦闘や厳しい労働に耐えられるだろう。競争と団体精神は、過激に狂信的な献身や集団的な犠牲へと操作されやすい。もっと実際的な側面では、運動競技は明らかに、若者のエネルギーと攻撃性の結構な捌け口だった。まもなく大規模なプログラムが、ヒトラー・ユーゲントのもとでもう一度完全に一本化されて軌道に乗った。運動成績メダルが、あらゆるレベルの青少年組織に授与された。一九三五年、国家主催の運動競技大会が始まり、一九三九年には十代のおよそ八〇パーセントが参加するようになった。しかしながら選ばれたスポーツは、ほかの国とは異なっていた。好まれたのはサッカー、ホッケー、ラグビーというフィールド競技ではなく、体操、競走、水泳、射撃で、これらは至る所で行なわれる「地勢を利用した」競技に有益だった。

一九三六年、バルドゥア・フォン・シーラハはほかのスポーツとは性質が異なるものとして「軍事スポーツ」を扱う部局を分離して設立した。射撃の指導者は、親切にも親衛隊が提供し、のちには、将来「砂漠の狐」として有名になるエルヴィン・ロンメル将軍の命令で正規の陸軍が提供した。プログラムは大成功をおさめ、一九三九年に厳選された五万五一五〇人の少年がヒトラー・ユーゲント狙撃兵メダルを授与された[30]。

牧歌的な生活の側面は、ヒトラー・ユーゲントとドイツ乙女団のどちらにも残されていなかった。学校教育を終えた少年少女は、職に就くか勉学を続ける前の一時期に、政府が企画する田舎での労働やほかの仕事に携わらなくてはならなかった。ナチの「血と土」の理論によってはじめから、田舎の生活と民族の最も純粋な要素としての農民が輝かしい存在にされていた。産業が若者を誘惑する都市から彼らを連れ戻して、田舎に留めるべきだと考えられた。一九三四年、プロイセン州政府は学校教育を修了した一四歳から一八歳の子どもを対象に義務的な農村奉仕年を制定した。およそ二万五〇〇〇人の若者が、教育省に管理された田舎の家庭で生活することになっていた。法律には、「人々は自然に帰らなければならない」。そうして「人種的に価値のある者を選び出し」、「軟弱なインテリに対抗するものとしての政治的兵士」を作り出すと明言されていた。この法律について報告したあるアメリカの外交官は、このプログラムは「失業者を救済する」ものであり、「ドイツの子どもをナチズムに教化するもう一つの試み」と見られるとも記している。[31]

フォン・シーラハの全国青少年指導部（ＲＪＦ）はヒムラーと親衛隊から多大な支援を得て、[32]これに負けまいと競争するように、まもなく農村奉仕機関を設立した。ヒトラー・ユーゲントとドイツ乙女団のリーダーたちの中から選ばれた若者は、しばしば前近代的な状態にとどまっていたドイツ南部と東部で、田舎の子どもたちの組織化と児童福祉の促進を重要な任務として課された。彼らの活動には学校の改良、健康管理、栄養補給、極端な児童労働の抑制、「遺伝学的に健康な」結婚の斡旋が含まれていた。メリタ・マシュマンはつぎのように記している。

地方プログラムはどれも複雑な受け取り方をされた。都会の両親はわが子が遠方に送られるためによく気分を落ち込ませ、農場で仕事をしても将来のためにはならないと感じていた。収穫や子どもの世話のようないくつかの仕事をすることで、若者が確かに助けになる一方で、多くの保守的な農民は、このプログラムは「最新式で歓迎できない何か」だと感じていた。彼らは都会の少女に働く能力があるとは信じていなかったし、私たちがあら捜しをしたり、彼らの問題に鼻を突っ込むことを恐れていた。[33]

裕福でない農民は、少年少女を取り替えのきく強制労働者のように扱った。メリタ・マシュマンは農村奉仕機関の割当仕事の枠内で、病人の不潔な下着の洗濯、野良での重労働、アルコール依存症の未亡人と知的障害の息子の世話を頼まれた。未亡人と息子は二人とも、午後にはよく酔い潰れていた。だが彼女は、最後には「身体の疲労が……突然、生産における抑えられない喜びに変化した」ことに気づいた。彼女は自分が必要とされていると信じ、労働者が宿泊しているキャンプでの生活が気に入っていたので我慢した。キャンプの同質的な構造は、彼女には「民族共同体」のあり方を示す模範的な実例と思われた。[34] マシュマンはドイツ乙女団の階層制の中でかなり高い地位に上り、「地上に」とどまらなかったが、ほとんどが貧困家庭出身の参加者のうち二〇パーセント以上が、戦争によって妨げられなければ、そうなっただろうと推測できる。

全員が農作業に携わったのではない。少女は家政の年に子守りや家政婦として働けた。少年も少女も労働奉仕（RAD）に召集される可能性があった。この組織はもともとヴァイマル政府が失業対策として設立して、運河建設などの大規模な政府のプロジェクトのために使ったもので、ナチは躊躇なく引き継いだ。茶色の制服を着た団員はきらきら光るシャベルを肩にかついで、ニュルンベルクの党大会で行進した。そのイデオロギー上の目的は、若者に手仕事を修得させることと、全ナチ組織で実際にそうであったように、階級格差をなくすことだった。一九三四年、ヒトラーはRADおよびそのほかの同じような組織について、新しいドイツ人を「徐々に形成するための社会的な溶鉱炉」だと述べた。[35] 亡命したドイツ社会民主党員の一九三八年の報告書が示すように、身体の負担が大きい仕事に加えて、軍事訓練と教化というナチの付加物は、実際に「溶解」効果があった。

午前四時四五分起床。四時五〇分体操。五時一五分洗顔と寝床の整頓。五時三〇分コーヒーで休憩。五時五〇分パレード。六時〇〇分建設用地まで行進。三〇分の朝食休憩を挟んで一四時三〇分まで仕事。一五時〇〇分昼食。一五時三〇分～一八時教練。一八時一〇分～一八時四五分教化。一八時四五分～一九時一五分洗濯と修繕。一九時一五分パレード。一九時三〇分告示。一九時四五分夕食。二〇時〇〇分～二一時三〇分歌またはそのほかの娯楽活動。二二時消灯。……一日はこのように義務で埋まっている。身体を極端に使うことで鈍くなった若者たちは、個人的な知的生活をほんの少しひらめかせるだけの力も時間もない。[36]

もちろん、それが計画のすべてなのだった。

言うまでもなく、多くの若者がこうしたすべての活動から逃げ出そうと試みた。これに対処するため、偵察部隊あるいはSRDとして知られるヒトラー・ユーゲントの警察部隊は持続的に拡大した。[37]偵察部隊が設立されたのは、ヒトラー・ユーゲント入団が義務化される以前の一九三五年である。偵察部隊は、気ままに「ほっつき歩いている」団員を取り締まるために出動し、その活動で組織の評判を高めようとした。ヒトラー・ユーゲントとドイツ乙女団の一団がユースホステル、キャンプ場、路上で隠密に監視して、取り締まりにあたった。さらに夜間外出禁止令を出し、退団させられたにもかかわらずまだ制服を着用している元ヒトラー・ユーゲント団員を追跡し、反ナチ活動に従事している若者集団を特定してスパイを潜入させようとした。反ナチ集団に関する報告は司令部と正規の警察にも送られ、警察はそれに基づいて捜査した。

一九三六年、「ドイツ青少年に関する法」が改正されてヒトラー・ユーゲント入団が義務化され、違反にはより厳格な懲戒規定が適用された。入団の強制は偵察部隊の義務ともなった。偵察部隊は秘密国家警察および刑事警察と協働する上で、自身のリーダーたちをスパイし、信書を開封し、未成年の団員がいないかと映画館と酒場を（経営者を大いに苛立たせつつ）パトロールした。一九三八年、偵察部隊は人種とセックスに関する法に違反した少年少女を拘留できるようになった。偵察部隊は特に教会のスパイに熱中し、扇動的な説教をした牧師は告発される可能性があった。偵察部隊は屋外では、郊外で会合を開いている集団を追跡し、公道や森林道を監視して疑わしい行動を見つけ出そうとした。

懲戒規定の違反者は、偵察部隊の権限で、法体系の本筋から完全に独立したヒトラー・ユーゲントの特別法廷に引き出される可能性があった。これらの裁判の客観性は、ほとんど保証されていなかった。法廷の吏員全員がヒトラー・ユーゲントのリーダーだった。弁護人はおらず、被告人は自分の政治的評価に関する資料の閲覧を許されなかった。ヒトラー・ユーゲントは一般に、獲得できる人的資源を減らすおそれのある完全な除名を避け、その代わりに、このような場では公衆の面前で恥をかかせたり、罰金を科す傾向があった。

こういった警察活動のすべてが必要とされたのは、厳しい弾圧やリーダーたちの亡命にもかかわらず、ボーイスカウトのような古い青少年組織が完全にはなくなっていなかったためである。少数が森や山の中の秘密の隠れ家で、そしてある無邪気な事例では川下りのボートで開かれるヒトラー・ユーゲントの会合のふりをして、活動を続け、古い歌を歌っていただけのことだが[38]。カトリックのグループは特に反抗的で、団員はしばらくの間両方の組織に所属していた。また、この実態を解消しようとする法廷の試みをしばらくの間は成功裡に退け、一九三五年にはカトリックの少年二〇〇〇人がローマへ巡礼に出かけて教皇に迎えられ、一九三七年までは数千人の少年が外国で開かれたカトリックの夏期キャンプに参加できた。[39]

統制するのがもっと難しかったのは、どんな種類の義務的奉仕にも反抗することだけが目的の「野蛮な」連中だった。こういった者は開戦後に増加し、当局は「生活状況が戦争によって変化したという理由で」、若者に夜間外出禁止令を課した。一八歳以下の少年少女は、暗くなったあとで「ぶらぶら歩き回ったり」、午後九時以降に大人の同伴者なしでカフェにいたりできなくなった。彼らは人前での飲酒、喫煙も、嚙み煙草を嚙むこともできなかった。[40] 年長の「保護者」が付き添わないダンスは禁じられ、午後一一時以降のダンスは全く許されなかった。それは赤旗を振るのも同然の行為だった。反抗的な「野蛮な」集団はその頃、現在と同じように、斬新な服装をし、鯨飲し、即興ジャズ・コンサートに入り浸って、禁じられたアメリカの歌や「黒人ジャズ」を聴いた。大勢のメンバーを抱えた有名なハンブルクの「スウィングス」はしたい放題のパーティを主宰したが、その多くは両親が外出中の中流家庭で開かれた。この集団には、ヒトラー・ユーゲントの制服からできるだけかけ離れた見かけが大事だった。ヒトラー・ユーゲントに拒否されたハンス・ユルゲン・マサキオイはこの環境に引き寄せられ、長髪ともみあげ、「膝丈のダブルのジャケット、靴をほとんど覆うほど裾の広がったパンツ、糊のついたシャツの襟、腰にぴったり合った紺のコート、揃いのホンブルク帽、そして少しエレガンスを付け加える白い絹のスカーフ」を見せびらかした。[41] 偵察部隊の挑発は、半分は娯楽だった。

スウィング少年の楽しみの一つは、ヒトラー・ユーゲント相手の嫌がらせだった。……一週間のうちで、ヒトラー・ユーゲントのパトロール隊が私たちの気に入りの溜り場に姿を見せないことは、めったになかった。彼らは静かに出口をふさぎ、それから扇形に広がって、特に男性客の髪の長さを調べるために、テーブルからテーブルへと順番に回った。最も長い髪のスウィング少年たちは……床屋が彼らの生命と言える髪を切ろうと待ち構えている場所へ護送されていった。……断髪を強制された者たちは、勇気の印として髪を剃ってしまった。[42]

デュイスブルクでは、それほど優雅ではないキッテルスバハ海賊団がさまざまな信念を持った少年たちで構成されていたが、ヒトラー・ユーゲント団員の路上での待伏せと反ナチの落書きで特別な存在感を放っていた。偵察部隊は彼らとの衝突の際に、常に優勢なわけではなかった。キールでは、秘密のジャズ・コンサートを中止させようとしたパトロール隊が、ミュージシャンたちにドラムスティックと木管楽器で殴りつけられ、引きずり出された。[43]

そのような集団がドイツ中に多数存在した。その大多数が、藪の狼、恐怖の石、ナヴァホ族、バースの洒落者といった派手な名前を持っていたが、実質的な政治的影響力はほとんどなかった。戦争中も奇妙な魅力を見せ続けていたが、彼らをほんの時たましか見かけない、もっと忙しい同輩たちには疑いの対象であり続けた。ユルゲン・ヘルプストは当時一七歳になっており、将来は国防軍の「大ドイツ連隊」の一員になると考えて誇りにしていたが、防空壕の中でエーデルヴァイス海賊団の一グループと行き合った。

私たち全員が魅了されて、若者の小さなグループを見つめた。主に少年たちで、灰色のコンクリートの広間の真ん中の床に坐っていた。……彼らは服装や行動がドイツ少年団員と正反対で、私たちから完全に無視されている不快な連中だと思っていた。……だが、彼らがギターを下手に弾き、憂いを帯びた旋律を歌うのを聞いて、私は奇妙にも心を動かされてしまった。……少年たちは長髪で、襟の上にジプシー風のスカーフを巻き、サイドにスリットが入ったパンツをはいており、ドイツの若者がそうあるべき兵士らしい見かけを、これ見よがしに嘲っていた。セーターとグレーのコーデュロイパンツの上に広がるスカートを身に着けた少女たちは、ちょうど外の瓦礫の下から這い出して来たかのように見えた。彼らのメッセージは、当時ナチのプロパガンダの主題だった最終的勝利ではなく、死と悲しみだった。……この場面が私の出征の前兆だとは、思いもよらなかった。[44]

十代の統制は、一九三九年と一九四〇年に出された二つの青少年奉仕法によっていっそう厳しくなった。これらの法律によって、青少年プログラムと兵役が同等になり、一六歳から一八歳までの青少年に公的奉仕が義務づけられて、[45]忌避者に短期間の拘留を科す「青少年保護のための親衛隊警察命令」がそれを補強した。この政策のもとで、一四歳から一八歳の違反者が簡単に聴取されただけで、週末にパンと水だけで留置されるか、あるいはさまざまな種類の懲罰キャンプに監禁される可能性が生じた。[46]

カルマ・ラウフートの運命がそのようなものだった。彼女は好意的な教員たちの助けもあり、最初は居住区外の私立学校への通学によって、その後は家族の影響力によって、数年間ドイツ乙女団に入団せずに済んでいた。早くからカルマを告発しようとしていた同級生は、これらの強力なコネのためにためらっていた。カルマはのちに、「コネがなければ殺されていた。……十分なコネと、そしておそらく少しのお金があれば……自分のために一定の自由な空間を作れた。……頑張ろうとせずに、自分を売らずに、自分の生活スタイルを維持しようとしただけのことだ」と記している。カルマはそうした努力にもかかわらず、結局、奉仕の年を回避できなかった。彼女はましな仕事であっても忌避してきた記録のために不適格者と判定され、有刺鉄線で囲まれた吹きさらしの「労働義務」キャンプに送られた。そこに収容されていたのは大半が少年院出身の少女や売春婦で、彼女をよく励ましてくれた。彼女には助けが必要だった、というのも、ここでは――

すべてが人格の破壊を目的としていた。そして、あまりにも早くそのとおりになった。驚くほど早く……食べ物を取り上げられ、睡眠を取り上げられ、あらゆる物事から引き離され、常に脅されながら生活することによって。人はあまりにも早く壊れてしまう。……知的で感受性が強ければそれだけ早く、人は壊れてしまう。……日々だけが過ぎて行く。

カルマが病気になって家に手紙を書けなくなった時、両親はある若い空軍の軍医に彼女の診察を依頼した。彼の助けで彼女は逃亡し、助けてくれた男性と結婚し、彼の上官の援助で戦争が終わるまでオーストリアに隠れていた[47]。

ヒムラーは、どうしても矯正できない者のために、一九四〇年にモーリンゲンに少年用の、一九四二年にウカーマルクに少女用の特別な「青少年保護拘禁キャンプ」を設置した。親や法的保護者、あるいは法廷に告げずに少年少女をこれらのキャンプに送ることが、ついに可能になった。被収容者は今や標準になった身体、人種、精神検査を受け、「不適格者」はほかの施設に送られる前にしばしば断種された。残された者は強制収容所の被収容者と同様に扱われ、強制労働力として使役された。キャンプは大きくなかったが、その存在には大きな抑止効果があった[48]。

偵察部隊は時とともに親衛隊の統制下に入り、最終的に人種・警察局員を供給する主要な機関になるだろう。その中から強制・絶滅収容所の行政担当者も出た。これらの特別部隊のために、親衛隊の身長制限は寛大にも一メートル七八センチから一メートル六八センチに下げられた。一九三九年以降は、偵察部隊の少年たちが特別作戦と「補助警察の仕事」のために学校から連れ出されることが常態化した。訓練キャンプが急増し、十代のスパイを育成する全日制の学校がエルベ河畔のプレッチュに設立された。スパイ学校入学を決められた少年たちは、しばしば親や教員の反対を押し切って地元の学校や実習先から選び出された。偵察部隊の少年たちは、特に性犯罪が起きると狂信的に熱中し、年長者が制止しなければならない場合もあった。年長者の多くは自分自身が道徳的に潔白でなく、彼らに「一七歳や一八歳の少女が関係するところでは、仕事に真剣になり過ぎないよう」、そして「真面目な義務」を「ロマンティックな冒険」と考えないよう忠告した。[49]

結局、偵察部隊とその大人の盟友たちが優勢になった。抵抗の余地はほとんどなかったので、ヒトラー・ユーゲントとドイツ乙女団の団員の大多数は従った。スウィングスさえ、徴兵で一掃されてしまった。安全でいたければ、変革を企てないようにするしかなかった。懲罰と屈辱に対する恐れは非常に大きかったが、ユルゲン・ヘルプストが語るように、たいてい、はっきり自覚されてはいなかった。

私は……人々が口に出すのを恐れる理由があるとわかっていた、完全に細部までが明らかだったのではない。私は自分でも恐れていた、自分が母やほかの人々について知っていることを誰かに話したら、彼らに対して何をすることになるのかを恐れていた。……私は友人たちも同じなのだろうかと考えたが、恐れのために尋ねられなかった。……私は彼らも同じだろうと推測していたが、確信はなかった。

ごく瑣細な誤りや無意識の発言で、告発を恐れて苦しまなければならないこともあった。ある晩、空襲のさなかに、「ゲーリングがイギリス爆撃機は決してわが国には飛んで来ないと言った」という類いの、ドイツ勝利のプロパガンダを繰り返す学校友だちとともに過ごしながら、ヘルプストは不注意にも「ひどい嘘だ！」と言ってしまった。

突然、完全な静寂が訪れた。私の視線は級友の一人に向けられた。彼はたまたま、地域の親衛隊指導者の息子だった。私が彼の顔を見つめた時、氷のように冷たい手が私の背中に触れたように感じられた。……「僕は何を言ったんだ。僕は何をしたんだ」。私が考えられたのは、これだけだった。[50]

この出来事によって何かが起きたりはしなかったが、ヘルプストは長い間恐れていた。

そうした疑念を克服するのに最も簡単な方法は行動であり、その機会は戦争が豊富に提供した。一度戦争が始まれば、国のために戦うことを断る者はほとんどいないだろう。ほかの国々すべてと同じように、ドイツの若者も呼びかけに従った。第一次世界大戦というあまりにも近い過去の虐殺のあとで、どうしてこのようなことが実際に可能だったのか、彼らが新しい世代であり、大いに教化されていたという事実、また、戦争がもたらす身体的な苦しみは言葉やイメージでは伝えられず、理解するには経験しなければならないという事実によってでなければ、説明することはできない。第一次世界大戦では毎日、ヨーロッパの若者の精華が幾千人となく、塹壕から飛び出してはなぎ倒されたのだから。

将来のナチのリーダーの訓練は課外活動に限られず、彼らのために多面的な学校制度が設けられた。ヒトラーの政権獲得後一年のうちに、四九校のヒトラー・ユーゲント指導者訓練アカデミーが設立された。そのうち中心的な存在だったのはポツダムの全国指導者学校で、ヒトラー・ユーゲントの上層部に入る機会が大幅に拡大された。[51] だが、これらの短期課程では十分とは見なされなかった。完全なナチにとって本当に必要なのは、他者の影響が及ばない教育だった。二つの中等学校制度、いわゆるナーポラ（国民政治教育機関）とアドルフ・ヒトラー学校はそのような教育を実践するために設立された。高等学校卒業者には三年課程のオルデンスブルクがあり、大学卒業者向けの高等学院は、一九四〇年一月、ヒトラーが個人的に認可したもので、戦後にナチ・イデオロギー研究およびナチ教育研究のセンターになるはずだった。[52]

ナチ党はこれらの学校の構造や統制について一致していなかった。ヒトラー・ユーゲント、陸軍、親衛隊、そのほかの諸機関は、これらの学校をメンバーの供給源として競って利用した。時間も彼らに味方しなかった。シナゴーグとユダヤ人収集家から没収した書籍を収蔵する図書館を備えたユダヤ人問題研究機関の設置が計画されていた[53]高等学院は開設されず、労働戦線指導者のローベルト・ライが設立した素晴しいオルデンスブルクも戦争による規制を受けた。プロイセン貴族に由来する「ユンカー」という称号で知られた学生たちは、労働戦線が費用を負担して一九三四年に建設が開始された、意匠をこらした新しい「城」に寄宿することになっていた。強壮な金髪の青年たちがこれらの豪華な城で重点的に受けたのは教化とスポーツ訓練であり、学問的な訓練はほとんどなかったと思われる。実際に城で一日一時間以上勉学するのは稀であり、二、三日に一つの授業だけということが珍しくないとわかっていた。党の指導者たちの中には、「多くのユンカーは精神的、知的内容を伴って提供される講義を消化できない。彼らは講義内容を理解し記憶するために全力を尽くすが、そうであっても、修得されたことは孤立しており、ほかの先立つ講義との関連は存在しない」と記す者もいた[54]。補修指導による事態の改善も見られず、失望した学生の中には、オルデンスブルクのユンカーは多額の手当を貰っていて、外国訪問も許され、結婚したら妻の長期訪問も可能だったという事実にもかかわらず、退学を希望する者もいた。

さまざまなナチの利益によって統制されていた中等学校の場合はもっと深刻だった。ナーポラあるいは国民政治教育機関は一九三三年に、アドルフ・ヒトラー学校は一九三七年に開設された。完全にナチ党の統制下にあったアドルフ・ヒトラー学校は[55]、オルデンスブルクと同じように学問面で弱く、管理された親衛隊員補充源以上のものではなかった。

ナーポラおよびミュンヘン近郊フェルダフィングに突撃隊が設立した同様の高等学校は、沿革が異なっていた。これらは伝統的な士官学校型の寄宿学校で、クラスは「小隊」と呼ばれた。ナチが創設したのではなく、第一次世界大戦後に連合国によって閉鎖された帝政ドイツとプロイセンの士官学校に関係があった。一九三三年に再興され、校長とほとんどの教員はヒトラー・ユーゲントではなく戦前のドイツ青年運動の出身で、ナチ党ではなく教育相に対して報告義務があった。これらの学校は、徐々にではあるが、ヒムラーの支配に屈服していった。ヒムラーは戦時中にナチ中等学校制度を大幅に拡大し、占領諸国で人種的に許容できる少年少女のナチ化を目的とする、似たような学校も設立した[56]。

一九四二年には四二校のナーポラが存在しており、そのうち二校は女子校だった。どの学校も固有の方針で訓練を行なったが、基本的なカリキュラムはドイツの主流の中等学校と同じだった。ナーポラの使命は、国内外で公的サービスのあらゆる分野で職員となる、ナチに傾倒した青年に良い教育を授けることだった。全社会階級から集められた生徒は、理論的には有名なイギリスのパブリック・スクールに倣った、高度に組織された環境に置かれた。少年たちはそこで、「弱者が生き残るために必要な」「両親の家の害になる影響から引き離されて」鍛えられ、「安全と強固な意志」を授けられた。このために、「権威主義的原則」は「なくてはならない」と見なされていた。[57]

ナーポラはたいそう人気があり、入学試験に合格するのは難しかった。一〇歳の子どもが地元の小学校によって推薦され、ナーポラの代理人の面接を受けた。たいてい、最初の選抜に合格するのは二割に過ぎなかった。この選別に続いて、近接のナーポラで八日間の試験が実施された。この厳しい体験の期間に、午前中は学力試験、午後は運動試験が課され、身体的能力と性格が綿密に観察された。これは常に楽しいとは限らなかった。たとえば、泳げない者がどう対処するかを見るために、(救命用具をつけてではあるが)プールの深い所に投げ込まれたりした。夜間に学校から何キロも離れた所に置き去りにされ、見知らぬ土地を通って帰り道を見つけるよう命令された者もいた。受験者のうち三割だけが入学を許可され、その場合でも六か月の仮入学期間があった。エリート校への子どもの入学許可を得るために、通常母親や父親が策を練る英米とは著しく対照的に、親の希望が考慮されることはなかった。息子の一人が戦死したので、残った子どもを家に留めたいと望んだある未亡人は、つぎのように忠告された。

奥さん、考えを改めた方がいいですよ。息子さんはあなただけの思いどおりになる、あなた個人の所有物ではありません。彼はあなたに貸し出されているだけで、ドイツ民族のものなのです。彼の名がエリート校に推薦されていることに異議を唱えるのは、総統とドイツを侮辱するに等しい行為です。[58]

子どもたちは一度入学すると、完全にナチ化されていたとしても大変堅実な基礎教育を受けた。ゲッベルスとヒトラーの演説を聞くのに何時間も費やされ、あらゆるナチの祝典が挙行された。読書リストは、ドイツの古典が含まれていたとしても、軍事とナチのテキストが大部分を占めていた。しかし、生徒と教員の比率は素晴しく、教員は単なるナチの雇われ者ではなかった。社会奉仕は必修で、活動報告と社会発展のための提案が義務とされた。鉱夫とともに働いたある少年は、彼らの賃金を上げるべきだと考えた。少年犯罪は宗教の欠如によるものだと感じる者もいた。彼らもまた、エリートになる準備をしていた。「優秀さと無関心の様子、欠点のない作法と品格」を伴った「古めかしい」態度が奨励された。スポーツでさえかなり紳士的で、乗馬、ヨット、ゴルフが含まれていた。[59]

文化活動は否定されていなかった。ミュンヘンからバスで少し行った所にあるフェルダフィングの突撃隊上級学校では、普通ならそうした気取りに関わるほど経済的に余裕がない家庭出身の少年たちが、美術館、演奏会、演劇、人形劇などの、ミュンヘンのバラエティに富んだ娯楽に招かれた。彼らは退廃芸術展のようなナチ・プロパガンダの狂気じみた催しにも出かけた。そこではヒトラーには受け入れ難い現代美術品が否定すべきものとして展示され、「永遠のユダヤ人」の見世物ではユダヤ人とその文化が同様の扱いを受けていた。もっと遠方までの旅行もあった。少年たちはバイロイトで『ジークフリート』を鑑賞し、ライン川下りを楽しみ、空軍基地、戦争記念碑、そして一九三六年のベルリン・オリンピックを訪れた。

これらすべての目標は、「将来のナチ国家が必要とする新しいタイプの人間」の創造だった。フェルダフィング上級学校の一九三八年の卒業生の年次コメントが何かの指針になるとするならば、実験は成功だった。卒業生は各自さまざまな意見や希望を持って学校に到着したが、彼らと教員たちは数日のうちに一つの「堅固な共同体」になり、その時から「ナチズムを生きた」。彼らは「心の中に、ドイツとその国民全体に奉仕し、若いドイツの国民社会主義者として行動しようという唯一の目標」を抱いて卒業していったことだろう。(60)

これらの学校の校長は少年たちに自信を持っていたので、一九三八年まではラグビー、(ロンドンの)セント・ポール、チョート、フィリップス・アンドーヴァーのような英米のエリート校と交換授業を続けていた。フェルダフィング校には、インターナショナル・サマースクールを催して、そこでドイツと外国の少年たちの友情を育み、「人と人との架け橋」を作ろうという計画さえあった。

米国での交換授業のスポンサーだった国際生徒協会が、アメリカの高校生を選抜してナチのエリート校に派遣しようと、どんな経緯で決めたのかは明らかでないが、一九三七年秋、卒業したばかりの一二人がドイツに到着した。彼らはドイツやヨーロッパについてほとんど知識がなかった。彼らは突然、自分たちが皮のズボンあるいは作業衣を身に着けて、クラスからクラスへと行進しているのに気づいた。正式の機会や公の場で、制服はナチの正装と見なされており、鉤十字の腕章を着ければ完璧だった。

アメリカ人生徒は授業全部に出る義務はなく、点数を心配する必要もなかった。フェルダフィングに派遣されたチョート校の卒業生、ウォルター・フィリーはドイツ語とドイツ史を集中的に学んだ。彼にとって特に印象的だったのは、ドイツの「再覚醒」というテーマが支配的だったことである。生徒自身が書いた学校劇や読み物は、ランゲマルクや「スカパフロー」(ユトランド)の負け戦で死んでゆく兵士や水兵のヒロイズムを扱った寸劇や、マルティン・ルター、フォン・シュタイン男爵、ゲルハルト・フォン・シャルンホルスト伯爵のような、愛国的な偶像や改革者の間の会話に見られる「ドイツ精神」のドラマ化になる傾向があった。(61) 同様に目立ったのは、「東方」の堕落が常に力説されていたことである。名高い教授たちがドイツの「東方における運命」について講義し、フランスとイギリスがすべての海外植民地を奪ってしまったので、今やドイツが東方に植民地を得ることは正当化されるだろうとほのめかした。反ポーランド感情が高揚しており、フィリーが見た地図では、一九一八年にドイツ領の広い部分を得たポーランドとの国境が、血にまみれたように描かれていた。彼が無邪気にもコモロフスキという名の級友はポーランドの血統に違いないと指摘すると、少年は彼に摑みかかったので、ほかの生徒が止めに入らなくてはならなかった。反ユダヤの発言は頻繁に聞かれたが、フィリーが地元の村に郵送されてきた『突撃者』に掲載されている、とりわけぞっとするような漫画に異議を申し立てると、ほかの生徒たちは彼に、その類いは「僕たちではなく、一般市民のためのもの」だと言った。

ドイツ人生徒は新聞もラジオも許可されていたが、世界についての彼らの知識は、アメリカ人のそれと同じように限られていた。フィリーは、最年長の少年たちが、ある点まではきわめてオープンに議論することに気づいた。アメリカ人生徒は『ニューヨーク・タイムズ』紙日曜版を許可されていたが、反ヒトラーの漫画や論説が掲載されている場合、招待側はショックを隠せなかった。ドイツの少年たちは皆、フランクリン・D・ローズヴェルト大統領を含むユダヤ人が米国を動かしていると信じていた。フィリーと仲間のアメリカ人生徒は母国とその思想を弁護したが、「学習し観察する」ことに決め、真剣な衝突は回避しようとした。翌年の秋、チョート校からのもう一人の交換留学生フランク・リーにとっては、これがはるかに難しいことが明らかになった。彼も歓迎されたが、秋も深まった頃、校長の前に呼び出された。彼は寝室係の女中に、『突撃者』の編集長ユリウス・シュトライヒャーは「獣」だと言ったことがあり、女中が校長に告げ口したのである。校長は彼に、将来は「沈黙を守る」ようほのめかした。リーの母親はこの話が気に入らず、少年はクリスマス休暇後にドイツに戻らないという結果になっただけだった。[62]

アメリカ人は全課外活動に参加した。そこで一九三七年九月にドイツに到着して数日のうちに、フィリーは正装して、イタリアの独裁者ムッソリーニのミュンヘン訪問歓迎式典に参加するために派遣される一団の中にいた。数か月後ヒトラーがオーストリア併合を実現して凱旋した際に、フィリーは燃える松明を両手に掲げて沿道警備にあたっていた。ヒトラーが通り過ぎる時、群衆が前に押し寄せて来た。フィリーは総統のオープンカーからわずか数メートルの所にいた。彼はのちに、この瞬間に燃える松明でドイツの指導者を暗殺していたら、自分は歴史を変えることができただろうという考えにふけったが、当時はそれを思いつかなかった。フィリーは当時、ほとんどのオーストリア人を含むほかの多くの者と同様に、ドイツがオーストリア領を「取り戻す」という考えに共感を抱いていないわけではなかったが、その感情は一年後には別のものになっていた。フランク・リーも、ミュンヘン会談をめぐる儀式とビアホール一揆の例年どおりの祝賀の間、ヒトラーを間近で見ていた。だが、ナチ政権の成果について彼が抱いていた肯定的な感情は、「炎上する商店と割れた窓を見て笑っている子どもたちを見たこと」によって、「水晶の夜」ののち、「実際に変化した」。

ナチのあらゆる行為にもかかわらず、アメリカ人は同級生と友人になり、皆と同じようにスキーやキャンプの旅行を楽しんだ。フィリーは、仲間の生徒たちは行儀のよい連中で狂信的な者はほとんどいないが、全員が国を守りその誇りを回復するために「絶え間なくプロパガンダが叩く太鼓の音」に反応していると感じていた。[63] チョート校から来たもう一人の少年は、ドイツに派遣された生徒は「すべてのドイツ人が必ずしも犯罪者に生まれついているのではないし、ヒトラーは悪魔、マキャヴェッリ、イスカリオテのユダと結びついておらず、それらの化身でもないという多くの驚くべき発見」をしたと学校新聞に書いた。[64] これは、のちに疑いもなく修正される見解だった。

米国にやって来たドイツ人少年にとっても、意外な新事実があった。彼らは誇張に対して警戒し、他国の制度を尊重しなければならないが、他国の事実を知り、自分たちとドイツがやり込められないように、ナチズムの意義について確かな証拠を提供できるよう指導されていた。ある少年は、学校が始まる前に滞在していたコネティカットの一家を、寝室用の箪笥に即刻ヒトラーの写真を貼ってぞっとさせ、ある少女とのテニスの試合に負けた時に、自分は「総統をがっかりさせた」と宣言して、仲間を面白がらせた。だが、アメリカ人生徒と同様に、ドイツ人たちはまもなく溶け込むことを学んだ。彼らは温かく迎えられ、学校のパーティで出会った「かなり奇妙ではあるが可愛らしいタイプのアメリカの少女」に完全に心を奪われてしまった者もいた。彼らは、アメリカ人が「ドイツに関心があり、ローズヴェルトとドイツ、ニューディール政策とドイツの労働奉仕制度を比較している」と知った。だが「水晶の夜」に関しては、ドイツにたいそう友好的なアメリカ人でさえも、「これはいけない。私たちは理解できない」と言った。(65) 彼らはイギリスでも歓迎されたが、ここではスポーツの分野で「タフさが欠けている」と気づき、「反独プロパガンダ」が広く行き渡っていて、人々がヒトラーの計画について「誤った情報を得ている」ことに驚いた。

誰の信念も交換留学によって揺らぎはしなかった。チョート校に派遣されたドイツ人生徒ロルフ・シュトーヴェスは、アメリカの歓待を全面的に賞讃しながら、アメリカはしたいことを思うようにできる自由で民主主義の国であると常に確信しているが、誰もが、「ドイツの状況がどれほど悪いか、僕が自分の信念を変えるべきだと納得させようとした」と記している。さらに続けて、時が経つにつれて、彼は「われわれの政府の形態が民主主義的観察者の目に恐ろしいものとして映る理由を理解することを学んだ」が、アメリカ人に対して、「君たちが自らの政治思想を好んでいるのと同様に、われわれドイツ人が自分の国のために選んだ政府の形態を好んでいることを理解する」よう望んでいると記した。[66]

さまざまな国からやって来た少年たちであるが、一つの点では一致していた。新しい級友との戦場での対決は、意気消沈させせる考えだった。ロルフ・シュトーヴェスは、「いつの日かアメリカとドイツが平和な相互理解に至ること、すべての民族にとって、より堅固な平和が訪れることを心から」願った。[67]この願いが実現されるには長い時間がかかるだろう。フェルダフィングの彼のクラスの半数以上が、来たるべき戦争で命を落とすことになるだろう。

戦争は、ナチが子どもたちを統制するためのたくさんの新しい機会を提供する。あらゆる機会が利用された。ナチ党は何年にもわたって、都会の子どもの健康状態を改善するために、田舎でのキャンプを主催していた。都市部への爆撃が始まると、大勢の子どもが学童疎開計画に従って田舎に避難した。六歳から一〇歳までの子どもは個別の家庭に、一〇歳から一四歳までの子どもは共同キャンプに送られた。さらに、小さな子どものいる母親を田舎の家庭に滞在させる計画が立案された。このプログラムは義務ではなく、子どもを遠方へ送りたがらない親もいたが、実際のところ全校で疎開することが多かったので、従うよう説得された。最終的にこのプログラムに参加した子どもの総数は、三〇〇万人から五〇〇万人と推定されている。キャンプの正確な数も明らかでない。これはおそらく、一つの「キャンプ」の規模が二〇人収容の一軒の家から一〇〇〇人収容の巨大施設まで幅広かったという事実によるが、確実に数千を数え、そのうちの多くが新たに征服されたポーランドに設置されたのだろう。

特別に訓練された料理人と家政婦、さらに医療スタッフが付き添ったが、この大人たちが完全に管理していたのではなく、別の特別訓練校が設立されて、十代のヒトラー・ユーゲントおよびドイツ乙女団の団員が「キャンプの団長」として義務を引き受ける準備をした。彼らはヒトラー・ユーゲントの活動に加えて、普通なら家族と過ごす時間に子どもたちを監督する任務を得ていた。親と学校当局から引き離されてすぐに、全時間を使ってこの子どもたちにも教化と準軍事訓練を施すことが可能になった。(68)

学童疎開キャンプの状況が千差万別だったことは、あらゆる証言から明らかである。ヨスト・ヘルマントは『ポーランドにおけるヒトラー・ユーゲント』という回想録で、戦争中に彼が送られた五つのさまざまなキャンプについて叙述している。一つは水道と電気のない煉瓦立ての校舎で、商店も郵便局もない遠方の小さなポーランドの村にあった。その村では「雨が降ると、大通りが人の通れない泥の海になってしまった」。もう一つはイタリアのリヴィエラにあるサンレモの大きな贅沢な別荘で、ムッソリーニがヒトラーに贈ったものだった。少年たちはここでまめまめしく仕えてもらい、山岳部隊に適応できるように、わくわくするようなスキー・キャンプで訓練を受けた。

ポーランドの村のキャンプでの日課は、通常のものだった。午前中の授業は教員が指導したが、彼らの中にはこの遠く離れた場所で無気力に陥る者もいた。教員が午後帰宅したのちに少年たちを監督したのは、たいていは一七歳のヒトラー・ユーゲントのキャンプ・リーダーで、競技、行進、「身体の鍛錬」を指導した。歌の集いや教化の授業が日常的に行なわれた。リーダーたち（そのうちの一人は棍棒を持ち、笛を吹いて命令を伝えた）には絶対的な権力があり、嗜虐的な懲罰や「無慈悲な嫌がらせ」が稀ではなかった。

この全体主義的な子どもの世界では、序列のどこに位置するかが非常に重要だった。「私たち自身がピラミッド型の社会構造の一部であり、個人はそこで受け入れられるために、しばしば痛ましいほどに自己主張しなければならなかった」。誰も他人を助けなかった。冷酷なゲームや喧嘩に抜きん出た少年たちが頂点に立った。「弱虫」というレッテルを貼られるのは絶対に避けたいことで、母親の訪問は起こりうる最悪な事態の一つと見なされていた。多くの母親が子どもの近くに越して来ようとしたが、これについては、一九四〇年七月にバルドゥア・フォン・シーラハの後任になったヒトラー・ユーゲント指導者アルトゥア・アクスマンが、「破壊的」行為だと公然と非難した。そこで少年たちは、自分が出した手紙が検閲されていると気づいて、親が訪ねて来たりしないように、家に宛てた手紙では決して不平をこぼさないようにし、家に帰った時はキャンプの実情を家族から隠した。ヨスト・ヘルマントが生き生きと描くように、親がいないところでは、仲間に認められたいという気持ちが行動を左右した。「普通なら行動を共にすることなどほとんどないような地方の党指導者が、鶏の首を切り離しなさい、鳩の頭を自分の手で捩りなさい、小兎の耳の後ろを棒で叩いてから喉を掻き切りなさいと命令した時でさえ、私たちは瞬きもせずにそうした。結局私たちは誰も『弱虫』と言われたくなかったのである」[69]。これは、一三歳のヨストにとって特に辛いことだったに違いない。彼は動物好きで、スポーツマンタイプではない、どもりがちの少年だったからである。だが、仲間内で占める地位こそすべてで、彼はある晩、仲間に印象づけるためにヒトラー・ユーゲントの短剣で自分の腿を刺すことさえした[70]。

監視は身体運動の間は厳しかったが、少年たちの少ない娯楽時間は明らかに緩み、夜間は事実上されなかった。寄宿生活は、いじめ、集団での自慰、性的サディズムが横行していた。ラジオやそのほかの手段を使った外界との接触はなかった。五〇人の少年から成るこの集団は一九四三年六月から一九四四年二月までの間、孤立したキャンプから一度も離れることがなく、占領されたポーランドで何が起きているのか、ほとんど何も知らなかったが、その一端を目にすることもあった。

ある午後……私たちはが自転車に乗っている一人の親衛隊員を見た……その脇を彼の犬が走っていた。私たちの厳しいスケジュールには変化などほとんどなかったので、何人かは彼のあとを走って行こうと決めた。私たちは、彼が突然止まって、ジャーマン・シェパードにポーランド人の妊娠女性に飛びかかるよう命じるのを見た。……犬はその命令に従った。その女性はおそらくドイツ人の農場で働いていた女中で、お腹がとても大きく、すでにいくらか具合が悪そうだった。彼女は叫び声を上げて仰向けに倒れ、大変な恐怖に満ちて、唸りかかってくる犬を見上げた。親衛隊員は自転車を降り、女性が内臓破裂で死ぬまで、彼女の腹部を長靴で踏みつけた。

震え上がった少年たちは、女性を助けようともしなかった。ヨストの反応はたいそう混乱していた。彼は――

その女性が未婚で、それゆえ彼女が罪を犯したことを知っていた。……私たちは年少の頃の記憶の中で最も恐ろしいこの場面を、政治的なものではなく、むしろ漠然と非道なものと感じ、宿命的なものと受け止めた。……のちに私たちはひどく当惑し……共犯の容疑をかけられるのを恐れて、この出来事については二度と話さなかった……私たちは皆、何か恐ろしいことが起きたのを知っていたが、まさに経験したこの事件を、自分のそれまでの人生で得た、たいそう限られた視野の中にどうあてはめてよいかわからなかった。(71)

一九四四年夏前、ぞっとするような衛生状態と乏しい食糧が原因で肝炎が発症し、厄介な腫れ物が伝染した。ヨストの腕にも腫れ物ができたので、彼は通信の禁止を破って、ポーランド人看護婦に頼んで窮状を書いた母親宛の手紙をこっそり持ち出してもらった。ヘルマント夫人はすぐには返事をしなかったが、ポーランドにやって来て、キャンプが設置されていた地域を監督し、恐れられていた管区指導者の事務所に現われた。この結果、党のお偉方が視察をし、病気は心配するに及ばないと報告していたキャンプ指導者が更迭された。この危機ののち状況はより人間らしくなり、少年たちはペットの飼育さえ許された[72]。ヨストが参加した最後のキャンプは近代的な設備が整っていて、良い教員がおり、人々と普通の接触を持てる小さな町にあったので、少年たちはまもなく野蛮な状態から回復できた。彼らは平服の着用と髪を伸ばすことを許された。一九四四年、彼らはここでとうとう本当の戦況を知った。ヒトラー・ユーゲントのリーダーへの畏怖は小さくなり、少年たちはリーダーの権威を疑い始めた。一九四五年一月、ヨストの一団は赤軍に追われて逃げ出した。彼らがやっとベルリンに到着した時、待っていたヒトラー・ユーゲントの役人は、ポンメルンの新しいキャンプに送られるだろうと告げた。

けれども私たちは、ほかの避難民に混ざってこそこそと逃げ出し、できるだけ速く門を通り抜けて走った。その晩シュレージエンの駅からリューデスハイムの広場まで歩くのに、どのくらい時間がかかったかわからない。私が玄関の呼び鈴を鳴らしたのは真夜中過ぎだった。少し経って、眠そうな目をした母が……ドアを開けた。母は最初、玄関口に立っている半分凍えて汚れた若い男が自分の息子だとはわからなかったが、私だとわかると腕に抱いてくれた。私はとうとう再び家に戻ったのだ[73]。

第2部

避難所を求めて

外国人嫌いは……部族時代に遡る、人間の最古の集団的な感覚であり、
反ユダヤ主義はその特殊形態の一つに過ぎないと思われる。
旧約聖書の律法はイスラエルにいる異邦人に人種的、経済的に敵対的であり、
ニュルンベルク法の模範と見なせた。
ギリシア語の「野蛮人」は単に「外国人」を意味していたが、
気質においてギリシア人よりはるかに保守的なフランス人にとって、
外国人は決して野蛮人であるにとどまらなかった——
それがイタリア人工夫であろうと、ポーランド人鉱夫であろうと、
あるいはドイツ人難民であろうと。

アーサー・ケストラー『人間の屑』1941 年

第6章　閉ざされた脱出口

ドイツ人の中から「異質」な分子を一掃し、何百万人もの望ましくないドイツ市民に外国への亡命を強制しようというヒトラーの決意は、これより劣悪な時代にはなされなかっただろう。二〇世紀初頭以来、革命、戦争、貧困、不景気から逃れようとする移住者の大波が、より平和で富裕な地域に押し寄せていった。一九二一年に設立された国際連盟の難民高等委員会は、第一次世界大戦とボリシェヴィキ革命によって居場所を失った数百万人のロシア人の問題にいまだに取り組んでいた。誰もがボリシェヴィキは長続きせず、ロシア人はすぐに故郷に帰るだろうと思っていたが、その推測は間違っていた。ロシア人は亡命先で、「生存のための戦いにおいてあまり好まれない独特の社会集団」を形成した[1]。まもなく彼らに、トルコから追い出されたギリシア人だけでなく、国際的、国内的紛争で追い立てられて国を失ったほかの人々が加わった。結果として生まれた無国籍者の群れをどうすればよいかという問題は、いわゆるナンセン・パスポートの発行によって部分的に解決された。限定的ではあったが、亡命者はこのパスポートによって現在滞在している国でわずかながら市民としての地位を与えられた。

この大規模な人口動態は、不安定な経済状況および共産主義の恐怖と結びついて、多くの国で不安を引き起こし、移民の取締りと年間割当数が導入された。一九二四年、アメリカ合衆国議会で、主に一九世紀末から二〇世紀初めにかけて東欧と地中海地域から流入して来た人々から国を「守る」ために、ジョンソン・リード条例が通過した。これは一年の全移民数をおよそ一五万に制限し、イギリス（六万六〇〇〇人）とドイツ（二万六〇〇〇人）には不釣合いに大きな割当を認めていた。亡命者には特権は何も与えられなかった。かなり興味深いことに、安価な農業労働力を多く提供してくれるメキシコには、この割当は適用されなかった。

この時期は今日と同じく、飢餓と移動が世界的な現象だった。アメリカの子どもは皆、アルメニア人や中国人が飢えているのだから食べ物を粗末にしないようにと言われた。第一次世界大戦後の数年間は、ハーバート・フーヴァーのアメリカ救済委員会が作成した食糧供給計画により、しばしばクエーカー教徒も協力して、ベルギー、ドイツ、オーストリアの家庭に、[2]また飢饉に見舞われたソ連の何百万人もの人々にも食糧が送られていた。

一九二九年の米国株式市場の崩壊は、一九三〇年代を通じて続く不景気と失業の世界的悪循環の唯一の要因だった。ドイツの失業者は一九三二年初めに六〇〇万人に達した。米国では一九三三年初めにおよそ四七〇万の家族が援助を必要とするようになっていたが、要請はまもなく地方の機関や慈善団体の能力を超えたことだろう。[3]聖公会のある主教は、「あまりにも多くの人が……財政的な保障を永久に失ってしまった。彼らは当惑と苦しみの中で希望の印を探そうとしているが、それが見出されることはないだろう」と記している。何百万人もの人々が家賃を払えなかった。満員の保育所の小さな子どもたちが、「追い立てごっこ」をして遊び、教室に設置されている家具を部屋の一つの隅から別の隅に動かしている様子が観察できた。ほかの子どもたちは無料食堂に列を成し、一九三二年には二五万人と推定される十代の若者が家を出て、仕事や食べ物を探しながら追い剝ぎになった。その中

ニューヨークに到着した難民。

には一三歳ぐらいの少年もいた。(4) 自然は助けにならなかった。一九三六年、アメリカ中部の空前の旱魃によって黄塵地帯が出現し、何万もの家族が命がけで移住していく。イギリスではジョージ・オーウェルが、中部地方の不況に見舞われた炭鉱地帯を調査し、家を見つけられずにトレーラーに住むことを余儀なくされた一家族について叙述している。当地では長期にわたる失業と深刻な住宅不足が結びついて、並ぶものがないほど不潔な状態に陥っていた。

私が話をした人々のほとんどは、見苦しくない住居をいつかまた得ようという考えを放棄してしまっていた。彼らは皆失業していて、仕事と家はほとんど等しく遠く不可能なものに思われた。あまり気にかけていないような人もいたが、自分たちがどれほど悲惨な生活をしているか、はっきりと自覚している人々もいた。

私はある女性の顔をよく覚えている。それは耐えがたい苦悩と退廃の表情を浮かべた、やつれた骸骨のような顔だった。彼女はすさまじい豚小屋の中で子どもたちを清潔に保とうと格闘していた。彼女は私が体中糞にまみれているかのように感じているに違いないと思っていたのだろう。(5)

この時期、亡命者を受け入れられる場所はどこにもなかった。

米国は、通常は多岐にわたる複雑な健康、社会、経済上の基準を満たした人だけに移住ヴィザを発給した。これらのうちで最も重要なのは「公的負担になる可能性」（ＬＰＣ）を問う条項であり、これによって自助できない者の入国が拒否された。これは、米国在住で援助を保証してくれる個人の宣誓書があれば解決できたが、組織は移住者の保証人になれなかった。これを認めれば、亡命者の人数が増えるにつれて重大な問題が生じただろう。アメリカ領事はワシントンの方針に従って申請を処理したが、最終決定は彼らの判断に委ねられていた。受理された人々は番号を割り振られて、「呼ばれる」まで待たされ、長い時間がかかった。一か月に入国を許可される人数が慎重に管理されていたためである。逆に、ヴィザが決められた日付までに受け取れなかったり使用されなかったりすると、それは無効になった。

ハーバート・フーヴァー大統領は、ヒトラーの政権掌握の二年半前の一九三〇年九月、一九二九年の崩壊とその結果としてのアメリカの失業者の激増に対処するために、ＬＰＣ条項を厳格に実施し、発給される移住ヴィザの数を従来の七五～八〇パーセントに抑えるよう領事館に命じた。認可数は劇的に減少した。一九三一年二月の米国への全世界からの移民数は三一四七人で、一八二〇年以降ではその月が最も少なかった。労働省長官がその少し前に不法滞在外国人の追跡と追放に着手していた。

さらにおよそ一〇万人の合法的なメキシコ系労働者が、報道機関が展開した悪意に満ちた嘘だらけの反メキシコ人キャンペーンによって帰国に追い込まれた。ヴァンダービルト大学の遺伝学教授ロイ・I・ギャリスの証言が、このキャンペーンのテーマを如実に示している。彼はメキシコ移民の制限について思案中の下院移民帰化委員会に対して、合法的なメキシコ系アメリカ人さえ「豚のような連中」であって、彼らの精神は「動物的機能、すなわち食事、睡眠、性的享楽以上のものには向かない」と述べた。アメリカ当局はメキシコへの送還列車を仕立てて、問題を迅速に片づけた[6]。

反外国人キャンペーンを繰り広げていたのはアメリカだけではない。アメリカ合衆国より少し遅く経済不況に突入したフランスは、一九三二年、特定の職業に国籍による制限を設け、およそ三〇〇万人の定住外国人が、そのほとんどはポーランド人とイタリア人だったが、以前は労働力不足を解消するために歓迎されていたのに、今や愛想がいいとは言えないやり方で退去を促され、一九三六年、四五万人がそれに従った。フランスでは、アメリカ合衆国のメキシコ人と同じように、外国人がしばしば失業者支援を拒否され、論客に中傷された。彼らは外国人をファシストあるいは共産主義者と決めつけて非難し（もちろんそういう者もいたが）、彼らの品行を問題視した。「この移住者の群れは、その多くが根無し草で不適応症であり、犯罪の増加に一役買っており……論証の余地なく退廃と無秩序をもたらす。それに劣らず有害なのは、レヴァント人、アルメニア人、ギリシア人、ユダヤ人とそのほかの外国人商人の道徳的犯罪である[7]」。

一九三〇年代初めに失業者が二〇〇万人を越えたイギリスでは、政府が同じように、自助能力のない人々を受け入れようとしなかった。イギリスには移民数受け入れに特に制限はなかったが、アメリカと同じ集団を標的にした一九一四年の外国人法は、一九一九年、一九二〇年と厳格化され、イギリス政府も亡命者に特別な考慮を払おうとしなかった。管轄の内務省は場合によっては入国を認めたが、一九三三年までその人数は低く抑えられた(8)。

アメリカ大統領に一九三二年に選ばれ、ヒトラーが政権を掌握してわずか数週間後の一九三三年三月に就任したフランクリン・ローズヴェルトは、ドイツの指導者と同じく、大きな社会的、経済的諸問題に直面した。どちらも失業者を救済し経済を再生するための国家プロジェクトを立ち上げたが、ローズヴェルトが制約を課されている一方で、ヒトラーは権力の抑制と均衡を都合よく免れていると いう違いがあった。アメリカ大統領の社会政策は範囲と費用の点で前例のないものであり、完全に議会の判断次第だったが、年間移民割当数という批判できないものに守られて、議会では移民に反対する保護主義が優勢だった。年間移民割当数を増やそうという試みは政治的に危険なだけでなく、過激な移民反対派を刺激した。彼らは年間移民割当数の削減や廃止を提案したが、成功はしなかった。移民反対の保護主義は議会内に限られていなかった。「アメリカ革命の娘たち」から「コグリン師の社会正義運動」に至る諸組織全体に行き渡り、国務省およびそのほかの諸機関のワシントン・ロビーにもはびこっていた。これらが得られる政府支出金もまた議会次第だったのである。移民反対の保護主義と並んで官僚の縄張り意識、アメリカ特有の上品ぶった反ユダヤ主義、そして第五列、共産主義者、スパイ——これらは皆、こそこそと群れをなして入国してくると思われていた——と見なされる移民に対するさまざまな度合いの恐怖のために、ドイツからの亡命者の大々的な例外的受け入れは問題外だった。アインシュタインでさえ左翼的過ぎるという理由で、ひとまずヴィザの発給を拒否されるだろう。

個々の領事が亡命申請者に同情的なことが多かった在外公館は、必ずしもこのような硬直した態度をとらなかったが、本国の政策に従わなければ、彼らの経歴は損なわれかねなかった。あらゆる反対にかかわらず、利益団体による圧力とさまざまな機関の裏工作の組合せの結果、ほとんどがユダヤ人と考えられるドイツの亡命申請者に発給されたヴィザの数は一九三三～三四年の一三〇〇から一九三七～三八年の二万三〇一に増加した。公的に定められた制限が変更されなくてもこの年間数は可能で、一九三七年末のワシントンでは、この状態がさらに数年続いても、ドイツに残っているユダヤ人のほとんどを引き受けるには十分だろうと考えられていた。彼らが結局のところ強制退去を余儀なくされるのは、もはや明らかだった。[9]

ヨーロッパ諸国とイギリスは反移民の立場にもかかわらず、初期に押し寄せて来たナチからの亡命者の入国を拒否しなかった。一時的な政治亡命と見なされていたためである。特にフランスは、亡命者の通過を許可し、彼らを受け入れてきた国家としての長い伝統に忠実に、推定で五万から六万人に入国を許可し、そのうちの半数以上がまもなくほかの国へ移って行った。このうちおよそ一万七〇〇〇人から二万人がユダヤ系ドイツ人と考えられている。[10] イギリスでは多くの慈善組織が、初期に到着した四〇〇〇人から五〇〇〇人の援助を買って出た。[11] ナチの過激主義の犠牲者に対する少なからぬ共鳴と彼らへの支援を広げようという呼びかけがあり、議会で賛同を得た。常にそうであるように、金持ちとコネを持つ者はすぐに避難場所を見つけることができた。またドイツ政府は、この段階ではこれらの亡命者の多くが資産を持ち出すのを認めていた。それによってさまざまな国への入国が確実になり、到着した場所で生き延びることができた。

パリ、ロンドン、アムステルダムに亡命した人々は、礼儀正しく受け入れられ、自由を得た安堵感は圧倒的だった。新たにパリに到着したドイツの作家、ヘルマン・ケステンは、「亡命は何という夢だろう。国境を越えればすぐにテロは『外国のもの』となる。同時にドイツでの恐怖は事実なのかという疑いが始まる」と書いた。[12] 高揚感はたいてい長続きしなかった。自由は素晴しいものだったが、潤沢な財産のない者は、就職の禁止と居住許可の満了によって、子どもたちとともに一つの家や部屋から別の居所へと移動しながら、放浪生活や食糧不足の不法滞在生活を送る羽目になった。ヨーロッパ大陸を完全にあとにしたいと望む人々は、その間に再び外国領事館に並ぶ亡命申請者の列に加わった。ここでは時間が経つにつれて、明らかに絶望が支配的になっていった。『『私たちの前にはまだ海が横たわっている』と、二人の小さな子どもと若い妻がいる男性が言った。……『おそらく私はオランダでの共倒れだけは免れたのだろう』』[13]。

その裏で「受け入れ側」の各政府は、どれほど多くの亡命者がやって来るのか、その圧力の長期化を心配していた。状況はデリケートだった。内政不干渉という外交上の法度に違反するため、ユダヤ人政策を強く非難してドイツを「打ち負かそう」とは誰も考えていなかった。多くの政府は、自国の移住規則とは全く別に、ドイツ亡命者に備えようという入念な計画はヒトラーの政策の容認を意味し、排除をますます助長するだけだろうと判断していた。一九三三年一〇月中旬、「ドイツ亡命者問題の国際的解決を目的とする計画を作成する」ために、国際連盟の難民高等委員会の効力を持たない一支部が、[14]まだ連盟のメンバーであるドイツを刺激しないように、注意深く本部から離れたところに設置された。委員長ジェイムズ・G・マクドナルドは、連盟未加入の米国に圧力をかけるために故意に選ばれたアメリカ人であり、ヒトラーに対して「ユダヤ人の移住および彼らを援助するドイツ資産の移動」のための一〇年計画を提案しようと考えていた。だが、ゲオルク・ソルムセンやマックス・ヴァルブルクなどの銀行家のような多くの著名なユダヤ系ドイツ人は、今や彼らの生活が「脅かされている」にもかかわらず、ユダヤ人はどこにいようと目立たない態度を維持すべきだと感じており、ドイツで事態を静観すると決めたようである。[15]マクドナルドは受け入れ側からも困った立場に追い込まれており、ベルリン駐在のアメリカの外交官ウィリアム・ドッドに、「イギリスのユダヤ人から五〇万ポンドを調達したが、資金の提供者は熱心ではなく、多くのユダヤ系ドイツ人がイギリスに入って来ることを望んでいない」し、アメリカでは「限られた範囲で高い関心はあるが、迫害されたユダヤ人の受け入れには熱心でない」と打ち明けた。[16]

公然たる行動への恐れは、可能だったはずの子どもたちの救助にさえ影響した。二五〇人のユダヤ系ドイツ人児童をアメリカ合衆国に送ろうという一九三四年の計画は、ワシントンで移民規則の多くを撤回し大きな困難を伴って取り決められたが、子どもを引き取ってくれる十分な数のユダヤ人家庭（非ユダヤ教徒による子どもの亡命者の受け入れは認められなかった）が見つからなかったために、二年延期されざるを得なかった。問題になったのは、この計画を担当したユダヤ系ドイツ人児童救済機関が、子ども一人について養家に一年ごとに支給される五〇〇ドルを用意できなかったことである。アメリカ・ユダヤ人共同配給委員会（ＪＤＣ）への支援要請は、同委員会が「ドイツにいる子どもたちの世話をするか、あるいは彼らがパレスチナへ行く資金援助をする方が、対費用効果があると考えた」ために拒否された。[17]二万人以上の子どもがやって来るだろうというアメリカ・ユダヤ人会議の不正確な声明が、移民反対組織の計画への激しい攻撃を誘発した時に、事態は救い難いものになった。アメリカ愛国者協会連合の議長は、子どもたちは「共産主義者の家庭」の出身だと示唆して、計画への議会の介入を要求するところまでいった。[18]それでも米国政府は細々ながら入国の流れを守り続け、一九三八年三月、三五一人がこの計画の枠内でやって来た。[19]

だが、ドイツ出国の流れは終わらなかった。一九三五年一月、第一次世界大戦終結後に国際連盟の統治下にあったザール地方で国民投票が実施され、ドイツへの復帰が圧倒的に支持されると、意見を異にするザール住民七〇〇〇人がフランスへ亡命した。「国際的亡命者」と見なされたこの集団は、国際連盟から資金を得てフランスやパラグアイに多かれ少なかれ再定住できた。[20]許可なくドイツから持ち出せる資産を厳しく制限する一九三四年の法律および一九三五年九月のニュルンベルク法発布によって、ユダヤ人の地位はさらに際限なく不安定になった。領事館での亡命申請は増加したが、まだ本当のパニックは起きなかった。第一陣の亡命者の中にはニュルンベルク法が最終宣告だと勘違いしてドイツに戻る者さえおり、ドイツでも国外でも多くの人々が、一九三六年ベルリン夏季オリンピック大会という国民的で金のかかる壮麗なショーの準備に伴って反ユダヤ宣伝が減退した時に、さらに騙されて安心してしまった。ニュルンベルク法の発布にもかかわらず、ドイツから移住したユダヤ人は、一九三五年から一九三七年まで年間二万から二万四〇〇〇人に留まって安定していた。[21]

ユダヤ人迫害政策はドイツ国外では社会的にほとんど注目されず、彼らの亡命要請は一九三六年夏のスペイン内戦勃発によって吹き飛ばされてしまった。陸軍将校フランシスコ・フランコが指揮する軍事反乱がスペインの上流階級とカトリック支配層の支持を得て勢いづいた時、左翼のスペイン共和国を支援する理想主義者が民主主義を守ろうと世界中から押し寄せたが、各国政府は熱心ではなかった。民主主義諸国はスペインで共産主義者が覇権を握ることを恐れたので、まもなく不干渉協定と武器輸出禁止に同意し、そのため、選挙で選ばれたスペイン政府は隣国からの武器の入手ができなくなった。フランス人民戦線は左翼に共感していたが、圧力のもとにあった。そうしているうちに、この戦争を自陣営にスペインを引き込む好機と見ていたドイツ、イタリア、ソ連はそれぞれの側に支援の大部隊を送り込み、過激化に拍車をかけた。世界は恐ろしい魅力にとりつかれ、さらに過激化して多数の無辜の人々が犠牲になる左翼と右翼の闘争について、アーネスト・ヘミングウェイやジョージ・オーウェルなどの知識人が書いた報道記事を読んだ。

戦争開始当初、戦闘の多くはスペインのバスク地方に集中していた。休暇で国中から来ていた大勢の子どもたちは海岸の行楽地で立ち往生してしまった。ほとんどの者が長期間学校に通えなくなっただろうし、二〇年も家に帰れない者もいたことだろう。一九三六年八月、激しい戦闘に追われて、四万人以上のバスク住民が国境を越えてフランスになだれ込んで来た。スペイン駐在アメリカ大使は、七月になると伝統的にスペイン政府が移転していくサン・セバスティアンで夏を過ごしていたが、大勢が逃げ出していくのを目撃した。

私は哀れな光景を見た。何百人もの、何千人もの女性と子どもと老人が、破壊された故郷から国境を越えて流れ込んだ。……無一文で友人もなく、彼らは外国へとよろめいて行った、哀れにも乏しい運べるだけの身の回り品をできるだけ多く持って。……全員の顔に悲劇と恐怖が刻印されていた。……男たちはよちよち歩きの赤ん坊を抱き上げて最後のキスをしてから戦いへ戻って行った。……小さな少年が一人、苦しみと絶望に満ちた表情で笠石に坐っていた。彼の腕は可愛らしい犬に巻きついていた。[22]

世界的な同情が高まる中、多くの国で構成される委員会が食糧と衣料品を積んだ船を送った。クエーカー教徒の団体や児童救済基金のような既成の亡命者組織の幹部が、まもなく現地を訪れた。一九三六年一一月、若者に避難所を提供し、彼らを戦闘地域から連れ出すために、フランス人民戦線の後援でスペイン児童救済委員会が設立された。フランス労働組合連合が、万一の場合の養家として五〇〇〇以上の労働者家庭をリストアップし、二〇の「居留地」が難民集団のために作られた。[23]これらすべてが役立つことになる。フランスは、スペイン共和派が一九三九年初めに最終的に敗北する以前でさえ、救援のためにおよそ八八〇〇万フランを拠出していた。

バスク当局者は長いこと求めてきた独立を宣言するために戦争を利用したが、まもなく無料食堂で一日に四万人の避難民に食事を提供するようになった。住居を失った何十万人もの人々がビルバオの接収されたアパートや一軒家に宿泊し、短期の小康状態ののちに戦闘が再開されると、人々の流出は増加するばかりだった。救援の努力はよく組織されていたが、食糧不足がまもなくすべてに影を落とした。二〇〇人の赤ん坊を収容する家を視察した児童救済基金の幹部は、「水と少しの小麦粉が用意された……壜」を目撃した。年長の子どもたちは味のない黒パン、レンズ豆、メキシコ政府が船で送った二万三〇〇〇トンのヒヨコ豆を食べ、もっと食糧を見つけようと何時間も通りをうろついた。どんなパン屑でも貴重だった。ある女性はこれらの出来事の四三年後になっても、八歳の時に家族の一〇日分のオリーヴ油が入った壜を割ってしまった日のことを思い出して苦しんだ(24)。

まもなくクエーカー教徒の支援組織が、スペインのほかの地域のぞっとするような状況について報告してきた。四〇〇〇人以上の人々がマラガの戦場から強制退去になってムルシア近郊のキャンプに収容されたが、そこでは一日一食だった。クエーカー教徒はこの初期の頃、コンデンスミルクとココア以上のものはほとんど提供できず、将来は暗澹たるものに思われた。さらに一三万七〇〇〇人の避難民がマラガとその近郊で離散した。ある女性は避難の混乱の中で年少の子ども二人を見失った。病気で死にかけた赤ん坊がどこでも溢れていて、支援の限界を越えていた。バルセロナの無料食堂は毎日二〇〇〇人の子どもに食事を提供し、スペイン東部では国際旅団の兵士たちも何千人もの子どもと食糧を分け合っていた(25)。一九三七年六月、ナチ国民福祉団に倣ったフランコの社会救済事業団も三万人の子どもに食糧を提供した。その中には共和主義者の家庭の子どもも含まれ、さらに多くの人々に食糧を提供する資金を必要としていた。クエーカー教徒の活動家ウィルフレッド・ジョーンズは、この初期の段階で提供された支援は模範的で、「子どもたちの親がどちらの陣営を支持しているかにかかわらず……誠実、救い、応援、兄弟愛」に満ちていると思った(26)。

この悲惨な状況にまもなく新しい要素が加わった。市民を標的とする爆撃である。一九三六年一一月には、フランコの反乱を支援するイタリアとドイツの飛行中隊と共和国を支援するロシア空軍が、無防備の村と町を連日空襲していた。スペイン政府は対空砲をほとんど所有せず、断固として不干渉政策をとる民主主義諸国からの提供もなかった。北部では一九歳の優秀な飛行兵に率いられた一〇機のバスク空軍が勇敢な抵抗を繰り広げ、一九歳のエースは戦死するまでに九機のドイツ空軍機を撃墜したが、何の甲斐もなかった[27]。子どもたちは超現実主義的な新世界にいることに気づいた。

私は当時たったの九歳でした。私たちは空襲警報と防空壕への競走の中で生活していました。最初の防空壕は……直撃を受けて燃えてしまいました。私たちは鉄道のトンネルへ逃げていきました。……避難生活の中で過ごした時間と日々には終わりがなく、空襲が済んだあとで何を見出すのかわかりませんでした。

彼らは、当時一二歳だったある子どもの経験が示すように、恐ろしいものを見出すことになった。「私は、居住区域で爆撃を受けた数軒の家屋から瓦礫を取り除く手伝いを申し出ました。私は、そこに住んでいた子どもたちの破片を煉瓦と瓦礫の間に見つけた時の恐怖を、死ぬまで忘れないでしょう[28]」。

一九三七年三月三一日、ドイツ空軍機がバスク地方の町デュランゴを爆撃し、およそ四〇〇人の市民を吹き飛ばしたが、その大多数は教会にいた人々だった[29]。これに続いたのが、現在では伝説になっているゲルニカの空襲である。ゲルニカではドイツのコンドル軍団が新しい焼夷弾の実験の機会を得、これはのちにロンドン空襲で役立つだろう。ナチは的確な瞬間を選んだ。それは市の立つ日で、町の中心部は午後四時三〇分には人と家畜で一杯だった。

人々は恐慌状態に陥り、市場に家畜を捨てて逃げ出しました。爆撃は七時四五分まで続きました。その間、ドイツの爆撃機で空が黒く覆われていない時間は五分とありませんでした。……爆撃機はたいそう低く降りて来て、機関銃の射撃で森林と道路を引き裂きました。道路の溝には老人、女性、子どもが積み重なって倒れていました。……火が町全体を包み込みました。(30)

ゲーリングはこの偉業から凱旋した勝ち誇ったコンドル軍団を歓迎し、空軍はスペインに出かけて「爆撃によって何ができるかを見せたのだ」と幸福そうに記した。(31) イタリア空軍も負けずに、のちにバルセロナを四八時間ぶっ通しで実験用の「スーパー爆弾」で爆撃し、全街区を一度に破壊した。(32)

この時には、スペイン全土の子どもたちは、戦闘地域の民間人が通常経験する恐怖だけでなく、内戦に特有の恐ろしい場面にも直面した。「気違いじみた敵意、両陣営の兵士の狂犬のような精神(33)」の中で、あらゆる抑制は消し飛んでしまった。個人的、階級的な憎悪が表面化し、ごくわずかな口実にかこつけた処刑と報復処刑で、町の全住民が殺害されたりした。スペイン中で女性と子どもが夫や父親のために人質になり、大勢が命を落とした。公開処刑が執行された。非常に多くの見物人がこの見世物を見にやって来たために、兵士が呼ばれて、群衆を押し戻し、じっと見ている子どもたちを追い払わなければならない所もあった。(34) さまざまな党派の部隊と義勇兵が敵と見なした者を殺害したが、たびたび間違っていた。

カルロス・Cは一三歳で、ジブラルタル近くのサン・ロックに住んでいた非行動主義の王党派一家の子どもだったが、その町の攻防戦が激しくなって、一日のうちにおじ三人といとこ一人を失った。

アナーキストの義勇兵がおじたちを家から連れ出して射殺し、家族にそれが告げられると、カルロスは飛び出してそのうちのまだ生きていると言われた一人を見つけた。少年は病院の廊下の床におじが横たわっているのを目にしたが、おじは二一箇所の銃創のためにまもなく亡くなった。カルロスは病院へ向かう途中でもう一人のおじの遺体が運び去られるのを、戻る途中で別の二人の親戚の遺体が路上に横たわっているのを目撃した。カルロスはのちに、家に着いた時に何も感じていなかったことを、驚きをもって思い起こしている。

私はこの出来事を大きな個人的な悲劇だとは感じませんでした。むしろ、私が見たことについて話した時には、いくらか英雄のような気分でした。家の者は誰も何かを食べようなどとは夢にも思っていませんでしたが、私は空腹だったので台所にこっそり入っていきました。コンデンスミルク一缶だけが見つかったので、ごくごく飲んでしまいました。[35]

カルロスが異常だったのではない。ヨーロッパの子どものほとんどが、続く数年間に、周囲の恐るべき出来事に対して、覗き趣味と無頓着という自己防衛の殻をまとうようになるだろう。観察者たちの記録によれば、何か月もの間砲火にさらされていたマドリードの子どもたちは、少し経つと砲弾が落ち始めても遊びをやめなくなったし、熱い砲弾の破片を遺体が散乱した通りから集めてくることが大流行だった。バルセロナでは、左翼分子が修道女や司祭の遺体を掘り出して通りでさらし者にした時、一三歳の子どもの集団がグロテスクな見世物をからかった。「近所で見たのと同じものに飽きてしまったので、私たちは別の地区に行って、そこで掘り出されたものを見ようとしました。……私たち子どもは、遺体の違いについて――この遺体はよく保存されていたとか、あの遺体はどれほど腐敗していたとか、これはより古い遺体だなどと論評しようとしたのです」。

子どもたちの冷静さは、いつも見かけどおりというわけではなかった。五歳のホセ・アントニオ・ペレスは弟と母親と一緒に、翌朝、銃殺隊によって処刑されることになっていた父親とともに、牢獄の中で苦しみに満ちた最後の晩を過ごした。彼は何年もの間、自分は本当はそこにいたのではなく、母親が真に迫って語った出来事を聞いただけなのだと思い込んでいた。生涯の随分のちになって牢獄を訪ねる機会があったが、それより前に自分たちが一緒にいた部屋のことを思い出し、自分が実際に「その晩を過ごした」ことを認識した。[36]

スペイン共和国政府は、すでにゲルニカが攻撃された時点で、都市部の子どもたちの疎開を奨励し始めていた。これは価値のあるプロジェクトであるとともに、党派性の強いものでもあった。疎開の可否は、政府への忠誠心だけでなく、各家庭がどの政党に入っているかによって決められた。スペイン共和国政府は複数政党の連立で、共産党、社会党、アナーキストが参加していた。事態がバスク地方でより複雑になったのは、カトリックの分離主義者が参加していたためである。そこで、疎開するさまざまな集団に、それぞれの党派が最後の選挙で獲得した得票率に従って場所が割り当てられた。疎開手続きが始まったのはバスク地方である。親たちは中央事務所に出向き、子どもたちの疎開申請をするよう命じられた。五歳から一二歳までの第一集団は注意深くふるい分けられ、医学検査を受けた。少なからぬ宣伝が行なわれ、あるレセプションでは候補者たちに、彼らが送られる予定のフランスの労働者向け行楽地の映画を見せもした。[37] 爆撃が始まると、バスク政府当局者は自分の家族の救助に夢中になり、ちょっとしたゆすりも恥じることなく行なった。バスク駐在外交官は、自国民の疎開の許可を得る際に、亡命者を受け入れるよう圧力をかけられることに気づいたのである。ビルバオのアメリカ領事は、スペイン児童五〇〇人の米国疎開を検討したことで国務省に譴責された時、憤然として打電した。「私はわが国民が疎開できるように、バスクの子どもたちについて提案したのです。……権限のある当局者があまり機転のきかない真似をしたなら、その結果はおそらく、われわれの政策の範囲内で完全に達成された素晴しい成功というより、大失敗ということになったでしょう[38]」。

若いスペインの亡命者にとって「われわれの政策の範囲内で」米国にたどり着く可能性は、ドイツの若者の場合より小さかった。スペインの年間移民割当は二五二人だったからである[39]。そのため児童五〇〇〇人を米国に送ろうというバスクの試みは、ユダヤ人を対象にした初期の計画以上に成功の見込みがなかった。子どもたちへの同情は多方面で強く、ローズヴェルト政府はビルバオの領事に、労働省が子どもたちを「本物の一時的な訪問者」として認証した場合にヴィザの制限を外す権限を与えた。しかしながら、米国内のバスク共同体の多くのメンバー（およびほかにおよそ二七〇〇家族）が子どもたちを引き取ろうと申し出たにもかかわらず、計画はまたもや頓挫した。数人の有力な国会議員、「アメリカ革命の息子たち」、そしてきわめて重要なことに多くの主立ったカトリック組織、その中でも特に「コロンブスの騎士たち」ががっちり協力して、この計画を攻撃したのである。「コロンブスの騎士たち」の指導者は憤然として、「バスクの子どもたちの米国疎開の試みは……ひどいことに、共産党の宣伝目的のために子どもを利己的に利用するものだ」と記した[40]。米国政府による子どもたちへの直接的な財政支援もなされなかった。あらゆる基金は私的な組織を通さなければならず、それらの組織はアメリカの中立に違反しないよう、注意深く追跡調査された。三〇〇万人以上の人々のうち一〇〇万人が子どもだったが、アメリカ当局はそれだけの人々が故郷を追われ、彼らの食糧事情は「絶望的」だとスペイン政府から知らされており、戦争が始まって二年経たないうちに、連邦剰余必需品組合にスペインへ八八〇〇万リットルの小麦を送る許可を出した。その時でさえ、食糧の取り扱いと配分の調整は私的な慈善団体を通じてなされなければならなかった。アメリカは最終的に問題の核心に至り、ブラジルに余剰のコーヒーをスペインへ送らせ、一九三八年一二月、船で送れる一か月の小麦の量を一七六〇万リットルに引き上げた[41]。

さらにリベラルなフランス人民戦線政府はより親切で、ビルバオが陥落した一九三七年六月半ば、およそ一万五〇〇〇人の新たな子どもの避難民の入国を許可した。彼らは司祭と教員に付き添われ、家族から離れて、イギリスの軍艦に護衛された数隻の船で疎開して来た。クエーカー教徒の社会奉仕家エディス・パイは、最初の一団がフランスに到着した時の光景に強く心を動かされた。彼らは「手を振り、歌い、『フランス、万歳！』と叫びながら、蟻のように上陸用の艀に押し寄せて来ました」。彼らは痩せて栄養不良だったが、「皆とても清潔でこざっぱりしており、髪はきちんととかされ、小綺麗な身なりをしていました[42]」。

まもなくほかの国々が、時には不承不承ながら救援の努力に加わった。イギリスでは非公式のスペイン救援全国合同委員会が数か月にわたって、子どもたちのイギリス疎開を提案していた。ビルバオのイギリス領事が強く主張していたにもかかわらず、イギリス政府がゲルニカ爆撃に対する公衆の憤激によって、五歳から一二歳までの「非戦闘員」年齢の子どもたちの入国を国家による資金提供はないという条件付きで認めると決めるまで、この計画は実現しなかった。イギリス当局はまもなく社会奉仕家からの圧力によって、少女たちをレイプから守るために年齢制限を一五歳まで引き上げた。その時期は募金にも支障がなかった。あるイギリスの団体は包囲されたビルバオで一日に一五時間働き、空襲に絶え間なく妨害されながら、五月半ば、およそ四〇〇〇人の子どもを救助した。この子どもたちは二隻の船でイギリスに向かった[43]。ベルギー、デンマーク、メキシコおよびそのほかの国々は子どもたちを引き取り、あるいはフランスにつくられた居留地への財政援助を行なった。そして熱烈な共産主義者の親たちは、四〇〇〇人から五〇〇〇人の子どもをソ連に送ることに同意するだろう。

避難先にたどり着くまで楽しみは少しもなかった。善意の援助者は、小さな避難民について知らなければならないことがたくさんあった。船旅、特に海のそれは悲惨なものとして繰り返し叙述されている。船は人で一杯だった。子どもたちはあらゆる場所で、二、三人で、空いているどの寝棚でも、船上の空の水泳プールでさえ眠った。ロシアに向かう一団は謎めいたヴェトナム人船員が乗り組んだ船に乗り、石炭の塵だらけの船倉で古いマットレスに寝た。このような疎開の際に何度も繰り返された光景の中で恐怖と郷愁が蔓延し、船酔いはほとんどどこでも見られた。年長の子どもたちは弟妹の面倒を見ると親に約束していたが、多くの場合、孤独な義務に圧倒されてしまった。

母は私に二人の姉妹に責任を持ちなさいと言いました。私は母が正確に何を言ったか、忘れることはありませんでした。「坊や、今、家族のために責任を引き受けるということだけを約束して。一緒にいるのよ」。私はそのあとではこっそり泣くしかありませんでした。私自身たった九歳だったのですが、五歳の妹を船に連れて行き、それから身体障害者の姉がタラップに上がるのを助けに戻りました。私は二人の食べ物を手に入れるために列に並びました。

これらの悪夢は、最初に到着した人々のためにあらゆる国で催された華やかな歓迎式典によって、しばらくの間は忘れられた。フランスでは白パンとミルクが上陸しようとする人々を甲板の上で待っていた。「私たちはホットミルクを貰いました……とても熱かったので舌を火傷してしまいました。それでも四杯も飲みました。私にどれほどの歓喜と満足の感情が押し寄せて来たことでしょう」。

列車でベルギーに送られた一団は、寒さと雨にもかかわらず、夜中に感極まった大群衆に迎えられた。「大勢が喜んで叫び」、彼らに抱擁とキャンディを浴びせた。イギリスのサザンプトン港に到着した子どもたちは、海岸通りを彩る壮麗な装飾を見て驚いた。それは最近挙行されたジョージ六世の戴冠式の名残だったが、子どもたちは自分たちを讃えるためのものだと思ったのである。

ソ連は三日間にわたる豪華な歓迎でほかのすべてを凌駕し、その模様は『プラウダ』紙で余すところなく報道された。ここでも何千人もの群衆がハンカチを振りながら、レニングラードに到着した船に挨拶した。それまで石炭の塵で覆われていた一七四五人の子どもたちは、「たいそう清潔で大きな白いエプロンを着けた陽気な看護婦に風呂で丁寧に洗われ」、部屋一杯に広げられた新品の服を選ぶことを許された。彼らはきちんとした服装になると、豪華なアストリア・ホテルに宿泊した。このホテルは現在でもサンクト・ペテルブルクの最高級ホテルの一つである。ここではオーケストラがいくらか不適切にも「ラ・クカラチャ」を繰り返し演奏し、子どもたちは大量の食事を与えられた。兄弟一人と姉妹二人とともに旅をして来た一一歳のファン・ロドリゲス・アニアは、「地獄のあとで天国にたどり着いた」のだと思った。精力的なもてなしはさらに続いた。ソヴィエト青年組織がレニングラードとモスクワで、子どもたちを前に催した宴会とスピーチがあった。子どもたちは皆、一九三七年のクリスマスには帰郷したいと望んでいたが、夏の間はソ連南部の設備の行き届いた居留地で過ごした。その頃、さらに二〇〇〇人あるいは三〇〇〇人のスペインの子どもがこの最初の一団に加わった。ソ連政府は明らかに、ロシアで訓練を受けた子どもがいつか重要な役割を果たすだろうスペインで、共産党が権力を握ることを望んでいたので、若い客たちを例外的な好意でもてなし続けた。子どもたちは秋になると特別な寄宿学校に移された。これらの施設の管理と組織は行き届いた厳格なものだった。特別扱いは続き、課外活動ではボリショイ・バレエのバレリーナやサッカーのトップ選手の指導を頻繁に受けることができた。(44)

子どもたちが故郷にいる感覚をより強く持てるように、教員がスペインから呼ばれて来た。たいてい熱烈に共産主義思想を信奉していたこの大人たちには、子どもたちには注意深く遮断されていたソ連の実態から、「天国」には問題があるのだとまもなくわかってしまった。彼らは国民の大部分の極貧状態、食糧のひどい欠乏状態、そして「苛酷な政治状況」を見て震え上がった。ローザ・ヴェガはロシアの進歩的で革新的な教育方法に期待していた。しかし、自学自習に任されていた「はるかに活発な」スペイン人の子どもより、明らかに「学習能力の低い子どもに合わせた」、融通のきかない、進み方がゆっくりした授業を見て驚いた。「個人の自発性に対する大きな恐れがあったのは明らかです。年長の子どものクラスでは、それぞれ生徒一人が監督係に指名されて、子どもたちがきちんと勉強するよう監視しながら歩き回っていました——一種の警察官でした」。

見張られていたのは子どもたちだけではない。スペイン語を話せるロシア人がクラスを監視し、週末にはスペインから来た教員に「自己批判」活動をさせた。監視業務は役に立たなかったが、共産主義の正統性に敵対的な意見を述べることを誰にも許さないという効果はあったと思われる。「たくさんの暴力と恐怖がありました。スターリンの見世物裁判の真最中だったのです[45]」。ローザ・ヴェガは幸運にも、病気になってスペインに帰った。というのも、一九三九年にファシストのフランコ体制が勝利すると、彼女のスペイン人の同僚はほとんどが投獄されるか、あるいは強制労働に送られ、こうして子どもたちは、ソヴィエト当局のしばしば残酷な手の中に完全に取り残される結果になったからである[46]。

西欧では、到着に際して示された愛情にもかかわらず、それに続いた出来事は常に愉快なものとは限らなかった。フランスとベルギーでは、子どもたちの大方は養家に預けられた。物事を効率的に片づけるために、少年少女は教室のような場所に集団で置かれ、「子ども一人」を引き取ろうと申し出た家族が望みの子どもをそこで選んだ。これは孤児や家のない子どもを扱う際の、どこでも共通の標準的な手続きだった。きょうだいでまとまって小さな一団になっているのを見て心を動かされ、二人か三人を引き取る家族もあったが、たいていは一人しか引き取られなかった。子どもにとってこれほど心の傷になる経験は、ほかにほとんどなかった。「家族は子ども一人しか引き取ろうとしませんでした。私の兄弟は裕福そうな家族に連れて行かれました。私は小さな妹の手をしっかり握って幸運が訪れるのを待っていました。父は亡くなり、母はフランスにいました。私は妹にすれば世界でたった一人の庇護者だったのです。でも、妹はすすり泣きながら連れ去られて行きました」。自尊心にさらに悪影響を及ぼすのは全く選ばれないことだったが、少なくともきょうだいがずっと一緒にいられるという結果にもなった。「私たちは肉片のようにばらばらに引き裂かれました。でも、私たちは誰の注意も引きませんでした。私の姉妹は身体障害者だったので、誰も私たち三人を望まなかったのです。そこで赤十字は私たちを孤児院に入れなくてはなりませんでした」[47]。

イギリスでは、スペインの子どもたちは到着するとすぐに身体検査をされ、その結果に従って赤、白、または青のリボンを手首に結ばれた。それは「虫がわいている」、「清潔である」、あるいは「伝染病にかかっている」ことを示す印だった。可哀想な赤いリボンの子どもは着ていた服をすべて焼却され、イギリスの古着を与えられた。もちろんそれは虱にたかられていたからである。赤、白、青のきょうだいは引き離され、家族の生活という慰めが奪われた。四〇〇〇人の子どもがお祭り気分のサザンプトンから、多数の寛大なボランティアと支援団体の責任者が設置した巨大なテント村に連れて行かれた。彼らはそこで徐々に選り分けられ、家庭ではなく、およそ九〇の小規模な居留地に配置された。ボーイスカウトのようなものだと考えていたイギリス人は、戦闘地域での生活によって政治化し世知にたけた子どもを扱う準備ができていなかったし、スペインの言語や食べ物に関する知識もなかった。最初から問題だらけだったのである。最初に出された食事は豆と「まるごと茹でたスペイン玉葱」だったが、これは子どもたちが全く食べたことがないものだったので失敗だった。避難民はイギリスでは行き渡っているマーガリンも食べたことがなかったし、絶えずお茶が出されることに当惑した。スペインではお茶は病気の時にだけ飲むものだったからである。

またしてもきちんと計画が立てられていなかったために、損害と破壊が生じ、諸施設に少年院のようなやり方が押しつけられ、年長の少年の中にはフランスのスペイン難民居留地に追放される者もいた。まもなくカトリックとさまざまな社会主義者の派閥がテント村内部で争い始めたので、分離しなければならなくなった。カトリック教会は子ども一二〇〇人を家庭や孤児院に引き取ることに同意したが、子どもたちを宗教的信条に従って注意深くふるいにかけてからという条件付きだった。カトリックの家庭も居心地のよいものではなかった。親フランコの修道女や司祭は「左翼」スペインの子どもたちをしばしば疑惑の目で見ていたし、一緒に航海して来たきょうだいだけの小さな家族は、施設は性別でなくてはならないというカトリックの主張によって、さらに小さくなった。こうした問題すべては多くのドラマとともに新聞で報道されて、まもなく子どもたちをスペインに送還しようという動きや支援金の減少につながった。フランコ体制が勝利しつつあり、まもなくスペインの通商を支配するようになるということが企業主たちに明らかになるにつれて、資金はさらに減少した[48]。

フランコの地位が強化され、諸国がその体制を承認していくにつれて、子どもたちをスペインに送還せよという圧力は強くなり続けた。スペインのファシストは、外国の収容所に何万人もの子どもがいることを、社会を当惑させる事態であり、将来の反対派の温床になると見なした。生き延びた若い避難民のほとんどがソ連から戻って来るのはやっと二〇年後だが、そのソ連を除いて避難先の諸国の政府は子どもたちを返還したがった。だが、子どもたちを支援していた民間の委員会は、フランコの代理人とスペイン教会が作成した契約と書類に対して正しくも疑いを抱いた。それは最近の研究が暴露したように、多くは政府が偽造したものだった。支援者はスペインへの送還を認める前に、子どもたちの家族が彼らの帰還を望んでおり、養育能力があるという証明を要求したが、それは多くの場合不可能だった。若い避難民の半数以上が内戦の終結前にスペインに戻った。そのうち親が政治犯である者の多くが、フランコの社会救済事業団が経営する子どもの家に送られたことは確かである。彼らはそこで国家主義者へと教化された。だが民事上の身分が不明瞭な大勢の子どもは、救済委員会に頼りながら避難先のさまざまな国に単独で留まり、教育や就職の機会をどうにか摑みながら、施設や養家の内外で居所の定まらない生活を強いられ、スペインには二度と帰れないよう運命づけられていた。

スペインでのフランコ軍の勝利によって、あらゆる世代の避難民が急増した。一九三九年一月初めの苛酷な冬の状況下、およそ五〇万人のスペイン人と外国人支援者が空路フランスに向かったが、すでに何万人ものドイツ人とスペイン人の亡命者で溢れていたフランスは、このたびは彼らを歓迎せずに国境を閉鎖した。一月末には数万人の男女と子どもが国境地帯をさまよい、飢えと野宿のために死んでいったので、フランスは気の毒に思い、負傷者と民間人に対して国境を開放した。国際連盟の国際軍事委員会のアメリカ人委員、ノエル・フィールドはつぎのように報告している。

国境を越えた時、避難民はすでに悲惨な状況にあった。最後に食べたのは二、三日前だったし、時には頻繁に空から爆弾が降り銃撃される中をさまよい、所持品を力の続く限り山の上に運び、それから余計な手荷物を投げ捨ててしまった。靴は裂け、傷の膿んだ足はたいがいぼろ切れでくるまれ、道端でよく転んだ。さもなければ、フランスでのよりよい状況に望みをかけながら、キャンプに向かって自らを引きずっていった。(49)

フィールドが言及しているキャンプは、フランスが大急ぎで作ったもので、最初は名前もつけられていなかった。ワシントンに報告書を送っていたアメリカ大使館の職員は、「記録された状況はほとんど信じられないほど衝撃的である」と書いている。そのような光景は、ソ連ではすでに日常的でさらに悪化していたが、来たる五年間には残念ながら何百万人もの人々にとって身近なものになるだろう。

サン・シプリアンとアルジュレスのいわゆるキャンプには……国境から徒歩でおよそ二四時間から三〇時間離れた所の二つの砂浜以外、何もなかった。砂浜は……有刺鉄線で囲まれていた……が、囲い地の内側には何の覆いも設備もなかった。……到着した時……［避難民は］銃剣を構えたセネガル兵に守られた有刺鉄線のフェンスの向こう側に追いやられ、食糧もほかの生活用品もなく放ったらかしにされた。……ひどい寒さにもかかわらず、それまでは森で見つけていた薪もなかった。(50)

状況は兵士にとって十分劣悪なものだったが、避難民の中の大勢の女性と子どもにとって、生き残るのは容易ではなかった。凍えるような風が浜辺を吹き渡り、目、衣服、食糧を砂と塵塗れにした。二月末の車軸を流すような雨であらゆるものがびしょ濡れになり、「この新たな悪夢が付け加わった結果、筆舌に尽くし難い悲惨」が生み出された。道具も建築用材も寝具も、藁でさえ何週間も供給されなかった。人々は砂地に穴を掘ったが、これらはすぐに水で一杯になってしまった。藁の小屋をどうにかつくった人もいた。食べ物は数日にわたって全くなかった。「それからパンがトラックで運ばれて来て……動物園のように有刺鉄線のフェンスの向こう側から投げ込まれた」。衛生用品は全くなかった。

避難民は最初、素手で便所を掘ろうと努力した……が、風がすぐに彼らが掘った穴を埋めてしまったので、まもなく諦めなくてはならなかった。避難民はどこにいようと、自分の身体を使って何とかしなければならなかった……そして、彼らが生活する砂浜全体が次第に人の排泄物で不潔になってきている。[51]

キャンプの状態は続く数か月のうちにゆっくりと改善され、フランコ政府が容認した何千人ものスペイン人が故郷に送り返された。妊娠した女性のために特別列車が仕立てられ、母親と子どものためにたくさんのキャンプが設置された。一九三九年七月半ばにスペインからの避難民の半数が本国へ送還され、数千人がメキシコ、ベネズエラ、ロシアおよびそのほかの国々に受け入れられたが、それでも多くの人々が恐るべき状態のキャンプに留まった。フランス駐在アメリカ大使館付海軍武官は、バイヨンヌ近くのグールの収容所を訪問した際に、キャンプおよびブラックリストに載ったそこの住人を「片づける」には一五か月以上かかるだろうと感じた。そうしているうちにフランス政府は、留まった避難民の扶養に一日に四〇〇万から六〇〇〇万フランを費やし、[52]スペイン内戦終結六か月後には国際スペイン児童避難民救済委員会の借款団が、フランスの二〇〇〇ものさまざまな場所にいる女性および子どもと、スペインの多くの荒廃した地域でフランコの社会救済事業団が十分支援できずにいるほぼ八〇万人の子どものために、なお援助と資金集めに従事していた。さらに何百万もの人々が、これらの被害者に加わろうとしていた。[53]

ゲルニカが避難先の諸国で人道主義的な大きな憤りを引き起こし、多くの団体を刺激してスペインの子どもたちの疎開のために働くよう仕向けていたとしたら、ナチによる暴力的なオーストリア併合、およびその六か月後の「水晶の夜」のユダヤ系ドイツ人共同体襲撃は、ドイツとオーストリアの脅かされた子どもたちを救う同様の活動の触媒になったことだろう。だが、救助の努力はあまりに遅れ、世界の国々にはドイツだけでなくほかの多くの国からも排除の危険にさらされた甚大な数の家族を受け入れる用意がないと明らかになってから、やっと実現した。諸国の政府は一時的な人道主義的な理由で数十万人の避難民を受け入れようと考えてはいたが、一九三八年にはほとんどの政治家に、何百万人もの避難民の面倒を永続的に見なければならないという見通しが義務というより脅威になって迫って来た。

一九三八年三月一二日にヒトラーの軍隊がオーストリアに侵入するまで、外部の世界は、あるいはユダヤ系ドイツ人共同体でさえも、ユダヤ系ドイツ人が置かれた絶望的な状況を真剣に受け取ってはいなかった。移住は冷静に、ゆったりしたペースで進められ、大勢のユダヤ系ドイツ人が仮の避難所を見つけた。出国した人々のほとんど、そしていまだに国を去ることをためらっているもっと多くの人々は、世界のほかの人々とともに、理性が打ち勝つであろうし、ヒトラー氏が職務に長く留まることはないだろうと信じ込んでいた。

世間の注目を集めたオーストリアでの出来事は、ぞっとするようなものだった。何年もこの併合を待ち望んでいたオーストリア・ナチは、ナチの閣僚の裏切りにあったクルト・フォン・シュシュニク首相の辞任後数分のうちに路上に繰り出した。イギリスのジャーナリスト、G・E・R・ゲディは「ナチの常軌を逸した反ユダヤ主義」について驚きをもって報告している。

それは言葉では表現できない、魔女の安息日だった――突撃隊は、その多くは学校を卒業したばかりで、弾薬帯とカービン銃を携え……並んで行進していた……総統の名を金切り声で呼び、あるいはヒステリックに叫んでいる男女とともに、渦を巻くような人の流れに沿って、警察を巻き込んだり引きずり込んだりしていた……突撃隊で一杯のトラック……猛烈に野次る声……煙る松明の光の中で飛び跳ね、叫び、踊っている男女……空気は地獄のような音で満ちており、その中に「ユダヤ人をぶち殺せ！ ハイル・ヒトラー！ ハイル・ヒトラー！ ジーク・ハイル！ ユダヤ人を滅ぼせ。……カトリックをぶち殺せ！ 一つの民族、一つの国家、一人の総統！」という叫びが混ざっていた。(54)

この「二〇〇万ウィーン市民のうち、およそ八万から一〇万人が参加していたわめきちらす群衆」は、その日の早朝に至るまでレオポルトシュタットのユダヤ地区を行進し、行く先々で家屋を略奪した。翌日、アメリカのジャーナリスト、ウィリアム・シャイラーは、ユダヤ人が通りを素手でごしごしこすり、公衆トイレの掃除を強要されて、公衆の面前で屈辱を与えられている様子を記した。突撃隊はその間「サディズムの熱狂にとらわれて」、ユダヤ人に嘲りと小便を浴びせかけていた。ユダヤ人は往来で殴打され、何の理由もなく逮捕され、仕事を首になり、何千人もの人々が強制収容所に送られた。小さな子どもさえ、ナチのやり方を学習してまねた。ある保育士は公園を散歩している時に、後ろをついて来る二人の五歳児の会話を耳にした。この子どもたちはその日までは、とても仲が良かったのである。

ヒトラー・ユーゲント団員の監督下でウィーンの街路をこするユダヤ人。

「君はなぜ［鉤十字の］バッジを着けていないの?」

「ママが買ってくれないから」

「君がなぜ持ってないのか、僕知ってるよ──ユダヤ人だからだよ!」

小さな少年はうなずきました。

「そう、君がユダヤ人なら、僕にお金をくれなくちゃ!」

そして小さな少年は……ポケットから二枚の銅貨を出しました。[55]

今や恐怖がユダヤ人共同体を支配していた。何百人もの自殺者が出たので、突撃隊は大喜びだった。時にはユダヤ人家族全員の遺体を運んだ荷車には、「隣人たちよ、これにならいたまえ」と書かれた貼紙がしてあった。[56] 以前はそのつもりがなかった人々にとって、ただ一つなすべきことが移住だというのは、今や疑う余地がなかった。国境へ向かう道路は数時間のうちに一杯になってしまった。何千人もの人々が森と山を抜けて行った。

空港と鉄道の駅に群衆が押し寄せた。駅と発車しようとしている列車を突撃隊が襲い、数百人を逮捕した。チェコはこの頃政治亡命を認めていなかったので、貨車は駅で何時間も待たされたあげく、次々とチェコ国境から、まもなくほかからもオーストリアへ送り返された。貨車は封印されてもいた。

もしまだ疑う者がいたとしても、ナチはユダヤ人排除を担当する特別機関をアドルフ・アイヒマンの力ですぐに設置し、まもなく毎日三〇〇人が起訴されて出国を強制されるようになった。釈放された人々は六週間以内にオーストリア退去を約束しなければならなかった。亡命者が避難先を見つけることがさらに困難になり、彼らはほとんどの資産を奪われたばかりでなく、二度とオーストリアには戻らないという誓約書への署名を強要された。

実際にはたいてい絶望的だったにしても、アメリカ、イギリス、そのほかの避難先の国々の領事館で何年にもわたって続いたヴィザを獲得するための冷静な交渉は、突如としてヒステリックな様相に変化した。素早く行動して移民割当数に入れるよう併合後最初の数時間のうちにアメリカ領事館に到着した人は、実際に成功という報いがあり、すべての適切な書類を、中でも援助が得られることを証明するのに必要な宣誓書を集められ、数か月で出国できた。だが、領事館は数日のうちに一日に六〇〇〇人を扱うようになり、事務所が開いている一一時間のうちに面接を受けられたのは、そのうち五〇〇人を越えることはなかった。オーストリアに割り当てられた年間移民数一四一三人は、まもなく何年も先まで予約済みになってしまった。

米国では輿論と報道機関も衝撃を受けていた。ローズヴェルト大統領はオーストリア併合のわずか数日後に、「一八四八年革命の時期に多くの善良なドイツ人のために」なされたようにオーストリアの亡命者に避難所を提供したいという希望を表明し、顧問団に議会がドイツ人の年間移民割当数の増加を認めるだろうかと下問した。反応は否定的だった。副大統領ジョン・ナンス・ガーナーは、ローズヴェルトに「議会で秘密投票が行なわれたら、移住はすべて停止されるでしょう」と告げた。[57]ローズヴェルトと顧問団はこのような危険を伴う改変を試みる代わりに、ドイツとオーストリアの年間移民割当数の合算と、その年間二万七三七〇人分すべての使用を命じて、状況をいくらか改善した。彼らは「政治亡命者に関する大統領顧問委員会」をも設置して本国で亡命者問題を調整しようとし、この問題を検討するための国際委員会を招集した。三月二三日、西欧とアメリカの全主要国に駐在するアメリカ全権公使が、「オーストリアおよびおそらくドイツからの政治亡命者の移住促進を目的とする」委員会を設置するために、フランスの保養地エヴィアン・レ・バンにおける会合への招待状を出した。スペインは明らかにその資格がないと見なされたために除外された。本来の提案は、被招待国に移住者への資金提供の責任を負わせるものではなく、「どの国も現行法が認める以上の多数の移民を受け入れるよう期待されたり、依頼されることはない」と再保証していた。[58]

現行法はそのままだったとしても、一〇年以上流布すれば、おそらく取り残されているオーストリアとドイツの亡命者のために十分な避難所が提供されただろう。だがエヴィアン会議が開かれた時には、多くの国が移住に関する法律を改正していた。ほかの国々で上がった初期の反ユダヤ主義の叫びは真剣に受け取るべきで、事態はドイツとオーストリアに留まらないだろうと誰にもますます明らかになった。一九三七年五月、ポーランド使節団が、自身がユダヤ人であるフランス首相レオン・ブルムの同意を得て、フランス植民地マダガスカルに赴いた。大勢のユダヤ系ポーランド人を送り込むのに適切な場所があるかどうかを調べるためである。[59]同年一二月、ルーマニア政府が反ユダヤ法を通過させ、八〇万人いるユダヤ人のほとんどを追い出したいと表明した。隣国のハンガリーもナチ党の強力な圧力を受けて、反ユダヤ法を制定した。

ルーマニア政府は、会議の準備が進行中のこの時になって、ルーマニアだけでなくチェコスロヴァキア、ハンガリー、ポーランドが、自国の政治亡命者が外国に迎え入れられる国家のリストに加えられるだろうと示唆し、その際「ルーマニアはユダヤ人の出生率に相応する人数を毎年処理したい」とほのめかした[60]。国務次官サムナー・ウェルズは、亡命者委員会の「単なる存在」が、「新たに亡命者問題を作り出す法律や行為を奨励するものとして、どこかで実体を持つようになる」としたら「不幸なこと」だろうと、いくらか感情的に答えた[61]。三二か国がエヴィアン会議出席を了承したが、会議は七月六日まで開かれず、それまでにたくさんの跳ね橋が吊り上げられてしまっていた。

オランダ政府は数週間かけて熟考した末、三月二一日に国境防衛を強化し、入国規則を厳格化した。何千人ものドイツからの政治亡命者が一九三三年以降合法的にオランダに入国したが、もっと大勢が滞在しているのではないかと疑われていた。国境地帯の町の当局者は、一人か二人の亡命者に滞在許可が出るとまもなくほかの人々がこれに便乗するという事情に気づいていた。彼らは国境検査所を通過するために、最初に入国許可がおりた者の住所を利用した。政策の転換は新たにやって来た人々に限られなかった。五月七日、外国人全員が警察への登録を要求された。この政策は政府の無慈悲を示すものだと社会からかなり強く抗議され非難されたが、ユダヤ系の新聞一紙は、亡命者がさらに多く流入すると経済が停滞し、「外国人の過剰」をもたらすと書いた。この時には、およそ二万五〇〇〇人のユダヤ人と七〇〇〇人のドイツ人政治亡命者がオランダに入国したと判明しており、そのうち二万五〇〇〇人が残っていた。新政策にかかわらず、さらに一八〇〇人の亡命者が認められ、ロッテルダムとアムステルダムのユダヤ人組織に登録された。実際のところ、外国のユダヤ人でオランダ・ユダヤ人評議会に登録している者は全くいなかったので、どれほどの人数がオランダにいるのかをはっきりさせる方法はなかった[62]。

四月二一日、以前はヴィザの必要がなかったイギリスも、無一文の人々を乗せた汽船が制御できない洪水のように海峡を渡って来るのを恐れ、到着したこれらの移民はおそらくドイツに帰れないし、そのつもりもないだろうと確信して、イギリスに上陸したい者がどの国籍であっても将来は全員にヴィザが要求されるだろうと、ドイツ政府に通告した。ウィーンのイギリス総領事は同日、排除が中央からの指令によるものとはまだ気づかずにつぎのように報告した。

ユダヤ人の間に広がる困窮と絶望はすさまじい。この総領事館には文字どおり連日、国外に退去するよう言われ、どこかへ行くヴィザを空しく探している何百人ものユダヤ人が押し寄せている。ウィーンの総領事館はどこも同じ状況である。……国際機関がドイツ政府に圧力をかけて、オーストリアの事態に介入させ、ユダヤ人問題をドイツのほかの地域で受け入れる方針で統制させるようにしなければ、どんな惨事がもたらされるか、予測するのは不可能だろう。[63]

一九二〇年以来イギリスの委任統治領になっていたパレスチナへは、ほかのどこよりも大勢のユダヤ人が、とりわけポーランドから移住してきていたが、イギリスはここでもアラブの抗議によって移住を厳しく制限することになった。当地は一九三八年早春、断続的な戦争状態に置かれ、エヴィアン会議の頃には特に厳しい状況だった。

世界の眼前で悲惨な事態が展開しているにもかかわらず、エヴィアン会議では具体的な結論は何も得られなかった。ほとんどの代表は、より多くの亡命者を受け入れられない理由を説明するのに時間を費やした。ドミニカ共和国だけが、明らかに白人人口の増加を望んでいたために、かなりの人数を引き受けようと申し出た。出席していたユダヤ人諸機関は、彼らの間の際限のない諍いと敵対のために、何の役にも立たなかった。最終的に、政府間難民委員会を設立し、これがさらなる解決策を「探る」と決められた。

これらの審議が続く一方で、イギリス領事館員の仕事はますます困難になっていった。五月に出された方針に従って、直ちにヴィザが発給されるのは「本物の」観光客とビジネスマンに限られるようになった。問題は、誰が「本物」かを決めることだった。領事たちは内務省から、「ユダヤ人のように見える、あるいはユダヤ人の血をひいているように見える」観光客に「……家庭環境について、また最近の出来事によって仕事や雇用関係がどのような影響を受けたか」を「慎重に質問する」こと、そして「亡命が企てられているという疑いがあれば」、その希望が理非によって扱われるように「亡命志願者が率直に話すように誘導する」ことを指示されていた。観光客は全員、ヴィザに違反したらドイツまたはオーストリアに強制送還されるという文書に署名しなければならなかった。少数を除き、受け入れの基準を満たしていないことが明らかになると、不正をしようという誘惑が大きくなった。優れた科学者、芸術家、ビジネスの移転を望まれた実業家、「国際的に著名な人物」、長期的な教育プログラムに登録された生徒、学生は皆あまり問題がなかった。しかしながら、小商店主、小売商人、職人、代理業者と中間業者、二流の音楽家、そして「大勢の」専門家――法律家、医師、歯科医師――、つまりほとんどの人々が「一見したところ不適格」とされた。[64]

ウィーンのイギリス領事館の状況は、真夏に沸点に達した。一六人の領事館員は来る日も来る日も方針どおりに、毎朝現われる六〇〇人から七〇〇人のうちの誰を助けるかを決めなくてはならなかった。死物狂いの志願者たちは今やオーストリアでの就労を禁じられ、退去の最後通牒がつきつけられていた人々だが、常に礼儀正しいわけではなかった。臨時の案内係が配置されて、待合室の整理にあたった。予約カードを携えた「本物の」志願者が列の先頭に行くと、まもなく賄賂と情実が働いているのだという非難が起きたが、出来事を報告した領事館員は、その志願者について「大勢の下層のユダヤ系移民に押し退けられるままにしておけない」と感じた。

案内係はあちこちへ押され、時には殴られ、しばしば侮辱され、通常の秩序が維持されているのはほとんど驚くべきことです。……私は最近二度、本当に気が進まなかったのですが、群衆が出て来た時に警察に助けを請わなければなりませんでした。今や警官が一人、正面ドアの外側に常駐しています。

『スペクテイター』紙には、領事館員を増やさずにユダヤ人迫害を助長している政府を非難する論説が掲載された。ウィーンのヴィザ発給事務所の所長は、今にも彼自身が泣き出しそうだと思わせる手紙の中で、職員を熱心に弁護してつぎのように書いている。

直接仕事に関わっていない人には、巻き込まれている困難について、またそれと関連する責任について理解することは不可能です。……職員は働き過ぎのために、ほんのちょっとしたことで泣き出しそうな状態で、彼らの負担を軽くするためにあらゆる手段が講じられなければなりません。

圧力がかかるのは勤務時間に限られなかった。「ほとんどすべての人に『お気に入り』のユダヤ人がいます、職場の同僚にも、……職場と家庭の個人的な友人にも、議員にも……大使館員にも」。ヴィザ発給事務所の職員はこの全員から「手紙の洪水」を受け取り、たびたび「彼らの被保護者に会うよう強制されている」と感じた。事務所の外でさえ「生活は苦痛に満ちています」、というのも昼食や晩餐のたびに、「自分の友人を私が助けるだろうと確信している同僚が常に客になっているのです。……主人や女主人が、要求に応じるのが常に容易とは限らない時に、支援を依頼してきたり、それをきっぱり断るよう言ってくることもよくあります。このようにして情実を働かせる義務が生じます[65]」。

この類いのジレンマを持つのは外交官に限られなかった。解決できない問題を抱えた人々に日常的に対処することで、思いやりのある勤労者がしばらくすると実務的な役人に変身した。最終的に誰を助けるか決定しなければならなかったからである。アムステルダム難民委員会と協力していた正統ユダヤ教徒のアンリ・アイチェは、救援組織に資金を提供しただけであれば、恐ろしい決定をする必要に直面せずに済んだと証言している。難民のうちには、協力するには「資質が不十分」だと彼が見した人もいた。多くは取り決めに満足しなかった。アイチェは、週に数回は起きていた自殺のおそれがある人全員に援助の手を差し延べていたら、まもなく難民全員が自殺を企てたに違いないと記している。ほかの問題もあった。東方ユダヤ人や無国籍のユダヤ人が支援を得るのは、より困難だった。さらにユダヤ系オランダ人は、ユダヤ系ドイツ人にはオランダの習慣に馴染もうとする努力が足りないと感じており、実際、ドイツからの亡命者はオランダ・ユダヤ人評議会から独立した自らの救援組織を設立しようと試みたが、オランダ政府に阻まれた[66]。

その間に、アメリカの国際弁護士で、エヴィアン会議の際に設立された政府間委員会の委員長に任命されたジョージ・ラブリーがロンドンにやって来て、ドイツと「秩序だった移住計画」を調整しようとしたが、一九三八年夏のお役所仕事による遅滞と、一連の劇的な出来事に引き続いて生じた九月のミュンヘン危機のために、本格的な調整の開始は遅れた。役人たちがもたもたしていたので、亡命者の潜在的な人数は着実に増加した。イタリアではミュンヘン会談の直後に人種法が通過したので、イタリアに亡命して来ていた一万五〇〇〇人ほどのユダヤ系ドイツ人が脅威にさらされた[67]。ズデーテン地方がドイツに割譲されたために、ユダヤ人、亡命して来ていたドイツ人の政治犯、反ナチのズデーテン・チェコ人を含む一二万七〇〇〇人が難民になった。今や彼らも、イギリス、フランス、ポーランドそのほかどこでも逃げられる所へ逃げようとした。ヒトラーがチェコスロヴァキアの残りの広い部分を獲得した一九三九年三月には、さらに多くの人々がこれに加わるだろう[68]。

膨張したドイツに居住する何万人ものユダヤ人がポーランドに避難所を求める可能性は、運命が定まっていたその国家の官吏も認識していた。一九三八年三月三一日、ポーランド政府は密かに国籍法を改正し、外国に居住しているすべての自国民に、パスポート更新のため、一〇月六日までにポーランド領事館に登録するよう指示を出した。ポーランド国外に五年以上滞在していた者は、領事の認可がなければ、新しいパスポートを入手できないだろう。今ではすべてが明らかになっているが、法令が直接対象にしていたのは、長年ドイツに住んでいて、まもなく「帰郷」しなければならなくなるにしても、故郷でも同じように招かれざる存在であるユダヤ系ポーランド人だった[69]。数か月後、ポーランドが自国民を見捨てる準備として、外相ヨゼフ・ベックはアメリカ大使アンソニー・ビドルに、エヴィアン会議は「全体としてユダヤ人問題解決に向けてさらなる研究と調査が始まる素晴しいきっかけであり、難民問題だけに限られてはいなかった」と語った。外相は明らかに、ポーランドの「ユダヤ人問題」が「難民問題」に転化する可能性もあるという「はっきりした証拠」を見出していた。ベックは、問題が「全体として」解決される前にパレスチナ問題が「明確に」解決されなければならないと結論づけ、ユダヤ人指導者が「パレスチナに対する彼らの立場の改善を期待して、ほかの解決法を遅らせる」だろうと示唆した。パレスチナ問題が解決したら、移民のためにほかの地域の調査が可能になるだろう、それは「ユダヤ人に希望を持たせ、そうして彼らの暗い前途をめぐってますます落ち込む気分……に潜在的な危険な影響に取って代わる」効果をもたらすだろう。ビドル大使は、ユダヤ系ポーランド人にとって前途は本当に「冷酷」だという、この痛烈な非難に明らかに心から納得して、今や彼らを救済されるべき集団に含むことを主張した。[70]

ドイツ政府はポーランドの術策に騙されず、一〇月二八日、ドイツ在住のユダヤ系ポーランド人全員に有無を言わせず退去命令を出した。六〇〇〇人は自発的に退去した。抵抗した人々のうちおよそ一万五〇〇〇人はすぐに列車に乗せられたが、ポーランドに入国を拒否されたために、（人口七〇〇〇人の）小さな町ズボンシネク近くの国境の間にある無人地帯に置き去りにされた。ここでは、まもなくスペインからの難民が耐え忍ぶことになるのと全く同じ状況で多くの人々が命を落とし、さらに大勢の人々が苦しみの中で何か月も過ごすだろう。その中にパリに住む一七歳の大学生、ヘルシェル・グリュンシュパンの両親が含まれていた。彼は両親の扱いに大変な衝撃を受けたためにドイツ大使館の一職員を暗殺し、これが「水晶の夜」の引き金となった。

この追放のわずか数日後に、ワシントンのポーランド大使が国務省に駆けつけて、ポーランドを政府間委員会の考量すべき問題に「加える」ようもう一度要請した。というのも彼は、「ポーランドに、同国が抱える諸問題がドイツと同等に扱われると示されなければ、同国で反ユダヤ主義暴動が発生する可能性がある」と危惧していたのである。大使はこの要請がはねつけられた時、ドイツにはまだおよそ二万五〇〇〇人のユダヤ系ポーランド人がおり、彼らもまもなく無人地帯に追いやられるとわかっていたので、「これは緊急非常事態である」と繰り返した。アメリカの役人は、ドイツとオーストリアの「緊急」事態が「より慢性的な状況」に先立って扱われなければならないと切り返した。[71] 同時に試みられ、同様に失敗に終わったが、ロンドンのポーランド大使はイギリス外務省に打診した際に、ポーランドにとって「ユダヤ人のために出口を見つけるのは緊急に解決を要する問題の一つである」と告げた[72]。

だが、ポーランド政府にはまだ切り札があった。ポーランド政府は今や、同数のドイツ国籍所有者を追放すると脅しに出た。これは、ポーランドの征服と再植民地化という計画を隠し持っていたナチにとって好ましい事態ではなかったので、妥協が図られた。ポーランドは自国民とその扶養家族を引き取ることに同意したが、それは彼らが家財、道具、資産を持って来られる場合だけだった。ナチはポーランド、資産そのほかすべてを接収するつもりだったので、喜んで同意した。こうして多くのユダヤ人が、資産を清算するためにドイツに戻ることを許されて、資金を特別の口座に入れ、そこから確定できないほどの額がポーランドに移されるだろう。これは人道主義的な決定とは言えなかった。ポーランド政府は、この取り決めによって数億マルクを得られるだろうと期待した。ポーランドのユダヤ人共同体は同胞を援助しなければならない事態を恐れていたので、同じように喜んだ。彼らは悲しいことに、そのためにますます騙されてしまったのだと言える。アメリカ大使館が後日報告したところによれば、ドイツ警察に注意深く警護されたユダヤ人の集団がポーランドに到着し始めたが、彼らは現金で一〇マルクしか持たず、それがドイツ在住の全ユダヤ人に許された金額だった。ポーランド政府もユダヤ人共同体も驚いたことに、追放された人々は、ポーランド人の反ユダヤ主義的態度に十分気づいており、ポーランドに長居しないで済むよう願っていたので、家財と商売道具を他国に運び出したいと望んでドイツの港に送っていた。さらに困ったことに、多くの人々がいまだに「将来ましな扱いを受けること」を期待して、資産を清算せずにドイツに残してもいた。こうして、あるアメリカの外交官が論評したように、「ポーランドが、資力のないユダヤ系ポーランド人が戻って来るのを回避するためにドイツ政府と取り決めた予防措置は、大方は被送還者自身の行動によって挫折した」[73]。

ドイツ人による国境での被追放者の扱いは、規則を遵守すると決めたあとでさえ、クエーカー教徒の一団が観察したように、恐ろしいものだった。

ドイツ警察は暗くなってから、追放されてきた人々を一組二〇人ほどの集団にして列車から降ろした。犬がけしかけられ、彼らは森と沼地へ追い立てられた。私たちが見た一人の女性は、脚に噛みつかれていた。ある女性は二人の子どもと一緒で、一人は連れて行けたが、もう一人は後ろで転んでしまった。彼女は助けに行くことを許されず、子どもは沼地で死んだ。……彼らのほとんどは、一日のうちにポーランドへの道を見つけられたが、二週間もさまよいながら進んだり戻ったりする人々もいた。(74)

この段階では、国境地帯のポーランドの警備兵や市民の多くが個人的に、人道的な態度を見せたことが立証されている。彼らは規則に反して、さまよう人々に食糧や避難所を提供した。カトヴィツェのような町の警察はあまり同情的ではなかった。クエーカー教徒は難民が急襲され駆り立てられるのを目撃した。彼らはイギリスやほかの国のヴィザを所持していたとしても、トラックに積み込まれて辺境の地獄のような無人地帯に戻された。ワルシャワでは、ウィーンと同じように、アメリカ領事館に移民志願者が殺到し、ポーランドの年間割当六〇〇〇人は何年にもわたって予約済みとなった。

ドイツでのユダヤ人に対するあからさまな暴力と追い立ては、併合に伴ってオーストリアで騒擾が起きて以来、徐々に激しさを増していたが、国家的な迫害が大々的になったのは「水晶の夜」以降である。オーストリアの状況が知れ渡っていたにもかかわらず、入念に計画されたドイツの行動は衝撃的だった。それには、生徒たちとヒトラー・ユーゲントが「示威行動」に参加できるように、彼らに休暇を与えることも含まれていた。[75] 惨事のありさまを読んだだけで、人々は実際に起きたことを目の当たりにする勇気をなくした。シュトゥットガルトのアメリカ領事は、外交電報に要求される形式に従いながらも、悲痛な思いを隠すことなく述べている。

私は謹んで、南西ドイツのユダヤ人がこの三日間で経験した変動について報告する。それは、実際に恐ろしい出来事を目撃したのでなければ、あるいは一人以上の疑いなく高潔な人物の証言がなければ、二〇世紀の文化国家に生きている者には事実とは思えない。

「変動」に含まれていたのは、「突然取り残された妻と子どもたちが泣き叫ぶ声、独房での拘禁と仲間の囚人たちのパニック」であり、「……シュトゥットガルト近郊エスリンゲンの州立ユダヤ人孤児院からは、子どもたちが無理矢理追い立てられ、通りに駆り出された」。[76]

今や諸国の駐ドイツ領事館が猛攻撃を受ける番だった。オランダ領事館は、数週間で四万から五万件の入国申請があったと報告している。オランダにはこの時すでにあまりにも多くの難民がいたので、政府はフランスやスイスと同様に、難民を収容する特別なキャンプの建設を始めていた。この中にヴェステルボルクのキャンプがあった。これは陰気で平坦な吹きさらしの場所にあり、一九三九年一〇月、最初の被収容者を受け入れた。その間オランダ国境では、多くは小さな子ども連れで、ドイツ警察に国境に向けて追いやられて来た死物狂いの家族がドイツに送り返された時に、恐ろしい光景が繰り広げられた。[77] 同じような出来事はルクセンブルクでも起きた。ルクセンブルクは不法入国せざるを得なかった多くの人々を数週間にわたって見過ごしたあとで、一九三八年一一月一日、「きわめて不承不承ながら」入国阻止のために全警察力を投入した。[78] シュトゥットガルトのアメリカ領事は、さらにつぎのように報告している。

パニックがあまりにも大きくなったので……休戦記念日が過ぎて領事館が開くと、ユダヤ人がドイツのあらゆる地方からやって来て、人で一杯になるまで事務所に押しかけ、ヴィザや移住関連証書の類いを即刻発行するよう頼んだ。警察に逮捕されるのを免れるためである。……子どもを抱いたユダヤ人の父母たちは、彼らの移住の意志が早い日付で記された書類を持たずに帰郷することを恐れていた。

一一月一五日にはこの領事館だけで一日に数千人もの人々が、「大人数に許される最大限可能な配慮と同情をもって扱われ」、「全室を満たし、六階建ての建物の廊下まで一杯にして」いた(79)。

ドイツ本国からのユダヤ人の排除は、「水晶の夜」にでっち上げられた口実によって、まもなくオーストリアでのそれと同じ頂点に達する。一一月一二日に出された「ドイツ経済生活からのユダヤ人の排除」という標題の政令によって、ユダヤ人に残されていた種類の仕事がほとんど奪われた。ユダヤ人共同体はこの頂点において、グリュンシュパンの情熱的な行動の代価として一〇億マルクの罰金を支払うことになった。今やユダヤ人全児童が学校から締め出され、夜間外出禁止令が出された。一九三九年一月下旬にはベルリンに、ウィーンのアイヒマンの機関と同様のユダヤ人出国全国センターが、保安警察・親衛隊保安部長官ラインハルト・ハイドリヒを本部長として設置され、移住促進政策を続けた。金儲けに熱心なドイツの船会社はヴィザを持たない移住者に乗船券を売るよう奨励され、受け入れ国の法律を参照することなく、彼らを外国の港に置き去りにした。この方法はまもなく失敗に終わる。ヴィザを必要としない上海さえ、一万六〇〇〇人以上の亡命者を受け入れたのちに、一九三九年末には制限を設けることになる。[80] 米国と南米の当局者は、そうした多数の船舶を無慈悲にも追い返した。その中で最も有名なのは不運なセント・ルイス号で、勇敢な船長は、乗客をまっすぐハンブルクに連れ帰るようにというドイツ（そこでは同船の出港が対外的に完全な失敗とされていた）からの命令に従わず、北海での「嵐」のため、サザンプトンに入港しなければならないと本国に打電した。こうして乗客は、一部にとっては一時的なことに過ぎなかったが、イギリスと西欧に避難所を見つけることができた。[81]

ナチはパレスチナのユダヤ人共同体と緊密に協力しながら、パレスチナへの不法移住をも奨励した。ポーランドとルーマニアも同じく密航を促進した。ポーランドとルーマニアの国籍を持つ者は手続き上難民ではなく、悪徳商人と詐欺師にとって豊富な金脈だった。スイス、フランス、イタリアは承知の上で、不法旅行者が老朽化した船に乗るのを助けた。それらは主にギリシア船籍で、同伴者のない多くの子どもを含む難民をパレスチナへ連れて行こうとした。東地中海のイギリス領事は「奴隷貿易を思わせるひどい有様」について書いているが、イギリスが航行を妨害すると大規模な抗議が起こった。出航して来た港に追い返された船の中には、途中で破損したり沈没したものもあり、その一方で帰港した船はしばしば接岸を許されず、乗客を悲惨な状況に放置していたのであれば、それはあまり驚くべきことではなかった。[82]

一九三八年末には希望への小さな楔《くさび》が残っていた。ドイツ政府内部にも、ユダヤ人を追い払って彼らの資産を取り上げることに熱心な一方で、「水晶の夜」の暴力行為には賛成しない連中がおり、その中では経済発展に責任を負うゲーリングが最も目立っていた。この一派は今や、移住促進に関する外国からの提案を受け入れようとしていた。ジョージ・ラブリーは、英米の外交官の支援がなかったにもかかわらず、勇敢にもナチの最高幹部との対話を試みようと固執していたが、ゲーリングとの間で込み入った五か年計画をようやく取り決めるに至った。これにより、移住するユダヤ人には一定の割合で所持品の持ち出しが許され、ドイツに基金が設立されて、ユダヤ人没収資産の二五パーセントをユダヤ人の再植民のために使うことになった。さらに私的な国際法人が基金を立ち上げ、ドイツ国外の案件を扱うだろう。ラブリーが確信するところでは、「[ゲーリングは] 人間らしい感情に動かされた」のではなく、「迫害がドイツに損害を与えており、ドイツ以外の国々がユダヤ人を引き受けるつもりがあるなら、それを許さないのはばかげていると感じていた」のである。(83)

ドイツ以外の国々にそうするつもりはあまりなかった。同時期にスペインから避難民五〇万人がフランスに押し寄せて来た光景を目の当たりにした、あらゆる人々が躊躇しただけでなく、議論の余地がある救済計画は、当然ながらドイツ国外の多くの集団から単なる脅迫と見られた。ユダヤ人の中には、国際法人によって「国際ユダヤ人」というヒトラーお気に入りの幽霊の存在が実体化するだろうと考える者もいた。しかしながら、ユダヤ人を引き受けることが多くの生命を救う手段だと見る人々もいた。侮り難いドロシー・トンプソンが「安全な場所にいる人に妥協の受け入れを告げるよりも、信念のために死ねと告げる方がたやすい」と記しているように。(84) さらに大騒ぎをしたのちに調整用の財団法人が設立されたが、六か月ともたず、その時には無用になっていた。わずか数週間後にドイツがポーランドを侵略し、何百万人もの人々がナチの網に捕われたからである。

第7章
子どもたちの救出

避難所へと通じる扉が無情にも閉じられた時、多くの人には、少なくともユダヤ人の、そしてナチから受け入れ難いと見られていたそのほかの集団に属する子どもたちなら、彼らの家族を脅かしている暴力、国家的な私欲、そして官僚的に煩雑な手続きの渦から救い出せるかもしれないということが明らかになっていた。先例となったのはスペインの経験である。事件に巻き込まれた個人は、脱出がもたらす外交上の結果には関心がなかった。彼らは突然すべての地位と生計の手段を失い、定められた日までにドイツを出国しなければ投獄される恐れのために安全な避難所を探したが、それはたいてい非合法な手段でしか見つけられなかった。そうした亡命者にとって子どもは物騒な障害だったので、長いこと音信不通だった親戚とあらゆる種類の救援組織に、子どもを引き取ってほしいという懇請が殺到した。

そのような救援組織は、すでに西欧諸国に存在した。それらの組織は実際に一九三三年以来、対処できる以上の救援要請を受け取っており、すでに行動に移っていた。オランダの上流階級の女性が組織した児童委員会は、同伴者がいない子どもの難民がドイツ国境地帯の森をさまよっているという噂を耳にして、車で出発して森の道に沿って行き、小さな姿が「鹿のように用心深く」木々の間を走り去って行くのを目撃した時、「言葉もなく感情がこみ上げて」きた。女性たちは子どもたちを安心させた上で車に乗せ、国境警備隊の目を盗んで連れ込んだ。国境警備隊は身分の高い女性を呼び止めようとはしなかったのである。[1] 本書で見てきたように、アメリカの組織は救援活動がほとんどできなかったが、イギリスは現場により近かっただけにましな活動ができた。ユダヤ系ドイツ人のための中央イギリス基金の十分な資金力に支えられて、[2] すでに子どもたちの小さな集団を引き受けていた。ニュルンベルク法制定後の一九三六年、児童救済基金とドイツ児童中間救済委員会のクエーカー教徒が中央イギリス基金に参加した。後者の組織は一九三八年、さまざまな集団に属する四七一人の子どもの亡命を暗黙のうちに援助していた。[3] だがイギリスのユダヤ人共同体は、ほかのあらゆる人々と同じく、ドイツのユダヤ人が直面している危険をまだ完全には把握しておらず、ドイツにおける計画への資金提供に活動を限定しようとしていた。その計画はドイツの同胞が状況に「適合する」のを助けるはずだった。共同体は、一七歳から三五歳までのユダヤ系ドイツ人および二〇〇〇人の孤児と貧しい子どもをパレスチナへ送る四か年計画への資金提供を提案した。どのようにして子どもたちをドイツから救出し、ルーマニアとポーランドによるユダヤ人の「投げ売り」を回避するかが、またも問題になった。この態度によって、米国のユダヤ人が発案したプロジェクトのために募金しようというイギリスの試みは失敗した。アメリカ・ユダヤ人共同配給委員会は、「東方」ユダヤ人をイギリスのいとこたちが援助しないことに常に憤慨していたのだが。[4] アメリカ・ユダヤ人共同配給委員会が、唯一の気難しい主流のユダヤ人組織なのではなかった。パレスチナでずっと以前に設立された青少年パレスチナ移住機関とパレスチナ・ユダヤ機関の職員は、増大しつつある危険に直面しても、自分たちは「救援組織ではない」と不機嫌に指摘しながら、審査基準の引き下げや手続きの迅速化を拒否した。この姿勢は結局変化したが、志願した多くの子どもたちにとっては遅過ぎた。[5]

すぐに救援が必要な子どもの人数が「水晶の夜」によって急激に増えただけでなく、これらの細かい区別もなくなってしまった。イギリスのあるソーシャルワーカーは、ドイツでの暴力的な出来事によって、脅かされている子どもたちを救いたいという情熱的な希望が強くなり、イギリスの最も辺鄙な地域でも反響があったと感じた。(6) そして実際数日のうちに、イギリスの既存の救援組織のメンバーを糾合してドイツ児童保護運動という新しい組織が設立された。この組織にとっては、スペイン救援国家共同委員会と同様に、スピードが重要だった。さまざまなユダヤ人団体との交渉と児童福祉団体との協議は脇に置かれた。委員会は使える手蔓をすべて使って、設立から一週間経たないうちに、ネヴィル・チェンバレン首相および内務官僚との会合をどうにか設定し、首相と内務官僚は同伴者がいない一七歳までの子どもの無制限の入国を認めた。パスポートは必要とされず、特別の旅券が、ドイツとオーストリアの中央ユダヤ人組織が選抜した子どもに発行されることになった。この企ては、できるだけ多くの子どもをイギリスに迎え入れ、彼らの居場所についてはそのあとで心配するというものだった。まもなくオランダ、ベルギー、フランス、スウェーデン、スイスが参加し、およそ四六五〇人以上の子どもを引き受けようと申し入れた。(7) イギリスに到着後は、スペインの子どもたちと同じように、ドイツの子どもたちは一つの大きな集団にまとめられて、このたびは北海岸のドーヴァーコートの夏のキャンプで暮らすだろう。移動手段はオランダを横切る列車とハーウィッチに向かう船である。

この出国の実現には、ドイツの鉄道、イギリスの船会社、オランダの児童保護機関との複雑な取り決めが必要だった。一度だけ全員が同意した。優先されたのは施設から放り出された孤児、強制収容所に入れられた少年、両親が逮捕されて家をなくした子どもである。「水晶の夜」から三週間も経たない一二月一日に最初の一団三二〇人がベルリンを発ち、別の一団は一二月一〇日土曜日に出発する準備をしていたが、イギリスの主席ラビが、事態がいかに切迫しているかに全く気をとめずに、子どもたちはユダヤ教の安息日に旅行すべきでないと騒ぎ立てたために、彼らの出発は一二月一二日月曜日まで延期された。

その間にさまざまな機関が、児童救助に関わったヒロインの一人に数えられる著名なオランダ人女性、ゲルトルート・ヴァイスミュラー＝マイエルに、ウィーンに赴いて子どもたちの出国をアドルフ・アイヒマン自身に説きつけるよう勧めていた。ヴァイスミュラー夫人は裕福な銀行家の妻で子どもがなく、しばらくオランダ児童委員会と仕事をしたことがあった。子どもたちには「帽子をかぶったレディ」として知られたこの活動的な服装の女性にとって、官僚的な規則は無意味だった。彼女はユダヤ人でなかったために、より容易にアイヒマンに近づけるだろうという理由で選ばれたのである。彼女は課題を引き受けただけではなく、当時はあまり普通ではなかったが、飛行機を使った。彼女はウィーンに着くと、秘密国家警察に印象づけるために一流のホテル・エクセルシオールに滞在した。ホテルに泊まるのは簡単ではなかったが、秘密国家警察にさんざん嫌がらせをされたのちに、彼女は一二月五日になってやっとアイヒマンに無作法に迎えられた。彼は高い演壇に置かれた机に腰掛け、その傍らには大きな獰猛そうな犬が控えていた。ヴァイスミュラー夫人は臆さず、ナチの人種機関によればユダヤ人の証拠になる六五ほどの身体的特徴をアイヒマンがチェックするため、彼女に手袋と靴を脱ぎ、膝上までスカートを上げるよう要求した時も躊躇しなかった[8]。のちにアイヒマンが、彼女は「全く純粋なアーリア人だが、完全に狂っている」と記したように、彼女は審査にパスした[9]。ナチの移住政策担当者は、単に大勢のユダヤ人追放があまりに喜ばしかったので、ユダヤ教の安息日に気づいていたが、第一陣が一二月一〇日土曜日に出発するのを許可した。ヴァイスミュラー夫人はこの成果に喜び、アイヒマンが次回アムステルダムに来た時はコーヒーをご一緒しましょうと丁寧に招待した。ナチに招待に応じる教養があれば、ヴァイスミュラー夫人とそのほか多くの救援者の役に立ち、彼らは数々の規則を破ってさらに多くの子どもの救助ができたことだろう。

ヴァイスミュラー夫人には、子どもを選抜して健康診断を行ない、列車、食べ物、付添い、オランダを通過する際の乗り継ぎの調整を手配するために四日が与えられ、彼女と同僚はそれを成し遂げた。これは彼女の非凡な仕事の最初のものに過ぎなかった。キンダートランスポートが軌道に乗ると、彼女は週に四日ドイツに出かけ、今や一度に一五〇人に制限されるようになった集団に付き添い、子どもたちの世話を手伝った。彼女はまもなくドイツ鉄道の常連になったので、秘密国家警察はあまり構わなくなり、彼女はますますごまかしができるようになった。実際に気安さが増したために、秘密国家警察は彼女の一五回目の旅行の際に、楽隊とワインで完璧に仕上げたパーティを主要乗換駅で開こうと主張した。この奇妙な催しの受け入れを拒めば「すべてがご破算になる」と感じたため、彼女は黒ずくめの服装で不賛成の意を示すに留めた[10]。そして列車は進んで行った。彼女はプラハから、半ば飢えたズデーテン・ドイツ人の子どもの一団を連れ出して来ていた。親は反ナチの嫌疑で投獄され、子どもたちは収容所に入れられていた。「私たちはその時初めて、本当に栄養失調の子どもを見たのです」とヴァイスミュラー夫人はのちに回想している。「ユダヤ人の子どもたちの栄養状態はまだ良好でした」。オランダでは鉄道員と児童委員会の女性たちが子どもたちに食べ物を勧め、波止場ではボーイが親切に子どもたちの乗船を手伝った[11]。

数か月後、彼女は、スウェーデンに座礁した数百人を越えるバルト諸国の難民児童を運ぶために七機の飛行機をチャーターし、燃料を用意した。ドイツがポーランドを侵略した日、当局の抗議にもかかわらず、さらに六〇人がオランダのフークで船に乗せられた。そして一九四〇年五月のオランダ攻撃の際に多数の人々がエイマイデンの港町を埋めた時、ヴァイスミュラー夫人はアムステルダムの孤児院からユダヤ人児童七五人を連れ出して数台のバスに乗せ、ちょうど大方の人々が解散を命じられたあとに、桟橋とイギリスへ向けて出帆しようとしている船に通じる閉ざされたゲートに到着した。まさに全員が当惑したかに見えた時、彼女は蒸気船会社の重役のもとに駆け込み、ゲートを開けるよう説きつけた。二時間後、七五人の子どもたちは安全への途上にあった。[12] ヴァイスミュラー夫人は戦争の間中、勇敢な努力を続け、およそ一万人の子どもの救助に個人的に関わったと言われている。

ほかにも多くのヒーローがいた。難民担当員がポーランドの地獄のような無人地帯から一八五人の子どもを救い出し、さらに一二四人がダンツィヒ（グダニスク）から連れ出された。二人の若いイギリス人、ニコラス・ウィントンとトレヴァー・チャドウィックはチェコスロヴァキアで同様の仕事をした。チェコスロヴァキアは一九三八年にズデーテン地方を、一九三九年に残った国土の大部分をヒトラーに割譲し、大勢のチェコ人、ユダヤ人、そのほかの人々が故郷からの退去を強いられた。ここには、次々と見つけ出される子どもたちを集めて、彼らの身の振り方を決める中心的なユダヤ人組織が存在しなかった。チャドウィックは最初に私的に訪問した際に、「なすべきことの大きさについて明確な印象を得た。私たちは混乱した難民と一団の迷子で一杯になったホールを頻繁に目撃した。ほとんどがユダヤ人で、私たちはそれらすべてのほんの断片を見たに過ぎない」。[13]

チャドウィックはまもなく、この事態に全面的に関わるようになった。彼は最初に二〇人の子どもを救助し、イギリスに飛行機で戻った。「彼らは皆ひどく具合が悪く、吐き気のために小さな紙袋が手放せなかった……私の膝の上でずっとすやすやと眠っていた赤ん坊一人を除いては」。彼とウィントンは何度も戻って、「最も緊急を要する、絶望的な」事例を探し出し、子どもたちをイギリスの家庭に紹介しようとした。その中から六六四人が連れ出された。それは決して機械的な仕事ではなかった。ドイツ軍のチェコスロヴァキア侵入によって妨害された時、チャドウィックは通行許可を得るため、ゲッベルスに会おうと試みた。チャドウィックは、小柄な宣伝相に会えなかったが、こちらが「ひれ伏せば」ナチの役人は良好な反応をすると気づいて、下級の役人に通行許可を出すよう説きつけた。彼は官僚的な正確さを守ることの大切さにも気づき、ある場合には、本物が間に合わなかった時だが、子どもたちのためにイギリス旅券を偽造した。[14]

子どもたちを救出した列車がイギリスに向けて出発した時、米国にはこの努力への参加を望む多くの人がいた。労働長官フランシス・パーキンスが、すでにその趣旨の法律制定を考えていた。ニューヨークでは、無派閥のドイツ難民委員会に発展することになるグループが、救援活動を計画し後援するために会合を開いた。反応はすぐにあった。二月初め、五〇〇〇人が家庭の提供を申し出、アメリカ労働総同盟・産業別組合会議、教会と福祉団体の連合体および多くの議員が支援を表明した。[15]

議員は何年にもわたって、危険にさらされた親戚や友人の援助を要請する選挙区民の手紙を受け取っていた。ニューヨークの上院議員ロバート・ワグナーも例外ではなかった。彼の「外国人ファイル」は一九三八年、一九三九年だけで一〇の公文書ボックスを一杯にするほどだった。請願者はあらゆる国籍に及んだ。ワルシャワから出られないチェコ人がいる。カナダの人々。ポーランド人、ドイツ人、そして突然「ドイツのウィーン」になってしまった都市の死物狂いになった家族。ワグナーの事務所は実際に、これらの大勢の選挙区民のために領事館に宛てて手紙を書いた。詳細な回答には、無数の問題、ごまかし、書類の紛失、そして何より大量の申請が未処理の状態だと記されている。ワグナーは何度も、「リストに載っている人々の件は進捗していない」と返答しなければならなかった。上院議員はもはや、成人のための基本的な移民割当の変更を試みる以上のことをしようとは思わなかったが、一九三八年になると、例外が設けられるのは子どものためだけだろうと感じるようになった。[16]

一九三九年二月、ワグナーとマサチューセッツの下院議員エディス・ノース・ロジャースは、その後二年間に限って割当の移住者以外に一四歳以下の児童難民二万人の入国を認める法案を提出した。納税者の負担は発生しないはずで、移動と支援には私的な基金があてられる。ユダヤ人は支援をためらいがちだったが、ほかの方面からこのプロジェクトに圧倒的な熱狂が示された。プロテスタントとカトリックの聖職者たち、ニューヨーク州知事ハーバート・レーマン、大学の学長たち、シカゴのデパートの大立者マーシャル・フィールド、ヘレン・ヘイズ、そしてヘンリー・フォンダがこの考えを指示した。連邦児童保護局はキリスト教女子青年会、ハーバート・フーヴァー、フィオレロ・ダ・グアルディア、カルヴィン・クーリッジ夫人と同様に賛成した。クーリッジ夫人は個人的に二五人の子どもを引き取ると申し出た。[17]

この種の全面的な保証があれば、こうした法案の大方が通過するには十分と思われたが、反移民主義を唱える陣営の圧倒的な狂信には逆らえなかった。これらには、以前と同じく米国在郷軍人会、「愛国的」団体のさまざまな連合体、米国愛国婦人会、目立たないが多くのメンバーを抱えるアメリカ職人連合青年同盟が含まれていた。これらの団体にとって、二万人の子どもは「外国の侵略」、すなわち同じように援助を必要としている何万人もの「放置された少年少女、開拓者の子孫、栄養不良で病気の人々」を押し退けようとする異邦人の流入を意味した。「慈善は故郷で」を掲げる党派は、アメリカ合衆国に養子として引き取られる子どもの実際の人数が要求をかなり下回っており、二万人は国家の援助を受けるのではないという事実を無視した。家族の引き離しに反対する古くからの議論が蒸し返された。一九三九年四月に開かれた合同審問会で双方の言い分が聴取され、制限主義者は二万人の子どもを受け入れれば移民割当数も完全に廃止されることになるだろうと不吉な調子で力説した。反ユダヤ主義が常に背景にあり、難民を送り出そうという外国の陰謀と「共産主義と国際主義の策略」という亡霊が呼び出された。

あらゆる非難にもかかわらず、法案についての報道は好意的だったが、移民と帰化に関する下院委員会の前で二回目の審問会が直ちに開かれた。この委員会は法案に賛成でなく、委員たちは難民を乗せて大西洋の沖合に停泊している蒸気船セント・ルイス号の哀れな有様に全く左右されなかった。セント・ルイス号は主要紙に取り上げられていた。最終的に二つの受け入れ難い法案が提出された。一つは、すでに亡命ルートに乗っている子どもと苦境にある二万人の大人のために、有効な割当人数を利用するというもの。もう一つはずっと冷笑的で、子どもの入国は認めるが、ほかの割当移民はすべて五年間停止されるというものだった。ワグナーはいくら主張しても望み薄と見て、一九三九年七月、法案を撤回した。[18]

脅かされた子どもとその親は、お役所式の陰謀には全く関与せず、救助されることだけを考えていた。イギリスへのキンダートランスポートが実施されるまでに、何百人もの、おそらく何千人もの子どもが、お役所仕事に立ち向かう親をなくしていた。一九三八年六月一三日早朝、ベルリンでギデオン・ベーレンツの父親が秘密国家警察に連行された。彼の母親は数年前に亡くなっていた。ギデオンと弟はどうしていいかわからないまま登校した。四週間後、彼はブーヘンヴァルトに送られていた父親から葉書を受け取った。兄弟は今やお金も食べ物もなく、やっとのことでユダヤ人孤児院に収容され、キンダートランスポートに選抜された。[19] 別の二人の少年がウィーンの孤児院から放り出された時、一四歳の兄は九歳の弟を別の施設に入れて、自分は親戚と一緒に暮らすことになった。彼はまもなく逮捕されたが、役所の手違いで釈放された。その後彼は通りを徘徊し、ある親切な女性の家の玄関で寝ていた。少年には、アメリカ領事館とオーストリア・ユダヤ人共同体の事務所を訪れるだけの知識はあった。そういった訪問のうちのある機会に、彼は同じ孤児院にいた少年に偶然会った。その少年はキンダートランスポートの関係者と接触していた。

私は彼に自分が逮捕される恐れについて語り、キンダートランスポートに加えてもらえるよう頼んだ、私には助けてくれる人が誰もいなかったからだ。彼はしばらくして、私を子どもたちのリストに載せることに同意した。私はその時彼に、九歳の弟を残して行くことはできない、一四歳の私には弟に対する責任があるからと言った。彼は最終的に同意した。[20]

子どもたちは、こうした小さな偶然によって生き延びたのである。

家族が揃っている人々にとって、準備と出発はいっそう難しいことが多かった。お気に入りの玩具や写真は、小さなスーツケース一個に少ししか入れられなかった。「私は、大切な記念品である小さなぬいぐるみのコレクションの持参は許されないだろうと心配していた。母は無私の愛情が持つ洞力で、何があってもこれらのぬいぐるみを持って行かなくてはならないとわかっていた。……私は一二歳だった」。[21]

両親、あるいは父親が逮捕されて不在であれば、たいていは母親が、どの子どもを送り出すかを決めるのに苦しんだ。スペインの子どもたちの場合と同様に、年長のきょうだいが小さな弟妹を任された。幸運な子どもたちには、イギリスで待っている親戚がいた。親にとって最も辛かったのは、たいそう小さな子どもを見知らぬ人のもとへ送ることだったが、多くの人が、別離は一時的に過ぎず、少なくとも子どもだけはしばらくの間住む場所を提供され、暴力と飢餓から逃れられるという希望に支えられていた。彼らは小さな町や都市から駅に集まって来た。親がプラットフォームに出るのを許されないこともあった。待合室では絶望に満ちた光景が見られた。親が声をあげて泣くのを見たことがない少年少女は驚いてしまった。小さな子どもは途方に暮れて怯えていた。あらゆる冒険を楽しみにしている十代の若者は、大袈裟な別れに恥ずかしさを感じることもあった。自動車を持つ少数の親は子どもに手を振りながら、駅から駅へと列車をできるかぎり追って行った。

ナチは子どもたちを追い払って喜んでいたが、付添いは戻って来ると誓約しなければならず、小さな難民に同行を許されたのは少人数に過ぎなかった。大人はそのために、ドイツを横断中に、あまりよく子どもを管理したり慰めたりできなかった。ナチの国境警備隊はオランダ国境で、客車ごとに検査した。当時一一歳だった人の記憶では、「客車ごとにナチが一人いた……私たちの客車にいたナチはブラインドを降ろして、私たちを通路に立たせ、スーツケースを全部網棚から降ろして開け、中身をすべて床にぶちまけた」。彼は鞄の中のものを盗み、子どもたちのポケットからお金を取り上げた。「私たちは皆、汽笛が鳴らされる瞬間まで恐怖のあまり震えていた。ナチは去り、列車は国境を越えた。私たちはこの瞬間、窓を開け、悪態をつき、窓に向かって唾を吐きかけた。……私たち子どもがこのような憎悪について学ばなければならないというのは、恐ろしいことだった」[22]。

一度ドイツ国外へ出れば、雰囲気は一変した。スペインの子どもたちの時と同じように、救済委員会はオランダの各駅に一群の人々を迎えにやった。彼らは列車が入って来ると歓声をあげて手を振り、飲み物を出して新来者をもてなした。

私たちは一瞬ぼんやりしてから、歓声をあげて手を振り返した。私たちは自由になっただけではなく……人間らしさの助けを借りて人間らしさのもとへと歓迎されて戻って来たのだ。……この感動的な歓迎は私たちを興奮させた。……私たちはそれまで、感情を抑えつけていなくてはならなかった。……でもこの瞬間から、やかましくて騒がしい少年少女の一団になったのである。

のちには、海峡を渡る船上で、室内に一杯の一五、一六歳の少年たちは一晩中起きていて、ヒトラー、ゲッベルス、ゲーリングに関する禁句の政治的ジョークを言うようになった。「ジョークは……記憶に残すようなものではなかったが、それが言われた状況は忘れられないものだった。肩越しにそっと窺ったり、声を低めたりする必要はなく、好きなことを咎められずに言えるので、大いに陽気な雰囲気が生まれた」(23)。

幸福な気分は以前と同じく長くは続かなかった。慈善組織はたとえいかに善意に溢れていたとしても、家庭生活の代わりにはならない。多くの人々が参加する運動の中で、個人的な接触はまもなく失われる。家族の引き離しを非難した人々はある意味で正しかった。子どもたちはすぐに違和感を覚えるようになった。ソーシャルワーカーが、世話が楽にできるように年齢ごとのグループ分けを好んだため、きょうだいはたいてい最初から引き離された。

私の弟はやっと二歳だったが、一緒にイギリスに来ることを許された。私たちが列車を降りて船の方に行った時、弟は私から遠く離れて、子どもたちの長い列の先頭にいた。彼は背中に寝室用便器をひもでくくりつけていて、ドラマーのように見えた。私は一〇歳で、弟の面倒を見ると母に約束していた。だが、両親に別れを告げるやいなや私たちは離れればなれにされ、一緒に生活することは二度となかった(24)。

子どもたちがイギリスに対して最初に抱いた印象は、暗く寒く混乱しているというものだった。彼らには、親切なポーターやイギリスの支援者の話が理解できなかった。ロンドンへ行った子どもたちのグループは、まずリヴァプール・ストリート駅の大きなホールで新しい家族に引き合わされた。ほとんどの子どもはすぐに引き取られたが、もちろん混乱やうまくまとまらない場合もあった。行き先が決まらなかった子どもが引き取られた収容施設、ドーヴァーコートでは、疎開が即興で行なわれたことがすぐに明らかになった。食糧は豊富で、子どもたちはお互いに一緒にいられて幸福だったが、収容施設とされたのは暖房のない夏用の小屋と「飛行場の格納庫のような大きな中央広間」であり、広間では理解できない英語のメッセージがスピーカーで流されていた。ここでは「大勢の子どもがストーブの周りで歩き回ったり群がったりしていた。……寝台は恐ろしく冷たく、十分な数がなかった」。羽根布団に慣れた子どもたちは足りない毛布を争い、完全に服を着たままで寝た。このスパルタ式の管理体制は、理解できないことながら、イギリスでは個人の住宅にセントラルヒーティングがないという事情に慣れるための訓練ではあったが、あまり心地よくはなかった。雪が降ると水差しの水は凍ってしまった。小屋には水道がなく、カウンセラーは、日中子どもたちの身体を暖めておくために、身体を激しく動かすあらゆる種類の体操を考案しなければならなかった。恐ろしい冬の嵐のために収容施設の大方が水浸しになって状況は悪化したが、これは暖房のある施設に移る口実になり、子どもたちには天啓だった。のちにこの暖かな幕間が彼らにとって至福の思い出となった。恐れをなした地方の世話人はまもなく、待機中の子どもたちをましな宿舎に移した[25]。

組織の人々は最善を尽くしたが、資金集めのキャンペーンが国家規模で成功裡に行なわれたにもかかわらず、資金も人員も十分ではなかった。受け入れ施設に到着する人数が増えるにつれて、適切な養家を見つけて査定する責任を負うソーシャルワーカーは挫折の連続だった。組合せの過程でまたしても、子どもたちはしばしば「牛の競り市」の方法で扱われた。彼らは、養親が選べるように一列に並ばされた。何か月も素通りされた斜視の少女は、とうとう選択の会場に来ることを拒んだ。このような苦しみがきっかけになり、ソーシャルワーカーは一列に並ばせるのをやめてほかの方法に代えた。[26]

子どもを引き取りたいという正統ユダヤ教徒の家族を見つけるのが特に難しく、彼らの多くは結局キリスト教徒の家庭に引き取られた。この点に関して、送り出しの手配に責任のあったドイツの中央ユダヤ人組織は、正統ユダヤ教徒の子どもを寄越さないよう言われていた。十代の少年も問題だった。一九三九年真夏、ドイツ児童保護運動は規模が大きくなり過ぎたため、しばらくの間これ以上子どもを引き取ることはできないと内務省に報告せざるを得なかった。それでも大陸の活動家は仕事を続け、ベルリン・ヴァイゼンゼーのユダヤ人聾唖児童学校の一団を含めてさらに数集団が宣戦布告の前に送られて来た。この運動によって九か月間でイギリスに連れて来られた子どもの総数は九三五四人である。[27]すでに組織の資金が尽きかけていた一九三九年一二月、イギリス政府は結局、選択肢があまりなかったために、難民一人につき週に八シリングの補助金を認めた。その資金は組織に任されざるを得なかった。[28]

結局運動が予想していた以上に多くの子どもが、共同住宅や簡易宿泊所で暮らした。彼らは一般的な集団収容施設から質素な古い牧師館まですべてを経験したが、さらに幸運なことに、富裕な家族が大切に管理してきた居心地よく改装された町の別邸が含まれていた。子どもの多くが今でも幸福な気持ちでそれを思い出す。[29]将来キブツで生活するための農作業訓練所が備わっている施設もあった。それが設置されたのは、北ウェールズのほとんど住むに適さないグウリヒ城ともっと設備のよいバルフォア卿のスコットランドの領地で、後者の方が適切だった。バルフォア宣言によって、パレスチナにユダヤ人の故国を創設することになったからである。

簡易宿泊所で働く人々の責任は大変大きかったが、大人の難民にとって思いがけない幸運であることもあった。彼らは、もしこの仕事がなく、また特別に法の適用免除をされないとしたら、唯一の合法的な仕事として奉公人になるしかなかった。言うまでもなく、監督者の経験と献身の有様はさまざまだった。マリアンネ・ヴォルマンは二八歳で、ある料理人と洗濯女に援助されていたが、五歳から一三歳までの少年二五人が宿泊している家の係になった。全員が投獄や処刑によって親を失っていた。この少年たちは、スペイン内戦の難民と同様に、最初は「暴力的に攻撃的」だった。彼らはほぼ二か月にわたって絶え間なく喧嘩し、誰も信じなかった。マリアンネは「叫び声」を避けるために、家の中の遠く離れた場所に隠れなければならなかった。彼らは最初、地域の学校で何も理解できず、「受け入れてもらえるような」振る舞いもしなかった。彼らは次第に落ち着いたが、マリアンネは「子どもそれぞれに全般的な注意」を払うだけの時間は全くないと感じていた。この状態は、少年の一人が虫垂炎になり、彼女が彼を毎日病院に見舞うようになってから変化した。彼は家に戻って来ると、彼女にまとわりつき、いつも気にかけてもらいたがった。まもなくもう一人の少年が胃痛のために入院した。マリアンネは、三番目の事例が起きる前に、病気の真の原因は個人的な愛情への渇望だと悟った。四か月間休みがなかったあとで、彼女は一日を婚約者とともに過ごしに出かけ、夕方まで戻らなかった。彼女は帰宅した時、少年たち全員が、彼女が自分たちを見捨てたと思って、職員が懸命に宥めようとしたにもかかわらず、持ち物の「小さな包み」を荷造りして出て行こうとしているのを見た。「それで私は、彼らが本当は私を信じていないとわかりました。どうしてそうできたでしょうか。彼らは親を連れ去られ、殺されたのです。だとすれば、私も消えてしまわないと、彼らにどうして信じることができたでしょう」[30]。

養家もさまざまだった。自分は上流階級に属し、品位のある家庭の出で、最良の学校に通っていたと考える子どももいた。簡易宿泊所でも養家でも、スペインの子どもたちと重なる部分があった。映画で有名なアテンボロー家は、バスクから来た子ども一六人のために簡易宿泊所をつくり、今度は家に二人のユダヤ人少女を引き取った。[31] この少女たちは幸運で、ほかの子どもたちはハリー・ポッターのマグル〔イギリスの作家J・K・ローリングのファンタジー小説『ハリー・ポッター』シリーズに登場する魔法が使えない種族〕の家庭のようなところに送られ、一四歳で働きに出た。子どもを苦しめるさまざまな問題があり、子どもを一つの養家から別の養家へ時には複数回移動させるという問題もあった。こういった事例については、たいてい理解力に欠けていても、親切な養親が埋め合わせをつける以上のことをした。養親の大方は、ウィーンやユダヤ人について聞いたこともなかった。

適応は誰にとっても困難だった。食べ物から生活様式に至るまで、あらゆるものがこれまでとは全く異なっていた。少年少女たちは不適当な服装をし、その土地に関する知識がなく習慣も知らなかった。一二歳の子どもたちは、英語をもっと話せるようになるまで六歳のクラスに入れられて自尊心を傷つけられたが、子どもは完全に集中すれば数か月で言葉を身につけるので、この措置は全く必要がなかった。この子どもたちにとって言葉を学ぶのは、生活の基盤のためばかりでなく、何よりもドイツ人であるという烙印を免れるために最高の手段だった。なぜなら、イギリスではドイツでユダヤ人に起きたことはあまりはっきりと知られていなかったが、イギリスの主要な敵が誰かということについてははっきりしていたからである。

共同体に受け入れられても、子どもたちは故郷に残してきた者を忘れなかった。たいそう幼い子どもさえ自分の家族をも呼び寄せようと努力するのが、傍目にもわかった。

私たちのキンダートランスポートに三歳か四歳の男の子がいて、ある名前と住所をずっと繰り返していた。私たちがドイツを出発したあとで、彼はそれを書き留めるように頼んできた。それは、イギリスで彼の両親を助けてくれそうな人々の名前と住所だった。[32]

彼が連絡をつけられたのか歴史上の記録はないが、それに成功した子どもも確かにいた。早くやって来た年長の子どもたちは、親のための保証人を見つけられることもあった。遅く到着してそれができなかった子どもたちには、生涯にわたって深い悲しみが残った。エゴン・グットマンは一九三九年八月二日に到着した時一一歳に過ぎなかったが、すぐに新しい隣人の女性たちに、保証人になって母を女中として雇ってくれるか、三歳半の妹を引き受けてくれるかと尋ね始めた。奇跡的に良好な答えが得られたが、一九三九年八月では遅過ぎた。彼は愛情をこめて努力したが、二人とも非業の死を遂げることになる。[33]

親が来たからといって、事態がいつも好転するわけではなかった。一瞬のうちに地位、家、収入を失うのは衝撃的で、到着したのがどの国であろうと、そしてイギリスでも補償はほとんどなかった。男性は就労を許されず、女性の仕事はマリアンネ・ヴォルマンのように、奉公人や家内労働に限られていた。誇り高い家族が突然、借り物、贈り物、ユダヤ人組織が提供する少額の手当に頼るようになり、汚い部屋に住むよう強制され、子どもたちと同居できないことも多かった。そのような状況ではばらばらになる家族が出てくるのに長くはかからなかった。新しい家庭、新しい学校、そして新しい国家に順応しようと努力する中で、子どもたちは馴染もうと必死になり、親が最近貧しくなったことと、彼らの身についた「外国」の慣習を恥じていた。ある六歳の子どもは――

二人の母親を愛せないとわかった。最初は母が訪れて来ることと、とりわけ去って行くことが苦しみをもたらした。私は徐々に養母に懐き、自分でもそれをよいことだと思うようになったので、実母の訪問は依然として苦しみをもたらしたが、それは今や罪の意識のためだった[34]。

簡易宿泊所や寄宿学校は親切であろうとして子どもの母親も雇い入れたが、そうした施設へ送られた子どももよく屈辱を感じた。使用人の子どもであるために、仲間の目には低い地位の者として映ったからである。この種の問題は、もっと敏感な管理者であれば解決できたと思われるが、一九三九年九月には、そのような些事のために使える時間はほとんどなくなっていた。今や、危険にさらされた児童難民を大陸から疎開させるだけでなく、ドイツとの戦争に脅かされている国々の子どもたちの救出が重要になったからである。

ドイツの西隣の諸国政府は、しばらく前から深刻さの度合いに応じて、民間防衛と市民の疎開計画を準備していた。オランダは中立国であることを大いに頼みにしていたが、一九三五年三月、万一の場合に備えた計画を立てた。それには、戦略的洪水地帯の従来の防衛と中部のオランダ要塞の死守が含まれていた。言うまでもなく、その計画では、非常に多くの人々のあらかじめ定められた自治体への疎開が必要とされていた。だが一九三九年夏に戦雲が立ちこめた時、これらの計画を実施するために実際にはほとんど何の手も打っていなかったことが明らかになった。そこで市民疎開担当事務所が急いで設置されたが、仕事に取りかかったのは戦争勃発後であり、洪水を起こす最初の命令が出されるほんの数日前だった。まもなく洪水地帯からおよそ三〇万人を疎開させる手筈が整えられ、そのうち二〇〇〇人が一九三九年一一月に避難した。ほかの多くの住民は不安を感じながら、自発的に移動した。都市住民および国境地帯の四四万人のためには、ドイツの軍事行動を想定した入念な計画が準備されており、侵略の脅威が確実になった三日後に、人々は注意深く準備された集団ごとに要塞に移動することになった。

町と都市は区域ごとにまとめられ、それぞれ指導部が置かれた。避難警報は、警察車輌が連続して警笛を鳴らすか、太鼓を叩く（サイレンと教会の鐘は空襲警報）。家族は、一人につき三〇キロを超えない所持品を持参し、家に施錠して鍵を中央当局に預け、指示された集合場所に赴く。ペットの同伴は許されたが、一三万頭の牛は牧童が駆り集めて安全な場所へ追い立てる。人々は集団ごとに汽船と列車で集結地の大きな建物（二〇万台の寝台が注文された）に運ばれ、そこから地元の家族たちと一緒になる。ドイツ国境にあまりにも近いヴェステルボルク収容所にいるユダヤ系ドイツ人難民のために、特別列車が計画された。彼らはオランダをまっすぐ横切って、ベルギー国境近くの南西部にある小さな町テルネーゼンに運ばれる。だがオランダ当局は急いでいたので、結核患者、囚人、精神病者の取扱いが全く未解決だった[35]。

フランスでは、家主はずっと以前から庭に防空壕を設けるか、パリ地下鉄に避難するよう勧告されていた。監視員が任命され、ガスマスクが至る所で購入されて、たくさんの漫画や流行の風刺小説に出てきた。ガスマスクは警察車輌の単調な警笛が繰り返し聞こえてきたら装着するものと想定されていたが、交通量の多いパリでは誤認が頻発した。疎開計画は一九三八年よりかなり前に着手されており、ミュンヘン危機の際に簡単に試されて、さらに検討を要することが明らかになった。オランダの場合と同様に、ドイツに最も近い二五県とパリ、リヨン、マルセイユのような大都市の「役に立たない」住民の、軍事行動が予想される地域からの避難が計画されていた。これは通常の三、四倍の本数の列車を出して、ほとんどすべて鉄道を使って実施される予定だった。

一九三九年八月三一日、戦争は不可避だとはっきりしたので、パリの児童一万六三一三人が二七本の列車で疎開した。この最初の計画は、全体として順調にはいかなかった。一八の学区の児童はシャルトルで降りたが、そこでは二つの学区の児童が来ると予想されていたので、彼らの世話をめぐって大変な争いが起きた。(36) 残りの住民の疎開計画が着手されたのは、九月一日の朝である。該当する町に宛てて、一人につき寝具、炊事道具、三日分の食糧を含めて三〇キロだけ持参可能との通知が郵送された。七歳以下の子どもは、個人情報を記した名札を服に縫いつけなくてはならなかった。集合地点に行く前に、簡単に全商品を分配してしまった食料品店主もいた。小さな村の多くの住民は集合場所まですべての手荷物を持ち、子どもたちを連れて徒歩で行かなければならなかった。子どもたちは興奮から疲労困憊までさまざまな反応を示した。雄牛に引かれた農業用荷馬車、トラクター、自転車で出かける人々もいた。駅では満員の列車をいつまでも待たなければならず、列車の出発後には、駅のホールにたくさんの荷馬車、手荷物、自転車が残された。取り残された犬と猫が駅のホールでうろついていた。フランスの犬と猫は、オランダのいとこたちよりずっと不運なことに、疎開列車に乗せてはならなかった。

ストラスブールの二五万住民のほとんどは、この方法でボルドーの真西のドルドーニュ県に疎開する予定だった。ドルドーニュはその後観光のメッカになったが、当時は開けた地域とは言えなかった。ドイツ語風のアルザス方言を話す一万人ほどのストラスブール人の多様な集団が、ペリグーおよびその美しい地方の不便な村に押しかけると、状況は一気に悪化した。地元の子どもたちは無作法にも、新しい隣人をボッシュ（ドイツ野郎）と呼んだ。そこの住居には電気と水道だけでなく、寝台とストーブがないことも多かった。疎開者は、地元の人々と同様に焚火に鼎《かなえ》をかけて料理するか、吊り下げ型のシチュー鍋を使わなくてはならなかった。鼎とシチュー鍋はどちらも地方当局が親切に提供したが、オーブン付きの本物のストーブの提供は困難だった。食糧も問題だった。配給はむらがあり、オランダと違って牛がたくさんいる地域ではなかったので、バターと牛乳の入手には苦労した。これらすべての労苦は戦争の脅威がある間は我慢できたが、侵略が目前に迫っているわけではなかったために、不満が高まった。仕事の機会が不足している状況も、政府補助金を受給しているアルザス人がカフェで日々を過しているという事実に憤っている地元住民には不満の種だった。何もかもがよくなかったのではない。子どもはすぐに成長して国の自由を愛するようになり、クリスマスにはボランティア団体がクリスマスツリー五〇〇本を立てて、地元と疎開者の子どもたちに平等に全部でおよそ五万八〇〇〇個の贈り物をした。

もっと北のパリからの疎開者が、牧歌的な疎開生活の中でいっそう安泰だったわけではない。だが彼らがじめじめした納屋で寝て薪を引きずる生活に飽きたら、故郷に戻るのは簡単だった。それでも、一度町の外に出たおよそ五二万人は戻らなかった。都市では散発的な空襲が恐慌を引き起こしたが、戦意はまもなく下火になった。灯火管制は時折しかれたに過ぎず、レストランは地下蔵で上品で「安全な」夕食を提供し始めた。学校は再開された。配給制は試験的に導入されたが、冗談みたいなものだった。ある閣僚は「肉なし」の日に牡蠣と焼いた舌平目を楽しんだものである。空襲の危険があるため、大競技場での催しは禁止されていたが、競馬とダンスが一一月に再認可され、スキー場が開かれ、リヴィエラのホテルは春になったらイギリスの観光客がいつものように殺到するだろうと期待していた。

第一次世界大戦の際におよそ一四〇〇人が爆撃の犠牲になったイギリスにとって、今やいっそう大きくなった空襲の危険が、とりわけロンドンと北部の工業都市の第一の関心事だった。一九二四年以来、民間防衛計画が帝国防衛委員会の後援で散発的かつ秘密裡に立てられていた。一九三五年、空襲警戒局が設置されて、ガスマスクの試用を開始し、地方政府に疎開計画への関心を持たせようとした。

毒ガス用の特別な衣服を着て見せているイギリスの幼児。

これに対する反応はさまざまだった。話を進めるには、中央政府からの資金援助が必要だった。「戦争心理」を生み出したがらない平和主義の地方官吏や、単独の軍備縮小を提案する市長さえいた。一九三八年五月、大人数を対象とする移送、宿泊、食糧提供の作業は複雑過ぎて地方当局の手には負えないと判明し、計画はロンドンの特別委員会に委任された。五歳までの子どもを持つ母親、年長の孤児、虚弱者の疎開が優先だった。ほかの子どもたちは教員とともに学校単位で疎開し、田舎の安全な場所に到着後は、養家に分散して住む予定だった。疎開は貧困層のために任意で組織され、中産階級と上流階級の家庭と学校には拡大されなかった。後者は自力でできる知力と資力を備えていると考えられたからである。

一九三八年七月末、昼夜の作業を経て政府の認可を得るべく計画が用意されたが、ヨーロッパが戦争の瀬戸際で揺れ動いた九月末になっても、内閣からは何の反応もなかった。それでも計画立案者たちは恐れをなして、子どもたちにガスマスクを配給し、彼らが荷物を詰めたスーツケースを持って登校できるよう何とか取り計らった。チェンバレンがズデーテン地方を総統に譲渡したために、危機は回避されたが、真剣に民間防衛策を講じる重要性が明らかになった。仕事は続けられ、一九三九年初夏、準備は整ったように思われた。疎開の発動には、「ハーメルンの笛吹き男」という非常に適切な暗号の伝達が必要だった。[37]

その瞬間が一九三九年八月末に近づいてきた。教員は呼び戻され、学校は早目に再開された。八月二八日、CBSのエドワード・R・マロウは米国への報告で「本日の新聞に掲載された……疎開を予行する子どもたちの写真」について書いている。「お互いの名札を結びつけている子どもたちの写真を見た。彼らはピクニックに出かけるかのように、校舎から行進しながら出てきた」。子どもたちの兄はその間に軍に召集されたと報道されていた。マロウは三日後、最後通牒が外交官の間を飛び交っている時に、「疎開地域と受け入れ地域の全学校は……明日閉じられ、さらに情報があるまで指示を待つ」と報告した。子どもたちはガスマスク、鞄、一日分の食糧を持参して登校し、「より安全な地区」に連れて行かれるだろう。親はあとで子どもの居所を知らされる。九月四日、四六〇万人の母親、教員、子どもがロンドンから、さらに九〇万人がほかの危険地帯から疎開した。[38]それは驚くべき光景だった。ロンドンの疎開者は、爆弾がいつ落ち始めてもおかしくないと脅え、涙ぐんだ親に見送られて、前もって手筈が整えられていた一六八の駅を出発した。四〇〇〇本の特別列車が用意され、便宜を図って時刻表が全面的に組み替えられた。全土にわたる受け入れ地域では、ボランティア、ボーイスカウト、医療関係者が列車の到着を待った。

目的地に到着すると、状況は瞬く間に混乱した。列車を間違えた人々がいた。熱心過ぎるボランティアは、荷物を混ぜ交ぜにしてしまった。子どもたちは年齢に合った学校のある地域で宿泊場所を割り当てられる前に、予備施設に行って医学検査を受けなければならなかった。「五〇〇人の子どもを受け入れた」ある施設では、「一人の子どもが猩紅熱と判明して入院し、数人がその徴候を見せ、

一、二のちょっとした手術が行なわれた」[39]。学校単位のまとまりの維持が理想だったが、田舎ではできなかった。子どもたちはいくつかの村に分宿しなくてはならず、付添いの教員が子どもの動静に絶えず注意を払うことは難しくなった。同時に避難所が必要な子どもの人数がたいそう多かったので、養家に対して「強制措置」が取られなくてはならない地域もあり、割り当て作業は夜遅くまで続いて、人々は疲れきってしまった。大学町ケンブリッジは、三日間にわたって一日八〇〇〇人の疎開者を引き受ける予定だった。最終的に総数で六七〇〇〇人がやって来たが、その人数さえ計画にとっては重荷だった。

ウェールズのような遠隔地に向かう子どもは、途中で一泊しなければならなかった。ピクニック気分はこの最初の宿泊までに次第に消え去り、自信もなくなっていった。テレンス・ナンは不気味で荒れ果てた病院に泊まった集団の一員だった。その病院は、閂のついた窓とぎざぎざした非常階段のために、むしろ牢獄のように見えた。内部も慰めになるようなものではなかった。食堂はなく、子どもたちには手当り次第に食欲をそそらない夕食が提供された。浴室は混雑し、寝間は広くて陰気な共同寝室で、テレンスはそこでもう一人の少年と病院の寝台を共有し、眠れない夜を過した。

翌日この恐ろしい場所から、三〇人ほどの集団がいくつか呼び出されて選抜された。ナンは午後遅くまで選ばれなかったので、自分が忘れられてしまったと確信していた。意気消沈した彼の集団は別の列車で、病院から鉱滓の山と採鉱機械が点在する暗い谷間へ連れて行かれた。テレンスは別世界から来たような厳格な鉱夫の一家のもとに滞在したが[40]、このようなカルチャーショックを受けたのは彼だけではなかった。ドロシー・ブランドは戦争中七つのさまざまな宿所に入れられ、嬉しかったことも本当に恐ろしいこともあったが、最初の経験は養家の外の真っ暗な中に一人取り残されたことだった。彼女は中に入れてもらうと、親切に歓待され、ホットチョコレートをもらい、居間のソファベッドをあてがわれた。だが彼女はその間ずっと泣きそうになりながら、浴室はどこにあるのか尋ねる気になれず、悶々と数時間を過ごしたのちにそれが屋外にあるとわかった。それは彼女にとって新しい経験だった。[41]

疎開者と受け入れ側の不釣合いな組合せは、単に社会の衰退を示す現象ではなかった。それ以上に、田舎に住む中産階級と上流階級の人々は、たいていの場合、襤褸《ぼろ》を着て虱がたかった都会の子どもや、だらしない母親と赤ん坊が自宅の扉から入って来るのを見て、ぎょっとしてしまった。彼らの外見と内面は、長旅の間に改善されたりしなかった。感じ方はしばしば共通していた。女中と執事、あるいは非常に礼儀正しいブルジョアの家庭に直面した貧しい子どもたちは、ウェールズでのテレンス・ナンと同じように惨めな気分になり、宿所を変えなければならないこともあった。ある担当者はつぎのように記している。

初期には、私たちは多くの怒りと嘆きを目にした。……人の生活は、根を失うと通常よりもずっと複雑にさえなるものだ。故郷では難なく切り抜けられた問題が重大化し、長時間働いている大勢の人々の忍耐と技術を必要とした……本当にあらゆる人の言いなりになりながら。[42]

イギリスの問題は、一九三九年九月の開戦後に予想された爆撃がなかったという事実によって悪化することにもなった。危機感が欠けていたために、養家側の利他的な感情と疎開者側の恐怖が、どちらも弱まっていった。小さな子ども連れの母親の多くが故郷に戻り、疎開児童一人につき週に約一〇ドルの負担が重い多くの親は子どもを呼び戻した。[43]

だが、疎開者と受け入れ側の組合せのすべてが不釣合いで、それぞれの養家が狼狽したとしても、百もの成功譚があった。養家が示した寛容について誇張し過ぎということはない。六人か八人の子どもを引き受けた家庭もあった。家屋全体が疎開者用に改装された。大勢の子どもが新しい「おばさん」と「おじさん」にすぐに懐き、現在まで連絡を保っている。疎開担当機関は素早く学習した。遠足や自治体のお茶会が催され、鉄道会社は親が子どもを訪問できるように「格安運賃の日」を設けた。何よりも、爆撃が本格的に始まると、生き残ろうというイギリスの決意が些細な問題をめぐる心配を一掃してしまった。

疎開に関わった人々は、イギリス社会内部の齟齬に対処するだけではなく、最近移住して来たキンダートランスポートの子どもたちとそのほかの外国人をより安全な地域へ移動させなくてはならなかったが、この移動に納得できない人もいたことだろう。

一九三九年一一月、イギリス当局は一六歳以上の枢軸国市民全員に警察への登録と外国人裁判所への出頭を命じた。外国人裁判所はイギリス中に設置され、枢軸国市民が勾留されるか、限られた地域で自由のままでいられるか、それとも「ナチの圧制から逃れて来た難民」として放免されるかを決定することになっていた。大陸で似たような状況から最近救出された若者にとって、これは肝を冷やすような成行きだった。裁判所で弁護士をつけることは許可されなかったが、外国人は同伴者一人を許され、それは亡命者組織の代表者であることが多かった。一九四〇年三月、七万三八〇〇人が審査され、圧倒的多数が放免された。六一〇九人は財政援助を受けて亡命生活をさらに続け、彼らのほとんどは米国へ向かった。ヒトラーの軍隊が北部ヨーロッパを席巻して、イギリス海峡沿岸にまで到達した一九四〇年五月、事態は劇的に変化する。この時一六歳以上の枢軸国市民全員が、男性も女性も拘引されて、さまざまな種類の収容所に入れられた[44]。それには、最近救出されたキンダートランスポートの子どもたちが何百人も含まれていた。同時に全簡易宿泊所が一掃される一方、十代の若者はそれぞれ新しい家庭で逮捕された。「私は一七歳の少女でしたが、二人の「親切な」警官に連行されてよくわからない目的地に向けて追い払われたのは、かなり恐ろしい経験でした[45]」。

大方の人々が送られた「よくわからない目的地」はマン島で、アイルランド海の真ん中の安全な場所に位置していた。多くの収容者はそこに到着すると、たいそう魅力的な海辺の町ラムジーに設けられた、非常線を張った地区の空き家に追いやられた。彼らはここで、マットレスと食糧のほかに提供されたものはほとんどなかったが、居心地が悪いわけではなかった。しかしながらマン島への道のりは悲惨な場合もあった。人々を連行する警官はたいてい感じがよかったが、被収容者はしばしば友人や家族から引き離され、事態に関する情報はなく、本物のナチとユダヤ人が混在している作業キャンプに、感じがよいどころではない武装した歩哨が常駐し、有刺鉄線が張られているのに肝を冷やした。収容所職員による荷物検査があったが、彼らによる盗みはもっと多かった。留置場は今ではお馴染みの混雑状態で、衛生設備が不足していた。外界への手紙は検閲され、数が制限されていた[46]。大勢の少年が収容所の外へ出ようと熱望し、カナダやオーストラリアへ送られる外国人の輸送船への乗船を依頼したが、これは多くにとって悲劇的な選択だった。一隻はアイルランド沿岸で魚雷のために大破し、乗客の半数を失った。もう一隻の恐ろしく混雑したデュネラ号は潜水艦攻撃を受けながらオーストラリアへ向かったが、八週間にわたる航海中、犯罪者のように扱われ、テーブルや床で寝ることを強要された被収容者は、前科者で構成された嗜虐的な監視隊に虐待された。収容された難民の窮状はまもなく議会で問題になり、デュネラ号の乗組員は当然にも罰せられた[47]。若い被収容者のほとんどは一九四二年に釈放され、戦時労働力として、また軍隊に動員された。彼らはそこで正当に評価されたが、孤独や郷愁は拭い消せなかった。

ヨーロッパ大陸では子どもたちの苦しみが、まもなくいっそう深まる。一九四〇年五月一〇日の明け方早く、フランスに向かうドイツ軍は中立国のオランダ、ベルギー、ルクセンブルクに侵攻した。長い時間をかけて準備された攻撃は、フランス軍最高司令部が誇る、十分に防御されたマジノ線ではなく、オランダ北部からベルギー南西部の険しく、理論上は攻撃不可能なアルデンヌへと延びる前線でなされた。ここでは戦車部隊の三縦隊がベルギーとフランス北部を横切る進撃に備えて待機しながら、「ライン川のはるか後方で一六〇キロメートルにわたって」散開していた[48]。ナチによって入念に養成された大勢の日焼けした青年が、素晴しい夏の陽気の中を西ヨーロッパになだれ込んで来たのであるが、輝くばかりに健康で訓練十分な彼らは、連合軍の青白く鍛錬されていない徴募兵と著しい対照をなしていた[49]。中立諸国とフランスは、攻撃が差し迫っていることとポーランドで披露された電撃戦戦術について繰り返し警告を受けていたにもかかわらず、ドイツの輝かしい新しい戦争スタイルに対決する準備をほとんど整えていなかったので、諸国が念入りに立てた疎開計画は無駄になるだろう。

オランダ東部を横切る町々では、今や適切にも警報が出され、人々がそれまでの生活を完全に放棄して逃げ出すために気の重い準備に取りかかった。ライン川に面した小さな町ヴァーヘニンゲンでは、船での疎開が予定されていたが、人々がペットの安楽死のために列になって獣医を訪れる光景が見られた。家族が桟橋に集合した時には、戦闘の響きはかなり遠かったが、一万二〇〇〇人の人々だけでなく公文書、医療設備、さまざまな食糧の積込みに数時間かかったために、船団は午後遅くにやっとオランダ要塞に向けてライン川を下り始めた。それではすでに遅過ぎたのである。ドイツは最新式の部隊を空輸して、オランダの洪水地帯とそのほかの防御施設を簡単に迂回し、ライン川に架かる橋の多くを爆破される前に占拠した。ヴァーヘニンゲンの船団は、総計五〇隻の船と二万人からなるほかのいくつかの船団とともに、停止を命じられた。彼らは船上で過ごしたひどく不快な三六時間ののち徒歩と列車で避難しようとした人々はかなりましだった。それには一三万頭の牛が含まれていたが、要塞地域に追い立てられ、間違いなくドイツ軍に徴発された。オランダは侵攻四日目にロッテルダムを猛爆撃されて、避難民はゆっくりと故郷に戻っていった。彼らは故郷で町の各地区が瓦礫になり、多くの家が略奪された有様を目撃した。それは全く超現実的な光景だった。飼い主が出発する前に檻から解き放たれた家鴨、兎、鶏が近隣をさまよい、籠から出された鸚鵡とカナリアが樹々を彩っていた。[50]

ヴァーヘニンゲンの善良な市民が自宅の被害を査定していた頃、ドイツ国防軍の前衛は順調にベルギーを横断している最中だった。彼らが行く先のおよそ二〇〇万人のベルギー市民は、あらゆる輸送手段を使ってフランスへ向かった。その中には一六歳から三五歳までの何万人もの若者がおり、亡命して行くベルギーの政治指導者たちから、フランスへ赴いてトゥールーズで再集結するよう言われていた。彼らはトゥールーズで連合軍の役に立つだろうと思われたが、到着後は競技場で数週間を過ごし、次第に弱っていった。その後、彼ら以前にやって来たスペイン難民と同じように多くの不便な収容所に移されたが、その生活環境は不潔で食糧は不十分だった。[51] 実際のところ、この重大な瞬間にフランス当局ができることはほかにほとんどなかった。ナチが猛攻撃をかけてくる前に列車での疎開を慎重かつ段階的に実施しようという筋書が、フランスの鉄道員の英雄的な努力にもかかわらず、霧散してしまったからである。爆撃されているフランス北部の町から避難しようとする人々は、確かに弾幕砲火と迅速に前進して来る戦車師団から離れた方向へ進む列車に乗ったのだが、民間人と現役兵が鉄道上に混在しては致命的だという証明がなされてしまった。家族が詰め込まれた列車の隣を走る線路上の部隊と弾薬を運ぶ列車は、ドイツの情け容赦のない急降下爆撃の標的になった。駅は通常町の中心にあり、大変な修羅場となった。五月一九日、ランブイエからアラスへ移動中のある将校がつぎのように報告している。

至る所に何百もの遺体。男性、女性、子ども、老人。致命的な傷を負った女性が二歳ぐらいの子どもを腕に抱きかかえて壁に寄りかかっているが、その子の頭は完全に裂けて開いてしまっている。彼女の傍には泣きわめいている三歳ぐらいと五歳ぐらいの子どもが二人。この光景は身の毛もよだつほどだ。駅は瓦礫の山。避難民を乗せた列車が残忍にも爆撃され機関銃を浴びせられた。……死、至る所に死が満ちている。(52)

列車は運行を続けていたが、逃げて行く民衆の多くはいずれにしてもすし詰めの車輛に我慢できず、主に徒歩で、または自動車、農業用荷車、自転車、乳母車さえ使って避難の旅に出た。あらゆる乗り物に、シャンデリア、毛皮のコート、マットレスから砂糖大根に至る持ち物のグロテスクな山が積まれ、およそ六〇〇万人の人間の洪水となってフランス中央部を横断した。アントワーヌ・ド・サンテグジュペリは自分の飛行機から行列を見下ろして、破壊された蟻塚から逃げ出す蟻に例えた。脱出は自然発生的だった。町の食糧が食べ尽くされ、ガソリンが枯渇すると、それらの町の住民も、助けようとした人々が亡くなり、自分たちも疲れきった挙句、列に加わった。誰もが簡単に出発しようとしたのではなかった。メスでは、学校当局が最後の瞬間まで神聖なバカロレア試験のキャンセルを拒んだ。ナンシーの近くでは、半狂乱の親たちが駅に向かう途次、子どもを連れ出そうと試験会場にやって来るまで、試験は進められ、取り止めにならなかった。(53)

道路も安全ではなかった。ドイツの飛行機が頻繁に爆撃してきたために、家族は散り散りになり、道路脇の溝に飛び込むか、ほかの遮蔽物を目指して走り回った。だが、多くの人にとってチャンスは全くなかった。あるベルギー人一家は攻撃された現場を車で通り過ぎながら、「一台の車の近くに……小さな少女が目を大きく見開いて、両親の遺体の傍にいる」のを見た。彼らは途方にくれて、その子どもを一緒に連れて行き、まもなく彼女がロシア語しか話せないこと、マーシャという名であることがわかった。彼女は三日間彼らとともに旅し、夜になると時折母親を呼んだ。彼らは全く偶然にもロシア亡命児童団体の代表者を見つけて、マーシャをそこに預けた。保母がロシア語で話すと、「小さな少女は彼女の腕の中に飛び込み、少し見回して自分を助けてくれた人々を捜し出し、さようならを言った。彼女が彼らに会うことはその後二度となかった」[54]。

子どもたちも命を落とした。子どもの死は、耐えるにはあまりに苛酷なこともあった。ある疲れきった母親は、二〇回にわたる爆撃から守ってきた一〇歳の息子が道路脇の溝の中で殺された時、生きる理由を失ってしまった[55]。何万人もの子どもが駅や空襲の混乱の中で親とはぐれた。行方不明と発見の報告が当局に押し寄せ、新聞の長い欄を埋めた。

ジャン・ルロワ、一九三九年六月二九日生まれ、ジャン・オリヴィエ、一九三九年七月一七日生まれ、同じ荷造り用の箱の中で発見。彼らの傍に「コトノワイユのアラン夫人」という名あり[56]。

ジャン・タヴァルという名の三歳の男児、六月一八日朝、イドの小麦畑に一人でいるところを発見。両親は連絡されたし[57]。

ほかの九万人の子どもは最後には帰宅できたが、三人の男児のその後を歴史は明らかにしない。帰宅が叶わない子どもは大勢いた。

フランスでもすぐに外国人、とりわけ枢軸国と東欧諸国の市民および社会民主主義者や共産主義者のような疑わしい政治的背景を持った者の大規模な収容が始まった。これは目新しくはなかった。フランスはオランダと同じく一九三八年の早くから、問題になりそうな外国人の居住の把握を始め、スペイン内戦の避難民がフランス南部になだれ込んで来た時と同じように、その年の一一月に一部を「特別集合施設」に収容すると決定した。[58] 一九三九年九月、およそ一万五〇〇〇人の外国人男性が収容所に入れられ、そのうちの半数は年末に釈放された。一九四〇年五月、外国人の多くは再び全土にわたって勾留され、このたびは女性と推定五〇〇〇人の子どもも含まれていた。[59] この検挙活動では大勢が逃亡したために、同時に全般的な混乱が起きたが、地位の相違やどんな抗議も、いかに正当だったとしても考慮されなかった。多くの人々が、現在は全仏オープン・テニスの会場になっているローラン・ギャロスの巨大な競技場と、パリ郊外のヴェロドローム・ディヴェールに数日間留め置かれた。家族は引き裂かれ、ベルギーやオランダからも避難民がやって来たために絶えず大きくなりつつあった集団は、気まぐれに点々と移動させられ、自分たちの窮状や所在について誰にも伝えられなかった。スペイン人のために設置された汚い収容所は、その時には半分空になっていたが、再び一杯になった。

一九四〇年九月、政敵をドイツの監獄に連れ戻すために一時収容施設を探していたドイツの委員会は、フランスのそうした施設四六か所の一覧表を作成した。[60] 捕えられた人数は不明だが、二五万人近くにのぼったのは確実である。さらにドイツのバーデン、プファルツ、ザールの諸州からの数千人が収容されたためにこの人数は増加した。また、そのうち六〇から七〇パーセントは外国籍のユダヤ人だったと推定できる。多くの直接体験者によれば、ダハウのようなナチが運営していた収容所よりも状況は劣悪だった。亡命者である以外に何の罪もない多くの被収容者は、赤痢、飢餓、消耗が蔓延するこれらの場所で、福祉機関がやって来る前に死んでいく。

福祉機関がなかったわけではなく、多数の人道主義的なフランスの機関に加えて、ほかの諸国が同様の多くの団体を送り込んできた。児童福祉協会（ＯＳＥ）、ロシア学生キリスト教運動、アメリカ・フレンズ奉仕団、チェコ援助協会、アメリカ・ユダヤ人共同配給委員会、スイス援助協会、赤十字、キリスト教青年会、キリスト教女子青年会を含むこれらの団体は、何年も何十年にもわたって、押し寄せて来るさまざまな難民に対処してきた。[61] ほとんどが、最初はナチの軍隊から逃げて来る難民の援助に深く関わっていく。ユニテリアン奉仕委員会はポルトガルで数車輌分の缶入りミルクを見つけ、ほかの多くの団体の支援を得て、ドイツとの休戦協定が締結されてまもなくフランス南部で配ることができた。カトリック教会とフランス保健機関は、棄てられた赤ん坊や孤児のためにホームを設立した。

自国の避難民が故郷に戻るにつれて、外国の機関は収容所の外国人に注意を向けるようになった。この仕事に関わる全員にまもなく、戦場だけでなくナチおよびヴィシー政府との交渉でももっと多くの共同作業が効果を発揮することが明らかになった。そこで一九四〇年一一月初め、およそ二ダースの各種機関が被抑留者支援共同委員会に結集した。これはニーム委員会として知られ、その並外れた幹部会にはユダヤ教の聖職者、ロシアの亡命皇女、数人のラビ、大勢のクエーカー教徒、スイス人、スウェーデン人が加わっていた。資金源は非常に豊かだったが、多くは非合法に、変わった方法でフランスに入って来た。銀行口座は開けなかったので、お金のほとんどは労働者の寝台下のスーツケースにしまっておかれたままだった。政治に巻き込まれないよう注意が払われ、活動の焦点は食べ物と被収容者の体調の改善、図書室、学校、家内工場の設置と余興による士気の維持、フランス国外への亡命の手助けに置かれていた。

巨大な収容所での子どもたちは特に悲惨だった。これらの場所では適者生存の雰囲気が濃厚で、最小限の量の食べ物を狡い真似をしてでも常に確保せよという恐ろしい圧力が母親にのしかかっていたのは、想像するに難くない。孤児が生存できる勝算は大きくなかった。児童福祉協会のある職員は一〇〇人の子どもをグールの収容所からリモージュのホームへ連れて行ったが、児童服が大変不足していたので、母親たちは赤ん坊を古新聞でくるむまでになっていた。[62] 彼は「ロシア、ハンガリー、ポーランドでポグロムや飢饉のあとの子どもを大勢見てきたが、この子どもたちほどひどい状態ではなかった。……列車の乗客は、飢えた子どもたちを目にして涙を禁じ得なかった。子どもたちが旅を続けられないほど衰弱していたので、医師たちはトゥールーズでそれ以上の移動を禁じた」と記している。[63]

大規模な収容所内部でこの犠牲者たちの支援を続けるのは給養の面で難しく、リモージュのような、多くの組織の支援とフランス政府の助成金を受けた居留地が徐々にではあっても設置されていたが、多くの子どもが一九四一年初めになってもまだ収容所にいた。不安を募らせたニーム委員会の代表者がいっそう努力を払った結果、フランス政府はペルピニャン近郊の元陸軍基地リヴサルトに特別の「家族収容所」の設置を認可したが、改善されたことは多くなかった。収容所は乾燥して凍てつくような風にさらされて、埃にまみれた木のない平地に再び設けられたが、十分な水もなく、赤十字調査班が震え上がって報告したように、バラックは最も原始的な設備にも欠け、蚤と鼠が繁殖し、死亡率が高く、ほとんどの被収容者はぼろぼろになった服を着ていた。[64] 一四歳以上の男性は女性から隔離されたので、「家族一緒の」状況にあるとは言えなかった。配給食糧と贈り物の詰め合わせ食品は腐敗した管理者に横取りされ、女性たちは岩だらけの土地で採集した葉や茎を小さな焚火で料理し始めた。子どもたちはごみ捨て缶で残飯をあさり、その結果コレラが流行ってしまった。住人には皿もコップもなかったので、アメリカ赤十字が不定期に送ってくるミルクを飲みたい子どもたちの大方は、不潔な缶、鍋、鉢などを差し出した。彼らは必死にミルクを欲しがった。

子どもたちは一・八リットルのミルクではなく、五〇〇ミリリットルをもらっているかのように見受けられた。一二歳だと言った少年は九歳のように見えた。……彼らは敵国人収容所で三年目を過ごしていたスペイン人児童だった。そこで生まれた子もおり……アルジュレスの収容所でチフスが流行った時に親を亡くした子もいた。……収容されて一年も経たないユダヤ人児童の方が、明らかに健康状態が良かった。[65]

この幸福な差異は、長くは続かなかった。アメリカの新聞が収容所の状況と、ヴィシーに一九四〇年に成立した親独フランス政府によるその事実の認識を報道したにもかかわらず、何も変わらなかった。実際のところ、状況は悪化するばかりだった。一九四〇年一〇月初め、ヴィシー政府は外国籍ユダヤ人を恣意的に収容する権限を地方長官に与えていたので、収容所で彼らが占める割合は着実に増大していった。リヴサルトのユダヤ人は、最初はほかの皆と一緒だったが、一九四〇年四月、過越しの祭を家族一緒に祝わせようという口実のもとに、全員が収容所の隔離区域に移された。「ジプシー」も放り込まれた。この区域には、表面上は偶然に最も荒れ果てたバラックが割り当てられていた。電気は通っていないし、建物には害虫が這い回っていた。食糧の割当量は主要区域よりも少なく、子どもたちはまもなく腸の伝染病にかかってしまった。ユダヤ人のバラックがミルク配給所から最も遠く離れていたために、小さな子どもたちの間に栄養失調が蔓延し、病人は回復するはずがなかった。スイス人看護婦のフリーデル・ボーニー＝ライターは日記に「ここでの人々の扱われ方を見ると、頻繁に激しい怒りに見舞われた。なぜこんな扱いをされるのか。……人々が自由という権利を奪われていること、人々が動物のように……むしろ動物よりもひどい扱いをされていることが私の怒りをかき立てる」と記している。[66]

外国の福祉機関には、被収容者を救出できる主な方法は、彼らを収容所外に、もし可能ならフランス国外へ連れ出すことだとまもなく明らかになった。ヴィシー政府は、難民にかかる費用を安くするためにこれを奨励した。ドイツ市民の場合は釈放許可をナチ機関から得なくてはならなかった。滞在許可証と出国許可証の確保には各国領事館と諸機関を訪れる必要もあったが、収容所を出るには詳細な取り決めが必要だったため、事実上それは不可能だった。福祉機関はこの問題で補助的な役割を果たせた。

子どもの釈放を勝ち取るのは、ヴィシー政府が若者に関しては寛大だったので、大人よりも楽だった。一九四一年半ば、数ダースの農場学校、保育園、学校が設立され、その中にはリヴィエラのヴァンスにつくられたチェコ人少年少女一〇〇人のための学校と、ユダヤ人少年一五〇人のための実業学校(ORT)が含まれていた。すべての活動が硝子張りなのではなく、中でもフランス・プロテスタント青年組織の難民救済委員会(CIMADE)は、被収容者をスイスに密入国させる秘密ネットワークを築き上げた。[67]

イギリス海峡の近くに基地を置いたゲーリングの空軍が、一九四〇年六月、イギリスの抵抗力を弱めてドイツ軍上陸を可能にする準備にとりかかったために、戦争の猛威がイギリスを襲った。連合軍がフランスで敗北して、連合軍部隊の多数がダンケルクから劇的に撤退したことにより、ドイツ軍侵攻が実現しそうに思われた。今やイギリスで一連の新たな疎開が実施されたが、同国政府は大陸での出来事を見て、戦闘と占領から子どもたちを守るために海外に送り出す検討も始めた。

フランスに最も近いドーヴァーは頻繁に爆撃を受け、疎開列車に向かう子どもの集団が、ダンケルクの海岸から救出されたばかりの疲弊した部隊と戦争神経症にかかった市民の群れの中を通って行った[68]。サザンプトンやポーツマスのような沿岸の諸都市が定期的に爆撃されていた八月、従来の疎開計画では不十分だと明らかになった。ロンドンもまもなく爆撃されるだろう。イギリスの人々は圧倒されるような騒音と恐怖に満ちた日夜を過ごしたのちに、大陸の同盟者と同じように自発的な避難を始めた。

> 警報が響き始め……そのあとで私が言えるのは、この世の地獄が繰り広げられたということだけである。続く半時間は、私の人生で最も騒々しかった。全重砲が火を噴いていた。飛行機が鋭い音を立てて急降下爆撃した。港に停泊中の戦艦に対する爆撃が始まった。……私は爆弾が唸って落ちてくる音を聞いたことを覚えている。私の最初の反応は「ああ、奴らはとうとう口笛を吹きだした」というものだった[69]。

こうした暴力に満ちた夜が繰り返された影響は、ある政府顧問が「耳から緊張が高まる」と形容したようなものだった。飛行機の音や爆弾の音に聞き耳をたてることで、結局「抵抗力が打ち砕かれ」、避難したいという強い欲求が生まれた。イギリス当局は今後、映画館や空いた校舎のような居心地のよくない環境に無料食堂や当座の収容施設を設置しようと腐心するだろう[70]。

イギリスおよびヨーロッパ市民の窮状が真に迫って報道された結果、アメリカは再び、犠牲になった諸国を援助しようと提案した。六月末、ローズヴェルト大統領が難民への支援物資供給に五〇〇万ドルの拠出を請求し、議会が承認した。支援物資は問題なかったが、ボルドーに船を送って、危険にさらされたヨーロッパの子どもたちを戦闘地域から救い出そうという、首席検事フランシス・ビドルらの提案は移住規則に抵触したために再び暗礁に乗り上げた。[71] フランス人だけでなく、フランス、スペイン、ポルトガルにようやくたどり着いた多くのポーランド人など他民族の子どもたちをも救出するために、七つのさまざまな法案が議会に提出された。インディアナ州選出の民主党の下院議員ウィリアム・シュルテは、「危険な戦争の影響からの避難所を探している」一六歳以下のヨーロッパの子どもに特別な観光ヴィザを発行しようと提案したが、またも偏狭な民族主義が優勢で、法案は却下された。狂信的愛国主義はアメリカ人に限られていたのではない。ニーム委員会は、栄養失調になりそうな五〇〇人の貧しい子どものために回りくどい方法で何とかヴィザを取得しようとしたが、ヴィシー政府が最後の瞬間に出国許可証の発行を拒否した。ヴィシー政府は、子どもが家族から引き離されて外国の思想にさらされることは許容できないと考えたのである。委員会は結局のところ大変な努力を払って、ドイツが一九四二年、フランス全土を占領する前にフランスから子ども三〇〇人だけをかろうじて連れ出した。[72] 避難しようとする子どもたちの最後の一団はリスボン行きの列車で出発したが、列車は彼らの親がまだ勾留されているグール収容所の近くを通過した。フランス人は親切心に駆られて、親が駅に出向いて別れを告げることを許したが、あまりに悲痛な光景だったので、警察官さえ涙を流したと言われている。[73]

米国にやって来たイギリスの子どもたちには、別の物語があった。この場合は民族問題も年間移民割当数の問題もなかった。その割当数は六万五〇〇〇人で、子どもたちは米国憲法制定者やほかの「本物の」アメリカ人と同じ仲間に属していると認識されていた。余裕があった何百もの家族は、子どもたちを当分の間友人や親戚のもとにすでに送っており、イギリス政府内の多くはこの可能性をあらゆる人々に広げようとした。ウィンストン・チャーチル首相が、若者の海外疎開は「敗北主義」と解釈されるのを恐れて承認しなかったにもかかわらず、一九四〇年六月一八日、議会は疎開計画への資金供出を認めた。手続きは児童海外疎開委員会（CORB）が進めた。英語が話されている国だけが考慮に入れられており（南アメリカからの申し出は礼儀正しく断った）、少年少女は受け入れ先の家族と同居する。親は管理費として六シリング——一週間におよそ七ドル五〇セント——出すよう期待されていた。戦争が進行するにつれて最後にはアメリカの養家を怒らせるほどの少額だったが、これと子どもの生活費が負担になった。[74]

だが一九四〇年の段階では、すべてに肯定的な雰囲気の中で支援活動が行なわれた。イギリスの計画について大々的な報道があり、エレノア・ローズヴェルトやマーシャル・フィールドのような指導者の後援で、一九四〇年六月二〇日、アメリカ合衆国ヨーロッパ児童保護委員会が設立された。最初の三週間で子どもを引き取ろうという一万三〇〇〇件の申し出が受理された。まもなく児童海外疎開委員会および米国政府児童保護局との間に連絡がつき、今や「渡海児童」と呼ばれていたおよそ一万五〇〇〇人の子どもが、八月末、カナダとアメリカ合衆国に到着することになった。[75]その一方で、別の大集団がオーストラリアへ向かう準備をしていた。

問題は残っていた。イギリスの子どもが入国するには、厳格なアメリカの移住手続きに多少の基本的な変更を加えなければならなかった。年間移民割当数に問題はなかったが、毎月の人数制限を外す必要があったのである。子どもの入国に親の同伴を必要とする規程と組織による後援の禁止は撤回された。さらに、財政支援のための集団宣誓供述制度と無期限の観光ヴィザの使用が許可されたが、後者の特権は将来のある時点で帰還できる故国のあるイギリス人児童にのみ適用された。[76]

こうした官僚的形式主義の打破とは全く別に、子どもたちが海を渡る手段を見つけなくてはならなかった。イギリス船はドイツ潜水艦の攻撃を受けやすく、米国の中立法では、ヨーロッパの戦闘地域に入れるアメリカ船は赤十字の援助物資の輸送船だけだった。児童救済船舶派遣アメリカ女性委員会はこの規程に断固として異議を唱え、大きな影響力を持つ男性の委員会は言うまでもなく、まもなくほかの何百もの女性組織が援護した。議会はこの猛攻撃を受けて迅速に中立法を改正し、ドイツが航行の安全を保証した場合は非武装のアメリカ船が子どもたちを運べるようにした。

こうして大勢のイギリスの少年少女が入国できる道筋がつけられたが、この見たところ好ましい人々の到来でさえ、真の移民反対主義者には脅威だった。彼らはまたも、これを何百万人もの望ましくない異邦人が流入してくるきっかけになると見なしたからである。ある下院議員は、救助の対象を子ども七万五〇〇〇人に制限しようとした。別の議員は、付添いは全員が米国市民であるべきだと主張し、さもなければ「子ども一人につき大人一人どころかそれ以上が入国できる」と警告した。この計画は、米国の参戦を企てたローズヴェルトの宣伝による謀略だと感じた人もいた。こういったあらゆることにかかわらず、一九四〇年八月二七日、法案は通過したが、慈悲船は用意できなかった。船舶が見つけられず、もっと重要なことに、ドイツは航行の安全を保証しなかった[77]。

イギリス政府は、およそ二〇万通の海外移住請願書を受け取っており、船名が読み取れないようにペンキで塗り隠した自国の船舶ならびに亡命ポーランド政府および亡命オランダ政府の船舶をあえて使用しようと最終的に決定した。最初の一団が出発する時には、ロンドンとそのほかの諸都市の爆撃が激しくなっていて、比較すると海の危険の方が小さいのではないかと思われた。別れは、危険な土地に残る親にとって、すでに同様の経験をした親と同じく耐え難いものだった。

長いこと恐れていた朝になってしまった。私は前夜、できるだけ時間をかけてヒラリーのほっそりした妖精のような身体を拭き、リチャードのふさふさした栗色の髪をとかした。私は眠れないまま彼らの寝顔を見つめていた。……私たちは波止場で、遮蔽された大きな小屋に案内され、待つことになったが、どれくらいになるかわからなかった。……私たちは囲いの後ろで、これといった特徴のない定期船の灰色の船体を目にした。その船はこの世で最愛の者を私たちから連れ去ろうとしていた。……子どもたちは通路への入口で振り返って嬉しそうに手を振った。そうしてその背後で防水布がはためき、彼らは行ってしまった。(78)

船の出港前にも、本物の危険が迫っていた。ある一団は空襲のさなかに乗船する港に到着し、鉄道駅の黴臭い地階に避難しなければならなかった。彼らは爆撃の小休止の間に、より清潔な校舎に移動した。空襲は数時間続き、学校の調理場が破壊され、腹をすかした子どもたちは翌日暗くなるまで乗船できなかった。(79)

乗船後に最も重要だったのは救命訓練である。すぐにかさばる救命胴衣が支給され、船が潜水艦の射程圏外に出るまで、乗客はずっと身につけていなければならなかった。訓練は毎日、子どもと付添いの大人を手順に慣れさせるために任意の時間に繰り返されたが、興奮して騒がしい五歳児の集団が相手では、必ずしも簡単な課題というわけにはいかなかった。

ほとんどの船は、港外に出ると船団になって航行し、最初の数時間は水上飛行機が同行した。日中は周りを囲む海軍の護衛艦と大きな軍艦の存在が安心感を与えた。あまりにも近くを航行しているために、乗組員がはっきりと見え、命令が全部聞こえてしまう艦船もあった。(80) だが、昼間は問題でなかった。潜水艦による攻撃は夜、攻撃者がよく見えない悪天候を選んで行なわれた。一九四〇年八月三〇日、「渡海児童」三三五人に加えてほかの乗客と乗組員三〇〇人を乗せたヴォレンダム号が魚雷攻撃を受けて沈没したが、救命訓練が功を奏し、乗組員二名を除く全員が奇跡的に救助されてスコットランドに生還した。これは失敗と見なされたが、児童海外疎開計画が頓挫したり、個人旅行者が減少したりはしなかった。

そこで九月一二日、定期船シティ・オブ・ベナレス号が予定どおりリヴァプールを出帆し、船団を組んでカナダに向かった。この船には、ヴォレンダム号から救助された数人を含む九〇人の子どもとほかに二〇〇人の乗客が乗っていた。五日過ぎて太平洋に入る頃、天気が荒れ模様になり、ドイツの偵察機が現われた。ある目撃者によれば、イギリスの護衛艦はその時には引き返していて、代わりに来るはずのカナダの護衛艦はまだ見えなかった。この船はその夜遅く、数度にわたる爆発で揺れた。士官候補生D・ハフナーは、彼自身がやっと一七歳に過ぎなかったが、船内の損害を被った区域に急行して子どもたちを捜索した。恐ろしい光景だった。船室の多くはぎざぎざの金属の固まりになり、中にいた子どもたちは死ぬか怪我を負っていた。ハフナーが見つけられた子ども全員を救命ボート置き場に連れて行った時、海水が流れ込んで来た。(81)

ほかの場所では暗闇の中で、年長の子どもたちと付添いが自分と最年少の子どもたちのために救命胴衣とボートの座席を確保しようと苦闘していた。ベス・ウォルダーは十代の「渡海児童」で、寝間着、化粧着、レインコートを身に着けていたが、三人の子どもを甲板で見つけ、四人目を捜しに戻っていった。彼女は、恐ろしいことに壊れた洋服箪笥が船室のドアを塞いでいるのに気がついた。ベスは何とかして中に入り込み、瀕死の子どもを見つけた。彼女はその少女をコートにくるみ、その時には半分水に浸かっていた船室の外に死物狂いになって脱出した。壊れた階段が甲板へ出るのを阻み、ベスがやっとのことで救命ボートにたどり着こうとした時、傷ついた子どもは死んだ。付添いの一人が祈りを唱えながら、彼女の遺体を優しく海に沈めた。沈みつつある船から、忍耐の限界だと思いなから救命ボートに乗り移った時、最悪の事態は過ぎ去ったと感じたが、ベスは間違っていた。ベスの救命ボートは乗員超過のために、まもなく水が被り始め、転覆した。彼女とほかの八人はどうにか船にしがみついた。夜の風が強く吹き、大波が繰り返しボートを海上に持ち上げたかと思うと、また突き落とした。夜明けまでには顔も指もあらゆる感覚がなくなってしまうほどに凍えて、ベスともう一人の少女だけがボートに取り残されていた。彼女たちは大きな魚と浮き氷だけが見える大海原で、完全に孤独だった。[82] 士官候補生ハフナーは奇跡的にもう一隻のボートに引き上げられ、軍服を着ていたため指揮にあたっていた。彼は何とか全員に帆布のボートカバーをかぶせて、霙、雪、凍った飛沫から守った。ここの海は何もないどころではなく、遺骸が散らばっており、その多くは子どもだった。[83]

野ざらしが最悪の敵だった。ある男性は、二人の子どもが凍え死んだことに母親が気づかないように、二人の硬直した遺体を腕に抱いて歌いかけていた。「女性や子どもがあんなに簡単に死んでしまうとは知りませんでした」。彼は救助されたのちにそう語った。それでも、生き残った子どもたちは勇敢だった。ある一〇歳の子どもも瀕死の看護婦を腕に抱いて、「ボートが見えるよ、看護婦さん。もうそんなに長くはかからないよ」と何度も言って彼女を励まそうとしたが、無駄に終わった。[84]

最終的な犠牲者は多数にのぼり、大人二〇六人と子ども八七人が亡くなった。最近ロンドンで焼け出されたある一家だけで、五人を失った。この沈没に対する輿論の憤りは非常に大きかった。この損失は児童海外疎開計画にとって破滅的で、計画は沈没の二週間後に棚上げにされた。子どもたちの私的な小集団の疎開は続けられたが、イギリス児童の大規模な海外疎開は行なわれなくなった。最終的に、そのうち大部分が私的に後援を受けたおよそ一万六〇〇〇人だけが、米国と自治領に向かうことになる。[85]

第3部

ナチズムの世界化

ナチズムをもっぱら反ユダヤ主義と同一視するのは、
大いに近視眼的だと思います。
われわれの世界計画はきわめて広範にわたり、
また恐ろしいものであったので、
われわれは戦争に負けたことを神に感謝するのみです。

マルティン・ボルマン・ジュニア、ギッタ・セレニー
「ドイツの子どもたち」『ヴァニティ・フェア』1990年7月に引用

第8章 良質な血

ナチはドイツ本国の市民を純血にして型に嵌め、異人種に属する全市民を駆逐しようと熱意を傾ける中で、世界中に散らばったドイツの血統に属する人々を忘れてはいなかった。ヒトラーは「離散ドイツ人」の全面的な利用を目指していた。彼はもともと、ドイツと国境を接する地帯を取り戻し、あるいは征服して、全民族ドイツ人住民をそこに留めて非ドイツ人を追い払い、ドイツの人口を増加させて、適切な人種に属する人々に取り替えたいという衝動に駆られていた。彼はさらに隣接地帯の向こう側に居住する民族ドイツ人を把握し、おびき寄せてドイツの新領土に再定住させようとした。ヒトラーは実際に世界帝国を指向していたのである。第一次世界大戦後に失われた海外植民地の回復が望ましかったが、理想的な帝国は隣接地帯に純血の唯一の人種が居住することによって実現するだろう。世界中の民族ドイツ人を集めるのは巨大な企てで、全員を見つけ出し、列挙し、ドイツ市民としての適性を綿密に調べる必要があった。

一九三三年夏、アメリカの外交官がいささかの懸念を伴いつつ、この政策の最初の徴候について記している。七月一四日、ナチ政府は、ドイツ公民権は、「内相がドイツへの帰還を要求した時に拒否したすべてのドイツ人」および「政府がドイツに対して敵対的な、あるいは不実なやり方で行動したと見なすドイツ人から剝奪される」と宣言した法律を公布した。さらに一九一八年一一月九日から一九三三年一月三〇日の間に獲得された公民権は、恣意的に剝奪できるようになった。これらの規定によって国籍を剝奪された人々はドイツに所有する全財産を失い、彼らの子どもたちも、たとえまだドイツにいたとしても、公民権を失う。政治的亡命者はこの法律で始末されるが、それでは十分でなかった。ドイツ市民はその時点で、三つの主要なカテゴリーに分類された。純血で完全な公民権に「ふさわしい」市民、純血ではあるが完全な公民権にふさわしくない市民、そして「異人種の血統」に属する市民である。

アメリカ大使ウィリアム・ドッドは、かなりの嫌悪感をもってこの分類について報告した。彼は米国に人種差別が存在することを都合よく無視して、ワシントン宛の電報に「すべての人は平等につくられており、造物主によって確実な絶対的権利を与えられているというアメリカの聖なる原則が、ヒトラーの第三帝国に存在する余地はない」と激しい調子で記し、ヒトラー自身が一九三二年、ドイツ市民になったばかりであり、それも単に手続き上の策略によるものだったという事実があるとすれば、特に奇妙だと付け加えた。大使はさらに実際的な調子で、新しい法律は訪問中のドイツ人が米国に取り残されるという結果をもたらし、「わが国の移住に関する法律と衝突」する可能性があると指摘した。

忠実なナチであるか、あるいはユダヤ人およびそのほかの受け入れ難い人種であるかによって、第一と第三のカテゴリーは簡単に確定できたが、第二のカテゴリーはあまり明確に定義できなかった。ある程度の事情は、バーデン州が出した帰化に関する文書によって明らかになる。帰化は「特別に正当な理由」を必要とした。体制への反対者、自由思想家、無神論者は共産主義者との疑いをかけられ、「自由主義者もこのカテゴリーに入れられる可能性がある」。外国人はドイツのために「特別な奉仕」

をしない限り、原則的に帰化できなかった。外国人とドイツ人の両親から生まれた申請者については、資格を持つ地区の医師が、両親のどちらの血統が優勢かを判断しなければならなかった。遺伝性の障害は言うまでもなく許容されず、一九一八年以降の政治的信条が調査された。ナチ党員であること、第一次世界大戦時に正規軍の軍籍にあったことが助けになったかもしれないが、結局のところ、完璧な公民権は「無条件でドイツ政府を支持し」、「外国でもドイツ人としての見解を堅持」する意志がある者にのみ認められた。何百万人もの民族ドイツ人がどれほど純血であろうとも、新たなヴァルハラ〔ゲルマン神話の神々の居城〕に居場所を見つけられないのはわかりきっていた。[1]

見てきたように、ドイツ本国で多様な市民を絶えず監視するのは、膨大だとしても実行可能な課題だった。ナチ政府諸機関に加わった新たな権力者たちは、この課題のために教会の戸籍簿、国勢調査の書類、税金の申告書、診療記録などの人口統計学に関する公的、私的双方の資料を活用できた。世界規模でのドイツ人の動静把握ははるかに困難だと思われたが、一九三四年に方法が確立した。

ナチはこのプロジェクトのために新たな機関を設置する必要はなく、外国でのドイツの文化および営業活動を促進し、海外移住者との関係維持を目的に設立された多くの既存の組織を接収するだけで済んだ。これらの中では、在外ドイツ人連盟（ＶＤＡ）と海外ドイツ人協会（ＤＡＩ）が主要な組織だった。これらの組織に新たに与えられた正式の地位は、「政治的理由のために政府と党ができない所で」活動を続けられるようにとの配慮から、公にされなかった。[2]一九三三年一二月、ナチ党総統代理ルドルフ・ヘスは、民族ドイツ人の問題に関わるすべての非政府組織は「民族ドイツ人評議会」を通じて国の統制を受けると知らせた。この措置が必要だったのは、「外国では主導権を握ろうと野心を抱いている世代と古くからの指導層の間で緊張が高まり、致命傷になりかねず……ドイツ民族集団内部に厳格な統制をしかなければならなくなった」からである。事実すでに、緊張状態の否定的な効果が現われていた。ブラジルでは民族ドイツ人の親が子どもを現地のドイツ人学校に通わせない事例が見られたが、それは「ナチ党……がこれらの学校に干渉」しているためだった。(3) このプロジェクトに関わったのはヘスだけではなく、まもなく宣伝省から旅行会社に至る全ナチ機関が、外国在住の民族ドイツ人の精神を完璧に仕上げる計画立案に実質的に携わるようになった。

ＤＡＩは一九三四年には中心的なダミー組織になっていた。鉤十字が帆に描かれたハンザ船をあしらったレターヘッドが、一部に疑惑を持たせていたかもしれないが。ＤＡＩは数年にわたって在外ドイツ人に関する情報を受け取り、彼らの住所録を保管していた。米国は、多数のドイツ出身者が居住していたので、特に関心を持たれていた。ヒトラー以前に行なわれていた情報収集の努力は、いささかでたらめなものだったと言える。ニューヨークの名もない通信員が、ドイツやそのほかの国出身の対象にされた移民の名を細長い筆跡で書きつけた大量の紙片に表紙を付けて寄越してきた。それにはハドソン・ヴァレーに住む上層市民も含まれていた。一九二六年に発生したある殺人事件のようなスキャンダルを扱った、一見したところ見当違いだとしても、扇情的な『ニューヨーク・ワールド』紙の切抜きがこれらのファイルを飾ることもあった。(4)

一九三五年、当時ドイツから米国にやって来た移民は、一連の愛想のよい「故郷からの手紙」を受け取って驚いた。彼らの返信はしばしば現住所やほかの親戚に関する情報を含んでおり、注意深くファイルされた。返信は、過激に親ヒトラーのものから同様に親カリフォルニアのものに及んでいた。ある通信員は、自分の新しい故郷で開催されたフラワー・フェスティバルについての情報さえ送って寄越した。(5) 一九三〇年代が進むにつれて、もたらされる情報は増加した。ドイツ名を持つ著名なアメリカ人、港町に住むドイツ人の船乗り、中央アメリカとキューバの忠実な人々のリスト、メノ派教徒とモラヴィア教徒の移民に関する文献一覧が存在した。ブレーメンの学生たちは、移民の船荷目録を一八世紀に遡ってチェックする仕事に駆り出された。ドイツ領事館は、パスポートを提出したドイツ人全員についてのDAIへの情報提供と、管轄下の元ドイツ市民に関する統計の提供を依頼された。ドイツ外務省のベテラン役人はそんな時間がかかる仕事に専心するほど親切ではなく、情報はアメリカ労働省を通じて得られるだろうと告げた。[6] アメリカ労働省は、そうした要請に明らかに疑念を抱いたので、国務省に同送され、国務省はドイツ大使館に説明を求めた。大使館はいくらか暴露的に、情報はドイツ軍の名簿の更新のために、また「個人がドイツ領に入る際に妨害されないよう」必要なのだと返答した。[7]

情報収集は続けられた。「下記の人物はわれわれの仕事にとって特に重要なのです……」で始まる手紙の形式で、名前と住所が送られた。対象者の職業が記され、通信者は、本人に「民族至上主義的なナチ世界観に確かに忠実」であるか、不明な場合は、「民族ドイツ人の独立運動」を引き受ける用意の有無を尋ねる二つの選択肢のうち一つにチェックを入れさせるよう要請された。[8] これらの全情報は、シュトゥットガルトの中央文書館の個人ファイルに細心の注意を払って保存された。どのファイルにも移住の理由、趣味、語学力、宗教、一八歳以下の子ども全員の名前と年齢が記されていた。[9]

祖国に送られたアメリカ社会に関する報告は、同国について説得力のある見方を常に提供するとは限らなかった。ある大胆な職人が一九三〇年代末にコネティカット州を車で旅した。ベデカーのような文体で書かれたナツメグ州（＝コネティカット州）についての彼の見解は、かなり驚くべきものだった。彼はショックを受けた様子で記している。「渓谷の肥沃な土壌と高地のあまり肥沃でない土壌」を耕しているのは、生粋のヤンキー農夫ではなく、ロシア、ポーランド、イタリアからの移民とその子どもたちであると。しかしながらこの事実は、ヤンキーのように見えるばかりでなく、まるで他人の目を欺くかのようにコロニアル様式の家に住んでいる人々と実際に話してみなくては、確認できなかった。事実、人口の三分の二は「外国生まれ」か、外国生まれの人の子どもたちだと思われた。彼がユダヤ人とロシア人に支配されていることを発見したタバコ産業。大規模な酪農場と養鶏場はドイツ人が所有者か労働者である場合もあったが、ポーランド人、イタリア人、スイス人、「そのほかの外国民族集団」による経営の方がはるかに多かった。工場、銀行、金融機関はまだ「古くからのアメリカ人」が所有しているが、実際の仕事の多くは彼らがしているのではない。個人サービスはほとんど「外国から移住して来た、あるいは異人種の」人々が行なっていると、彼は正確に記述している。信徒が「生まれ故郷から持ち込んだ言葉と方法で祈りを捧げている」「教会とシナゴーグの多様性」は、彼に強い印象を与えた。コネティカット州のドイツ人は残念ながら取り立ててまとまっているようには見えず、「アメリカン・ライフにきわめてうまく適合していた」[10]。彼は米国の奇跡を完全に見過ごしていたために、描写したすべての集団が、民族的、社会的相違にもかかわらず自分自身を真のアメリカ人と見なしていたことを、全く認識しなかったようである。

一九三八年二月、別のDAI職員ハインツ・クロスは、野心的な教育プログラムを提案するのに十分な、米国に関するデータを得たという感触を持った。DAIは、まずドイツ系アメリカ人の「出身地を示す地図帳」を発行する必要があった。この地図帳には、それぞれの町に住む民族ドイツ人の人数と主なドイツ人組織が掲載され、それによって「ばらばらになっているドイツ人集団」への接近が可能になるものだ。もはや母語に堪能でない人々のために、二か国語併用の予定だった。彼はドイツ系アメリカ人児童向け教科書の発行も提案した。その教科書では、ドイツ労働奉仕と市民保全政策の間や、「ドイツのユダヤ人問題とアメリカの黒人問題」の間に見られる類似性が指摘され、「知られていないドイツ出身のテキサス州の詩人」が書いた詩や、「ノース・ダコタ州のロシア系ドイツ人共同体」の開拓期の物語が掲載される予定だった。それらは、専門の研究者しか見つけられないようなものだった。DAIは明らかに聖書研究の主題に通じていなかったために、教会附属学校にドイツの地図を支給することも示唆した。学校の多くにドイツでなくパレスチナの地図が掲げられていることに気づいていたからである。きわめて重要なことに、「若いドイツ系アメリカ人」、とりわけ「向こうで」生まれた人々は、一年のうち少なくとも六か月間ドイツのどこかの町に送られるべきであると考えられていた。彼らはそれによって住民との結びつきを得られるというのである。[11]

これらの秘密計画のどれかが実際に実を結んだかどうかは明らかでないにしても、少なくとも一つの反応があった。DAIのファイルには、紙名は不明だが、ペンシルヴァニアの一新聞に掲載された論説が注意深く保管されている。それによれば、「ハインツ・クロス某という人物」がドイツからやって来て、地方の文化と伝統を「学ぶ」ためにアレンタウンを訪れたが、彼は「ヒトラーのスパイ」であり、頼まれもしないのに当地の住民に手紙を送りつけて「多くの成果をあげた」疑いが持たれていた。

ペンシルヴァニア州のアレンタウンとリーハイ郡に住むドイツ人の氏名および住所が、ドイツで作成された郵送先名簿に載せられて、当国（＝アメリカ合衆国）におけるナチ宣伝の販路を提供している。

これまで数か月にわたって……ドイツ系のリーハイ郡住民は手紙、雑誌、パンフレットを受け取っている。……ひときわ人目を引く発行物の一つは、『故郷』というドイツで印刷された文化雑誌である。本日、アレンタウンのある住民は、雑誌の発行者に何の情報も提供していないにもかかわらず、自分の名前が記事に何度か掲載されたと語った。……

あるドイツ系ペンシルヴァニア住民が「……自分の故郷はアメリカだと確信している限り、そして私たちは、ドイツ関連の情報が少ないほど、安らかな気持ちでいられる」と記しているように、これらの発行物を好意的に受け取らない人々もいる[12]。

自己宣伝に余念のない（ブントとして知られていた）ドイツ系アメリカ人民族同盟のような、アメリカ人が設立した公然たる親ナチグループの活動は、一九三〇年代末に公憤を招いていた。一九三八年、ドイツ外相ヨアヒム・フォン・リッベントロプの義兄弟であるドイツ大使ハンス・ハインリヒ・ディークホフは、ブントが使う多くはばかげた表現が独米関係を日ごとに悪化させていると気づき、ドイツ政府に対して彼らとの公的な関係を断ち、ドイツ市民の入会を禁ずるよう助言した。特にブントは、おそらく作家カール・マイが創造したヴィネトウに影響されて、成功はしなかったが「自然な同盟相手」として「民族的に純粋な」ネイティヴ・アメリカンの支持を得ようとし、クー・クラックス・クランをもてあそんだ。さらに悪いことに、米国政府がブントの青年キャンプを禁止した[13]。大使は在米の民族ドイツ人に国民社会主義に関心を抱く者はほとんどいないこと、DAIの「子どもじみた陰謀ごっこ[14]」が悲惨な結果しかもたらさないだろうことも指摘しようとした。このことはまもなくドイツの破壊活動を標的として多数開かれた議会の公聴会と調査によって証明され、交換留学生のスパイ行為、在米ドイツ人が軍事機密を入手しようとして投獄されたこと、ブント指導部の軽率な活動が明らかにされた。

だが、ドイツ系アメリカ人によるあらゆるドイツ支持の大衆運動に最終的な打撃を与えたのは、一九三八年一一月上旬の「水晶の夜」に起きた野蛮な諸事件だった。ディークホフ大使は一連の電報に、それまではドイツを「秩序の砦であり、暴力に対する、そして私有財産の不法な侵害に対する防波堤」と見なしていた「アメリカ国民の広範で力強い部分」が見解を変えたと記し、輿論の有様をつぎのように報告している。アメリカ輿論は――

例外なくドイツに怒りをあらわにし、敵意を抱いている。……ユダヤ人だけでなく、ドイツ系アメリカ人を含むあらゆる陣営と階級から、一様に抗議の声があがっている。とりわけ衝撃的なことに、完全に反共産主義的で大方は反ユダヤ主義的見解を持つ、尊敬すべき愛国主義陣営が、ほとんど例外なくわれわれに背を向け始めた。……デューイ、フーヴァー、ハースト、これまでは比較的自制的な態度を保ち、ある程度はドイツへの共感を表明しさえしていたそのほか多くの人々が今や、公に、激越にかつ厳しくドイツに敵対する姿勢をとっているのは由々しき事態である。

大使は数日後、つぎのように続けた。実際のところ、「反ユダヤ主義は徐々に浸透していくという良好な展望は、深刻な打撃を被った」。なぜなら「最も過激な反ユダヤ主義者さえ、この類いの方法とは距離を置きたがっているからである」。「現状でユダヤ人の味方であることを示すために、マサチューセッツのある古いプロテスタント教会では三〇〇年にわたる伝統を破り、初めてラビの説教を聴くことまでした」という事実が、ディークホフが感じた趨勢を証明した[15]。

ローズヴェルト政府は、これらの電報が送られた数日後にドイツ大使を永久にベルリンへ送り返すことで、ドイツへの不快感をあらわにした。しかしながら、ナチ指導部は民族ドイツ人を取り戻す努力を放棄しようとはしなかった。一二月一六日、ゲーリングは四か年計画に必要な熟練労働力を獲得するため、米国企業がドイツ人労働者を解雇してユダヤ人に代えているという噂を聞いたと主張して、(三、四日のうちに)「アメリカからドイツ出身者(すでにアメリカ国籍を持っている者でも)を勧誘する」ための「大胆な計画」の提出を外務省に命じた。ゲーリングはこの計画にヒトラーの賛同を得ており、「故郷に戻るドイツ出身者とアメリカへ送るユダヤ人との交換の組織化も可能だろう」とさえ考えていた。労働者をおびき寄せる手段は、ドイツ船舶の下級船室での旅費の支給、ドイツで好きな所に仮住まいする自由、そのほか多くの特典だった。新たにワシントンから戻って来たディークホフは、見聞の狭い上司に向かって気落ちしながら、「ドイツ系アメリカ人は外国の支配下で暮らすよう強制されたのではなく……アメリカ人として生活するためにアメリカに赴いたのだと、決して忘れない方がよいでしょう」と指摘した。(16)

米国からドイツの血統の人々を取り戻すさらなる努力は、戦争の勃発によって妨げられるが、いっそう狂信的なナチは相変わらず希望に満ちていた。親衛隊全国指導者ハインリヒ・ヒムラーは、ヒトラーの官房長マルティン・ボルマン宛の一九四二年四月の覚書で、ディークホフの意見には全く首肯せずに、「征服地の植民のために、ドイツの血統に属し、ドイツ帝国にとって何らかの価値がある独身男性全員を呼び戻す」秘密の努力を戦後もアメリカで続けようといまだに主張していた。彼は、これらの元ドイツ人は「疑問の余地なく政治的に汚染されている」と認めつつも、その問題を「個人的な洗脳という手段で」解決しようと提案した。「……個人的なつながりを利用して、各家族の成員を呼び戻さなければならない」(17)。

米国におけるものと同様の努力は、民族ドイツ人が存在するあらゆる国で進行した。南米は大規模な活動の標的だった。ナチは、南米のドイツ系住民は米国のドイツ系住民よりもはるかにナチズムを受け入れやすいと見ていた。なぜなら、彼らはかなりのちになって新世界に到達し、より緊密な人間関係を維持する傾向が強かったからである。ドイツ政府諸機関はほかにもいろいろ行なう中で、南米のドイツ人学校に助成金を出し、文通、ドイツでの奨学制度、教員の交換を奨励した。(18)

リストにあがらない国はほとんどなかった。工作員が南米、スペイン、ルーマニア、バルト諸国、デンマーク、スロヴェニア、スロヴァキア、そしてかつてはドイツ植民地でイギリス委任統治領となったパプアニューギニアでも活動しており、秘密の覚書によれば、民族ドイツ人四二二人がいまだにそこに居住していた。工作員は喜んで報告した。ルター派の伝道団体が自分の到着に際して鉄道の駅を鉤十字旗で飾り、ナチの歌を（おそらくヒトラーが考えていることを正確には知らずに）低音管楽器で演奏する先住民の楽隊に迎えられたと。ナチに忠実な地元民のリストが添えられており、それに基づいて、ある入植者は「精力的な指導者タイプ」であり、別の一人は家にヒトラーのサイン入り写真を飾っており、ドイツが植民地を取り戻した暁には事務官にふさわしい数人がいるという報告が本国の役所に届いた。(19)

労働者あるいは植民者としての海外在住ドイツ人の活用は実現しそうになかったとしても、別の候補者がもっと近く手の届くところにいた。ヒムラーはヒトラーの賛同を得て、ポーランドとソ連から奪う予定の広大な地域のために、歴史上最大規模の民族移動計画の一つを思いついた。その計画は、大量のスラヴ系住民を最終的にウラル山脈の東の彼方に追いやって、入植ドイツ人が「東方の壁」となり、アーリア人とスラヴ人の間の緩衝地帯をつくるというものである。まもなく金髪碧眼の新しい住民が、この地帯を通る素晴しい高速道路を使って、陽光がふりそそぐクリミアの海岸に向かうだろう。理論上模範的なドイツ農民である植民者は、ヒトラーが好んだ西部劇小説を思い出させる要塞に守られながら、しばらくの間スラヴ人を農奴のように働かせて土地を耕作するだろう。特にトランスニストリア、ヴォルガ、ブコヴィナ、ベッサラビア、バルト諸国を含むいくらかエキゾチックな諸地方で長い時間をかけて成立してきた民族ドイツ人は、新しく獲得された領域の内部で再編成され、世

強制移住。

界中から集められたほかの民族ドイツ人と統合されるだろう。この壮大な夢は最初から、一九三〇年代末から一九四〇年代初めにかけての権力政治の複雑な現実に合わせて変更の必要があると考えられていた。

一九三八年、ヒトラーは実際に、ムッソリーニがナチのオーストリア併合を黙認した見返りに、二〇万人の民族ドイツ人が住む南チロルの「ドイツ」地域を不承不承彼に譲らなくてはならなかった。同年、ドイツ民族のさらなる統合を口実にドイツ軍がズデーテン地方に侵入し、続いて翌年、ヒトラーがチェコスロヴァキアの領土のうち独立して残っていたボヘミアとモラヴィアを征服すると、ムッソリーニは当然にも南チロルもまもなく同じ運命に陥るだろうという恐れを抱いて、全民族ドイツ人を直ちにそこから追い出すと主張した。ヒトラーはポーランド侵略計画を秘密裡に滞りなく進めている最中だったので、ムッソリーニと不和になるわけにはいかず、同意せざるを得なかった。これはかなり困った事態だった。ズデーテン・ドイツ人の場合と同様に何年もの間南チロル人を扇動して、ここで少数者の権利を獲得しようとしてきたドイツの諸組織は、チェコ領の支配権をズデーテン・ドイツ人に渡すために、今や南チロル人にどこかほかの場所への移住を勧めなくてはならなかったからである。[20]もっと厄介だったのは、さしあたりヒトラーにはまだ二〇万人を移動させる場所がなかったという事実である。

この問題に着手する前に、ドイツのポーランド侵略および国土分割が始まった。世界が驚愕したことに、この企てにおけるヒトラーの共犯者はソ連だった。一九三九年八月二三日、ヒトラーはソ連との不可侵条約に署名した。長い時間をかけて計画してきた侵略を開始する一週間と少し前のことである。

ヨシフ・スターリンは、人間のシニカルな利用と排除という点で確かに総統と同等であり、同じように領土に関する計画を持っていた。彼はポーランド中央部よりも、重要な海港を抱えたバルト諸国およびルーマニアと国境を接する地域の支配権の獲得により大きな関心があり、また対ドイツ防衛のために緩衝地帯を設けようとも考えていた。ヒトラーは、ドイツのポーランド攻撃に対抗して英仏が対独宣戦布告に踏み切ったため、再び大量の民族ドイツ人が居住している地域を、このたびはスターリンに譲渡せざるを得なかった。ヒトラーの将来計画では、ソ連の裏切りが見込まれていたので、その地域の奥深くに住んでいる全ドイツ人が、侵略が始まった途端に容易ならぬ危険に陥り、移動を余儀なくされるのは明らかだった。スターリンは、疑問の余地なくナチに忠実な集団に疑惑を抱いていたので、民族ドイツ人を厄介払いできれば非常に喜ばしいというだけのことだった。そこでソ連との最終的な合意には、ドイツに自国民とバルト諸国の「ドイツの血統」を持つ人々をドイツ支配圏に移すことを認める秘密議定書が含まれた。[21]これによって、優良な血統に属するおよそ八万六〇〇〇人が、エストニアからラトヴィアに至るヒトラーの新しい帝国に加わり、それだけでなく、リトアニアからもっと大勢が続いて来る予定だった。数日後、ヒトラーはムッソリーニに、南チロル人のために「気候的、地形的に適した地域」がポーランド領内に確保されるだろうと伝えた。[22]

この外交的合意後たった数日のうちに、ヒムラーがかなりの策略を用いて全再植民事業の責任を掌握し、運営の準備金一〇〇〇万ライヒスマルクを得た。何百万人もの民族ドイツ人の再植民には、全く新しい組織が必要になる。ヒトラーは、一九三九年一〇月七日付の布告により、ドイツ民族強化全権を新設した。ヒトラーは、「ヴェルサイユ条約がヨーロッパにもたらしたさまざまな結果は除去されなければならない」と述べて、今や大ドイツ帝国は、「その領土内にこれまで外国の支配下での生活を余儀なくされてきたドイツ人を受け入れ、定住させることができる」と宣言した。ヒムラーにはつぎの三つの任務が託された。

一、ドイツへの永続的な帰還に適格な、外国に居住するドイツ国民および民族ドイツ人を呼び戻すこと。
二、ドイツとドイツ民族共同体への危険と見なされる、住民内部の異分子の有害な影響を除去すること。
三、再植民、とりわけ外国から戻って来るドイツ国民および民族ドイツ人の再植民により、ドイツの新植民地を建設すること。[23]

ヒムラーは、この計画のために設立された全機関を活用する権限を得た。これらの機関は、多数の民族ドイツ人を集め、移動させ、まだどことも定められていない地域に植民させる義務を負ったが、それらの地域からは、相当する人数の好ましくない人々を追放する必要が出てくるだろう。民族ドイツ人を集めるのも、むやみにできることではなかった。どの男女も真にドイツ人であり、真に「価値がある」かを確認するために、公民権法が定めるとおりに人種的、医学的、政治的に審査されなければならないだろう。

植民させる地域の問題は簡単に解決できた。ドイツ民族強化全権が任命されて一週間も経たないうちに、ポズナニとウーチの周辺地域を含むポーランド西部の大部分がドイツに併合された。これらの地域はダンツィヒ・西プロイセン、ツィヒェナウ、カトヴィツ、ヴァルテラントという新設の大管区を含み、民族ドイツ人のために保有されたのである。町、河川、道路などの名称はドイツ化され、ポーランド文化は抑圧された。これ以後ポズナニはポーゼンと呼ばれ、ウーチはリッツマンシュタットとなった。ワルシャワ、ルブリン、クラクフを含むポーランドの中部と南部は、いわゆる総督領となってドイツ支配下のポーランド人口の大部分を抱え、併合諸地域の好ましからぬ人々を遺棄する場所として利用される。九月半ばにソ連が占領したポーランド東部はしばらくナチ支配を免れ、植民の役には立たなかったが、この状況はまもなく変化する。

新たな植民者の育成の組織化も同様に迅速に進んだ。在外ドイツ民族センター本部は、それ以前につくられた民族ドイツ人関係の全組織を支配するために一九三七年、ヒムラーが設立したもので、ドイツ人集団の疎開を担当した。別の中央移民局という機関が、移民者の適性を診断し、それに従ってドイツ民族強化全権が彼らを新植民地に送り込む。中央移民局は、新参者による純粋なドイツ人の「汚染」を確実に避けるために、警察、厚生省、国立銀行、親衛隊人種・植民本部の職員、統計学者と栄養士を招いた。[24] とにかく用心し過ぎということはなかった。訓練を受けた人材の発掘は問題でなく——関係諸機関は本国で何年間もこの種の仕事に携わっていた——、一九三九年一〇月一二日、この事業のために数多い育成施設の最初のものがバルト海沿岸の港湾都市グディニャに開設された。

再植民と追放の計画は、理論上は実に素晴しかったが、どこの民族ドイツ人であろうと、財産を失い、事業を清算し、何世代にもわたって暮らしてきた故郷を捨てて見知らぬ土地で熱狂的な開拓者になることを前提としているだけでなく、人種的同胞を迎える側のドイツ人がこれらの政策を支持し、新参者を歓迎する用意があるとも仮定していた。悲しいことに、事態はそれほど単純ではなかった。

再植民が最初に実施される予定のエストニアとラトヴィアでは、ドイツ当局者は細心の注意を払わなくてはならなかった。彼らは民族ドイツ人に自由意志で退去するよう説得し、ヒトラーが実際はバルト諸国をソ連に譲り渡したのだと世界に向けてうっかり暴露してしまわないようにする必要があった。何よりも、再植民がソ連から連れ出されたドイツ人の救済、あるいは戦闘地域になりうる場所からの疎開と見なされないように、ドイツ諸機関は、疎開者について避難民としてではなく、「総統の呼びかけに応えた」人々として言及すべきとされた。あるドイツ文書では、疎開者は「国境に配備するのに最適な、「強力な伝統で結ばれ、気力に満ちた集団」と記されていた。[25]

ヒトラーは、一九三九年一〇月六日金曜日の国会演説で再植民を公表した。彼は演説の中で、かなり漠然と「……現在の歴史的、民族学的、経済的状況に従った……ドイツのフロンティアの創設」、「さまざまな民族に応じた生存圏の配置」、「ユダヤ人問題を解決する試み」に言及した。ユダヤ系民族ドイツ人という表現が可能だとしても、彼らは疎開には加えられない。彼は、ロシアとドイツはポーランドとその周辺地域を、両国に対する陰謀の温床から「平和裡に発展していく地域」につくりかえるだろうと述べた。[26]

この企ての対象となるバルト諸国在住者が疎開について公式の詳細を聞くのは、さらに二日後である。その時にはすでに、エストニアの首都タリン駐在のアメリカ代理公使が「ゲルマン民族古来の東方の砦[27]」を建設しようとするドイツの伝統的な政策がこのように劇的に復活したことに驚きつつ、ドイツの輸送船が港に停泊していると報告していた。[28]リガおよびそのほかのバルト海の港でも船の到着が記録されている。民族ドイツ人組織とベルリンの間で噂と質問が飛び交った。移動が予定されていた人々だけが、疎開の大規模かつ性急なやり方に驚かされたのではない。

ヒトラーがごまかそうとしたにもかかわらず、バルト諸国政府の非ドイツ人には自分たちの運命が決まったことが明らかだった。ドイツ人少数者がいなくなるということは、まもなくソ連が支配権を掌握するという意味だった。エストニアの首相は知らせを聞いて泣き出し、「エストニアはおしまいだ」と断言した。ソ連側ではドイツの迅速な行動に狼狽し、疎開せよという「恐慌を来すような」煽動に「びっくりしている」とドイツ大使に告げた。[29]ソ連外相ヴャチェスラフ・モロトフも、バルト諸国から民族ドイツ人がいなくなれば、ナチがつぎはソ連に攻撃をしかけてくるだろうと恐れていた。ヒトラーは、そんなことを思わせる噂は英米の「プロパガンダ」であり、民族ドイツ人の移動はドイツがバルト諸国に「政治的関心を持たないこと」を示すだけだと言って、モロトフをなだめた。[30]

今やバルト諸国の民族ドイツ人が直面することになった複雑な感情は、想像するに難くない。ロンドンの『タイムズ』紙は、「ラトヴィアのほとんどすべてのドイツ人家族は引き裂かれ、苦しんでいるように見える」と報じた。ためらっている暇はほとんどなく、バルト・ドイツ人は一週間以内に出発するよう期待されていた。「本日出発の集団は、どうすればいいのかわからず、ドイツに行くことを望んでいるわけでもなく、残ることを恐れ……ヒトラーはまもなく自分たちを見捨てると決めたのだろうと信じていた」。反抗する者もいた。ある鋭敏な青年は、故郷を去って「ヒトラーの兵士」になるつもりはないと言い切った。教会は告知があったつぎの日曜日に一杯になり、「参加者は礼拝の間中涙にくれていた[31]」。

ナチの工作員にそのような責め苦はなかった。細心なリストの作成と計画はついに正当化された。民族ドイツ人の指導者たちは公表の一〇日以上前に、ヒムラーならびにほかの役人たちとの協議のために秘密裡にドイツに召集されていた[32]。一万二〇〇〇枚の新しい身分証明書がすでに印刷されており、疎開の詳細を記したビラも同様だった。一〇月九日、バルト・ドイツ人向けの地元紙に疎開する可能性のある人々に向けた告知が載り、それによれば、彼らは「この国で自分たちが何世紀にもわたって成し遂げてきた仕事を誇りをもって見る」ことができるが、今は彼らのために新しい任務が用意されている。「われわれはともに再植民し、ドイツの東方地域を成功裡に取り戻すだろう[33]」。その間にナチの工作員が、来たるべきボリシェヴィキの恐怖の噂を密かに撒き散らしていた。同日、疎開担当事務所が開設され、詳細な指令を大量に作成した。それらは、冷静であれという警告がちりばめられ、手荷物から家財道具の輸送に至るあらゆる事柄を包括していた。

恐怖のプロパガンダが効き過ぎた地域もあった。人々が数日のうちに銀行と政府諸機関に押し寄せて、口座を閉じ、財産を処分しようとしたので、公に安全を保証し、見当違いの噂に惑わされないよう警告する必要が出てきた。役人は疎開者に諸機関をいきなり訪問しないよう頼み、不動産を慌てて売却しないよう思いとどまらせ、その代わりに財産所有権をドイツ管財局に譲渡するよう勧めた。ドイツ管財局は、個人あるいは「民族全体の経済」が不要な損失を被らないように、バルト諸国政府と協議の上でそれを処分することになっていた[34]。

ラトヴィアでは、人々は「選抜」担当の特別な事務所に出頭するよう指示された。彼らはそこで、ラトヴィアおよびドイツ政府の代理人の前で、ラトヴィア市民権の放棄とすでに印刷されていた「帰還者」証明書の受領を同時に済ませた。証明書には出発の日付と船便名が明記されていた。エストニアでは、疎開者は乗船前に家の鍵をドイツ公使館に残していくよう指示された。誰もが債券、家具、銀、宝石の際限のない目録作りに精を出した。自分たちの掛け値のない全資産を譲渡するにあたってのこのいくらか粗雑なやり方に疑問を抱いた人々には、「総統のお言葉」を疑うのかという軽蔑をこめた質問が向けられた[35]。公文書はすべて中央事務所に引き渡せという通知が出された。財団の管財人はこれまでとは違う書式の記入を指示され、すべての価値ある美術品については中央事務所への報告義務が課された。とりわけ、申請者は皆、自分がアーリア人であると証明する家系図の提出に疲れきってしまった[36]。

この事業にはスピードが重要だった。人々は時間をかけて考えれば考えるほど、故郷を去る決心を翻しがちになり、行き先をドイツから別の場所へ変えようとした。言うまでもなく、急な疎開に対する抵抗があった。疎開は本質的に、ドイツ政府への自身の全面的な委託と全く知らない土地への移動を要求するものだったからである。ドイツの新聞に掲載された常に耳障りで脅すような告知が、躊躇を一撃した。民族ドイツ人は頻繁な中断のたびに、「大ドイツ帝国の他民族と境を接する最前線で新たな任務を引き受ける」最初の集団に加わり、将来だけを考え、過去を振り返らないよう激励された。彼らの子どもたちにはより大きなチャンスがあるだろうし、ヒトラーは彼らを大事に思っていると言われた。時が経つにつれて、のろまな連中に対する苛立ちが見られ始めた。故郷を離れたがらない民族ドイツ人は「全くのたわけ者」であり、あとに残ることで生じる「自ら課した罰」に値すると見なされた[37]。この種の圧力が功を奏さなかったので、現実政策が前面に出てきた。公然と反共産主義を掲げる民族ドイツ人は自宅を訪問され、いずれソヴィエト当局に引き渡すと脅された。

再植民への熱狂の度合いは、一般に年齢に応じていた。民族ドイツ人の若者はヒトラー・ユーゲント型の地方組織で何年にもわたって教化されてきたため、親よりもずっと熱狂的で、多くの若者が自分の意志で故郷を離れたと思われる。ドイツの熱烈な報告にもかかわらず、出発は多くの人にとって辛いものだった。非ドイツ人の妻は故郷を去りたがらず、離婚や自殺に至ることもあったが、接近しつつあるソヴィエト軍による接収の恐怖が非常に大きかった。また、疎開が最初に告知されて一週間以内に最初の集団がどことも知れぬ場所へ向けて出帆するほど、ナチ諸機関からの圧力が強かった。行き先を知らされたのは船長だけで、それも出航後だった。乗船手続きは効率的に、むしろ軍隊の感覚で行なわれた。疎開者は最初に港のそばの仮設宿舎に集められた。そこで彼らを迎えたのは、つぎのような厳格な規定が記された刷り物である。指定された場所以外での喫煙、飲酒、飲食は禁止され、寝台も指定されており、家族それぞれが寝具、食器、食糧を持ち込まなくてはならなかった。消灯は午後一〇時で起床は七時。医師と看護婦が巡回し、乳児用の風呂は申し込めば使えた。七歳以下の子どもは女性用寝室で就寝した。規律の必要性が強調された。最後の項でのみ、いくらか人間らしい感情――「おやすみなさい、変化が滞りないように、良き航海と、第三帝国の新しい故郷で幸福な再統合が実現すること」を祈る――が示され、挨拶がされていた。[38]

ドイツから送られて来た船は複数回の航海をこなし、その年の終わりに一万人以上のエストニア人とおよそ四万七〇〇〇人のラトヴィア人を運んだ。一九四〇年春、さらに何千人かが続くはずだったが、ナチにとっては遺憾にも、かなり多くの民族ドイツ人、特に事情により移住するには複雑な調整が必要な人々と、そのため再考する時間があった人々が出発しなかった。この事情を解決する必要が、唯一の理由ではなかった。最後の集団が出発する前に、バルト諸国は、光栄ある帝国の状況は完璧とは言い難いという内容の暗号文書を受け取った。初期のある疎開者は、同胞は「ヤンの結婚式が終わる」まで出発するべきでないと故郷に書き送った。[39] これは、当のヤンがたった二歳であることを除けば、筋の通った考えだった。ドイツ語地元紙はためらっている「不良ドイツ人」を罵倒し、彼らは

「同胞市民に軽蔑され……、彼らが滅びれば喜ばれるだろう。敵対的な雰囲気の中、見知らぬ人々の間で育てられ、同級生から避けられ、自分自身の居場所を決して見つけられない子どもたちの運命をじっくり考えさせてやればいい」と予言した。[40] 実際のところこの予言は、留まった人々ではなく、故郷を去って輸送船に足を踏み入れた瞬間に無国籍者になり、残りの人生をそのままでいた多くの人々にあてはまる。

残った人々は守られた少数者という以前の地位をすぐに失った。一九三九年一二月二一日、ラトヴィア内務省は「ラトヴィアのゲルマン主義は永久に死滅した」と宣言した。ドイツ系の学校と教会は閉鎖され、ドイツ語の新聞はもはや発行されず、人々は名前の「ラトヴィア化」を奨励された。[41] 一九四〇年、予告どおりにソヴィエトがラトヴィアとエストニアを占領すると、そうした政策がいっそう推進されたため、残っていた一万六〇〇〇人以上の「ドイツ人」はドイツ領に向かうことになった。

エストニア人とラトヴィア人は、ヒトラーとスターリンが合意した取り決めを実施するために移動させられた最初の集団に過ぎなかった。彼らの輸送船が、ドイツ海軍が敷設した機雷原を通ってバルト海を慎重に渡って行く時になっても、ポーランドのドイツ地域におけるベラルーシ人とウクライナ人の交換は、ソヴィエト地域の民族ドイツ人を考慮して取り決めがなされていた。一九四〇年夏と秋は、ベッサラビア人、ブコヴィナ人、リトアニア人、残っていたエストニア人とラトヴィア人、加えてポーランド総督領の民族ドイツ人の番で、総数はおよそ五〇万人に上った。どの場合も、輸送手段――列車、ドナウ川の汽船、牛が引く長く連なった荷馬車隊を含む――がリガとタリンから来た汽船に比べてずっと多彩だったとしても、説得と疎開の方法は基本的に同じだった。

一九四〇年春、この強制移住者の群れを保護するために、およそ一五〇〇の収容所と一時収容施設が設置された。到着した人々は「監視」収容所に向かう前に、受け入れ収容所で虱を取ってもらい、身体を洗われ、検疫を受けた。この最初の集結地では、食べ物と宿泊所とともに、ナチズムについていくらか漠然とした知識しかない人々のためにドイツ語と政治的教化の授業があった。一四歳以下の子どもは移動学級とヒトラー・ユーゲント部隊が設けられ、健康問題に特別の注意が払われたが、それは彼らのためではなかった。何の疑いも抱いていない再植民者の行く先では人種的、政治的選別が待っており、それが彼らの運命を決めた。ヒムラーは、できるだけ大勢の健康な新しいドイツ人を獲得しようとしていたのである。

ヒムラーはバルト諸国で迅速に行動を起こしたのだが、疎開者の定住に適切な場所を見つけるには少々遅れをとった。彼の機関は、少数の名をあげるだけでも、ほかの占領行政官、接収された東欧企業を引き継ごうと群がって来た日和見的なドイツのビジネスマン、ゲーリングの四か年計画庁、農業省と競合しなければならなかった。状況は、新任のナチ地方官と彼自身が選んだわけではない移住者の対立のために、いっそう難しくなった。

ダンツィヒの大管区指導者であり、ヒトラーの友人であるアルベルト・フォルスターは、バルト人をあらゆる種類のサービスを要求してくる厄介な外国人と見なした。彼は、ほとんどがホワイトカラーで、役立たずの老人と子どもを含むこの集団と関わりたくなかった。フォルスターは、ポーランド人と交渉して、産業が繁栄している飛び領土を旧知の仲間とともに支配する方がたやすいだろうと思っていた。熱狂的な土地収奪の進行を目の当たりにし、またフォルスターがグディニャに数千人以上のバルト人を引き受けることを拒否したために、ヒムラーは数隻の船をシュチェチンおよびそのほかの港に送らざるを得なかった。

到着したバルト諸国からの乗客が、何を期待していたのかはわからない。幼い子どもにとって船旅は心躍る体験だった。彼らの兄や姉は、話に聞くだけだったドイツに行けるのが嬉しかった。そこでは隣人皆がドイツ語を話し、学校でラトヴィア語を学ぶ必要もなく、最新流行の玩具――その当時は「ホランダー」という名の一種のゴーカートを手に入れられた。[42] 同様に楽観的な大人もいた。以前エストニアの精神病院に入院していた一人は、おめでたいことに遺伝性疾患に関するナチの法律について知らず、ドイツでも同じように良い施設に入れればという控え目な希望を述べた。[43] だが、すぐにベルリンや、ドイツの宣伝雑誌で頻繁に見ていた、ディアンドルを着た少女が大勢いて花が咲き乱れた牧歌的な村に向かうと思っていた移住者は失望した。当時七歳だったアンドレアス・マイヤー・ラントルートは、「上陸した時に私たちは騙されたのだと気づいた。ドイツ本国に着いたのではなかったからだ」と述懐している。彼の母親は子どもを連れて夫の先に立っていたが、「朝から晩まで泣いていて、私たちはこの先どうなるのか全くわからなかった」。[44] それでも、グディニャやほかの港町で行なわれた歓迎式典はたいそう華やかだった。旗が翻り、拡声器からは陽気なドイツの歌が流れた。だが、多くの移住者はすぐに、ナチ青年組織、警察、福祉団体の制服を着た大勢の傲慢で非人間的な代表者に嫌がらせをされた。彼らは、移住者を港やその周辺の宿舎、あるいはポズナニやドイツ北西部とポーランドの新たに併合された地域の仮の「隔離」宿所に連れて行く列車に案内しようと、波止場で待っていた。

疎開者は、港町に準備された宿所の多くが南京虫などの害虫で一杯だと気づいた。少し幸運であれば、海岸の閉鎖されたリゾートホテルやポーランドの元精神病院と老人病院に入れた。後者については、移民には知られていなかったが、親衛隊が入院患者数百人をダンツィヒ近くの遠隔地に連れて行って殺害し、それらの施設を使用できるようにしたのである。ポズナニに赴いた人々はポーランドの元学校をあてがわれた。そこでは、食糧は豊富で医療体制も万全だったが、寝具は床に敷いた藁しかなかった。

田舎の生活も牧歌的ではなかった。何百ものバルト人家族は互いに孤立し、何か月もの間、時には不愉快なドイツ人農民家族と同居し、寒さ、病気、憂鬱と戦った。六か月、二歳、五歳の三人の子どもを抱えたある一家は、ポンメルンの遠隔地のヴォラ・ジェリホフスカ村で全農民家族に拒絶され、結局馬小屋の近くの暖房がない労働者住宅をあてがわれた。母親は雑用の手伝いをして、子どもたちのためにやっとのことでミルクを調達した。野菜はほとんどなく、座るには床が冷た過ぎたので、赤ん坊はほとんどの時間を寝台で過ごさなければならなかった。冬が早く到来し、台所の水は凍ってしまった。親や友人からの知らせも全くなかった。祖国での彼らの最初のクリスマスは、このようにして過ぎていった。とうとう早春になって、この一家もポズナニに転居したが、その住居の寝具は藁だけで、栄養失調の赤ん坊はそこで死にかけた。(45)

三月に到着した別の疎開者によれば、この頃には藁は必ずしも清潔とは言えなくなっていた。収容所の集団はたいそう雑多だった。上流階級、中流階級の家族は、酔って喧嘩するあまり教養のない同郷人を恐れていた。ナチのエリート校オルデンスブルクの生徒が秩序の維持にあたった。ある疎開者は、彼の収容所の若い所長を「物語に出てくる若きジークフリートのように本当にハンサムだった」と描写している。だが、収容所のほとんどの人々は、オルデンスブルクの若者を「教育も訓練も受けていない」と見ていた。女性用居住区の一つには「このタイプの典型例がいて、彼はたいそう若く、過度に傲慢で素っ気ない態度をとりました。私たちに何かさせようとする時、彼は私たちを呼ぶのではなく、口笛を吹きました。私たちバルト人女性はまもなく彼と衝突するようになりました」。(46)

新たな移住者は、ここととそのほかの百もの似たような収容所から、最終的な人種審査のために呼び出された。これは特徴的にも、ナチの諸機関、省庁、警察、青少年組織の派手な制服を着て勢揃いした無数の役人が待ち構えている大きなホールで行なわれた。家族は、それぞれの出生証明書と系図が調べられている間、一緒に待った。財産目録が作成され、残されてきた品目の補償が準備された。民族ドイツ人がどんな政治組織に所属し、活動していたかが検討された。六歳以上の全員が裸体で写真を撮られ、親衛隊の医師の診察を受けた。その際、すでに確立されていたアーリア人の鼻、頭の形、髪と目の色の基準に合うかどうか、詳細な分析がなされた。ここには軽薄さが受け入れられる余地はなかった。身体検査後に良好なのは歯だけだと告げられたある若者は、頭も良いのに医師の検査ではそれがわからなかったのだと言い返した。これは傲慢さのあらわれと記録され、この若者はそのため親衛隊勤務には不適格だと言い渡された。彼はのちに、この譴責が天恵だったことに気づいた。

ほかの再植民者の中に隠れようとした「異人種」は皆、この威圧的な舞台で発見されてしまった。各被験者の大きなファイル用カードには、検査の各段階で等級が書き込まれ、最後にドイツ人仲間の序列の中で永続的な位置となる人種的分類がなされた。

人種問題担当諸機関が設定した分類方式は非常に複雑で、被験者の身分に従って多様だった。一般に数字と文字の組合せが分析の内容を示し、それを見た役人にはそれぞれの意味がわかるようになっていた。こうして「Ia9/I」は、被験者が民族集団にとって非常に望ましい存在であり、純粋な北方系であり、完璧な体格を持ち、良家の一員であることを意味した。その一方で「IV F」は、アメリカ兵にはよく知られているように、ここでも排除されるカテゴリーを意味し、被験者が完全に受け入れ難い異人種の血統に属することを示した。[47] この分類が確定されると、候補者は帰化の申請書類を渡されるか、あるいは身分に関する決定は「延期される」と告げられる。被験者の経験と照らし合わせた上で、被験者がどこに植民するかが人種の標識によって決定されるが、この要因も記号によって示された。「A（Altreich）」は、あまり望ましくない移民につけられ、被験者がドイツ本国に送られて厳しい監視下で生活すること、農場や事業の自営を許されないことを示した。「O（Ost-Falle）」は、その一族が東方におけるドイツの血統の防壁を形成するものとして特に価値があり、できるかぎりそれまでと同じ比較的独立した状態で、新たに獲得する東方地域に植民することを意味した。「S（Sonder-fall）」は「特殊な事例」を示し、忠誠や人種の点で疑わしい人々に使われた。彼らは移送されたり、強制労働に投入されたりする可能性があった。[48] このように、基本的に異議を認めずに処理がなされたのちに、ポーランドに残るよう選抜された移民は、収容所に戻って永続的な居所が割り当てられるのを待った。

住居と農場が任意に割り当てられることは、めったになかった。町では親衛隊所属の不動産業者が、少数の幸運な移住者にいくつかの選択肢を提示した。まもなく、最初に提供される場所はたいてい汚らしいから応じるべきでない、という噂が広まった。この間に、新たに到着した人々には、彼らが検分している家は宣伝と違って、強制収奪されたものだということがわかってきた。初めは、強制退去させられた人々が自分たちと異なり、なぜ多くの物を荷造りして行かなかったのだろうと訝しがる者もいた。事実は長い時間をかけて明るみに出てきた。何軒かの家では食堂のテーブルに食べかけの食事が残されたままであり、机は個人的な書類で一杯であり、整えられていない子ども用寝台が、小さな身体が夜のうちに抱き上げられたと語っていた。たとえばポーランドの民族ドイツ人から借りるという方法で居所を見つけられた移住者はあまり罪の意識を感じることはなかったが、たいていの人にはほかの選択肢はなく、引越し先で、多くは教養のある中流階級のポーランド人だった以前の住人についてあれこれ考えるだけだった。その中には、第一次世界大戦の際にドイツ軍に従軍して、飾られたままになっている鉄十字章を授けられた人もいたのである。

家に出没する幽霊は、いつも実体がないわけではなかった。ユダヤ人やポーランド人が混乱の中で移送された際に、多くがナチの網を逃れ、あるいは帰郷した。家の以前の持ち主が戸口で、自分たちの持ち物を少し集めてもよいかと丁寧に尋ねる姿がよく見られた。ある移住者は当時幼い少年だったが、家の元の持ち主だったポーランド人が、一家の書類、写真、絵の小さな山を積んだ小型の橇を引っ張りながら雪の中へ消えて行く様子を今でも思い浮かべる(49)。

ウーチではもっと精力的なポーランド人の母親が、以前の住居に六回にわたって出かけて行き、そのたびに所持品の大きな包みを運び出した。元の住人との接触は厳禁されていたので、こうした訪問は危険だった。神経質になっていたバルト人一家は、おそらく多くのポーランド人の運命については何も知らずに、その年配の女性が「私たちに心から感謝し、少し泣きながら、ついに永久に消えた時」、安堵した(50)。

地方では住宅供給担当機関が、人々をそれまでと同等の環境に置くために多少の努力をした。爵位のあるバルト・ドイツ人は、ポーランドの小地主階級が所有していた邸宅に入ることが多かったが、それは壊れかけて修繕が難しい物件だった。その一方で、ヴォルイーニ出身の農民は簡素な農場をあてがわれた。だが移住者の誰も、自分の新たな財産に正当な権利を与えられることはなかった。所有権はナチ諸機関の手にあり、それは居住者が常に立退きの危険にさらされているということを意味した。

それでも一九四〇年夏には、ポーランド西部に入植したバルト・ドイツ人の比較的小さな集団の多くはおおむね不自由なく定住し、再び移動がないことだけを祈っていた。ナチ諸機関は言ったとおりに、彼らの家畜と家財を送り届けた。その間に食糧は豊富になり、ポーランド人がドイツ人のために働くなら移送されないようになり、労働力さえあり余るほどになった。だが、恨みを抱いた地元住民は入植者の人数をかなり多く上回っていたために、そのただ中で暮らすのは快適どころではなかった。

ヒムラーが前線の把握を望んでいたとすれば、まさにそれを得た。これらの家族の子どもたちは、彼らなりに不幸ではなかった。大勢が雁の到来、パレードの興奮、田舎への狩猟旅行の楽しみをいまだに覚えているが、彼らの記憶にはつぎのようなことも残っている。

あるポーランド人が市場で絞首刑になった。彼はおそらく穀物取引で不当な利益を得たのだろう。私たち子どもは集められて、これを見物した。七人のユダヤ人がそこで処刑されたこともあった。恐ろしい光景で、私の後ろにいた女性は耐えられず、ヒステリックに叫びながら逃げ出したが、私たち子どもは一二、一三、一四歳と若く……目を大きく見開いてそこに立ったまま、すべてを娯楽と見なしていた。(51)

再植民したバルト・ドイツ人は多くの場合、学習目的を完全にくつがえして、瞬く間にポーランド語を身につけ、結局はポーランド人とより良好な関係を築き上げた。本国から来たドイツ人との関係は、その傲慢と堕落を快く思わなかったために、あまり良くなかった。実際に多くのナチはバルト人について、教育を受け過ぎ、古臭く、宗教心が強過ぎると見ていた。

比較的裕福なバルト・ドイツ人と対極的だったのは、ソ連とポーランド東部との国境地帯からドイツに併合されたポーランド諸州にやって来た移住者である。この集団の大部分を占めるのはたいそう素朴な小作農と農場経営者で、たいていドイツ語がほとんど話せず、読み書きもできなかった。一九三九年から四〇年にかけての冬の間、何万人もの人々が恐ろしいほどの気候に耐えながら、車輛が長く連なった列車で旅し、受け入れ収容所に到着して今後どうなるかを待っていた。一九四〇年春、ナチは疲弊した再植民担当諸機関の支援のために若者と学生の組織を動員した。それらの組織は長い時間をかけて、東方派遣計画に参加する準備を進めてきた。彼らは忙しくなるだろう。あらゆるカテゴリーに属する五〇万人近い再植民者が、一一月中旬にやって来る予定だった。[52]

ヒトラー・ユーゲントとドイツ乙女団のリーダーたちは、ドイツのほかの全民間機関の代表者とともに降伏直後のポーランドにやって来た。彼らの任務は、以前からいる民族ドイツ人青少年を組織し、若い再植民者のために準備を整えることだった。多くの学生と若い人にとって、本物のナチであろうとなかろうと、新たな征服地で働く機会は冒険であり、また何よりも戦果に寄与する方法だった。愛国的な熱情が、ドイツ軍の驚くばかりの戦果とポーランドが戦争を仕掛けてきたのだという誤った情報によって火をつけられ、高まった。ヒトラー・ユーゲントの会合に費やされたこれまでの退屈な午後は過去のものとなり、ここではついに行動が必要とされ、援助と奉仕の機会が到来したのである。だが、それがあらゆる人に向けられることはない。民族ドイツ人だけのためであり、征服された「劣等人種」のスラヴ人のためではなかった。

再定住児童を「ゲルマン化する」ヒトラー・ユーゲント団員。

多くの若い占領者の回想からは、彼らがポーランド人という敵の感情にあまり配慮することなく、別世界の生き物と見ていたことが明らかである。ドイツ乙女団のリーダー、メリタ・マシュマンは一一月のある暗い夜にポズナニに到着し、彼女が方角を尋ねた若い女性が、「私に敵意に満ちた眼差しを投げ、黙って背を向けた」時、「これから働く土地の敵意が最初に暗示された」と感じた。マシュマンの宿所は下層中産階級のポーランド人家庭の居間で、彼女がドイツで知っていたものにかなりよく似ていた。「そこにはフラシ天の肘掛け椅子とレースの敷物とアール・ヌーヴォーの飾り文字がついた家具があった」。彼女はここで、ソファで眠り、居心地の悪い三週間を過ごした。部屋には暖房がなかった。声を殺した会話と子どもたちの泣き声が聞こえ、銃声を聞くこともあった。ある夜、「敵に逃亡を阻まれ、塔に閉じ込められているという感覚が忍び寄り」、彼女は鍵のないドアに椅子を押し付けた。交際は禁じられていたので、彼女はその家の会うことのないほかの住人に話しかけようとはしなかった。彼女は彼らをポーランド人避難民だと思っていた。女主人との接触は最小限だったが、彼女は不安になった。

私はこんな会話は嫌だと思った。私にはこの女性との接し方がわからなかった。私が引っ越して行く時、彼女は涙を浮かべて、私に留まるよう頼んだ。彼女は明らかに、つぎに強制的に割り当てられて来る宿泊人を恐れていた。それから、私が姿を目にすることは決してなかったが、ますます声が聞こえるようになっていた避難民は、家の中に隠れているに違いないと思った。

マシュマンが地元民に対して抱いた優越感は、ポズナニで教養がありそうなポーランド人にめったに会わなかったという事実によって強められた。これは、ポーランド人はまともな自治能力のない原始的な人々だというナチのプロパガンダの確証となった。彼女は当時、すでに知識階級と専門家階級のほとんどが収監されたり、移送されたりしていたことを知らなかった。彼女は「濡れた衣服、かさかさになったパン、身体を洗っていない子どもたち、そして安っぽい香水の独特な臭気」を伴った町の侘しい貧しさを目の当たりにして憂鬱な気分になっていたが、「見るからに飢えた」子どもたちが食べ物をねだる姿を見てさらにショックを受けた。彼女は部屋の窓から、ポーランド人の子どもたちが道路に置かれた兵士用の石炭の山から盗んで行くのを何度も目撃し、一時感情的に参ってしまった。

最初、私の同情は完全に子どもたちの側にあった。私は彼らに身振りで私を恐れる必要はないと知らせたが、彼らは私の制服を見たため、信用しようとしなかった。彼らはぼろきれを巻いた足で、静かに急いで闇の中に消えて行った。ある午後、私は八歳ぐらいの少女を歩哨の手から救い出した。彼女は殴られるのではないかと恐れながら、「石炭が入った」バケツをおろすよう命じられ、両腕を頭の上で組んでいた……。その兵士は、私が着ている銀の縁がついた制服の外套を怒りの形相で睨みつけた。私の介入がどういうことなのか彼には全く理解できなかった。

だが、飢饉の際にウクライナでの共産党労働者の事例に見られたように、彼女はまもなく、「自分が苦しみを伴ったこの邂逅に『我慢できずに』反応したのは、政治的に素朴」だったと記している。彼女の記憶によれば、ポーランド人は「軍事的に制圧できたとしても危険な敵であり続けた。彼らの強さは生物学的な優秀性にあり、子どもたちを餓死から救おうとするのは、私たちにとって自殺行為だった」。ドイツで際限なく矢継ぎ早に繰り出されるスラヴ人の脅威にまつわるプロパガンダは、効果的だった。彼女の精神はこの時以降、民族ドイツ人の援助に全面的に集中していく。

ポーランドの民族ドイツ人に同情するのは、難しくはなかった。大勢の地元の民族ドイツ人が、戦闘の最中にポーランド人に殺された。復讐と虐殺は双方で起きたことであり、田舎で孤立した民族ドイツ人の中にはまさに恐怖の中で生きる者もいた。だが多くは何世代にもわたってポーランドで生活してきた人々で、特に子どもであればもちろんポーランド人の友人がいた。こういった人々には再教育が必要だった。マシュマンの仕事は、民族ドイツ人のために寄宿舎と学校を建てることだった。彼女はしょっちゅう雪と泥にはまり込むがたがたの自動車で田舎を走り回って、この仕事に取り組んだ。マシュマンはどの小さな村にも、彼女の訪れを待ち望んでいる「哀しいほど一握りの」民族ドイツ人少年少女を見出したことだろう。子どもたちとその代表者はナチ支配下で暮らした経験がなかったため、イデオロギーには全く無知だった。「これらの集団の一つは、私が部屋に入って行った時、あるポーランド民族英雄の生涯の物語を熱心に聞きさえしていた[53]」。

実際に若者の努力が中心的な位置を占めていた。バルト諸国から到着した人々を世話するために送られたオルデンスブルクの生徒とともに、今や何千人ものヒトラー・ユーゲント、ドイツ乙女団、必要な任務を果たそうという種々多数の分野の学生がやって来た。ドイツ乙女団の職員がプロジェクトに関する報告書で、新たに到着した移住者は「無気力」だと記している。しかし報告書は、彼らは故郷の村をあとにして来て、今やその地方一帯に散り散りになっていると続けているので、これは理解できる。その上没収された農場は多くの場合、不潔で荒れ果てていたので、慣れるのが難しく、ドイツ本国の清潔な村で目にしたものとはひどく対照的だった。そこでドイツ乙女団とヒトラー・ユーゲントはチームを送り込むことになった。それは合唱会やゲーム、「移住者のドイツ民族共同体への参加を容易にする村の夕べ」を催して元気づけるため、また同時に細胞を組織するためだった[54]。

学生の多くはすでにドイツ本国東部の農場で割り当てられた仕事をこなしてきたので、「東部での任務」には慣れていた[55]。一九四〇年夏、自転車とリュックサックを積み、学生で一杯の列車が東方目指してベルリンを出発した。お祭り気分が横溢し、学生たちはいつもの流儀で一晩中歌ったり喋ったりしていた。故郷では灯火管制がしかれていたので、ポーランドの都市が明るく輝いているのを見て驚く者もいた。ポーランドに到着すると、彼らは医師、教員、建築技術者、福祉関係者が参加するオリエンテーション・キャンプに連れて行かれた。宿舎は「かつてユダヤ人とポーランド人が所有していた」別荘だった。ある少女は、醜くけばけばしく塗られた宿舎の屋根について、民族至上主義的なナチの建築家なら受け入れない特徴だと記している。彼らはオリエンテーションの間に、ヴォルイーニとガリツィアのドイツ人の系図の講義を受け、彼らの最近の苦難を教えられた。併合地域を発展させるためのナチの計画が明かされ、ポーランドの不潔な有様がありありと描写され、学生たちは「問題が実際にどれほど大きいか」を実感した。

そうしたオリエンテーションの数日後、彼らは仕事場に連れて行かれ、多くの場合一人きりで残された。途中には、学生にポーランド語を二、三教えるという先見の明を持った地元占領当局職員もいた。ドイツの血統にもかかわらず、しばしばドイツ語を解さない「村人の話が理解できない場合」に備えてのことである。教員を命じられた学生は、たいてい都合のよいことにポーランド人から押収した校舎に住んだ。彼らはオリエンテーションの際に、原始的な納屋や小屋で教えると思って準備していたので驚いた。しかもポーランド政府が近年教育の質を上げようと努力した結果、校舎の多くが新築で電燈も備え付けてあるので、ポーランド語の本と国旗を排除して、総統の肖像写真などの適切な象徴で置き換えるだけでよかった。

備品はなかなか手に入らなかった。ある器用な教員はドイツの壁掛け用地図をポーランドの地図の裏側に糊付けし、算数の授業のために小石と爪楊枝を利用した。家具も不足していた。ある少女は自分に割り当てられた部屋が完全に空っぽだったので、町で唯一の地元生まれの民族ドイツ人の肉屋に数週間下宿した。彼女はよく気にかけてもらったが、困ったことがあった。村で唯一のラジオが彼女の部屋にあり、屋根が三箇所で雨漏りし、肉屋が経営しているパブと壁が共有だったのである。そのパブでは、地元のドイツ人とポーランド人がおめでたくも交際禁止規定を無視し、一緒になって一晩中かなりの量の強い酒をきこしめしていた。

問題なのは子どもたちだった。ドイツ語を話す子どもはほとんどおらず、学校に一度も通ったことのない子どももいた。ある教員は三二人のクラスを担当したが、ほとんどがロシアから再植民して来た読み書きのできない民族ドイツ人で、彼らはドイツ語とロシア語が混合した言葉を話し、六人の地元の民族ドイツ人児童はポーランド語しか話せなかった。年齢は六歳から一四歳にわたっていた。彼女は勤務期間の六週間で、この共通点のない集団を対象に、「子どもたちはドイツと総統についてほとんど何も知らなかったので」、ドイツ語の基本的ないくつかの単語、たくさんのナチの歌、そして「故郷」に関して教えるぐらいしかできなかった。別の教員は滞在の終わりに、この活動は大して自 分の職業のためにはならなかったと認めた。しかし、少なくとも、子どもたちに多少の自信と、最も重要なこととして、「いまだに数でまさっているポーランド人」をものともせずに自分の立場を守り通す能力を付与できたと感じていた。「いまだに数でまさっているポーランド人」というのは、移送が継続しているにもかかわらず、ポーランド人とドイツ人の割合が相変わらず九対一であることを示す、控え目な表現である。

新たな移住者と地元の民族ドイツ人は一般に、ボランティアとの面会を本当に喜んでいた。ボランティアは彼らが唯一日常的に接するドイツの当局者だった。彼らはすぐに、占領当局の担当職員とともに応急手当から葬儀に至る数多の問題の相談に押し寄せて来た。教員のほかにドイツの学生団体があり、彼らは田舎に点在する一〇か一二の小さな「キャンプ」または「収容所」に住み、農場、福祉、建設問題に携わっていた。これらのキャンプは贅沢なものではなかった。最初の仕事はキャンプそのものの建設で、押収され、学生に提供された家屋と建物には藁布団だけが準備されていた。スケジュールは厳格で軍隊式だった。起床ラッパは六時。平日の勤務時間は一日一〇時間で、家政の時間は含まない。家政は練兵係軍曹の小言のごとく事細かに決められていた（一般的に十代がこのような事柄を不得手とすれば、必要なのだろう）。

一、寝室――寝台は（一律に）窓を開けて六時四五分までに整えられなければならない（藁の袋の埃を払う）。毛布は週に一度はたく。洗濯物を片づけ、衣服はきちんとロッカーにしまう！　靴はロッカーの中や寝台の下に置いてはいけない！……床は毎日濡れたモップで拭くこと！

学生は、盥を洗い、タオルを掛け、毎日トイレを消毒し、あらゆる台所用品を徹底的にこすって洗うよう同じ調子で勧告された。こうしたあらゆる義務に加えて、少女たちのキャンプでは「常に新鮮な花の世話をし」、家庭菜園で植物を育てることになっていた。夜間よそで過ごすには地方行政官の許可を得る必要があり、どの少女の居場所も常に掲示板に張り出しておかなければならなかった。

少女たちは千年帝国という思想を吹き込まれ、とりわけドイツ人の数を増やそうという熱望を抱いて、これらのキャンプから新たに「植民してきた」家族の手伝いに出かけて行った。仕事は厳しく、ドイツの少女は驚くような社会状況に頻繁に直面した。戦争によって廃墟となった村もあり、新来の家族が昼夜を問わず到着することもあった。

ある一団は、国が派遣した付添いが現われなかったので、勇敢にも道を尋ねながら、見知らぬ、敵意に満ちた土地を進んで行き、雨と真っ暗闇の中を何時間もかかって新しい村に到着した。彼らを出迎える者は誰もいなかった。監督のためにやって来たドイツ乙女団のリーダー、メリタ・マシュマンが「村に到着した時、ドイツ人移住者の荷馬車が近づいて来るのが見えた。彼らの強風用火屋付きランプが微かな光の輪を投げていた」。女性たちの泣き声が聞こえた。皆、追放されたポーランド人の復讐を恐れており、新来者を暗い家の中に入るよう説得するのに何時間もかかった。中に入っても、外よりましなことはほとんどなかった。マシュマンは、「八人の子持ちで夫が出征中のある女性は……割り当てられた家が完全に空っぽという特にひどい状況だった」と報告している。彼女と子どもたちのために藁布団が敷かれた大きな寝台一台が用意され、蠟燭は一本あるきりだった。その若い女性はポーランド人の泥棒を恐れ、また皆と同様に疑いなく空腹を抱えており、雌馬と小さな子馬もその家に留まると主張した(56)。

大家族は言うまでもなくまさにナチが望んでいたものだが、世話は容易でなかった。ある公式の報告書には、ヴォルイーニから来た一家族の面倒を見るために送り込まれたある学生が、まもなく「その家に秩序を取り戻し、完璧に切り盛りした」と記されている。その家族は子どもが六人おり、母親は入院中で、家は「全く放っておかれていた」。この短い記述には、その女子学生が直面しなくてはならなかった課題について、何の見解も示されていない。メリタ・マシュマンは同じような状況に置かれて、彼女の場合は子どもが七人だったのだが、もっと生き生きした叙述を残している。

ヴォルイーニから再植民して来た子沢山の家族にあてがわれた家は二部屋で、三番目の部屋は増築中だった。母親はここでもまた数か月間入院していた。自暴自棄になった父親はマシュマンに向かって、散らかり放題になっているのを控え目な表現で巧みに弁解した。「驚くことはありませんよ、お嬢さん。ここには四か月もの間女性がいないし、子どもが七人もいて取り散らかしてしまうんだよ」。二つの部屋には寝台が三台あって、それらを家族全員で共用していた。その農夫の知的障害の兄弟は納屋で寝起きし、何より困ったことに、食事の鶏肉を骨ごと丸飲みしてしまうのだった。マシュマンは彼を恐れていた。七人の子どものうち一人だけが女の子で「一三歳だったが、八歳の身体つきと老女の顔つきをしていた」。これは、母親が病気の間、彼女が一人で家事をしているためだった。一家の献立はじゃがいもと薄いスープだった。パンは高価すぎて日曜日にしか買えなかった。マシュマンはこの家に入り込んで料理、裁縫、洗濯をし、その間ずっと子どもたちの信頼を得ようと試み、彼らに手仕事ともっと多くのドイツ語を教えようとした。知的障害の兄弟と一緒にじゃがいも掘りもした。こうした精力的な方法は、この家族の場合は功を奏したが、マシュマンがつぎに関わった家族にはきちんと受け入れられなかった。

それはポーランドの民族ドイツ人一家で、彼女の干渉に疑いの目を向けていた。彼らは最初の一家よりずっと暮らし向きがよく、妻は「台所で二人のポーランド人女中を使い」、「自分はあまり仕事をしなかった」。不幸な両親には子どもが五人いたが、そのうち四人は死亡し、五番目は病気がちだった。マシュマンは祖国のためにこのドイツ人の子どもを助けることを主要な目標にしたが、妻は彼女のなすことすべてに抵抗し、マシュマンはそのためますますお節介になっていった。「私は裁縫とじゃがいもの皮むきで忙しい二人のポーランド人女中にむしろ縛りつけられていたのだが、居間と台所を拭き掃除した。私はこの家の主婦に、自分が働くために来たことを示したかっただけなのだ」。妻は夫と女中にポーランド語で話しかけて、マシュマンを怒らせた。ドイツ乙女団の少女は、一家にドイツ語を話すよう仕向けるために、「一文ごとに」妻が何と言ったのかと尋ねて応酬した。マシュマンと妻は、瀕死の子どもに何を食べさせるか、何を着せるかで衝突した。赤ん坊のために用意した人参ジュースは、こっそり捨てられてしまった。マシュマンが妻に「断固として、子どもの命に責任があるのだから、善意の助言を簡単に無視しない方がよい」と言うと、「母親は、『自分の母が私を扱ったように』子どもを扱うつもりだと伝えてきた」。「父親は、わが家でドイツ語を話すよう言われた時、『ドイツ語であろうとポーランド語であろうと、私にとっては同じことです』と答えた」。結局ある日マシュマンは赤ん坊を母親から取り上げて、その子と一緒に「納屋の後ろに逃げ込んだ」。それから彼女は、赤ん坊の服を脱がせて「薄くクリームを塗り」、「小さな頭に日の光が当たらないように」気をつけながら、「三分間、日光のもとで裸のまま暴れさせておいた」。彼女が赤ん坊に再び服を着せる前に、母親が「現われて大騒ぎし」、この時以降マシュマンが子どもに触れることは許されなくなった。マシュマンは打ち負かされて去り、全員が大いに安堵したのは間違いない。子どもはドイツ的治療もポーランドの迷信的治療も効果がない何かの病気がもとで、その後まもなく亡くなった。

学生たちは再三、原始的な迷信と正面から衝突した。移住者は信仰療法者と民間療法に執着し、医者を信用しなかった。ある夫婦は、ドイツ人少女の一人が誕生間近の赤ん坊のために用意したちょっとした用品一揃いとベビーベッドを破棄してしまった。彼らは、そうした準備は不吉で赤ん坊を死なせてしまうと信じていたのである。[57] とりわけ葬式に関わる場合、新来の移住者に無宗教は受け入れ難かった。なぜなら、祖国のために究極の犠牲を常に要求するナチ・イデオロギーには、既成宗教による来世の慰めとなるものは、何も備わっていなかったからである。ヒトラー・ユーゲントさえ、死に直面すると祈りに頼ることがあった。[58]

学生たちは、新たに征服された土地の各所へ団体旅行に出かけた。ワルシャワでは「破壊された都市と城の残骸の光景が、私たちに初めて戦争の破壊力を示した」。彼らはそのような遠出の際に、初めてユダヤ人ゲットーを垣間見た。彼らはこの光景に接し、少なくとも旅行に関する公的報告書では、別種の生き物を見ている者として、教えられてきたとおりの態度を示している。もちろん報告書には、学生たちが敬服しているドイツの指導者たちが、ユダヤ人を人口過多のゲットーに押し込め、十分な食べ物を供給していない結果だと認識していたことを示すものはない。だが、のちの記述では、人々と住居の衝撃的な有様に動揺した者もいたことが明らかである。クトノでは、マシュマンのように、通りがかった人が古い工場に仮設されたユダヤ人住居の壁の穴を通して、「最も奥の部屋まで」覗くことができた。

屋根が雨除けになっている至る所で、家族が寄り集まっていた。……大勢の男女と子どもが剥き出しの床に横になっていた。どうにか藁を持ち込んだ人や、羽布団を持ち込んだ人も少数いた。すべてが重苦しい無気力に包まれていた。……唯一の例外は、壁近くに立っていた数人の襤褸を着た子どもだった。……子どもたちの悲惨な有様を見て、私の喉は詰まってしまったが、歯を食いしばり、徐々に自分の「私的感情」を断ち切ることを覚えた。……これは恐ろしいことだと心の中では考えたが、ユダヤ人追放は、「ヴァルテガウ」がドイツの国土になるのなら、私たちが予期しなければならなかった不幸な事柄の一つなのである[59]。

ポーランド人もドイツ人も、立ち止まってユダヤ人をじろじろ眺めた。時には少量の食糧を投げ込む者もいたことだろう。あるドイツ人官吏は、「私は通りがかりの友人全員にこれを見せなくてはならないのです。彼らは皆、これを見たがっています。ちょうどユダヤ人数百人がごみ捨て場でひどく不潔な一団になっていて、醜悪で尊厳のかけらもありません。何十人ものユダヤ人が何度も立ち上がっては、この壁際で物乞いをしています」と話していた。少し経ってから、ハンブルクの学生イルゼ・Pはもっと整頓されたウーチ・ゲットーを見て、「私たちはここで強い印象を受けた。本物の脂ぎった東方ユダヤ人が、荒れ果て、崩れかかった家の間を歩き回っているのを見た」と記している。

ワルシャワでは数時間かけてゲットーを見学して、プロパガンダどおりの「ワルシャワのユダヤ人の生活と活動の実態」を見た[60]。

だが、ポーランドに滞在したドイツの若者の多くは優れた観察者であり、簡単には騙されなかった。彼らは、新たな「ドイツ人」移住者は「総統の呼びかけに応え」、下劣なポーランド人から取り返した土地を開墾するために、理想に燃えてすべてを投げ打って来たのだと聞かされていたが、少年たちのあるグループは、黒海地方の豊かなワイン生産地から連れて来られた一団の民族ドイツ人農民が、どんなに不幸かを目にして「驚いた」。この農民たちは、強制された再植民とあてがわれた「無価値な砂質のポーランドの土壌」について不平たらたらだっただけでなく、「パパ・スターリン」のことを「憧れの念を持って」語り、ソヴィエトの英雄が描かれた勲章を誇り高く飾っていた[61]。これがいかに深刻な問題だったかは、ヴァルテガウ（ドイツに併合されたポーランドの地域のうち最も重要な地方）の大管区指導者がヒムラーに、「長年ボリシェヴィキの政治的感化を受けてきた」このような移住者は、自分のところではなくドイツ本国に送って、「反社会的態度」ゆえに適切な「監視下に置いてほしい」と個人的に要望したことで確認できる[62]。

学生たちが自分の行動や見聞について抱いた疑念は、彼らが東方滞在の終わりに提出を義務づけられていた報告書に密かに入り込んでいた。ある少年は、地元の民族ドイツ人が、新来の移住者が自分たちよりも良い農場を手に入れた時に深い恨みを抱いたと記述している。新たな移住者は人種政策がよく理解できておらず、子どもをポーランド人の子どもと遊ばせているし、自分たちを頻繁に騙すポーランド人に対して親切過ぎる。彼には、多くの村ではドイツの共同体精神の浸透が緩慢で、土着のドイツ人が「よく知らない」ドイツ人再植民者より、むしろポーランド人の隣人を頻繁に助けているのが目についた。学生は、明らかに村内部の軋轢に深入りし、共同体施設と家内工場をもっと多くつくるよう勧め、「移住者の言うことに過剰な思いやりをもって耳を傾けるよりも、彼らに対してはっきりものを言うことによって、より多くの成果が得られるだろう」と記した(63)。

若者たちは、やって来る民族ドイツ人移住者に空き家を準備するために、ポーランド人が立ち退かされたばかりの村によく送り込まれた。公的には、ポーランド人はどこかほかの場所で家を与えられたということだった。空き家はたいてい、乱雑に散らかっていた。ポーランド人はいつか追放されるのではないかという恐れを抱きながら、できる限り多くの家具を隠匿し、売却していたが、そうしなければ新たな移住者のために没収されてしまうとわかっていたのである。ごみごみした有様は、不在のポーランド人について学生が抱いた否定的な見解を強めるばかりだったが、親衛隊員が足りないため、学生がポーランド人家族排除の現場に駆り出されることもあった。その場合、家族の出発を見張り、ポーランド人が新来者のために家具を十分残していくかを確認するのが、彼らの任務だった。これがもたらす憎悪は想像するに難くない。その時ドイツ乙女団のキャンプ・リーダーを務めていたメリタ・マシュマンはのちに、この種の活動が自分の任務に間違いなく害を及ぼしたと認めている。

彼らは与えられた任務において、むしろ男性に適した軍事的な役割を強いられた。家族全員が先祖代々の農場から追い払われて行くのをじっと見張るのは、私たちとは違う気質が必要だった。今や将来が暗澹たるこの人々が、自分たちを追放する者の目の前で大切な持ち物をこっそり持ち出そうとするならば、それを阻止しなければならないのである(64)。

民族ドイツ人を分類する施設で働く人々も驚くような経験をした。医学生のヨーゼフ・Nは、ポーランド出身の潜在的な民族ドイツ人の分類を担当する親衛隊経済管理本部のチームとともに一九四〇年の春を過ごした。チームは医師一名、人種分析担当者一名、医学生二名、事務官一名で構成されていた。手順はバルト諸国からの移住者の場合とほとんど同じだったが、このたびは被験者の社会的地位が違っていた。チームは医学的、人種的検査のあとで、各家族が「どの仕事に適しているか」を決定した。ヨーゼフは、この支配人種に属すると仮定された人々の有様を見て怖気をふるった。彼の報告によれば、「検査にやって来た人々の不潔でだらしがない有様は想像できないほどである」。多くの人が蚤と虱にたかられ、腫れ物と掻き傷に覆われていた。清潔な下着を付けている者は少数しかおらず、ほとんどの人は「清潔な状態で医者に来なければならないとは気づいてもいなかった」。

若い学生はまもなく、民族ドイツ人のほとんどが医者に行ったことがないと気づいた。彼はろくに治癒していない骨折、手作りの義足、膿んだ傷、背や腰が曲がった者、栄養不良の赤ん坊、あらゆる種類の疾患を目の当たりにした。これは、「ポーランド時代」に医療費が高かったことと、民族ドイツ人に差別的な診療が行なわれていたことに原因があると非難された。ある一日にやって来た被験者一三六人のうち一一人だけが歯ブラシを所持しており、多くはそれが何なのか知りもしなかった。

分類の決定は難しく、指針もはっきりしていなかった。たとえば、父親は病気だがほかの全員は健康な家族はどうすればよいのか。ヨーゼフは、そうした一家の小さな子どもたちを「不適格」と分類して「不利な」立場に置くのは間違っていると感じていた。彼は、人種審査官の判断がきわめて表面的な証拠に基づいており、本質的に「根拠がない」とも指摘せざるを得なかった。彼が診察したある女性は「第三級の下」という判定を受ける一方で、彼女と一緒にいた男性は第一級だった。人種審査官は、優良なドイツ人はそんな劣等な女性と結婚するべきではないと憤りをあらわにしたが、明らかになったのは、その女性が男性の母親だということだった。ヨーゼフは、この事例は人種分析法の奇怪な性質を反映していると感じた。人の染色体の半分は母親から受け継いでいるはずである。この学生は、「ドイツの資本とは何か」というような質問への間違った答えから導き出されるほかの判断と同じく、身長だけに基づいた性急な排除（「私はすぐに、リヒャルト・ヴァーグナー、フリードリヒ大王、ナポレオンを思い浮かべる」）〔上記の三人はいずれも背が高くなかった〕にも批判的だった。この医学生は青年らしい熱情をもって、人間の性質に関する知識を持つ人なら価値のない人から要求に叶う人を区別でき、医者は労働担当官吏よりもまともなので、「科学と偽装されたナンセンス」を回避できる、という見解で自分の報告書を締めくくった。(65) ヨーゼフの上役たちは彼の批判を明らかに、良きドイツの血を見つける方法を改良する提案と受けとめた。しかし現代の私たちには、民族ドイツ人に関する計画全体を支離滅裂にする、諸機関相互の皮肉な競争関係について、より多くを暴露するものである。ヨーゼフが懸念した不合格者は無駄にはならず、単純労働に使われるだけのことで、そこで彼らが生き延びるチャンスは、長身で北方系の容貌をした若者たちと同等だった。人種試験に合格したこれらの若者はたいてい武装親衛隊の候補者名簿に載り、彼らを待っていたのは戦場での不確実な将来だった。

東部での活動に送り込まれたヒトラー・ユーゲント団員には、実際に幼い少年も含まれていた。一九四三年夏、ユルゲン・ヘルプストとほかに八人のドイツ少年団リーダーは一四歳か一五歳で、誇り高く東方に派遣された。彼らはこの休暇中の義務を果たすことによって、最終的に戦争遂行の一部を担うだろう。彼らは出発前に、東部での任務を示す技能章を制服に縫い付けることを許された。彼らはベルリンで途中下車し観光をしたのちに、カトヴィツェ行きの軍用列車に乗った。プラットフォームには東部戦線に戻る大勢の兵士がおり、多くは酔っ払っていた。少年たちは「汚い床に座って制服が汚れないように極力努力しながら」、満員で灯火管制下の列車の通路で惨めな夜を過ごした。彼らは夜明けに「シュレージエンの工業地帯に入った。コークスの炉とガスの炎が、沿線全線にわたって空中に吹き上がっており、ガスと石炭の臭いが周囲一帯に広がり、外気に触れているあらゆるものが、水で染みがついたような濃い灰色に染まっていた」。カトヴィツェのヒトラー・ユーゲントの気難しい職員が彼らに、民族ドイツ人の若者のために設けられた多くのキャンプの一つで遂行すべき任務を与えた。

少年たちはキャンプに到着した時、有刺鉄線で囲まれ、武装した歩哨に警備されているのを見て驚いた。その有様はドイツ少年団のキャンプとは違っていた。ヒトラー・ユーゲントの上級職員は、彼らの任務はキャンプの少年たちに愛国唱歌を教えたり、塵拾い競技を準備したりすることではなく、誰も逃げられないようキャンプ周辺を警備することだと明かした。被収容者との内密の会話で、彼らが警備している少年たちが十代のポーランド系民族ドイツ人で、「休暇」中の見習い鉱夫だとわかった。それは、嗜虐的なヒトラー・ユーゲントのリーダーの監視下に置かれたキャンプでの二週間にわたる「休暇」だった。ヒトラー・ユーゲントのリーダーは、預かり者を「ドイツ化」することになっていたが、彼らの指導はむしろ苛めか拷問のように見えた。ヒトラー・ユーゲントの年長の団員は、兵役を免れるために、キャンプでの任務を切望した。おまけに彼らは闇市で取引をし、贅沢な生活を楽しんだ。新来のドイツ少年団員は、深夜の「リーダーの宴会」に招かれ、肉、果物、本物のコーヒーを中心にした大変な御馳走を見てびっくりしてしまった。それらはすべて、ドイツ本国では手に入らないものだった。悲しいことに、彼らが「キャンプ被収容者」とかわした内密の会話はまもなく漏れ、銃を携帯したキャンプ司令官は、ドイツからやって来た少年たちを反逆罪の廉で責めたて、ドイツ少年団からの除名をちらつかせて脅した。彼らは東部での任務のための滞在期間中、隔離され、いくつかの小さな町に送られて、地元のヒトラー・ユーゲントのグループと「接触」し、働くことになった。

ヘルプストは上品な中流インテリ家庭の息子であり、ドイツ少年団リーダーの制服を着て、勇敢にも割り当てられたグループを見つけに出かけて行った。そのグループは三キロほど離れた地元の定期市に集まっていると聞いて、探しあてた。「服装から彼らが農場と炭鉱で働いているとわかった。彼らの多くは袖が切り落とされたシャツを着て、私の腿ぐらい太い腕を見せていた」。この集団は、明らかに歌の集いには興味がなかった。ヘルプストはぎこちない会話を少しかわした後で、市の射撃場で自分の見事な腕前を印象づけようとし、そしてできるだけ素早く立ち去った。

私は途中で頻繁に振り返って、尾行を確かめずにいられなかった。何かが私に暗くなる前に家に着く方がよいと語りかけていた。一九四三年夏の薄闇がおりたあと、ポーランドのライ麦畑の真ん中でドイツ少年団の制服を着て一人でいるのはよくないと思った。

彼は二度と接触を図ろうとはせず、その時以降、東部で割り当てられた任務として、同宿の親切な民族ドイツ人一家と遠出をするようになった。遠出には教育的な効果があった。彼は炭鉱に降りて行き、製鋼工場の地獄のような内部に入った。工場をあとにする時、ヘルプストは一団のユダヤ人も見かけた。

広く開けた鉱山の採掘場が見えた。私たちは地面に掘られた巨大な穴を見下ろした。その穴の中では、灰色の服を着た男女がそれぞれ背中に黄色い布切れをつけて、黒い石炭が積まれた小型手押し車を穴から工場に通ずる螺旋状の線路に押し上げていた。

案内人は、彼らは「工場の生産維持を担う強制収容所のユダヤ人」だと語った。これらの囚人は、震え上がったヘルプストにはまるで蟻塚の蟻のように見えたが、それでもまだ幸運な方だった。一九四三年には彼らの何十万人もの同胞が、すでに絶滅収容所で死んでいたのである。

ヘルプストは家に戻ると、目撃したものについての疑念で一杯になったが、懲罰を恐れて誰にも漏らさなかった。彼はのちにつぎのように書いている。

私がポーランド体験から何かを学んだとすれば、それは、私が見てほしくないと思った光景から人々の注意をどのように逸らすかということと、私が答えたくなかった質問をどのようにしないままにさせておくかということだった。私は、腐敗、無慈悲、強制収容所の囚人労働によって稼働している製鋼工場といったことについて、沈黙を守る方法を学んだ。私には、誰もそれらについて聞きたがっていないとわかっていた。[66]

東部に派遣された学生が皆、熱狂的なボランティアだったわけではない。国家の労働奉仕義務の一環として参加しただけでキャンプを楽しめない者もおり、これは特に都会の労働者階級の少女の場合にあてはまった。彼女らはしばしば、高給の仕事や刺激的な社会生活を諦めなければならなかったからだ。少女たちは、ドイツ民族舞踊、愛国唱歌、そのほかその類いの教科にうんざりして、セックスについてお喋りし、禁じられたアメリカの流行歌を聴きたがった。ナチが促進した農場での労働の崇高な側面には何の魅力もなく、強制された人種理論の講義は受け入れ難かった。彼女らは夜になるとドイツ兵を探しに出かけ、妊娠し、仕事を怠け、共同寝室で喧嘩し、厳格なドイツ乙女団のリーダーたちは挑発されて、たいてい気が狂わんばかりになった。[67]

一九四二年、東部派遣計画の規模は大幅に拡大した。その時にはドイツ乙女団だけでも四四九のキャンプが活動しており、その年におよそ七〇〇〇人の少女が参加したと報告されている。これには、事務担当者とリーダーは含まれていない[68]。ヒトラー・ユーゲントの団員数はさらに増加し、彼らの活動はウーチに本部が設けられた特別なヒトラー・ユーゲント活動局が調整した。一九四四年春、およそ四万七〇〇〇人のヒトラー・ユーゲントとドイツ乙女団の団員が、農村労働奉仕のようなほかの青年組織のメンバー少なくとも一万六〇〇〇人とともに参加した。彼らの課題はきわめて重要だった。およそ七三万人にのぼる再植民者およびドイツの血統と思われるポーランド人の子どもは、ドイツからやって来た仲間が彼らをきちんとドイツ化できたなら、ナチの軍隊や生存圏のさらなる植民地化に利用できるからである[69]。

第9章

悪質な血

新来の民族ドイツ人の入り組んだ再植民が進行する一方で、ほかの諸機関が同様に複雑な計画を立てて、地元のポーランド住民を排除しようとしていた。そのプロセスには、ドイツ乙女団の少女たちにショックを与えるような立ち退きではなく、大量殺害、多数の勾留と移送が含まれる。

　スラヴ人を多産の劣等人種として、人間以下のユダヤ人と同然に見なす、長い年月をかけた教化とプロパガンダの成果は、ポーランド侵略の当初から、中核となるナチ軍事組織の隊員の無慈悲な振る舞いに見てとれた。武装親衛隊の行為は、伝統的な戦争法規を守ろうとするドイツ軍の穏健分子の努力を台無しにしてしまった。侵攻のわずか一週間前にヒトラーは全軍に、ポーランド人に慈悲をかけてはならないと言い渡した。全軍は、「憐れみに心を閉ざし」、「残忍に振る舞い」、「全滅するまで」ポーランド人を追い詰めろと命じられた。[1] 実際に外国人観察者は戦闘中のポーランドで、戦略的価値のない小さな田舎の村を標的にするような、いわれのない作戦について多く記録している。そうした村はたいてい、戦闘から逃れようとする人々で一杯だったが、全滅という結末を迎えた。[2]

　爆撃のおそれがある大きな町からの疎開は、子どもにとって最初は面白かったが、冒険はまもなく恐怖に変わった。ある一〇歳の少年は、町からの脱出を「国の祝日のようで……田舎へ出かけて行くかのようだった……。一車線の未舗装道路は人、荷馬車、馬で一杯だった」と回想している。別の少年には、避難先の村で人々が「暖かな日の光の中を散歩しているのを見た……。私は地元の少年たちと遊び始めた。私は数分で新しい友人を得た。本当に素敵な日だった」という思い出があるが、牧歌的な光景は続かなかった。少年たちは午後遅くに飛行機の爆音を聞いた。「私は立ち上がって、飛行機が爆弾と焼夷弾を落としながら急降下するのを見ていた。……私の周囲の家は壊れてしまった」。飛行機は戻って来て、「機関銃で人々をなぎ倒しながら全速で飛行していた。人々は皆、違う方向に走っており、服に火がついている者もいた。むやみやたらに走っていた。猫、犬、馬、牛、それらすべても炎に包まれて走っていた。狂ったように、無意味に、苦悶しながら」。ある少年の母親は彼を地面に押し倒し、「自分の身体で」覆った。「……少し経って私は立ち上がったが、全く一人きりだった。母は意識を失っていて、周囲は完全な混乱と破壊であり、至る所に死体が転がっていた」[3]。

だがヒトラーが想定していたのは、このような手当たり次第の残虐行為だけではなかった。彼は、行動部隊として知られる親衛隊の特別機動部隊七個で構成された組織に向けた最初の発表後に、「絶滅」に言及した。行動部隊の任務は「全反独分子との戦い」であり、これがほとんどの専門家、貴族、聖職者を含む大人数のポーランド「支配層」の即時皆殺しを意味していることは、ヒトラーと国家保安本部長官ラインハルト・ハイドリヒが、続く数週間に部下への発言の中で明らかにした。ユダヤ人と「原始的な下層階級の」ポーランド人も同じ扱いを受けるはずだったが、新たな領土で産業と農業を維持するため、すぐに排除されはしなかった。行動部隊は黒い制服を着た悪名高い自警団に援護された。これは地元に長年居住してきた民族ドイツ人の市民軍で、ポーランド人の隣人に対する積年の恨みを晴らし、ユダヤ人に関する情報をナチに提供するだけで十分満足していたが、ポーランドで活動していた三か月間で、老若と民族を問わずおよそ六万人を処刑した[4]。

至る所で、男たちが家族の目の前で家から引きずり出され、連行され、処刑され、殴り倒された。子どもたちも見逃してはもらえなかった。ブィドゴシュチュという町では恐ろしいことに、一二歳から一六歳までのボーイ・スカウトの一隊が壁に向かって一列に並ばされ、ポーランド人による民族ドイツ人殺害の報復として銃殺されるのが目撃された[5]。

だが、これだけではヒトラーには十分でなかった。ヒトラーはポーランドの非道への復讐を望んでいただけでなく、ポーランドを民族としても国民としても根絶する計画を抱いていた。この計画は、住民を「分離した」不安な状態に置くことで、ずっと容易になったことだろう。そして人々は、何よりも予告なしの手当り次第の移動によって、完全に無力にされ、「分離」された。

大勢のユダヤ人も非ユダヤ系ポーランド人も、すでに戦闘中に、軍隊が追いつく前に東方に向かって逃げていた。ナチ部隊はまもなく、新たな併合地にドイツからやって来る行政官と日和見主義者、そして民族ドイツ人移住者の場所を用意するため、さらに多くの人々を総督領に移送し始めた。つぎの記述が典型的である。そして実際のところ、グディニャから来たこの一家の移動の状況は、真冬に通知を受けて数分のうちに移送されるのちの犠牲者に比べれば、むしろ恵まれていた。

一九三九年一〇月一七日午前八時、アパートの扉を誰かが叩くのが聞こえた。女中が恐がって扉を開けようとしなかったため、私が自分で行った。そこには二人のドイツ憲兵がおり、私に向かって、数時間のうちに子どもと家の全員を連れて旅立つ用意をせよと荒々しく告げた。子どもたちは幼く、夫は戦争捕虜であり、そんな短時間で用意はできないと言うと、憲兵は準備を命じるだけでなく、私の家に住む予定のドイツ人が困らないようアパートの掃除をし、食器類を洗い、鍵を棚に置くようにと言った。

この一家は、スーツケース一個と食糧を入れたバッグ一個の持参を許された。警察は昼に戻って来て、彼らと隣人たちを集めた。ポーランド人たちは怒号と殴打の中でトラックに積み込まれ、ついで不潔な家畜運搬車輛に押し込まれ、鍵がかけられた。この一家の車輛には一〇歳以下の子ども六人を含む四〇人が乗っており、衛生設備も食べ物もなかった。彼らは三日後に総督領に到着し、チェンストホヴァで下ろされた。そこはポーランドの至高の聖地の一つであり、地元の人々は全く何の準備もしていなかったにもかかわらず、すぐに彼らに援助を申し出た。しかしその一方で、車輛の扉を開けたドイツ兵は「へえ、このポーランドの豚どもはまだ生きているのか」と叫んだものである。(6)

併合地域に住んでいた二二〇万人のユダヤ系ポーランド人に対しては、別の手段が使われた。ポーランド降伏以前の九月二一日に決定された親衛隊の計画では、五〇〇かそれ以下と見積もられた全ユダヤ人共同体は村や田舎から移動させて、主要幹線鉄道沿いの町や都市のゲットーに集めると定められた。ユダヤ人は、これらの集積地域から総督領のルブリン近郊やそのほかの場所に設置される予定の「ドイツ・ゲットー」に、容易に移送できた。そのプロセスは一九三九年一一月初めに始まり、翌年の間ずっと続く。その間にニュルンベルク法に似た法律が押しつけられ、ユダヤ系ポーランド人は識別票の着用を最初に命じられた人々になる。彼らは、総督領ではダヴィデの青い星が、併合地域では黄色い星が付いた白い腕章の着用を義務づけられた。(7)

「東方へ」ユダヤ人を移送するという考えは、一九三九年九月に最初に示唆されてヒトラーの支持を得、民族ドイツ人の再植民への言及が目立った同じ演説において是認されたようである。ポーランドのロシア領とドイツ領の境界線が確定されると、政府は、カトヴィツェ付近の新たに併合された地域にすでに集められていたおよそ八万人のユダヤ人を、ルブリン地区へ即刻追放せよとの認可を与え、チェコスロヴァキアのオストラヴァのユダヤ人についても同様の命令を出した。

まもなく移送計画に関する、そしてこの新たに利用可能な、特にユダヤ人処理用にポーランドに確保された地域に関する噂が、ドイツ支配下の他地域の親衛隊指導層に広まった。それらの地域では、残されていた避難ルートが戦争勃発によってほとんど閉ざされてしまっていた。

オーストリアではアドルフ・アイヒマンが、ユダヤ人の移住を促進する絶好の機会を見出した。彼は上司に意見を聞かないまま、ウィーンのユダヤ人を被追放者に加え、それによって首都をユダヤ人が完全に「一掃された」、あるいは「ユダヤ人が除去された」状態になった最初の都市にしようと決意した。ユダヤ人共同体が貧しい男性の扶養義務を負っていたが、彼らの移送が進行するにつれて、ポーランドでは施設が建設されていく。家族はあとになってから送られる。一九三九年一〇月一三日、被追放者のリストから列車運行表に至る書類が完成した。唯一の問題は、バルト人の場合と同じく、列車の正確な行き先が決まっていないことだった。アイヒマンは、ルブリン地区への急ぎの移送を手配する際に、ニスコという小さな町の近郊に荒れ果てた沼地を見つけ、ここを理想的な場所と決めた。

その間に遺棄場所をめぐる競争が熾烈になり、アイヒマンは自分が望ましくないと見なすものを最初に排除しようと決めた。[8] 一九三九年一〇月一七日、オストラヴァに向かう最初の移送が実施され、それはグディニャのポーランド住民の移送と同じ日だった。さらにウィーンからの移送が続いた。列車の状況はポーランド人の場合とほとんど同じだったが、ユダヤ人が到着した時には、彼らの世話をしようという地元民はおらず、収容施設さえなかった。疲れきった被追放民が、いっしょに運ばれて来た資材を使って、自ら施設を建設するよう期待されていた。移送は続き、今や女性と子どもも含まれた何千人もの人々が不備な施設から追い払われ、周辺地帯をさまよった挙句戻ろうとしたところを撃たれたりした。アメリカのメディアは、ポーランド農民がユダヤ人を家に入れることを秘密国家警察に禁止されたと伝え、この計画の目的は「ユダヤ人の移住ではなく、彼らを寒さと飢えによる苦痛に満ちた死の危険にさらすことにある」と報道した。[9] もっと運のよい被追放民のうちには、ロシア支配地域に何とかして逃げ込んだ者もいた。こうした事情が知れ渡ると、ウィーンのユダヤ人の間にはパニックが発生し、ローマ教皇に移送の中止を懇請しさえした。[10] ヒムラーは秩序維持を要求する国防軍と文官当局者双方の圧力のもとにあり、自分の支配下地域へのアイヒマンの介入に苛立っていた。ヒムラーはこの地域を自分自身の移送計画に利用しようとしていたので、急いで無秩序な企ての中止を命じ、不運な人々のうちには実際にオーストリアへ送り返された者もいた。[11]

ヒトラーはこの騒ぎののちまもなく、移送と警察活動にあたる親衛隊部隊を批判的な国防軍の管轄下から移し、ポーランドの軍政府を民政府に替えた。民政府は、総統の計画に疑う余地なく関与している大管区指導者に対してのみ、責任を負った。国防軍を傍観者の位置に追いやるのは、ヒムラーにとって好都合だった。彼は、新たにドイツ領となった地域だけでなく、最終的にはポーランド全土から二〇〇〇万人のユダヤ人とスラヴ人を除去するという夢を持っていた。ヒムラーと彼の顧問たちは、この課題には数年かかり、その進行中は、ナチが自由にできる人的資源を可能な限り活用しなければならないと認識していた。遠大な計画であるため、膨大な行政上の、そして人的な資源が必要であり、その組織化はすぐに開始する必要があった。ナチが提案した数百万人の人々を巻き込むチェス・ゲームの狂気は、人を呆然とさせる。労働力として役立つ数百万人のポーランド人がドイツ本国に送られる一方で、数百万人のドイツ人が戦争と東方の新たな征服地の統治のためにドイツ国外へ送られるだろう。そこには、追放されたポーランド人と隔離されたユダヤ人に替えて、さらに数百万人の民族ドイツ人再植民者が送り込まれるだろう。このプロジェクトは、まさに西欧の征服とソ連攻撃が計画されていた時期に動き出した。総督府長官に任命されたハンス・フランクは一九三九年秋の日記に、ヒムラーが抱いていた構想を示唆する記述を残している。

春には一〇〇万人のポーランド人とユダヤ人を……総督府が引き受けなければならない。民族ドイツ人の再植民およびポーランド人とユダヤ人の引き受け（一日に一万人）は、計画どおりに実行されなければならない。ユダヤ人を対象とする強制労働の組織化が、とりわけ差し迫った課題である。……さらに解決が必要なのは、住宅と食糧の供給という重大な問題である。……占領ポーランド地域の良質な人種系統の家族（およそ四〇〇万人）はドイツに移送されて個々に住宅を提供され、それによって一つの民族集団としては根こそぎにされなければならない。……親衛隊大将クリューガーは、総督府の全鉄道網は一一月一五日以降、再植民のための移送に自由に使えるようになるだろうと語った。[12]

ユダヤ人を総督府領内に設けられた飛び地に移送するというヒムラー自身の計画は、当局の再編成後まもなく実行に移されたが、まだよく機能せず、公にできるどころではなかった。ナチの福祉当局や親衛隊でさえ、身の毛のよだつような状況を見て悲観的な報告をした。被追放民は真冬に到着し、そのたびに金銭も何の支給品もなく放り出された。彼らはたいてい、乗せられてきた家畜運搬車輌から遠く離れた村まで何キロも歩かなくてはならなかった。それらの村には施設は何もなく、大勢が吹きさらしの中で死んでいった。子どもたちがとりわけ犠牲になりやすかった。

五歳の少女が半分凍った状態で見つかった。彼女の頸には、「レナーテ・アレクサンダー、ポンメルン、ハマーシュタイン出身」と書かれた厚紙の名札がかかっていた。この子どもはシュチェチンの親戚を訪ねた際に、移送に巻き込まれたのである。両親はドイツにいた。彼女の手と脚はルブリンの病院で切断しなければならなかった。戸外に放り出されて死んだ被追放者の遺体は小型橇に積み込まれ、ピャスキとルブリンのユダヤ人共同墓地に埋葬された。……総督府はこうした出来事について、決して責任を取ろうとしなかった。(13)

国防軍の抗議も止まなかった。一九四〇年二月、オーバーオスト軍管区司令官ヨハネス・ブラスコヴィッツ将軍は、上官に大胆な覚書を送った。彼はその中で、何万人ものユダヤ人とポーランド人の「殺戮」はプロパガンダの観点から良策と言えないだけでなく、「膨大な人口を考慮すると、ポーランド国家という概念もユダヤ国家という概念も」この方法で取り除くことはできないだろうと述べた。彼は、ユダヤ人に対する公然たる暴力によって、ポーランド人が彼らに向けている敵意はまもなく同情に変わり、二つの集団は「ドイツを敵として手を組む」だろうと考えていた。しかしながら、と彼は付け加える、「ドイツ民族にもたらされる最悪の損害は……野蛮化とモラルの低下であり、これらは瞬く間に疫病のように、優良なドイツ人の間に浸透するだろう。……歪んだ性格の連中が……すぐに合流して、現在ポーランドで見られるように、獣的で病的な本能を全面的に発揮するようになるだろう」。別の将校は、全ドイツ民族の名誉に泥が塗られた、虐殺に関与した部隊は「健全で尊敬すべき」部隊と交代させるべきだと書いている。(14)

抗議は遅過ぎた。「歪んだ性格」の連中が完全に支配権を握っていたが、彼らでさえ無秩序は好まなかった。フランク総督が自分の管轄地域に、混乱を伴いながら際限なく送り込まれて来るユダヤ人の受け入れを拒否し、経済分野の指導者ゲーリングが、移送によって生じた不穏がポーランドの工業生産に影響するだろうという恐れを抱いたために、併合地域から東方へのユダヤ人移送は一時的に停止され、その代わりにゲットーでの抑留が継続された。

ゲットーの設置は一様でなく、無秩序に行なわれた。規模は小さな町の小区画から、ウーチ（二〇万人以上）およびワルシャワ（四五万人）の大きな飛び地までさまざまだった。ルブリンは一九四一年四月に閉鎖されたが、そのほかは一九四二年まで存続した。その中には、元チェコスロヴァキア領テレージエンシュタット（テレジン）に設置された「模範となる」通過収容所が含まれていた。だが、およそ二〇〇万人のユダヤ人は一九四一年夏にこれらの主要な監獄に押し込まれ、その後さらに何十万人もがリヴォフ、ビアウィストク、ヴィルノ、コヴノに、そしてウクライナとバルト諸国がソ連から奪取されたのちには、ほかの多くの場所に同じように閉じ込められた。

当初はナチとユダヤ人の双方が、それぞれ全く異なる理由から、ゲットーを一時的なものと見なしていた。ドイツ人にとってゲットーは、最終的にはウラル山脈の東側、あるいはできればマダガスカル島へ連行されるのを待つ何百万もの人々を入れておく檻だった。その人数はその間に、食糧不足によって都合よく減少するはずだった。ユダヤ人にとってゲットーは、彼らが協力的な態度と生産性を示すことができれば、ナチをなだめて生存を可能にする避難所と思われた。ユダヤ人はこのように考えて、世界のほかの国々と同様に、ナチ人種機関指導層の硬直したイデオロギーを完全に誤解していたのである。彼らがそう思い込んだのは、完全な無知からとも言えなかった。なぜならナチの体制と経済そのものの内部にも、実用主義を修正しながら狂信的な主義を捨てずにいる多くの者がいたからである。

ナチ当局は当初から、ドイツでと同じく、各ゲットーのユダヤ人評議会に行政権を与えていたが、ポーランドおよび東方地域では公的な中央ユダヤ人組織は置かれなかった。こうしてゲットーはそれぞれ孤立し、ナチ地方当局の政策次第でさまざまな独自の規則を定めた。大規模ゲットーの社会構造は、都市のそれと同じように複雑だった。裕福な家族と貧しい家族があった。仕事、銀行、税、複雑な政治、社会福祉機関があり、外交関係のようなものさえあった。赤十字、ポーランド救済アメリカ委員会、長期にわたって貧しいユダヤ系ポーランド人を後援してきたニューヨークの共同配給委員会（JDC）などの組織の支援を得て、資金と食糧の輸送がしばらくの間は緩やかに続いていた。[15] ロシアやそのほかの親戚から、ユダヤ人の飛び地に生活物資の小包が送られて来るのも認められていた。JDCは、ポーランドの孤児保護国民協会（CENTOS）も後援していた。一九四一年夏、CENTOSは一四三箇所に、八八の児童ホームと「部屋」を持っておよそ一万二〇〇〇人の子どもを助けただけでなく、まだ貧困者の三〇パーセントにしか及んでいないが、甚大な努力を傾けて一二二の食糧配給所を設置して四万七〇〇〇人以上のとりわけ貧しい「難民」の子どもに食糧を提供した。そのため、小さな共同体から大きなゲットーに家族でやって来た人々は不利な立場にあった。[16]

しばらくの間は、事態は悪過ぎるとも言えなかった。親たちはできるだけ普通の生活を続けようとした。学校は、ドイツ当局がウーチでは認可する一方で、ワルシャワとテレージエンシュタットでは禁止した。しかし学校はすべてのゲットーで、必要な場合は秘密裡に、しばしばブント主義者やシオニストのような政治組織が運営し繁盛していた。その中で最も有名なのは、ワルシャワで小児科医兼教師のヤーノシュ・コルチャックが経営していた学校兼孤児院だった。コルチャックは、彼だけを助けようというあらゆる申し出と子どもたちを運命に委ねることを拒絶し、生徒たちとともに、二人の子どもを抱きかかえながら移送列車に乗り込んだのである。[17] 青少年のクラブや合唱団もあり、当座の夏のキャンプが共同墓地に設けられることもあった。当初ナチはワルシャワで、ユダヤ人の子どもたちにヴィスワ川の隔離された場所での水泳を認めてもいた。

教育と文化のプログラムは、テレージエンシュタットで特に強力に推進された。ナチはこのゲットーに、国際赤十字のような外国の監視団を受け入れた[18]。この収容所は、ハプスブルク帝国のヨーゼフ二世の治世に建設された、魅力的な外見のかつての要塞都市に設置された。一般住民は徐々に引っ越していき、一九四五年には一万二〇〇〇人の子どもを含むおよそ一三万人が通過する。ユダヤ系チェコ人用の通過収容所として建設されたものであるが、上層階級のユダヤ系ドイツ人にも使われた。彼らは復員軍人であり、あるいはまだ資産や美術品のコレクションを所持していて、それらを「合法的に」ドイツへ譲渡するよう仕向けることができるかもしれない人々だった。テレージエンシュタットは、ほかのあらゆる収容所と比べれば実際に上等で、一三万冊の蔵書を備えた図書館、戸外のカフェ、手入れが行き届いた庭、そのほかの見かけ上の娯楽設備が自慢の種だった。ナチはこの収容所を扱った『テレージエンシュタット――ユダヤ人へのヒトラーの贈り物』という題名の映画まで制作し、ドイツで上映した。

テレージエンシュタットのユダヤ人評議会は、キブツのような設備の中で子どもを早くから親から引き離し、いくつかの寄宿舎型のグループ「ホーム」に同居させた。赤ん坊は、収容所で生まれた子もいたが、特別な育児室に入れられ、母親は一日に一度そこでの授乳を許された。「ホーム」では、非合法の学校教育が精力的に進められた。妨害された場合は、子どもたちは部屋の掃除か簡単な義務を果たしている振りをするよう訓練されていた。ここでは並外れた下位文化が盛んで、戯曲、児童オペラ、文学雑誌が作られた。

雑誌『故郷にて』は、ほかの学校刊行物と同じように、子どもらしい風景画や気のきいた風刺画が満載だが、詩はすべて監獄を扱っていて、インタビューの相手は蚤駆除場、死体仮置き場、火葬場の労働者である。火葬場は多忙な職場で、一九四五年四月には収容所で亡くなった三万三四三〇人の大方が焼かれることになる。

商業と製造業は不十分ではあったが、全ゲットーで継続していた。ポーランドの会社向けに製造された製品は、しばらくの間はまだ出荷されていた。ゲットー建設以前に壁の内側に住んでいた人々はいまだに財産を保有しており、ゲットーに引っ越して来た人々は品物の持ち込みを許可された。多くの人々がこの品々を売って生計を立てていた。

品物がある間は、ワルシャワ・ゲットーでの買い物はナチ官吏の妻には人気のある気晴しだった。その中にはフランク総督の妻もいた。彼女はこともあろうに、投獄されたユダヤ人からピクニック用バスケットとトルコ製コーヒー沸かしを買い付け、肌着類と毛皮製品の買い物に三歳の息子ニクラスをしっかり警護されたリムジンで連れて行きさえした。[19]家内工業と物々交換が至る所で営まれており、一家総出で服の作り直しや「ユダヤの星」が縫い付けられた腕章の制作に従事していた。ユダヤ人評議会は経済活動の維持のためにドイツ人との契約を熱心に求め、特別ユダヤ警察部隊、ナチに徴発された労働団、そして最後には軍需産業と関わりがある大規模な作業場と工場の設立によって、さらに仕事を得た。

見せかけの正常な生活は長続きしなかった。結局のところゲットーは監獄であり、燃料、食糧、水などの資源管理はドイツ人の手に握られたままだった。これらのどれとして、十分な量が供給されたためしはない。ユダヤ人にあてがわれた食糧はドイツ人の一五パーセントに過ぎず、生き残るには非合法の闇市に出入りするか、贈収賄や密輸に頼るしかなかった。これらの手段は、関与すれば死刑だったにもかかわらず、盛んに使われた。

共同配給委員会（ＪＤＣ）およびそのほかの国際機関は、食糧援助を試みた。ドイツ人は協力的にも、外国からの援助のうち一七パーセントはユダヤ人に割り当てるとの法令を出した。特別な恩恵として、一九四〇年の過越しの祝いに一〇〇〇〇トンの食糧がゲットーに送られた。一九四一年二月にスイス経由でさらに六回の輸送が実施される予定だった。JDCはもっと多く送れたのだが、影響力を持つ組織の指導者たちはニューヨークにいながら、このプロジェクトに異議を唱えた。ドイツ支配下地域のイギリスによる封鎖を破ることになるからという理由で、つまりドイツ占領下のどの国に食糧を送っても間接的にナチを助けてしまうという論理に基づいていた。JDCの反対者たちは現実の状況を想像できずに、さらに「戦闘地域の民間人に食糧を供給するのはドイツ政府の責任であり、食糧を送ればドイツを義務から解放することになる」と主張した。[20] あまりにも遅く一九四四年一月になって設立されたアメリカ戦争難民委員会も、まだゲットーで生き延びていた少数のユダヤ人への食糧供給を、彼らを被抑留者と宣言することで改善しようと試みた。彼らはそれによって、食糧小包を受け取る資格を得るはずだった。国際赤十字はこの件でドイツ政府との接触を依頼されたが、ドイツにおける自らの脆弱な特権を危険にさらすつもりはなかったので、この提案はいずれにしても「成功の見込みがない」という注釈をつけて断わった。一九四四年八月、イギリスは封鎖を緩和したが、その時には小包計画の結果が明らかになっていた。イギリスが気づいていたに違いないように、遅過ぎたのである。[21]

ゲットーの子どもたちは、食糧への欲求が常に増大する中で、家族が生き延びるために必死になった。

一〇歳から一二歳か一三歳までのユダヤ人の子どもたちが、わずかなじゃがいもを買うためにアーリア人の居住区に忍び込むのを目撃できます。……彼らはこれらを小さな外套の中に隠すのです。外套の縁は膨らんで、子どもたちは風船のように見えます。……痩せ衰えた三歳か四歳の子どもたちが、商品を取りに暗渠を這って行きます。……子どもが死の危険に瀕している時に、母親がなさねばならないことを想像してみてください[22]。

危険は現実のものだった。小さな子どもたちは、ゲットーの柵を取り囲んで配置された警備兵の脇を通り過ぎなくてはならず、中央の入口を通り抜けるのにあらゆる種類の口実が使われた。捕まえられたら最悪の事態になるところだったが、空腹は何にもまして行動への刺激となった。一三歳のサビナ・ヴィロトゥは非常に大きな危険を経験した。

極貧、あらゆるものの欠乏、疲労困憊、貧困にあえぐ私の家族。……朦朧として死にかかっている人々、通りから集められた餓死者を毎日目にすること。来る日も来る日もそれが続いた。死体、死体、死体。……父は餓死した。……食糧はいつも盗まれていた。……私は物乞いで恵んでもらったお金をかき集めて……小麦粉、粥、玉葱、じゃがいもを求めて、壁の下をくぐり抜けて行く。……私は小さな包みとバッグを持って戻って来る。……ママはチフスに罹った。……彼女は病院に運ばれて、戻って来た……影のようになってもまだ生きていた。私はまた出発して、瓦礫と壁の下を通り、アーリア人の居住区へ向かった。……それが、私が母と妹を見た最後になった。戦利品を持って戻る時、私はほかの子ども数人とともに捕まった。……軍事警察の男が子ども全員に、戦利品を差し出し、壁に向かって立てと命じた。……青い制服の警察官が、この少女はユダヤ人ではないと請け合ってくれたおかげで助かった。……彼は「失敗したな、お嬢ちゃん」と言いながら、私の尻を蹴った。……数瞬のうちに銃声が聞こえた。生き残った子どもはいなかっただろう。これを忘れるなんてできない[23]。

こうした英雄的な努力にもかかわらず、食糧不足は解消されなかった。まもなく餓死が最貧困の家族に始まり、多くのゲットーで広がった。しばしば六人か七人が一部屋に住んでいた超満員の住居では、病気も常に蔓延していた。一九四一年夏にはチフスが発生し、赤痢やほかの病気とともに、冬になって燃料の供給が途絶え、導管が破裂し、すでに限られていた衛生設備が減少するにつれて広がり続けることになった。孤児の人数はうなぎ上りに増えた。ワルシャワの人々はまもなく、パンをもらってもあまりに弱っていて、それを食べられないほど痩せ衰えた幼い物乞いを目にすることにも、道端で新聞紙にくるまっている小さな身体にも慣れてしまった。[24] ほとんどの地域では、「アーリア人」の医師は診察のためにユダヤ人居住区に入ることを許されず、ユダヤ人はアーリア人用の病院に行くことを許されていなかった。それに、ユダヤ人の医師や病院は十分な薬や食糧も供給されていなかった。ある町ではユダヤ人医師がおらず、アーリア人の病院長が、いつも病気に脅かされているドイツ人たちに、少しぐらい優しい気持ちになるよう勧めた。

ドイツ人たちは、病院が一日に一時間だけ、ほかの患者がいない時にのみ、ユダヤ人を診療することに同意した……私たちには、腸チフスのような伝染病の場合を除いて、ユダヤ人が病院に来てもよいと認める権限はなかった。そこで私は……ほかの理由で私が診察していた少数のユダヤ人を見放すよう強制された。[25]

あと知恵ではあるが、常識的な提案がナチにとって少しも重要でなかったことは明らかである。ユダヤ人はナチ支配下の地域から何としてでも完全に排除されることになっていた。一九四一年晩春の時点では、その方法だけが明らかになっていなかったが、それがわかるのもまもなくだった。

ゲットーがこうして固定化され、無慈悲に衰亡していくに任されている一方で、つぎにナチの排除リストに載せられていたポーランド人の整理と抑圧は、速やかに進行した。一九四〇年一二月、ヒムラーは自分の政策と方針を*Der Menscheneinsatz*という題名のかなり格調高く印刷された小冊子にまとめた。この題名は訳すのがかなり難しいが、だいたい「人間の活用」とでもいう意味である。[26]その計画が人間をどのように見なしていたかは、総督領内ザモシチ近くの小さな町、シチェブジェシンのある医師が戦時下で綴っていた驚くべき日記の中で明らかにされている。彼は一九三九年一二月と一九四一年三月の間に、たいてい一〇〇〇人乗りの列車で五〇〇〇人以上のポーランド人が当地に到着したことを報告している。移送は年配者、女性、子どもには厳しいものだった。大勢が殴られ、全員が疲労困憊し、不潔になり、空腹に苦しんだ。ほとんど同時に実施されたユダヤ人の移送の場合と同じく、町の当局者は多くの場合、彼らの到着について何も知らされていなかった。移送されて来た大群がさらに周辺の村々に割り当てられていくまで、しばしば数週間にわたってその世話をしなくてはならなかったのだが。

一九四〇年一〇月一四日　今夜、新しい疎開者の一団がやって来た。……一〇〇〇人以上の大集団だった。およそ六〇人が診察を必要とした。八人が入院を許され、そのうち二人は分娩しかかっている女性だった。疎開者は藁で一杯の倉庫に仮宿泊した。私たちは病院の台所で二時から食事の支度をした。……昼頃になって、町長が全住民の助力を求めてきた。町の行政部はこのような緊急事態に備えておらず、手伝いは十分でなかった。この状況を見れば、恨みに駆られるだろう。[27]

さらに一〇〇〇人が一一月四日と一九四一年一月一八日にもやって来たが、この時は寒さが厳しかった。

ここでは、凍るような低温と大吹雪を伴って、冬が猛威を振るっている。このような状況で、気の毒な疎開者が大勢、特に幼い子どもが死に瀕している。最後に移送されて来た人々は……暖房のないバラックで食糧もほとんどなく、七週間も足止めされていた。多くの子どもが麻疹に罹っていた。[28]

この計画は、ポーランド人を「ばらばらに引き裂いて」「マイノリティ」の役回りに押し込むだけでなく、ユダヤ人になされたのと同じように、比べれば徐々にではあるが確実に、物理的にその数を減らすことを目的にしていた。残酷な疎開方法が示すように、減らす方法はさまざまだった。無数の違反を理由とする処刑は日常茶飯事だったが、もっと目立たない方法があった。それは出生率の低下という最も基本的なもので始まり、子どもの死亡率の増加をもたらした――すなわちドイツで制定された法律のちょうど逆である。

婚姻が法的に認められる年齢は徐々に引き上げられ、男性は二八歳、女性は二五歳になった。その当時の標準より高い年齢で、ポーランド人に完全に結婚を禁ずることまで考慮されていた。この決定の結果、いわゆる私生児の出生が増加したが、多くのポーランド人が結婚を秘密にしていたのは言うまでもない。[29]この事情は必然的に、堕胎という問題をもたらした。ポーランドで働いていたあるドイツ人医師は、東部に派遣されて来た少女たちの一人に、自分はポーランド人女性に進んで堕胎手術を施すだろうと述べ、「実際のところそれは殺人だが、敵を戦場で射殺しようと、敵の子どもを母胎内にいる間に殺そうと、結局は同じことだ」と指摘した。[30]しかしながらその医師は、ポーランドでもドイツでも非合法の間は、その処置をとったことはない。[30]彼のジレンマはまもなく解消された。一九四二年三月九日、全国保健指導者レオナルド・コンティ博士はヒムラー宛に手紙を書き、ポーランド人対象の堕胎手術の処罰は「ドイツの利益に反します。われわれの観点からはむしろ、できるだけ多くのポーランド人女性が流産するか堕胎するのが望ましいのです」と断言した。コンティは堕胎を罰する権限を「ポーランドの裁判所から取り上げる」提案をし、ヒムラーはこれに同意した。[31]

ポーランドの「私生児」の生活を支えるのは、全面的に父親の責任とされた。ドイツの福祉基金がそのために費やされることはなかった。なぜなら「ドイツの金は一銭たりともポーランドの福祉のためには使われないというのが、基本原則だからである。人種的に望ましくないポーランド人の子どもを明らかに不利な立場に追い込むこの方法で、私生児の数は減らなくても、少なくとも増加は促されないだろう」。父親は、もし父親であることが明らかならば、一般的な基金に「特に多い金額を納める」よう要求される。その基金からすべての剰余金が「ドイツの若者基金に譲渡され」、生存権の管轄は裁判所から人種問題担当諸機関へ移された。[32]

ポーランド人の妊娠女性と新生児のための福祉は、実際最小限に抑えられていた。出産前の検診と小児科医院への通院は拒まれた。結核とくる病は治療されずに放っておかれた。ポーランド人の食糧割当量は一般にドイツ人よりも少なく、妊娠女性や授乳中の母親は、医師の処方がある場合にのみ、追加の脂肪分を認められた。六歳以下の子どもには一日〇・五リットルのミルクが許され、七歳から一四歳まではその半分だった。

死亡率が上昇し、出生率が下降したのは驚くべきではないが、ナチを満足させるには十分でなかった。一九四二年、二〇〇〇万人のポーランド人（三〇〇〇万から四〇〇〇万人は労働者として確保される）を除去する唯一の方法は大量移送であると明らかになった。ある計画では、一〇〇から一二〇本の列車を使って一年に七〇万から八〇万人のポーランド人をシベリアに移送できれば、「問題」は三〇年で解決できると試算されていた。この計画の立案者は、ポーランド人問題は、ユダヤ人の場合と違って、ポーランド人の殺害によっては解決できないという事実を認識していた。そんなことをすれば、「ドイツ国民は将来何年にもわたって罪の意識に苛まれ、どこでも好意を失うだろう。とりわけ、われわれの隣人たちは、いつか自分たちも同じように扱われるだろうと判断するはずだから」。計画立案者は、自分が以前、問題は「多かれ少なかれ自発的な移民」によって解決されるかもしれないと示唆していたとも指摘した。行き先は「一二億人の収容力を持ち」、緊急に人口の追加を必要としているブラジルと予想されていた[33]。

ポーランド人の排除は人種問題担当諸機関にとって重要だったが、彼らは民族浄化の過程でドイツ人の血が一滴でも失われてはならないと決心していた。その理論は、非常に多くのドイツ人の血が「ドイツ史上の錯誤[34]」によってポーランドに流れ込んだので、特に矯正できる子どもに行き合った場合には、ドイツのために取り返さなければならないというものだった。一九三九年一〇月二三日、ヒムラーは世に知られていないスウォンザッツやゴラルのような、オーバーシュレージエンの明確な少数民族集団は「特別の人種検査」を受けなければならないと指示した。彼らの子どもたちは、「大まかな予備選抜のために学校でふるい分けられる」。子どもが「標準以下」と示された場合は「親の質が低いことの証明」と考えられ、家族全員が「疎開」する。子どもが標準以上で親がそうでない場合は、親だけが疎開する[35]。

これは単なる始まりに過ぎなかった。一九三九年一一月、ベルリンのナチ党本部からヒムラーに、ポーランド全人口の人種的分析と取扱いの仮の指針が届いた。[36] それは、移住してくる民族ドイツ人と同様に、移送の前にポーランド人全員に人種検査を行ない、「ドイツ化」あるいは「民族的転換」に「適格」な者はそうでない者から隔離するよう命ずるものだった。「民族的転換」は、またも厳格な人種的資格に基づいていた。役人は「疑似民族的転換」（人種的には受け入れ難いが、言語と政治の面では正しい者）に用心するよう警告されていた。それは「危険なことに」ドイツ民族の「知的精神的構造」に「無意識のうちに」「混ざり込む」かもしれなかったが、受け継がれてきた「スラヴ」精神は決して「チュートン精神に転換」され得ないと考えられていた。大人はドイツ民族性の保護の役に立たないと思われる一方、転換され得ない親から生まれた人種的に価値のある子どもは、家族とともに地獄の辺土に送られてはならず、家族から引き離されて適切な施設で教育を施されるか、あるいはドイツの養家に引き取られる。この子どもたちは、八歳もしくは一〇歳より年長であってはならなかった。「民族的転換」は、この年齢より上の場合はたいていうまくいかなかったからである。その子どもたちがポーランドの親戚と完全に縁を切ることが、きわめて重要だった。ほかのポーランド人が彼らを養子に迎えることはできず、ポーランドの教会施設は「生物学的に健康な子ども」の収容を許されなかった。しかしながら、わが子をドイツの施設に送ろうという意志を示した「中立的態度」のポーランド人は、自分自身がすぐに移送されるのを免れた。

ナチは、現存のポーランド知識階級を除去したのちには、その代わりになる者の育成はしないと決めていた。残ることを許されたのは「原始的な農民階級」だけである。彼らの子どもが通学するのは一〇歳までであり、退職警察官が、「ポーランドの狂信的愛国主義の代表者」で「子どもの政治教育において男性教員よりも大きな影響力を持つ」、疑いもなく「傑出したポーランド人女性教員」に

「ゲルマン化」の可能性がある金髪の子どもが「悪質な血統」の親から力ずくで奪い取られる。

とって代わることになっていた。

ヒムラーは数か月後に書かれた「所感」の中で、これらの政策をさらに練り上げた。純粋なポーランド人児童は、（どうすればそうできるのか不思議だが）五〇〇以上数えられなくてよく、読む能力も必要なく、自分の名前を書ければそれだけでよいというのが、彼の熟考の結果だった。それ以外には、「ドイツ人に従うのが神聖な法である」とわかれば、それで十分だった。だが、ヒムラーはいくらか疑念を抱いていたので、被追放者収容所で多くの「北方的」外見の家族を見たことに示唆され、六歳から一〇歳までのポーランド人児童は全員、「価値のある血」を持つ子どもを見つけるために、「篩《ふるい》にかけ」られなければならないと繰り返した。彼はつぎのように記している。彼らの親は――

> 子どもを人手に渡すという選択肢を与えられるだろう……そして東方のこの人間以下の連中が、優良な血を持つ人々の中から支配階

級を得るという危険が除去される。なぜ危険なのかというと、彼らがわれわれと同等になるか、あるいはドイツに行くことに応じざるを得なくなる可能性があるからだ。……子どもへの愛情が親の弱みになるのだ。[37]

選ばれた子どもが名前をドイツ風に変えられ、細心の注意を払った監督下に置かれて一度ドイツにやって来れば、何不自由なく生活できるようになっていて、「ハンセン病患者のように扱われたり」、「ポーランド野郎」などと呼ばれたりしてはならなかった。この奇妙に人間的な接し方は、ドイツの報道関係者に出された新指令と鋭い対照を成していた。その指令では、「ポーランドを扱う記事は、ポーランド的なものすべてに対するドイツ国民の本能的な嫌悪感を示さなければならず」、また「そうして、本能的な嫌悪感を持続的なものに変化させるように構成されなければならない。……ジプシー、ユダヤ人、ポーランド人は同じレベルで扱われるべきだと示唆されなければならない[38]」。ヒムラーの命令は言うまでもなく、「優良な血」の印を持つポーランド人にのみ言及していたが、特に選ばれた子どもには実際のところ、たいていはドイツの「血」が全く流れていなかったために、それを見抜いて区別することは、普通のドイツ人にはあまりにも難しかった。

ヒムラーは壮大な理論とロマンティックな妄想を繰り広げる点では優れていたが、この大規模な「篩かけ」の手段の詳細はほかの者に任せた。史料が示すところによれば、彼は最下位の決定にも何かと介入したのだが。人種問題担当者は今や、ヒムラーの方針を実行に移すのに大わらわだった。しかし人種問題を処理するための事務規則は、すでに再植民者とポーランド国籍の民族ドイツ人を扱うために作成されていたので、対象を広げるだけで済んだ。

分析の対象になる予定の最初のグループの中には、ポーランドの孤児院や児童ホームの子どもが含まれていた。ポーランド人は民族ドイツ人の子どもを組織的かつ計画的にポーランド化してきたと広く信じられていたので、ナチはすぐにこれらの施設でそうした子どもたちを捜し始めた。今や公共施設や養家で育てられていた「外見から北方系の親を持つと思われる」子ども全員が、ナチ青少年局による人種検査と心理試験を受け、受け入れ可能な二歳から六歳までの子どもはドイツの養家に送られ、六歳から一二歳までの子どもはドイツの寄宿学校に行くことになった。[39]

親衛隊の医師チームが施設を巡回した。彼らが到着すると、子どもたちは並ばされてあれこれ調べられ、その後候補者は身体検査に送られた。完璧な身体の持ち主だけが受け入れられたのであって、耳が曲がっていたり扁平足であったりすれば失格だった。子どもが選抜されれば、その子がすでに養家や、あるいは時には血縁者に面倒を見てもらっていたとしても、免除の理由にはならなかった。親や保護者の側に何の権利もないことが、まもなく残酷なまでに明らかになった。子どもが施設にいたとすると、訪問の権利は取り上げられた。親は「柵の格子を通して」しか、子どもを見守れなくなった。[40] 養親は子どもを人種検査に連れて来るよう命じられた。子どもが現われなければ、青少年局の職員が力ずくで攫《さら》って行った。[41] 何も疑わずに当局の呼び出しに応じた養母は、ひどい目にあった。

私は子どもとともにウーチのドイツ青少年局に報告のため呼び出されました。……すると、子どもをそこに置き、私自身は働きに出るよう［すなわち強制労働］言われました。そして役人は直ちにドイツ人女性を呼びました。彼女は私の叫びを無視して私の腕から子どもをひったくり、出て行きました。

この女性は自分の娘の居場所がわかり、ある役人を説きつけて、子どもが洗礼を受けられるよう一日だけ連れて行くことを許された。二人は友人の家に逃げ、そこに六か月間隠れていたが、結局、以前隣人だった民族ドイツ人女性に密告されてしまった。子どもは連れ去られ、母親は殴られた。四年後に戦争が終わった時、彼女は娘がハンブルクのある家庭に送られたと知ったが、少女が戻って来たかどうか、記録からは判明していない[42]。

青少年局は言い訳を許さなかった。ある保護者は姪を伴わずに事務所に現われ、子どもの両親は肺病で亡くなり、少女を彼女に託したのだと説明しようとしたが、たたき出されて、子どもとその三人の姉妹を連れて戻って来なければ投獄すると脅された。さらに正式な嘆願がなされたが、それがどんなにきちんとしたものであろうが役に立たなかった。九歳のハリナ・ブコヴィッカのおばと祖母は、何通もの手紙を書いて、子どもの縁者は国家にこれ以上援助を要求しないという誓約さえしたが、無愛想に突き返された。事務所のメモには、小さなハリナはだいぶ前にミュンヘンに送られたと記されていた[43]。

人種問題担当諸機関の見解では民族的に価値があるが、ポーランド人であり続けたいと望んでいる家族の子どもたちにも、同様に厳しい措置が適用された。これらの家族には改心する機会が幾度か与えられたが、さもなくば家族そろって追い払われた。ウーチの青少年局はクリスマスの二日前に、つぎのような知らせを受けた。

ザイデル夫妻と息子ステファン（一四歳）は、ドイツ民族リストへの登録を拒否したため強制収容所へ送られた。夫と息子はグロスローゼン、妻はラーフェンスブリュックである。彼らが近いうちに釈放される見込みはない。

彼らの一二歳と九歳の子どもは、少なくともドイツ人ソーシャルワーカーの一人が異議を唱えたが、祖母のもとから引き離されて児童ホームに入れられた[44]。

もう一つの事例では、ミエレツ近郊オルウォヴォ村に住んでいた「純粋な」ポーランド名を持つ四四家族のうちの一三家族が、新来の民族ドイツ人に場所を明け渡すため、苦もなく追放された。ドイツ風の名を持つ残った家族の多くは、この出来事に震え上がって素早く民族ドイツ人として登録した。登録の勧めを拒否した人々は三か月の考え直す時間を与えられた。それでもなお拒否した場合には財産を没収され、子どもたちも取り上げられた。人種問題担当の役人が命令遂行のために村に到着した日、ヨーゼフ・シュヴァコップフは、その名にもかかわらず（国防軍への召集が避けられないという理由で）民族ドイツ人としての登録を拒否していたのだが、友人たちとともに隠れようと二歳の息子を伴って家の裏窓から飛び出した。

一時間ほど経ってから妻のゾーシャが私を追って来て、息子を引き取って家に戻り、私には連中が探しているから逃げるようにと言いましたが、息子に何が待ち受けているかは知りませんでした。……彼女が帰宅した時……ドイツ人女性教員のシュナイガルトがやって来て、娘のことを尋ねました……娘は当時祖父とともにミエレツにいたのです。妻は何も疑うことなくその居場所を教えてしまい……娘はそこから連れ去られました。……息子は力ずくで、またお菓子で誘惑されながら妻から奪い去られ、彼女が子どもを守ろうとすると、武器を使うと言って脅されました。

特に無慈悲な作戦の場合、地元の民族ドイツ人家庭に預けられる子どももいた。子どもの親はその家庭を知っていて、戦況の変化によってともにドイツに逃げる以前は、占領東部地域周辺で行き来していた[45]。

オルウォヴォの事例は、人種的には複雑ではなかったが、人種問題担当の役人は、特に上層階級の犠牲者に当たった時に決定を迫られる辛い時間を過ごした。一九四三年二月、途方に暮れた親衛隊将校が、上司であるポーランドのルブリン地区の悪名高い親衛隊警察指導者オディロ・グロボチュニク将軍に五つのさまざまな事例に関するメモを送った。全員に少なくとも五〇パーセントのドイツの血が流れていると証明されていたが、民族ドイツ人の身分は拒否していた。皆、高学歴で中流あるいは上流階級に属し、ポーランド人と結婚していて、たいそう傲慢だった。五〇パーセントドイツ人のヨアンナ・Aは医者で、ドイツ語の学習を拒否していた。一〇〇パーセントドイツ人のマリア・Lはポーランド人戦争捕虜と結婚していて、彼女だけが敵対的なのではなかった。彼女の十代の息子たちも同様で、長男は自分がドイツ人に掛かり合ったら「裏切者のように感じるだろう」とはっきり言っていた。七五パーセントドイツ人のスタニスラス・Kは大地主でポーランド人と結婚しており（そのために家族全体では六二・五パーセントドイツ人だった）、「登録所の事務官にとって相当な面倒の原因だった」。彼の娘たちも登録を拒否していた。憤慨した役人はとりわけ、完璧なドイツ市民権を持つフォン・W男爵の娘である二人姉妹、ブルンヒルデとインゲボルクの態度に苛立っていた。どちらの貴婦人もポーランド人と結婚していた。役人は、夫が戦死したブルンヒルデを「彼女の地位と精神力の源である人々にとって大変悪い手本となる」、「最悪のタイプの裏切者」と記している。彼の記述によれば、彼女は「父が思い出させたあとになって」初めて、ドイツの血統に属すると認めた。インゲボルクも父がいる所で面接を受け、「彼女をドイツ人女性と見なすのは不可能なほど頑固な態度を見せた」。

これらは明らかに判断が大変難しい事例であったために、秘密事項に分類されてヒムラー自身に伝えられた。親衛隊指導者は、ヨアンナ・Aはポーランドの非ドイツ人地域に送り、マリア・Lはラーフェンスブリュック強制収容所に送る一方、彼女の息子たちは「人種的に大変良質」なので、「警察の助けを借りて」引き離し、「特に経営状態のよい二つの寄宿学校」に送り、「母親が反逆罪を犯したことを認める」まで彼女との連絡を禁止すると指示した。スタニスラス・Kとその家族は引き離され、強制収容所を経由して「軍需企業のキャンプ」すなわち強制労働に送られる。ブルンヒルデとインゲボルクも強制収容所に送られ、子どもたちはほかの人々と同様に扱われる。ヒムラーは書簡の最後でそれぞれの事例について完全な報告を出すよう要求し、自分自身が最終的な決定を下すだろうと記した。取調べは一年以上続いた。その間にマリア・Lは譲歩してドイツ人としての身分を受け入れたが、息子たちは寄宿学校に行くには成長し過ぎて、ちょうど徴兵年齢に達していた。スタニスラス・Kは相当有能な専門家だと思われたので、ドイツの農場へ送られるのが妥当だった。ブルンヒルデとインゲボルクにとって、事態はあまり都合よく運んだとはいえなかった。父の男爵は娘たちにドイツの血筋を思い出させなくてはならなかったが、事実はユダヤの生まれだった。ヒムラーはこれらの発見が書かれた覚書の中で、個人的な見解を述べている。マリアとスタニスラスは「ドイツ民族性への教化が興味深い」ので、「保護検束」の必要はなかったが、ブルンヒルデとインゲボルクは逮捕されることになった。二人姉妹の「ユダヤの生まれであるためドイツ民族学校に受け入れられない」小さな子どもたちの処遇が決定されれば有難いという取調官のコメントに続けて、ヒムラーは「断種……養子としてどこかへ」と記している。[46] 一九四四年にこのような子どもに下された決定としては、驚くほど寛大だった。

孤児であったり、あるいは家族から引き離されたりした幼い子どもは集められ、綿密な人種検査のためにウーチの施設に送られた。親衛隊が受け入れた子どもたちは、さらなる観察と予備的な教化のために、まだポーランドにいるうちにブロカウ、カリシュ、パストゥホフに設置されていた特別児童ホームに入所して、ドイツ語教育を受けた。躾は厳しく、体罰も頻繁で、子どもたちはさらに血液検査と身体検査を受けるため、頻繁にウーチに戻された。(47) 人種問題担当者は数か月間注意深く観察したのちに、どの子どもがこれ以上のゲルマン化に適しているかを決定し、彼らに対する責任は「生命の泉」組織に委譲されて、「生命の泉」が子どもたちをドイツに連れて行った。二歳から六歳までの子どもは「生命の泉」の保育園に、六歳から一二歳までの年長の子どもの多くは寄宿学校に入った。

ヒムラーは、「ゲルマン化が可能な」子どもたちに個人的な興味があった。ある少女は、親衛隊全国指導者が彼女が入所していた児童ホームを訪れた時に、注意深く吟味するように観察されたことを長い間覚えていた。子どもを探す場所はポーランドに限られていなかった。ヒムラーと彼の上位の助手たちは、北方系の容貌をした子どもをチェコスロヴァキア、ルーマニア、ユーゴスラヴィアなどのあらゆる種類の収容所で見つけ、「生命の泉」の医師に検査させた。純粋な人種を科学的に確定しようという努力にもかかわらず、子どもたちの世話をしていた人々は、この点に関してほとんど幻想を抱いていなかった。「生命の泉」の法律部門で働いていたある女性は、のちにつぎのように証言している。

ゲルマン化という目的でのポーランド人児童の選抜は、外見上の人種的な特徴が決め手でした。子どもたちがドイツ人の血統かどうかを気にしている人はいませんでした。……このことは特に、ユダヤ人とポーランド人を両親とする少年が、彼の血統がポーランドの書類にはっきりと書かれているという事実にもかかわらず、ゲルマン化のためにドイツへ送られた……という事実から窺い知ることができます。[48]

ドイツの寄宿学校では、子どもたちはポーランド人としての性質は失ったことにされた。ポーランド人児童の扱いに関する方針には、「『ゲルマン化にふさわしいポーランド人の子ども』という表現が世間に知れ渡って子どもたちに害にならないよう、特に気をつけなくてはならない。彼らはむしろ、再征服された東部地域出身のドイツ人孤児と見なされなければならない」と記されている。[49]

ある男子校では、新入生は空色の縁のついた紺色の制服を着てドイツ人の仲間と混ざり、ポーランド人とは決して呼ばれず、ただ「東方児童」と呼ばれた。その間に彼らのポーランド名は、同じ頭文字と響きを持つドイツ名に変えられた。たとえばアリーナ・アントチャクはヒルガ・アンツィンガーに、ヨセフ・ミロザレクはヨーゼフ・ミュラーになる。ポーランド人の子どもたちは母語の使用を禁じられ、使った場合は厳しく罰せられたにもかかわらず、一緒になった時はポーランド語を話した。この事実は隠せなかったので、地方の村では、ポーランド人の子どもが学校にいることがまもなく皆に知れ渡った。

子どもにとっていっそう過酷だったのは、親や親戚との連絡の禁止だった。内相はある時点で、「時が経つにつれて……ポーランドの親戚や友人が子どもたちの居場所を探し出そうとするだろうと、予想しなければならないことがわかってきた」と記している。居場所は、全住民に登録が義務づけられている地方警察の登記所で簡単に突き止めることができた。これを回避するために、子どもたちの名前が公的記録に出ないよう特別の登記所が設置された。[50] 児童ホームと寄宿学校から連絡をとることも厳禁された。ある少女はのちに、「親に葉書を書くたびに罰を受けました。私たち宛の手紙は破られ、燃やされました。私はそれを、校長の部屋の掃除をしている少女から聞いたのです」と報告している。[51]

そうした厳しい命令にもかかわらず、学校職員の中には、ポーランド人の子どもたちの激しいホームシックと家族の幸福を願う気持ちに動かされて、郵便に関する重要な規定を無視する者もいた。年長の子どもは、手紙を発送してくれるポーランド人強制労働者や同情的な住民を簡単に見つけた。ある教員は、生徒がドイツで故郷宛の手紙を書いた時、検閲を免れるよう助けたとさえ主張している。あらゆる障害にもかかわらず、想像できないほどの危険と困難を顧みずに学校へ赴き、子どもの返還を要求する親もいて、それがうまくいくこともあった。ある男子が慢性的な夜尿症であると証明するということで合意した教員と親もいた。それは、子どもが退学になってポーランドに帰されるのに十分な理由になった。[52] 別の「生命の泉」の職員によれば、親戚に何とか捜し出してもらった多くの子どもが、すでにドイツの養家に送られていたとしても、親戚のもとに返された。こうした場合ドイツの養親は、欠陥商品を取り替えるのとほとんど同様に、『生命の泉』協会から代わりにノルウェー人の子どもを受け取った[53]」。

少しあとになると、「生命の泉」の医長、グレゴア・エプナー博士や彼の助手が、ドイツ人家庭との養子縁組のために、寄宿学校にいる子どもの値踏みを個人的に行なった。以前に何度も検査されていても、彼らの全員が合格というわけではなかった。相変わらずあまりにも「完全にポーランド人種であることが明らかな」子ども、あるいはドイツ語を学ぶことができない、または学ぶ気がない子どもはポーランドの青少年収容所に送り返された。[54] 一四歳、すなわちもうあまり意味のない教育を受ける必要のない年齢に達した子どもは、ベルリンのジーメンス・シュッケルトのような企業に実習生として送られた。ほかの子どもは農場へ働きに行ったが、そこでは親から受けるような愛情はほとんど期待できなかった。

エプナー博士は、子どもの値踏みをポーランドの寄宿学校に限らなかった。一九四一年八月、彼はハイデルベルク近郊ランゲンツェル城の再植民者キャンプに出かけ、ルーマニアのバナト地方出身民族ドイツ人孤児の二五グループを視察した。この訪問は明らかに、あるナチ高官が以前このキャンプを訪れた際に、二人の兄妹を見つけて養子に望んだという事実に触発されたものだった。エプナー博士はその子どもの集団について多くを考えることなく、訪問に関する長い報告書に「少数の子どもだけがわが民族に迎え入れるのにふさわしい」と記している。三歳半から二一歳にわたる若者たちは三つのグループに分類された。第一グループは「大変良質でわが民族にとって有益」。第二は「平均的」。そして第三は「不十分」。ナチ高官に望まれた小さな兄妹は、六歳半の少年がジフテリアのために入院中で、彼らの母親（旧姓アロン、エプナーが急いで付けたものであるが、ルーマニアによくある姓でユダヤ系ではない）は結核で亡くなったにもかかわらず、唯一第一グループに選ばれた。彼らが「金髪碧眼で……気立てがよく、行儀がよい」ことと、三歳半の「小さなマリア」が「キャンプ全体の人気者」だったことが役に立った。エプナーは、彼らが同じ養家に引き取られるよう勧めた。一八人の子どもが第二グループに入れられた。彼らは完全な養子縁組には「年齢が行き過ぎている」と見なされたため、そのうち三人はたったの七歳だったが、働きに出されるか、里親に預けられることになった。基準は実に厳しく、七歳と一〇歳の兄弟についてはつぎのように記述されている。

彼らは二人とも金髪碧眼だが、短頭型である。大変聡明で頭のよい少年たちで、ドイツ語を流暢に話す。彼らはキャンプで優秀な通訳の役割を果たしている。二人とも行儀がよく、親しみやすい人柄と知性のために、キャンプで好かれている。私が彼らを第二グループに分類する理由は彼らの頭蓋骨がアルプス人種型であるという、ただそれだけである。そうでなければ第一グループに入れる価値があっただろう。

エプナー博士は、第二グループには全般的にかなり優しい評価を下しているが、五人の「第三グループ」の子どもについてはそれほど親切ではなかった。五人とも結核、「頭蓋骨の形が悪い」、あるいは「ジプシーの性質」といった欠点を持ち、断種されるか、またはもっとひどい処置が予定された。だが、視察旅行は全くの無駄だったわけではない。エプナーは報告書の最後に、「ほかに一七歳から一九歳の容貌も体格も優れた青年六人に目がとまった……彼らは武装親衛隊にふさわしいと思う」と付け加えた[55]。

ドイツの養家との養子縁組や割当が決まると、新しい親子にとって理想的とは言い難い事態にもなった。数回にわたる名前の変更と「生命の泉」が発行する偽造出生証明書によって、新しい親の側は心配と疑惑を抱くようになった。彼らの多くは神経質になって、養子縁組の公式書類を要求した。それは、「生命の泉」が正式に偽造し、発行するものだった。子どもがどう見ても書類に記された年齢でないことが多かった。ファイルは、養親から寄せられた、子どもの年齢についての医学的な証明の要求で一杯である。これらの大方は、公式の年齢より数歳幼く見える子どもについてのものである。親衛隊の保健問題担当官は、これを「東部出身の子どもはほとんど全員に発達の遅れが見られる」という事実に帰した。精巧なレントゲン写真と、平均的な体重と身長に関するもっと手の込んだ書類が親に提供されたが、子どもの記録は「ドイツ当局によってこの子どもたちが把握された時点[56]」で始まるので、子どもの出自はたいてい抹消されていた。

次第に養子を愛するようになったドイツの親は、実の親と同じように、しばしばひどい経験をすることになった。ナチの人種理論は愛情や永続的な関係を考慮に入れていなかった。国家が拉致した子どもはドイツ人家庭が世話をして育てるが、その一員になるのでは全くなく、常に監視の対象だった。ある親衛隊少尉は困惑して、上官につぎのように書いてきた。すでに養女にされたある子どもには存命の母親がいるばかりでなく、その母親は癲癇だとわかったというのである。養親は六歳の少女ロザリア・Kとともに「かなり長い時間」を過ごしてきたので、彼女を手放すつもりはなかった。そこでその将校は、子どもを養親と一緒に置いておくのが「正当と認められる」のか、あるいは彼女をポーランドに帰すべきかどうか尋ねてきたのである。彼の上官は気がとがめるような人間ではなかった。癲癇の母親は一四歳の時からずっと苦しんでいて、前年は発作が「著しく増えた」だけでなく、「アルコール依存気味」になっていた。子どもはこれまで癲癇の徴候を何ら見せていないが、「疑いもなく遺伝病に罹患しており」、確実に「遺伝病をさらに媒介するようになる」だろう。それゆえゲルマン化、教育、あるいはドイツ人家庭との養子縁組は「正当化され得ない」[57]。

故郷のことをはっきり覚えている年長の子どもとの関係は、養家にとってより難しかった。一一歳のヤン・スリシュのように逃げ出そうとする者もいた。

私はほかの子どもたちとともにFに送られ、近隣の農民の間で寝泊まりしていました。ドイツ人女性のU……が私たちの書類すべてを持っていて、私たちを農民に引き渡しました。私はR……のあるドイツ人女性に引き渡されましたが……一週間後に逃げ出しました。彼女は警察に通報したので、私は捕えられて殴られました。私は一九四五年五月八日まで監視者とともに留まり、その間ずっとドイツの学校に通い、農場で働きました[58]。

アリーナ・アントチャクの状況はもっと悲惨だった。彼女も養家に「引き渡された」時、一一歳だった。アリーナは孤児ではなく、両親の困難な時期に一時的にポーランドの児童ホームに預けられていたのである。ドイツが侵略して来てから、母親は彼女を取り戻そうとしたが、その努力は実らなかった。アリーナはのちに、少女の出自に全く幻想を抱いていなかった養母は、「ちょっとした間違いをしたというので、いつも私を怒鳴りつけては殴り、しょっちゅう『ポーランドの豚』と言っていました」と報告している。一九四四年夏、アリーナは父親の死を知らされた。彼女はこの知らせが書かれた「生命の泉」からの手紙をこっそり読んだ時に、当局が養家に対して、「これ以上両親のことを思わないように、そして養親に懐くように、私の母も亡くなった」と彼女に告げるべく助言しているのを発見した。アリーナはほかに行くところがなかったので、預けられたままだった。彼女はカトリック教会に通うことや、家族に手紙を書くことを許されなかった。家族が実際のところどうなったのかは、ある隣人が一九四四年にポーランドへ行った際にアリーナの手紙を秘密で持ち出し、両親についての情報を持ち帰るまでわからないままだった。両親は二人とも生きていた[59]。

　養親も知らないうちに、政府がもたらした最悪の面倒に巻き込まれることがあった。意外な事実は徐々に明るみに出て、不可能な選択肢しかなかった。バーデンの一女性、ヴァイス博士は「生命の泉」から養子を引き取ろうとしていたが、「生命の泉」の役人の紹介でパストゥホフにあるポーランドの児童ホームに赴き、そこで八歳の少年と四歳ぐらいの少女を選び出した。彼女はその時、子どもたちはポーランド人ではなくチェコスロヴァキア出身だとだけ聞かされた。しばらくしてから、彼らが「ドイツの」出自であることにいくらか疑問を感じたので、素性についてさらに情報を求めた。調査に送られた役人はのちに、彼らはプラハのある教授の子どもであり、教授は射殺されたが、母親は強制収容所に勾留されているが存命だとわかったと報告した。ヴァイス博士はこの悲惨な情報に接して、子どもたちを手元に置いておけそうもないと悟ったが、「生命の泉」の役人と「合意」の上で、戦争が終わるまで彼女のもとに留まるべきだと決心した。それは一九四四年末のことで、戦争終結は紛れもなく間近に迫っていた[60]。ヴァイス博士は、ベーメン・メーレン保護領総督代理ラインハルト・ハイドリヒ暗殺後に、多数のチェコ人家族に対してなされた復讐行為を生き延びた二人を保護することになったのだと、薄々気づいていたに違いない。

ハイドリヒ暗殺に対する復讐は、一九四二年六月一〇日のリディツェ村の虐殺と殲滅によってその頂点に達した。ナチはその際、一六歳以上の男性全員を組織的に殺害した。女性と子どもは前もって町の学校に集められてから、虐殺にすぐに気づかないよう、近くの町クラドノの体育館に移動した。少しすると警察官が体育館にやって来て、子ども一人一人の名前を呼び出した。子どもたちはたいていの場合、力ずくで母親から引き離されなければならなかった。

私たちは二列に並んだ警官の間を通って、階上の部屋に行かなくてはなりませんでした。その部屋は暗く、ものの見分けがやっとつくぐらいでした。それから私たちは中庭に追いやられ、そこで待機していたトラックに乗り込まなくてはなりませんでした。私たちの母や一六歳以上の少女は建物に残り、母はあとから来るのだと聞かされました。年少者は泣き叫び、年長者は彼らの面倒を見て宥めなくてはなりませんでした。数人の親衛隊員と若いドイツ人女性が私たちに付き添いました[61]。

こうして選び出された九〇人ほどの子どもたちは列車でウーチに送られ、床に藁さえ敷いていない、がらんとした部屋に放り込まれた。トイレは中庭を横切った所にある小さな小屋だった。朝食と夕食はブラックコーヒーとパン、昼食はじゃがいもと大麦が添えられたスープだった。少し経つと、人種審査班がゲルマン化のために七人の子どもを選び出し、候補者は一連の収容所を渡り歩いた。収容所では周囲の多くの見知らぬ人々の中にも親切な看護婦が数人いたことを、彼らは覚えている。彼らは最後にパストゥホフの児童ホームに連れて行かれ、そこではポーランド人の子どもたちと一緒だった。ここでの日課は、午前中は近くの町の学校で、すべてドイツ語で行なわれる授業に出席することと、午後はホームの台所での仕事から成り立っていた。子どもたちは頻繁に罰せられた。好んで加えられた罰は、寝巻を着た子どもを裸足で夜中まで寒い廊下に立たせておくというものである。規則に反するもっと重大な失敗の場合は、窓のない地下室に一週間一人きりで閉じ込められた。[62]

あとになってさらに数人のリディツェの子どもが、パストゥホフのグループに加わった。それ以外の明らかに悪質な血統で「ゲルマン化に適さない」子どもは、「さらにポーランドの収容所に送られる」ことになっており、親衛隊は「特別な配慮は必要ない」と伝えられていた。[63]

ナチはチェコ人を脅すためにラジオ・ベルリンで虐殺のニュースを誇らし気に流したが、このニュースはすぐに世界的に大きな反響を呼んだ。タイミングもちょうど悪かった。放送はヨーロッパに第二戦線を構築するモロトフ＝ローズヴェルト合意の発表と同時で、この政策への支持を得るために確実に利用された。国務長官コーデル・ハルはリディツェの事件を「野蛮人にさえふさわしくない」と非難し、[64]詩人エドナ・セント・ヴィンセント・ミレイはいくらか芝居がかってはいるが情熱的な叙事詩を書き、NBCで朗読され、イギリスでも放送された。ヒトラーはこの詩の中で「人類の屠殺者」と呼ばれている。[65]

こうした憤激のために、ウーチの親衛隊には、リディツェおよびほかのチェコ人人質グループの「ゲルマン化が不可能な子ども」を正確にどのように扱えばよいか、多少の躊躇が見られた。彼らは虐殺の一〇日後になってもまだ、「子どもたちの今後の処置」について、上層部の命令をしきりに懇請していた。子どもたちの運命が最終的にどうなったかは明らかでないが、さまざまな証拠書類が示すところでは、この範疇に分類された一〇〇人以上のチェコ人の子どもが、ナチの懲罰キャンプと強制収容所の迷宮の中で命を落とした[66]。

リディツェの子どもたちが連れ去られた数日後に、母親たちはラーフェンスブリュックの女性用強制収容所での終身刑を言い渡された。妊娠中の女性は出産を許可されたが、生まれた赤ん坊は取り上げられ、絞め殺されるか、致死量の薬品を注射された。ほかの赤ん坊には、死はもっとゆっくりと訪れた。二人の母親が赤ん坊とともにプラハの病院に送られたが、授乳は許されず、代わりにドイツ人看護婦の指図でとうもろこしかオートミールの粥を食べさせられた。彼女らは六か月後に一時間だけと言われて尋問に呼び出されたが、実際はラーフェンスブリュックに行かされ、栄養失調になった子どもには二度と会えなかった[67]。

時とともに労働者と兵士の需要がさらに緊急性を増すと、「ゲルマン化」はより融通のきくものになった。特定地域のパルチザンと抵抗運動参加者の子どもで、親が処刑されたり、強制収容所に送られたりした者がますます関心を集めるようになった。ヒムラーは、「悪質な」チェコ人の子どもは「子ども用に定められた収容所」に連行されるが、「良質の血統で、適切な保護と教育を受けなければ、確実に最も危険な、親の復讐をしそうな」子どもは、「検査のために」「生命の泉」のホームに送られると示唆した。

戦争も後半になると、彼は親切にもバルカン地域のパルチザンの子どもについて、「われわれはドイツ人であり、本来は立派で善良な民族の罪のない子どもたちが、環境の不全のために、堕落し破滅していくのを傍観できない」と記している。彼は「師団司令官がバルカン全域の親をなくした若者すべてを集め」、「奨学金」を出してドイツの特別な学校に送るよう命じた。ついで彼はつぎのように記して、真意を幾分か明らかにしている。この子どもたちは「二つの方向に行く可能性がある。われわれが保護しなければ共産党へ、われわれが彼らのために何事かをなせばわれわれの方へ」。彼らは「秩序と安定が再建された暁には……立派な男女として」帰郷しなければならない[68]。

どんな努力も見たところ、ゲルマン化の奨励とかけ離れてはいなかった。一九四一年夏、ヒムラーはドイツ本国で女性の家事手伝いが必要だと訴える手紙を受け取り、適格な労働者を見つけるよう要求した。この仕事のために少女を選抜するのは、非常に難しかった。彼らがドイツ人の子どもと近接して生活するようになるためばかりでなく、雇い主が初夜権を行使するだろうと予想されたためである。それに関連して、ヒムラーが責任者に任命したウルリヒ・グライフェルトが、「ゲルマン化に適さない少女は民族性の観点から雇ってはならない」と言明したので、家事手伝いの候補者の家族全員について、きわめて厳密な人種的分析を行なわなければならなかった。この厳格な規定の結果、一九四一年夏までは併合地域でしか募集できなかったので、家事手伝いが不足した。そこで、女中と乳母を探すために、人種分析担当者を総督領内のポーランド人居住地だけでなく、ヒトラーがそれまでに征服したソ連地域にも派遣せよとの命令が出された[69]。ヒムラー自身は、総統の最後のモスクワ攻撃が開始された翌日、ヒトラーの東部戦線司令部から一九四一年一〇月一日に出された美辞麗句を連ねた法令によってこの計画を正当化した。ドイツ軍が秋のぬかるみの中を前進しようと苦闘しているさなかに、ヒムラーは「現在のところ最大の災難の一つは、女性の家事手伝いの不足である」と書いている。続けて、「多くの女性が疑問の余地なく子どもを持ちたがっており、さらに、多くの子どもが厳しい現実に打ち負かされる」ために、民族生物学は「大変な危険に瀕している」。この現実は、何百万人もの夫がまもなくロシアの冬のさなかに命を落とすということではなく、十分な乳母がいないという事実を意味した。そこで、一六歳から二〇歳までのもっと多くの少女を連れて来る必要があった。

彼女らは——

人種の点で文句のつけようがなく、またドイツ民族との同化においても好ましい存在である。こうして同時に、異民族の中に失われていた同種の血が取り戻され、再びドイツ民族に合流する。……さらに、良質な血を持つこれらの未来の母親にとって、家事手伝いとしてドイツで働き、のちにここで結婚する機会が与えられた場合、それは社会的上昇を意味する。私はそこで人種審査官に、ポーランドとウクライナの血統の少女で、人種評価ⅠとⅡのグループの条件に適う者の選抜を命ずる。少女が割り当てられるのは、イデオロギー堅固で、こうした少女を訓練するのに適した子沢山の家庭での家事に限られる。(70)

一二月に割り当てられた少女は、五二一人に過ぎなかった。ある役人は、弁解するように、「工業と農業を維持する」ために少女たちを望む多くの地方の労働事務所と行政部との競争に直面したと記している。しかし低い数字の本当の理由は、ゲルマン化に適していると判定されたのが、検査を受けた少女のうちの三パーセントから五パーセントにとどまったことである。ほとんどが農業を営む家庭の出身で、不適格だった。さらに、すでに送られた少女たちの問題があった。「彼女らと家族の交流を妨げるのは、ほとんど不可能である」とその役人は述べている。ホームシックは「大きな要因」であり、「女中として配属された少女たちは融通がきかず、罰を受けなければならなかった。自殺も数件起きている」(71)。そうした少女の一人、ドイツに送られた時一六歳だったゾフィア・ビェスカルスカは、のちにその理由を明らかにしている。

私は働くために送られることになっており……写真を撮られ、医学検査を受けました。たとえば、私の頭部は細部に至るまで調べられました。私は結局、一団のほかの少女とともに追いやられ、彼女らが工場へ送られる一方……私はあるドイツ人医師の家に向かいました。私は女中として、医師とともに働きましたが、そこでは社会的に同等の者のように扱われました。私はよく、一家と一緒に食事をし、お喋りし、映画や劇場に行きました。けれども、私は特別な監視下に置かれていたのです……あるドイツ人市民が私の雇い主の家を訪れ、まず女主人に、それから私に話しかけました。どんな気分か、どこへ行くのか、誰と付き合っているのか、故郷に手紙を書くのかと尋ね、ウーチの様子は、今ではすっかり変わってしまったとも言いました。……私は、秘密国家警察が電話で定期的に、私のことを女主人に尋ねていることも知っていました。(72)

この少女にとって幸運なことに、彼女の女主人は党員ではなく、監視について洗いざらい話していた。女主人はまた、彼女がナチ奉公人協会主催の念入りに統制された社会的な催しに参加することを許さなかったし、ポーランド人強制労働者収容所やドイツ兵に近寄らないよう忠告した。ゾフィアはドイツにやって来て三年後に、もうドイツ兵と一緒に出かけてもよい、結婚すれば戦後にドイツ市民権を得られると告げられたが、秘密国家警察による監視は続き、ゾフィアはこの類いの申し出を拒んだ。

ゾフィアは配属された場所の点で幸運だった。ほかの奉公人の多くは大きな問題を抱えていた。しばらくすると、絶対的に忠実なナチさえ、ドイツ語を話さず、反抗的で哀れな手伝いを望まなくなり、「人種的に適格な」少女ではなく、彼らを引き受ける家庭をより多く見つけられるかが問題なのだということが明らかになった。

一九四四年一一月九日、まさにその時点でロシア軍が東プロイセンに到達し、アメリカ軍第三軍がフランス北東部のモゼル県を横断しつつあるという事実とは表面上は無関係に、ヒムラーの側近の一人が高位の親衛隊員であるヴェストファーレンの男爵に宛てて、「ドイツの血統のポーランド人女性を雇う」意志を尋ねる手紙を書いた。問題の少女たちは二人姉妹で、適格審査のための登録を拒否したばかりでなく、自分たちはポーランド人だと主張したので、ヒムラーの命令でラーフェンスブリュックに送られていた。その役人は、「収容所司令官は、姉妹をゲルマン化するために個人的に世話し、慈愛深く影響を与えるよう命じられていました」と記している。これの仔細な説明はないが、姉妹は収容所で六か月間過ごしたのちに、結局、ドイツ市民権の申請を決めた。将校は、「姉妹の個人的姿勢が堅固か否かは、確かにまだはっきりしていません」と認めているが、ヒムラーは、「ドイツでの生活によって姉妹にさらに影響を与えるために、彼女らにかなりの自由を認め、子沢山の家庭で彼女らを雇うよう提案する」ことを決意したようである。「この点で」と側近は、男爵宛の手紙の中で、かなり不十分な説明を続けた、「親衛隊全国指導者はあなたのことを思い出したのです(73)」。男爵の返答はごまかしの傑作であり、私たちに一九四四年当時のドイツの生活の「苦い事実」を垣間見させてもくれる。

あなたのお手紙によれば……姉妹は二人ともまだ内心では、ドイツ人としての覚悟が定まっていないようですね。申し上げなければなりませんが、私は二五人のポーランド人男女を家の近くの農場で使っています。彼らの一部は働く意志がありながら、ポーランド民族であると主張しています。……が、当方も厳しく対応するでしょう。こう考えると、私の妻も六五歳を越えたマドモワゼルも、十分な監督ができるとは思えません。……その上労働局は、私に最後に残された訓練が行き届いた二人の女中を交換しようとしています。姉妹、私の妻、そしてマドモワゼルでは、わが家の全員が必要とする量の仕事をこなすことはできません。……現在は私の妻が……寝室の家事に加えて子どもの世話を全面的に引き受けているので、家庭はうまくいっています。疎開者のために、家と農場は常に落着きがない状態なので、女主人はいっそう厳しく管理しなくてはなりません。ヒルデスハイムが攻撃され次第、義父母を泊めることを楽しみにしており、つぎにバート・エーンハウゼンが攻撃されたら、もっと大勢の親戚が泊まりに来るのであればなおさらです。(74)

「ゲルマン化が可能」で、実際に養家、学校、あるいは人種的純粋性が必要な仕事に割り当てられた若者の正確な人数はわからない。受け入れ可能とされた子どもの人数は、該当する国々が何百万人もの子どもがドイツに連れ去られたと主張しているが、発見されたドイツの証拠資料によればあまり多くなかった。ゲルマン化に必要とされたのは、少人数の身体的に「完全な」集団に過ぎなかったというのが事実である。ナチは、ほかの大多数のポーランド人青少年をそれほど甘やかさず、全く別のやり方で利用した。

ナチは、国内の人種的純粋性の維持に病的なほど固執したにもかかわらず、一九三九年九月にポーランドを襲撃するずっと以前から、ポーランド征服によって得られる巨大な潜在的労働力に着目していた。オーストリアとズデーテンの産業労働力の吸収により、ドイツ経済は驚くほど発展したが、人的資源はまだまだ不足していた。最初に考慮されたのはポーランド人戦争捕虜の農業分野への投入だが、これは第一次世界大戦時に実施されていた。(75) ポーランドに侵入するやいなや、ドイツの労働問題

強制労働を科されたアウシュヴィッツの若いポーランド人囚人の顔写真。

担当者は間を置かずに採用担当職員を派遣し、一か月以内に一一五箇所ほどの労働局が設置された。その間に新たに捕えられたポーランド人戦争捕虜三〇万人が、一九三九年の収穫の補助労働力としてドイツに送り込まれて来たが、これではとうてい足りなかった。一一月、ヒトラーの野心的な経済政策である四か年計画の責任者ゲーリングと農相ヴァルター・ダレは、さらに一五〇万から二〇〇万人の労働者の徴募を要求した。ハンス・フランクは、別の民族的再編が進行中の一九四〇年一月、七五万人のポーランド人を募集してドイツに移送する命令を受けており、そのうち半数は女性が予定されていた。労働者の提供は、総督領内の町村に強制的に割り当てられた[76]。

この性急な事態の進行によって、異人種の血統に属する外国人の群れがドイツに流れ込んで来たが、それはナチの人種理論と全く相容れなかった。だが、経済上の必要性が優先された。ヒムラーはポーランドで人種格付けシステムを始動させており、「四週間で一〇〇万人をふるい分ける」ことはできないと立腹したが、労働力の必要に譲歩した。ポーランド人労働者は「ゲルマン化が可能な」子どもと違って審査なしで移送され、到着後は「ひとまとめでポーランド人として」扱われることになっていた。このことがまさに何を意味していたかは、ヒトラー、ヒムラー、ゲーリングが認可し、ポーランド人令として知られている一連の諸規定に明らかである。[77]

これらの規定は実際、徹底的なものだった。ポーランド人はドイツ人住民から完全に隔離され、彼らの社会的地位を識別できるPという文字がついた紫と黄色の正方形の記章を常に着用するよう要求された。ポーランド人がドイツ人経営のレストランや床屋、公共交通機関、映画館を利用することはできなかった。礼拝は完全に分離しなければならず、夜間外出は禁止された。収容所では男女が同数だったが、これはカップルになれなかったポーランド人がドイツ人と交際するのを防ぐためである。十分な人数の女性がいない場合には、何よりもスラヴ民族のポーランド人と北方の支配民族との性的接触を避けなければならないので、ポーランド人用の売春宿が準備されることになった。実際、ドイツ人との交際は死刑になるおそれがあった。

隔離だけでは十分でなく、ポーランド人が劣った存在であるという事実を確かなものにしなければならなかった。彼らの賃金と食糧の割当は、ドイツ人の同僚より低く抑えられ、通常の法体系は適用されず、不快なポスターを活用した悪意に満ちた宣伝活動が「ポーランド人は諸君の仲間にはなり得ない」と宣言し、何年もの間ポーランド人とともに働いてきたドイツ市民に、「立派なポーランド人などというものは存在しない――立派なユダヤ人が存在しないのと同じように」と忠告した。

こうした状況についての情報が、まもなくポーランドに届いた。ドイツで働くという考えは、最初はポーランドで多くの人に受け入れられた。ポーランドでは何年もの間失業率が高く、その状況が戦争によってさらに悪化していたためである。三か月のうちに応募人数がひどく落ち込んだので、総督領のドイツ当局者は、一五歳から二五歳までの全員にドイツでの労働のための登録を義務づけた。路上での拉致や全村包囲、一軒一軒の家屋の手入れといった強制的な手段による割当人数の調達が始まり、多くの町が恐慌状態に陥った。

ドイツへの志願は完全に停止した。……道を歩く若者の姿がますます減っていき、小さな村や森に隠れる者もいる。私たちには、若い少女の将来が特に心配の種だ……ドイツの酒場に配属された若い女性もいると知ったからである。……ほとんどの幼い少年は、もはや自分の家では眠らない。……ドイツ人は、私たちの最も貴重な財産である若者を滅ぼそうとしている。(78)

フランク総督が不穏な空気が醸成されるのを懸念したために、「過激な方法」や大規模な労働者狩りの実施には至らなかったので、一九四一年六月には目標にしていた七五万人の三分の一ほどしかドイツに送り出せなかった。(79)

しかしながらこの政策は中止されず、一九四四年半ばには一〇〇万人以上の「純粋なポーランド人」が総督領からドイツへ送り出された。労働者募集の方法は、特に若者の場合にますます「過激」になった。一九四〇年にドイツに併合された地域から総督領への大量移送が続いている間に、何千人もの若者が輸送の途中で、ドイツのどことも知れぬ場所に送られたのである。

町で強制徴募の被害を最も受けやすかったのは、雇用未経験の十代の少年少女である。彼らは一四歳になると、労働局への登録を命じられた。それに応じなくても、簡単に見つかってしまった。ヒムラーの理論にもかかわらず、ドイツ人は多くの地域で学校を再開したが、それは子どもたちを監視するためだった。戦争が続けば、「募集」にはクラス全員を教室から直接にトラックに積み込むことや一三歳の子どもの登録が含まれるようになるだろう。親は子どもを守ろうと仕事を見つけようとしたが、何の役にも立たなかった。

ポズナニに住む一四歳のユリアン・ノヴァク(80)が被雇用証明を手に登録に出かけた日、そこにいる全員が、ドイツへの出発を「保証」されるまで労働局の暗い廊下に閉じ込められた。彼らが乗った列車の出発前の逃亡を防ぐために、ナチは全員の身分証明書を取り上げた。ユリアンとポズナニから来たほかの九七人の少年は、ブレーメンの織物工場に送り込まれた。彼らはそこで最初は入浴設備のないバラックに入れられたので、すぐに虱にたかられ、一九四五年に解放されるまでそのままだった。もう少しましな宿泊施設に引っ越したあとでも、服を着替える機会はほとんどなかった。少年たちには最初の数日のうちに、記章を付けなかった場合に、またはドイツ人少女と、あるいはポーランド人少女とであっても、性関係を持った場合に、苛烈な罰を受けるということがしっかり叩き込まれた。ドイツ人は優れた人種である一方、ポーランド人の場合は、妊娠でもしたらドイツ産業にとって損失となるからである。少年たちはのちに、仲間の労働者と掟を破ったドイツ人少女の二人が絞首刑になるのを目撃させられ、これがどれほど容易ならぬことか得心した。[81]

少年たちは工場で、多くの国々からやって来た大人の労働者に混ざって働いた。彼らのバラックは、国籍ごとに隔離されていた。この状況から抜け出すには、いくつかの方法があった。ある少年の両親は、自分たちは民族ドイツ人だと主張したので、彼は解放された。もう一人は指を数本なくしたために家に帰された。一八歳になるともはや子どもとは見なされなかったので、少年たちは別の収容所に移動したが、状況は必ずしも改善されたわけではない。子どもにふさわしい仕事は何もなかった。工場は八時間交代ないし一二時間交代で、昼も夜も稼働していた。仕事の多くは一四歳にとっては過重で、死に至ることもあった。空中が繰り綿と塵で一杯になり、数分のうちに鼻と口が詰まってしまう現場もあった。少年たちは、ドイツ人は誰もその部署では働いていないことに気づいた。

ユリアン・ノヴァクは最初、一〇台の梳綿機が備え付けられた部署に配属された。幸運なことに彼の上司は年配のドイツ人女性で、ポーランド語を話し、彼を根気よく指導した。彼女は親切で、「こんなに小さな少年が重労働を科せられ、あまりに若く、家族からこんなに遠く離れているのは気の毒」だと彼に語った。彼女は夜勤の際に彼を数時間坐らせたり、眠らせたりした。こうした親切のおかげで少年はいくらか気が緩みすぎてしまい、ドイツ語で言われた命令がよく理解できずに対応が遅れたので、職長に蹴られ、頭を殴られる羽目に陥った。

厳格な監督者はほかにもいた。収容所長は、地下室の一つに懲罰房を設けていた。少年たちはここで、朝の挨拶をドイツ語で大きな声で言わなかったというような違反行為のために鞭打たれた。鞭打ちの回数は、違反行為の種類によって決められていた[82]。機嫌がよい時の所長は、少年たちに、壁にかかったたくさんのコレクションの中から鞭を選ばせた[82]。町中でヒトラー・ユーゲントと喧嘩する、食べ物を盗む、逃亡を試みるといった、より重大な違反行為の場合は、少年たちは特別懲罰キャンプに送られ、そこで六週間にわたって一日に一〇時間、手が膨れ上がり、階段を上れなくなるほどに体力が衰えるまで、ダンプカーから砂をシャベルですくうなどの重労働を科される。頭を剃られ、暗くても識別できるように蛍光性の縞柄のシャツを着せられた人々の唯一の夢は逃亡だったが、夜間には番犬と武装した親衛隊員がキャンプのパトロールにあたり、親衛隊員は発砲も辞さなかったので、少年たちには逃亡の機会はないとわかっていた[83]。

死は工場でも懲罰キャンプでも、日常茶飯事だった。死者はキャンプ敷地内の浅く掘った墓に埋められた。少年たちは、大雑把に刻んだ墓石と道端で摘んだ花で友人の墓を飾ろうとした。夜になると番犬が頻繁に死体を掘り出してしまったので、子どもたちは翌日きちんと埋葬し直した。

娯楽と休暇の時間はごく稀で、郷愁はつのるばかりだった。逃亡者もいたが、収容所の外で生き延びるのはほとんど不可能だった。内部では、トランプのような気晴しは禁じられており、不適切な時にポーランドの歌を歌うと監獄送りの理由にされた。若い女性の扱いは、少年よりもいくらかましというだけだった。ツェリナ・ドロシェクは一九四〇年にほかの三九人の少女とともにブレーメンのジュート工場に送られた時、ちょうど一九歳だった。この集団は以前児童ホームだった建物に宿泊し、最初は少年たちのバラックに比べればたいそう贅沢に思われたが、ツェリナが逃亡に成功した一九四二年には一〇〇〇人以上の女性が詰め込まれていた。その建物での生活は厳しい監視下にあった。消灯は午後八時で、制服の将校が頻繁に点検を行い、女性たちはその間廊下で何時間も立っていなければならなかった。ツェリナは幸運にも台所仕事に配属されたので、暖かく過ごすことができ、少なくとも適当な配給食糧は確保できた。

これらの収容所での食糧の配給は、人種の序列に従って注意深く決められていた。昼食には全員にスープが配られたが、大工場の強制労働者には、どの民族に属するかに応じて、それぞれ別の鍋があてがわれ、ドイツ人従業員にはさらに追加があった。ドイツ人の鍋には肉と野菜入りの「濃く味がついた」スープが入っており、デザートにヴァニラソースがかかったライスプディングも添えられていた。チェコ人、ベルギー人、フランス人、ハンガリー人の労働者はアーリア人の血統なので、スープに肉が少しだけ入り、プディングはなしだった。ポーランド人の鍋には肉は全くなく、フランス人のスープを濃くする必要がある時にはそちらに移されることもあった。のちにロシア人労働者が到着し始めると、彼らの鍋にはほんの少しのじゃがいも、甜菜、オート麦入りの薄い粥が入れられた。スープはすべて念入りに検査され、料理長はロシア人のスープが濃過ぎると感じると、水で薄めるよう命じた。よくわからない理由によって、ロシア人の鍋をかき混ぜるのに使ったスプーンはほかのどの鍋にも決して使ってはならなかった。ロシア人はスープの序列で最下層に置かれていただけでなく、彼らの宿舎は窓のない部屋に寝台もなく、週に一度だけ、一時間半のレクリエーションがバルコニーで行なわれた。(84)

この複雑な分類はスープに限られず、理論上は強制労働者の生活のあらゆる側面を支配した。一九四二年末、各民族の分類が定められた。「A」は同盟国イタリア人だったが、まもなく格下げされることになる。「B」はオランダ人やノルウェー人のような「ゲルマン系」民族だった。「C」は「非ゲルマン民族」であり、ナチはハンガリー人と同盟し、親独ヴィシー政府を通じてフランス人とも結びついていた。「D」はスラヴ民族を示した。ポーランド人、クロアチア人、セルビア人、チェコ人、スロヴェニア人であり、最下位に置かれたのがロシア人である。この分類およびそれに付随する一連の規則と特権は、人種問題担当諸機関を満足させることはできたが、工場の監督者が実施するには骨が折れたので、普通のドイツ人は「東は劣悪で西は受容できる」と過度に単純化した分類を用いていた。(85)

若い労働者にとって、細かい区分はさらに意味がなかった。彼らが考える主な事柄は食糧と帰郷であり、時には帰郷が許されることもあった。そうした休暇から戻らないままでいようという誘惑はしばしば圧倒的だったが、労働者は皆、親族が処罰され、自分が戻るまで収容所の仲間には休暇が与えられないとわかっていた。家族に緊急事態が起きても、帰郷の理由にはならなかった。ヘンリク・グリギェルは、母親が危篤になった際は帰郷を許されず、許可されたのは葬儀出席のためだったが、収容所職員は長時間かけて、たとえそのためだったとしても彼の帰着は遅過ぎたという報告書を作成した。(86)

戦争初期には、何もかもが劣悪というわけではなかった。少年たちはドイツ語がわからないふりをしたり、ほかにも上司を怒らせるような小さな悪戯をして面白がった。日曜日に割り当てられた自由時間には散歩やダンスもできたし、各バラックでは非常な努力を払って、復活祭の秘密の飾り付けをし、数種のクリスマスツリーを選んだ。若い労働者は家に集合写真を送ることを許されていた。彼らが見苦しくなく写った写真である。ほかの手紙は、送信も受信もすべて検閲された。子どもたちはあらゆる機会をとらえて町へ出かけ、食べ物を補うためにわずかな賃金を費やし、記章を外して映画館に潜り込んだ。彼らがいる間は収容所にも町中にも、この子どもたちに少しでも愛情を注ごうとする親切な人々がいた。だが戦争が続く限り、生活環境も労働環境も悪化の一途をたどった。この若い奴隷たちにとって、真実の人生を送る可能性は永久に失われたように思われた。言うまでもなく、それがナチの意図するところだった。

一九三九年九月一七日、ソ連はナチと事前に締結した秘密協定に従ってポーランドに侵攻した。ソ連は同盟相手と同じく熱心に、東部と西部の間の緩衝地帯の浄化に取りかかった。基準はナチとは異なっていて、人種ではなく階級と経済的地位だったが、命じられた地域住民の粛清と再編は、ナチが実行したそれに負けず劣らず残忍だった。

ソヴィエト支配地域では、イデオロギーと悪意が長い時間をかけて醸成されていた。ポーランドはツァーリの時代以来ロシアの野望の対象であり、赤軍は一九二〇年にワルシャワ攻略を試みて、屈辱的な敗北を喫した。ポーランドには貴族、カトリック教会、独立自営農民という、共産主義者にとって呪われた者どもがいまだ厳然と存在していた。この紛争後、何百万人ものポーランド人がベラルーシとウクライナのソヴィエト支配地域から強制退去となったが、一〇〇万人以上がソ連に残留し、継続する報復行為の標的になって、そのうち合計でほぼ四割が少数民族として一九三〇年代に粛清された(87)。敵意はお互いさまで、ウクライナのポーランド人が支配する地域では、ポーランド人が多数派のウクライナ人に対して残酷な策を講じた。ウクライナ人は、第一次世界大戦後にポーランド化のために送り込まれて来たポーランドの「軍事植民者」を深く恨んでいたのである。

ソ連人はポーランドでも、民族的な近さという切り札を活用した。彼らの侵略はソヴィエトの「血縁の兄弟」、すなわちベラルーシ人とウクライナ人（スターリンはソ連本国で彼らを大勢殺害したばかりだった）を救うための使命であり、今や崩壊したポーランド国家に秩序を導入し、住民が「国家を再建する」のを援助する試みであると説明された。

ロシア人は新領土に侵入した際、ドイツ人と同じように、民族間に介在する憎悪を徹底的に利用した。ポーランド人は当初、今やソ連人はドイツ人との対決に向かうだろうという見解にとらわれていたが、その一方でウクライナ人とベラルーシ人は、少数派のポーランド人地主と行政官を攻撃するよう奨励された[88]。ポーランド支配が排除されたあとの空白には地元の暫定政府と市民軍が設置されたが、これらの独立組織は長くは存在しなかった。一九三九年一〇月一日、ソヴィエト政治局は役人たちに地域の「ソヴィエト化」のための五頁にわたる詳細な指令を伝えた[89]。その効果は数日のうちに感じられ始めた。

「解放」は神話に過ぎないということが、まもなく明らかになった。全体主義的な経済的搾取、集団化、そのほかのソヴィエト政策が導入された。すべての工場と建物を含む有価資産が東部へ移された。ウクライナの場合と同じく、農民が食糧の私的取り引きを行なうことは禁止された。企業は接収され、ポーランドの象徴と言語は禁止され、ソヴィエト行政官の住居確保のために恣意的な追立てが始まった。一家は通告を受けるやいなや放り出され、町や村で新たに貸間を見つけなくてはならなかったが、すでにドイツ占領地域からの避難民で溢れていた。ソヴィエト化への恐れと劣悪な住環境のために、大勢のウクライナ人とユダヤ人（ユダヤ人は言うまでもなく拒絶された）が、ドイツ帰還委員会の援助のもとドイツ占領下のポーランドへの帰還を希望した。

その間にソヴィエトも人口再編計画を作成していた。それもまた全住民の分類と人口調査を必要とし、ナチが実施したものと同じように非常な困難を伴った。ソヴィエト当局は、時間を無駄にしないよう、大勢の党職員とコムソモール（ヒトラー・ユーゲントに相当する共産党の青少年団）団員を送り込んで事務仕事にあたらせた。[90] ポーランド軍に所属していた者のほとんどがこの登録の過程で発見され、処刑予定名簿に載せられた。避難民が特定され、全員の民族的出自が記録された。労働者は組合に加入して、用紙に個人情報の記入を求められた。

一〇月一一日、ソヴィエトはヒトラーがバルト人の移送を組織している最中に、一〇月二二日に国民投票を実施すると告知した。新しい支配者は選挙準備により、選挙民登録という口実のもとで個人情報を収集するさらなる機会を得た。政治キャンペーン中は、ロシアでは普通に開催される強制的で際限なく退屈な宣伝集会が、監視と威嚇の機会を提供した。投票は義務であり、投票場に現われなかった者は民兵に殴られた。投票箱は病院やシナゴーグにも持ち込まれ、選挙にまつわるあらゆる腐敗行為のおかげで常に高い投票率がこの時も維持された。[91] 言うまでもなく、選挙結果はソ連への全面編入に賛成投票したウクライナとベラルーシの集会の要望に応え、社会の「合法的な」再編方法を明らかにした。この再編方法においてナチ・モデルと相違するのは、排除され勾留される集団の種類だけだった。

およそ六万五〇〇〇人のポーランド人戦争捕虜は、直ちに強制収容所または労働キャンプに送られた。一九三九年一一月一〇日、ドイツ軍の進撃に追われて東に向かって逃げた何十万人ものポーランド民間人の処置を決定するため、難民委員会が設置された。政治局は数週間後、そのうちの三万三〇〇〇人および第一次世界大戦後にその地域に居住していた「軍事植民者」の家族二万一〇〇〇人のシベリア送りと強制労働を決めた。彼らが残していく資産はすべて、国家の所有に帰した。ソヴィエト政府は同時に、これらの「再移住者」の到着に備えてさまざまな関連人民委員会を設置した。中でも特筆すべきは「林業人民委員会」である。移送は内務人民委員部が調整する。ソ連人は再移住者たちに、一家族につき五〇〇キログラムの生活必需品、すなわち衣服、寝具、そのほかの諸道具の持参を許可した。その点ではナチよりもずっと寛大だったと言える。彼らの生死はのちに、その持参品によって左右される。

旅の設備は、理論上はそれほど悪いものではなかった。護送列車は五五輌で、四輌は貨物用、残りは一輌につき二五人が予定されており、移住者には旅の間、一日につき温かい食事と八〇〇グラムのパンの配給が「保証」されていた。実際の移送は、抵抗が起きないように、予告なしに一日で実施されることになっていた。計画は信じられないほど念入りだった。特別チームが、移住地域に向かう列車のルート、目標の家屋にどのように接近するか、厳重な警戒のもとにある駅に家族をどのように移動させるか綿密に計画を立てた。不意打ちという点を除けば、実情は机上の計画とは違うものになると思われた(92)。

一九四〇年二月一〇日、最初の移送が実施された。夜明け前の冬の暗闇の中、ロシア軍の小分遣隊がまだ眠っている何千軒もの家に到着した。一二歳だったカジミエシュ・Fはつぎのように記憶している。

兵士たちは誰も逃げられないように家を包囲し……打ち壊されて内側に崩れ落ちるまで扉を叩いた。私たちは皆ベッドから飛び出して、地面に根っこが生えたように立ち尽くしていた。三人が入って来て叫ぶ……手を上げろ。パパが手を上げると、彼らはパパに向かい、銃を突きつけて別室に押しやった。ほかの者は武器の探索を始めた。ママは泣き始め、私たち全員が泣いた。すると彼らは話し始めた。……「おまえたちに荷物をまとめる時間を二時間やる。二時間以内に出発するんだ」……この言葉を聞くやいなや、ママは気を失ってしまい、私と妹は荷造りを始めた。

……二時間後、兵士たちは私たちを力ずくで橇に乗せた。私たちは皆、家族で住んできた家に別れを告げ、橇に乗って行く間、視界から消えるまでわが家を見ていた。[93]

これは、およそ二万八〇〇〇家族、合わせて一三万九五九〇人の人々にほとんど相違なく繰り返された情景である。[94] 混乱した荷造りの最中に、追放されていく人々への告知として、今やソヴィエト市民として他国へ「移民する」のだという一文が読み上げられた。[95] ロシア軍は自由気ままに略奪を働いた。ウォトカを振る舞って彼らをたぶらかそうという試みは、ほとんどうまくいかなかった。兵士たちが親切心を見せることもあった。以前の同様の場面ではっきりと目撃されたように、追放されていく人々に役立つ助言を与えることも多かった。ある家では、屋根裏で鋸と斧を見つけた兵士が、追放される人々にそれらを持参するよう助言した。[96]

列車への連行は子どもたちの記憶に長く残った。彼らは、家を出て行く時、取り残される飼い犬が悲し気に吠えたことを思い出す。彼らが乗った橇は重量オーバーのため頻繁にひっくり返り、全員が雪の中に投げ出された。「凍えた子どもたちは泣き叫び、内務人民委員部員は泣くなと怒鳴った」。凍えるような寒さの中で、橇が何時間にもわたって立ち往生することもあった。駅ではさまざまな集団が鍵のかかった囲いの中で乗車を待ち、窓から逃げようとした人は撃たれた。列車への乗車はひどい有様だった。家族はしばしば離ればなれになり、荷物はなくなってしまい、一輛につき二五人だけを乗せるという指示が守られているところはどこにもなかった。ある女性は動きが鈍かったために、貨車の扉が閉まった途端首が切断されてしまい、その様子を目撃した子どもがいた。[97]

私たち七〇人は小さな一輛の貨車に詰め込まれ……鍵がかけられ、つぎの瞬間、急発進するのを感じ、全員が倒れてしまった。車内では、母親と小さな子どもが泣いているのが聞こえた。車内は大変寒く、扉近くに立っている人々は凍えて扉に貼り付いてしまい、床から立ち上がれなくなった別の人はそこで死んでしまった。

この集団の食糧は二日と保たなかった。「三日目に車輛の扉が開けられたが、すでに半数が寒さと飢えと空気不足のために、床に横たわったまま死亡していた」。多数の死者が積み重ねられ、「あまりにも多くの人が死んだと見破られないように」雪で覆われた(98)。

別の大規模な移送は一九四〇年四月と六月に実施された。四月の集団は主に、その春カティンやそのほかの場所で処刑されたポーランドの将校、警察官、知識人二万一八五七人の家族六万六〇〇〇人だった。六月にはナチから逃れて来たポーランド人「避難民」の全家族が、さらにソ連の最も遠方の地方に送られた。そこはまさしく遠隔地だった。

移送は一九四一年六月、ドイツがソ連侵略を開始してからも続けられた。移送されたポーランド人は、晩夏に四〇万人に達したと推定されている。それにはドイツ占領地域への帰還を拒んだ多くのユダヤ人が含まれていた(99)。移送はポーランドに限られていたのではなく、ソヴィエトの西部国境地帯全域にわたって、地主や小資本家のような「望ましくない分子」がシベリア送りになった。最もひどい目にあったのは、男性が重労働に送られ、女性、子ども、老人は別の場所に向かって、ばらばらになった家族である。

一か月以上続くことが多かった旅の状況は実にさまざまで、天候、個々の列車の司令官、追放される人々の才覚に左右されていた。一〇歳のヤンカ・ゴルドベルガーの父親は、ドイツが侵略して来た時にクラクフから東に向かって逃げて来た「避難民」だった。彼は一九四〇年夏、リヴォフを出発する数時間前に何とか車輛長になり、スペースを倍にして乗客五六人を収容できる台を作るための木材をくすねた。彼はトイレ用に、床に太いパイプを取り付けもした。家族は台の上のあちこちに寝具を広げることができ、ヤンカは最初に車輛の中によじ登った時、「面白いと思った」。彼女の「寝台」はいちばん上の段にあり、そこは暖かくて空気が悪かった「が、閂が付いた小さな窓があり、閉められていないことがあった(100)」。

ポーランドの子どもたちは、赤軍がポーランドに侵入して来た時にすでにその法外なみすぼらしさに気づいていたが、乗り込んだ列車から見るソ連の状況にはびっくりしてしまった。「貧しさが人々の家や顔から滲み出ていた。人々の服装はみすぼらしく、家屋は古く汚かった……牛を見かけることはほとんどなく、森は荒れ果てていた(101)」。

ヤンカが乗った列車がソ連の広大な地を横切って行く間、退屈と無気力が蔓延した。被追放民は時々短時間外に出されたが、列車が停車する場所は駅から遠く離れていて、彼らが地元民の注意を引くこともなかっただろう。警備隊も退屈していたが、子どもには普通に親切で、駅を抜け出して食べ物を買い、水を手に入れることを許可した。列車はたいてい、人口の希薄な地域では停まらずに何日も走り続けた。ヤンカが乗った列車では、一日に一回パンとスープが出されたが、ほかの多くの列車では、「ロシア人は自分自身にもなかったために食糧を出さなかった」。水不足も再三あり、気温は猛烈な高温からぞっとするような低温まで上下した。底に穴があいた設備がついた車輛は贅沢なくらいだった。ヤンカと友人たちは、ほかの車輛の人々が「扉の外に身体の大事な部分を突き出し」ながら、二人の屈強な男性に押さえつけられているのを見て、たいそう面白がった。列車は時々停車し、衣服の虱取りの間、全員が丸太小屋の公共浴場に押し込められた。大人はあまり楽しんでおらず、目的地に着いた時に殺されるか、拷問を受けるのではないかと恐れていた。警備隊は、先行きを尋ねられると、「おまえたちは慣れるだろう。もし慣れなければ、犬のように死ぬだろう」とだけ答えた。

東に向かってヴォルガ川を渡り、いくつかの大都市を通り過ぎて、バイカル湖を目指して移動して行くにつれて、状況はずっと楽になり、大人も駅で降りて食べ物を買ったり交換したりすることを許されたが、[102] これは単なる親切ではなかった。モスクワの護送部隊中央本部は、移送計画についてかなり批判的なある覚書に、「食糧供給が不定期な」ために「護送部隊は鉄道駅の売店で食糧の徴発を余儀なくされた」と記している。[103]

ゴルドベルガー一家は三二日後に、ティンダの「古典的な」強制収容所に到着した。彼らはここから、すし詰めのトラックに詰め込まれて、ヤクート州へとさらに何百キロも運ばれた。そこはシベリア凍土の奥深く、クラクフと故郷から八〇〇キロほども離れた場所である。

何百もの終着駅から、ほかの集団が同じ目的地に向かってゆっくりと移動した。大半は女性、子ども、老人だった。一一歳のハロルド・オリンは母親、祖母とともにルーマニアから移送されて来て、旅の最終段階では艀で新しい故郷に向かった。穴があいていて虱だらけの船は、ノヴォシビルスクからプジノに向かい、二週間かけてタグボートに曳行された。プジノは「流砂の沼地に囲まれた」小さな町で、「一年の大半は近づくことも……出ることもできない、なぜなら本土と連絡している安全な道路がないからだ」。冬の間この地域に近づくには、凍った荒れ地を横切るたった一本の道路を使うしかなかった。人々はプジノから徒歩でコルホーズがある村へ出かけたが、最も近い村でも一六キロ離れていた。

そうした強制的な旅では当然であるが、目的地に到着しても安心というわけにはいかなかった。疲労困憊の旅のあとで入浴、食事、暖かい宿を夢見ない者などいるだろうか。林業人民委員会宛の覚書にもかかわらず、ニスコ周辺地域にドイツが設けたごみ捨て場と同じように、ここでも「再移住者」

を迎える準備は、実際には何もなされていなかった。ハロルド・オリンが属していた三〇人の集団は、数年前に派遣されて来た集団農場労働者から取り上げた二部屋の丸太小屋数棟に「強制的に住まわされた」。その多くがウクライナから逃げて来た集団農場労働者は、自分たちが到着した時には最初から小屋を建てなくてはならなかったので、この措置を深く恨んだ[104]。オリン一家の同居人は、もう一つの父親のない四人家族だった。水道設備がなく、冬に室内の気温が四・五度ないし七度以上に上がることはほとんどなかった。被追放民が単に「放免され、……泊まる所を自分で探すよう指示されたので、数日間野宿した」所もあり、別の場所では「馬小屋とコサックの泥小屋に押し込められ、誰も私たちに興味がないし、食べ物のことを訊いてくれもしなかった[105]」。

　こうした移民の有様に比較すれば、ヤンカ・ゴルドベルガー一家の場合は、まれにみる良好な状況だった。ここではトイレがすでに用意されていたし、水は豊富で、売店も開いていた。新来者は自分たちが住む小屋を完成させ、冬に備えて薪を集める必要があったが、少なくともすべてが新しく清潔だった。あらゆる世代の人々がこの仕事に参加した。子どもたちは小枝と泥を集めて壁を作った。彼らを急かす必要はなかった。収容所長が、初雪が来る前にこれらの義務を果たせなかったら凍死すると断言したからである。

　自分たちの小屋を建てるには自由時間をあてなければならなかったが、その時間はほとんどなかった。「再植民者たち」は、労働のためにはるばる移送されて来たのであり、仕事はたいてい到着後数時間のうちに始まった。製材所、軍需工場、コルホーズでの過重な手仕事だった。一〇歳以下の幼い子どもも、十分稼いで食糧を購うために年長の子どもと一緒に働いたが、追放されて来た人々の数に見合うほど常に仕事があるわけではなかったし、ほとんどの女性や十代の青少年には、その能力が十分には備わっていなかった。

ママは頑丈で強い女性だったので……とりわけ秋と冬に、普通は男性がする仕事を与えられる機会が多かった。身体に最も大変だったことの一つは……木を切り倒したあとで木の根を掘り起こすことだった。そのためには、交互に、土中で斧を使って切り、シャベルで掘り返した。ママは帰宅した時には疲れきっていた。[106]

病気になり、怪我をし、疲れきってしまえば、仕事をする時間は失われ、食糧も減らされた。それは悪循環だった。子どもたちは森でベリーを摘み、夏は野菜畑の世話を手伝ったが、それでも食べ物は決して十分ではなかった。収容所のほとんどの母親たちは、仕事をしていない時は何キロも歩いて地元民を見つけ、自分の乏しい持ち物と彼らの食べ物を交換しようとしたが、地元民自身がしばしばあまりにも貧しく、食べ物はほとんど提供できなかった。買い物のための遠出は、冬は命取りになった。ある子どもがつぎのように記述している。

ママは弟を連れて、月曜日に別れを告げて出かけた。一日が過ぎ、また一日が過ぎたが、外はとても寒いのに、パンを手に入れるために並ばなくてはならなかった。三日目と四日目が過ぎ、私たちは五日目に、なぜママは帰って来ないのか不安になった。……女性がやって来て、男の子を連れた女性が一人、凍死していると言った。……パパは所長のところに行って、凍え死んだママを連れて来るために馬と荷馬車を貸してほしいと頼んだ。……所長は、馬は作業に出払っていると言った。[107]

この女性は村から二キロ離れた場所で、小さな息子を抱いたまま橇の中で凍死しているのを、農夫に発見された。

追放されて来た子どもたちには、ぞっとするような状況にもかかわらず、どこの子どもたちとも同じように幸福な瞬間がないわけではなかった。年少の子どものために学校が設置されている収容所もあった。そこの教員は、たいていは宗教の否定とソヴィエト・イデオロギーに凝り固まっていたとしても親切だった。子どもたちは森を探検し、間に合わせの材料でスキーや橇を作り、釣り竿も作った。親は子どもに大勢が死んでいる事実を知らせないよう努力したが、劣悪な衛生状態のために悪化した栄養失調と疲労困憊が顕著になると、知らせないでいるのはますます難しくなり、食糧が尽きた時には死が彼ら全員に迫って来た。

私の祖母は……ますます病弱になった。患者を病院に連れて行かなければ、実際のところ治療を受けられず、私たちに連れて行く手段はなかった。彼女は二年目には寝たきりになり、巡回看護婦が月に一度アスピリンやジェネリック医薬品を提供してくれるだけで、それほど長く生きられなかった。彼女が亡くなるまでに、寝台は虱だらけ、南京虫だらけになった。……害虫があまりに凄まじくはびこっていたため、もったいなかったが、寝台は燃やさなければならなかった。……彼女は親切で優しく、もっと良い最期にふさわしい人だった。[108]

祖母の死は一つの出来事に過ぎず、兄弟姉妹を失うこと、あるいはたった一人で家族を支えることは全く別の問題だった。大人が亡くなったり、働けなくなったりした場合、たいそう幼い子どもでさえ物乞い、雪かき、野良仕事、森林での労働で、稼げるものを稼ぐように強いられた。

一一歳のスタニスラフ・Kは最初の冬に母と妹を亡くし、彼と残された二人の姉妹はロシアの孤児院に送られた。彼はそこで、お祈りの仕方が悪いという理由で「二日間古いトイレに閉じ込められる」という罰を受け、その間食事を与えられなかった。彼は孤児院を逃げ出して、以前の収容所にいる兄のもとにどうにか行こうとした。彼は収容所で、積み重なった丸太の大きな山のおかげで命拾いした。[109] 彼は幸運だった。ロシアに連れて行かれた子どもの二〇パーセントが死亡したと推定されている。[110]

移送されたポーランド人をこの緩慢な絶滅から救ったのは、一九四一年のドイツのソ連攻撃だった。ソ連は侵攻の数日後にロンドンのポーランド亡命政府と相互援助条約を締結し、三〇万人以上のポーランド人が突然解放された。解放は順調に行なわれたが、今や帰郷の可能性はなくなっていた。

何千人もの男性がソ連で編成中のポーランド陸軍部隊に何とか加わろうとし、結局は数千人の子どもとともに中東の連合国支配地域に疎開した。だが、ほかの多くの人々はさらに三年間、ソ連の遠隔地で彼らが耐え忍んだ被追放民収容所とほとんど変わりのない状況のもと、追放された状態に置かれたままだった。一九四五年夏、ヤンカ・ゴルドベルガー一家は追放の四年間と三〇日間の列車の旅ののち、奇跡的に何事もなく、ついにクラクフに帰郷した。彼女はここで初めてユダヤ人絶滅の詳細を知り、シベリアに追放されたおかげで命拾いしたと実感したことだろう。[111]

（下巻へつづく）

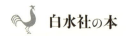

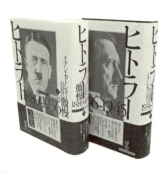

訳者略歴
若林美佐知（わかばやし・みさち）
ウィーン大学博士課程哲学・自然科学部史学専攻修了、哲学博士（Doktorin der Philosophie）。お茶の水女子大学大学院人間文化研究科比較文化学専攻博士課程修了、博士（人文科学）。
論文「ナチ体制とドイツ国防軍——第三帝国のセルビア占領体制を事例として」（お茶の水女子大学大学院人間文化研究科『人間文化論叢』第七巻、二〇〇五年）、「人質と労働力——第二次世界大戦期セルビア占領ドイツ軍政府の抵抗運動対策に見られる『矛盾』をめぐって」（『お茶の水史学』第五五号、二〇一二年）ほか。
共訳書　レギーナ・ミュールホイザー、姫岡とし子監訳『戦場の性——独ソ戦下のドイツ兵と女性たち』（岩波書店、二〇一五年）

ナチズムに囚われた子どもたち
人種主義が踏みにじった欧州と家族　上

二〇一八年三月一〇日　印刷
二〇一八年三月三〇日　発行

著　者　リン・H・ニコラス
訳　者 © 若　林　美　佐　知
装幀者　日　下　充　典
発行者　及　川　直　志
印刷所　株　式　会　社　理　想　社
発行所　株　式　会　社　白　水　社
東京都千代田区神田小川町三の二四
電話　営業部〇三（三二九一）七八一一
　　　編集部〇三（三二九一）七八二一
振替　〇〇一九〇-五-三三二二八
郵便番号　一〇一-〇〇五二
http://www.hakusuisha.co.jp
乱丁・落丁本は、送料小社負担にてお取り替えいたします。

株式会社松岳社

ISBN978-4-560-09618-5
Printed in Japan

註

略語一覧

DGFP	*Documents on German Foreign Policy, 1918–1945*
FRUS	*Foreign Relations of the United States*
IMT	*International Military Tribunal*
IWM	Imperial War Museum, London
LC/MS	Library of Congress, Manuscript Division
NA	National Archives, College Park, Maryland
NIOD（formerly RIOD）	Nederlands Instituut voor Oorlogsdocumentatie, Amsterdam
PRO	Public Record Office, Kew, Great Britain
RG	Record Group（in National Archives）
TWC	*Trials of War Criminals*
UNA	United Nations Archives, New York
UNRRA	United Nations Relief and Rehabilitation Administration

プロローグ

(1) NA RG 338/54, ETO/USFET, Detachment F1F3, report, "Asylum at Kaufbeuren, Swabia," 5 July 1945; NA RG 238, Nuremberg Doc. 1696–PS; Ernst Klee, *Euthanasie im NS-Staat*（Frankfurt, 1983）, pp. 452–54.
(2) Alan Bullock, *Hitler and Stalin: Parallel Lives*（New York, 1993）, pp. 983, 805.
(3) Hermann Rauschning, *Hitler Speaks*（London, 1939）, pp. 113, 229–30, Richard Pipes, *Russia Under the Bolshevik Regime*（New York, 1993）, p. 280 に引用。
(4) Adolf Hitler, *Mein Kampf*, ed. D. C. Watt（London, 1974）, p. 367.
(5) Ibid., p. 368.

第1章　優生学の応用

(1) Daniel J. Kevles, *In the Name of Eugenics*（Cambridge, MA, 1995）, pp. 96–97.
(2) Hitler, *Mein Kampf*, p. 400.
(3) この企ての全史および結末については、Nancy L. Gallagher, *Breeding Better*

Vermonters: The Eugenics Project in the Green Mountain State（Hanover, NH, 1999）を参照せよ。

(4) Ibid., pp. 122–24; Appendix C, p. 185 に法律の全文が掲載されている。

(5) Kevles, *In the Name of Eugenics*, p. 115.

(6) この報告は、ibid., pp. 110–11 に基づいている；p. 111 に引用。

(7) Stephen Jay Gould, *The Mismeasure of Man*（New York, 1981）, pp. 335–36. Kevles, *In the Name of Eugenics*, p. 329, n. 48 をも参照せよ。

(8) Gould, *The Mismeasure of Man*, pp. 172, 233.

(9) *Washington Post*, 29 September 2003.

(10) Kevles, *In the Name of Eugenics*, pp. 112, 116.

(11) Ibid., p. 120.

(12) Hitler, *Mein Kampf*, p. 368.

(13) たとえば、Gunnar Broberg and Nils Roll-Hansen, *Eugenics and the Welfare State*（Ann Arbor, MI, 1996）を参照せよ。

(14) Michael Burleigh, *Death and Deliverance: Euthanasia in Germany, 1900–1945*（Cambridge, UK, 1994）, p. 42; William Shirer, *The Rise and Fall of the Third Reich*（New York, 1960）, pp. 234–35.

(15) Gregor Ziemer, *Education for Death: The Making of the Nazi*（Oxford, 1941）, p. 27.

(16) この裁判の最良の要約は、Henry Friedlander, *The Origins of Nazi Genocide: From Euthanasia to the Final Solution*（Chapel Hill, NC, 1995）, Chapter 2 を参照せよ。

(17) この問題の要約は、Lisa Pine, *Nazi Family Policy, 1933–1945*（New York, 1997）, Chapter 4 を参照せよ。

(18) NA RG 59, LM 193/16/440–47, 862. 12/26, W. W. Adams, 23 November 1935.

(19) Gisela Bock, “Racism and Sexism in Nazi Germany,” in *When Biology Became Destiny*, ed. Renate Bridenthal, Atina Grossmann, and Marion Kaplan（New York, 1984）, pp. 271–96.

(20) Stefan Kühl, *The Nazi Connection: Eugenics, American Racism, and German National Socialism*（Oxford, 1994）, pp. 87–88 に引用。

(21) 以下の内容が依拠している議論の詳細な報告は、Keith L. Nelson, “The ‘Black Horror’ on the Rhine: Race as a Factor in Post-World War I Diplomacy,” *Journal of Modern History* 42（December 1970）, pp. 606–27 を参照せよ。

(22) Robert C. Reinders, “Racialism on the Left: E. D. Morel and the ‘Black Horror on the Rhine,’ ” *International Review of Social History* 13（1968）, p. 1 に引用。

(23) *Christian Science Monitor*, 28 October 1920, Nelson, “The ‘Black Horror’ on the

Rhine," p. 618 に引用。

(24) Nelson, "The 'Black Horror' on the Rhine," p. 621.

(25) Reiner Pommerin, *Sterilisierung der Rhinelandbastarde: Das Schicksal einer farbigen deutschen Minderheit, 1918–1937* (Düsseldorf, 1979), pp. 24–27.

(26) Hitler, *Mein Kampf*, p. 295.

(27) Nelson, "The 'Black Horror' on the Rhine," p. 626.

(28) Melita Maschmann, *Account Rendered: A Dossier on My Former Self* (London, 1965), p. 13.

(29) 以下の記述は、Pommerin, *Sterilisierung der Rhinelandbastarde* を参考にしている。

(30) Ibid., p. 47.

(31) Ibid., p. 84.

(32) Burleigh, *Death and Deliverance*, p. 58.

(33) Ludwig Eiber, *"Ich wuste, es wird schlimm". Die verfolgung der Sinti und Roma in München, 1933–1945* (Munich, 1993), pp. 16–18.

(34) Ibid., p. 45.

(35) リッターについては、Wim Willems, *In Search of the True Gypsy* (London, 1997), Chapter 5 を参照せよ。

(36) Isabel Fonseca, *Bury Me Standing* (New York, 1996), p. 258 に引用。

(37) Willems, *In Search of the True Gypsy*, pp. 255–56.

(38) Sybil Milton, "Nazi Policies Toward Roma and Sinti, 1933–1945," *Journal of the Gypsy Lore Society* 5, 2: 1 (1992), p. 6; Guenter Lewy, *The Nazi Persecution of the Gypsies* (Oxford, 2000), pp. 52–55.

(39) Willems, *In Search of the True Gypsy*, p. 259.

(40) Eiber, *"Ich wuste, es wird schlimm,"* p. 58.

(41) Interrogation transcript of Franz August Wirbel, Landeskriminalamt, Baden-Württemberg, 8/26/1982, in Sybil Milton and Henry Friedlander, *Archives of the Holocaust* (New York, 1993), Vol. 22, Doc. 110, pp. 261–71.

(42) Lewy, *The Nazi Persecution of the Gypsies*, pp. 68–70.

(43) Conti to Central Office, Kripo, 1/24/40, in Milton, "Nazi Policies Toward Roma and Sinti," p. 15, n. 33.

(44) Lewy, *The Nazi Persecution of the Gypsies*, pp. 70–81.

(45) Ibid., pp. 135–43, 193.

(46) Ibid., pp. 146–47.

(47) Helena Kubica, "Children and Youths at KL Auschwitz," in *Auschwitz: Nazi Death*

Camp, ed. Franciszek Piper and Teresa Swiebocka（Oswiecim, 1996）, p. 129.

(48) Elzbieta Piekut-Warszawa, in Irena Strzelecka, "Experiments," in Piper and Swiebocka, eds., *Auschwitz: Nazi Death Camp*, pp. 94–97.

(49) Ibid., pp. 103–5.

(50) *Ambassador Dodd's Diary, 1933–1938*, ed. William E. Dodd, Jr., and Martha Dodd,（New York, 1941）, entries for 16 August and 1 September 1933.

(51) この経緯に関する個人的な観点からの最良の記述は、Victor Klemperer, *I Will Bear Witness: A Diary of the Nazi Years, 1933–1945*, 2 vols.（New York, 1998, 1999）を参照せよ。

(52) Malcolm Muggeridge, in *Fortnightly Review*, 1 May 1933, in Robert Conquest, *The Harvest of Sorrow: Soviet Collectivization and the Terror-Famine*（New York, 1986）, p. 260.

(53) F. Belov, *The History of a Soviet Collective Farm*（New York, 1955）, pp. 12–13, in Dana G. Dalrymple, "The Soviet Famine of 1932–1934," *Soviet Studies* 15: 3（1964）, p. 261.

(54) Harry Lang, *New York Evening Journal*, 15 April 1935, in Dalrymple, "The Soviet Famine," p. 262.

(55) Conquest, *The Harvest of Sorrow*, p. 284.

(56) *New York Evening Journal*, 16 April 1935, in Conquest, *The Harvest of Sorrow*, p. 287.

(57) Conquest, *The Harvest of Sorrow*, p. 286.

(58) Ibid., p. 291.

(59) Ibid., p. 298.

(60) Lev Kopelev, *The Education of a True Believer*（New York, 1977）, pp. 11–12, 235, ibid., pp. 232–33 に引用。

(61) Conquest, *The Harvest of Sorrow*, p. 297.

(62) Ibid., pp. 294–95; *New York Times*, 22 August 1933, p. 1; Ewald Ammende, *Human Life in Russia*（London, 1936）, pp. 102–3（Reuters, 21 May 1934 を引用）and 236–37.

(63) Arch Getty and Oleg Naumov, eds., *The Road to Terror: Stalin and the Self-Destruction of the Bolsheviks, 1932–1939*（Yale 1999）, pp. 468–79 and Docs. 168–70.

(64) Ibid., pp. 486–87.

(65) *New York Times*, 7 September 1933, p. 64.

(66) NA RG 59, LM 193/21/060, 862. 4016/496 Messersmith to State, 25 March 1933.

(67) Ibid.

(68) J. Noakes and G. Pridham, eds., *Nazism, 1919–1945: A History in Documents and Eyewitness Accounts*, 2 vols.（New York, 1990）, Vol. 1, Doc. 394, p. 524.

(69) NA RG 59, LM 193/21/199–202, editorial from *Der Angriff*, Berlin, 28 March 1933.

(70) NA RG 59, LM 193/21/180, 862. 4016/568, Messersmith to State, 31 March 1933.

(71) ドイツの反ユダヤ政策に関する文献は膨大である。明快なまとめは、Raul Hilberg, *The Destruction of the European Jews*（New York, 1985）, Chapters 2 and 3 を参照せよ。

(72) Ibid., p. 38.

第2章　不適格者の排除

(1) NA RG 238, Nuremberg Doc. NO-665.

(2) Burleigh, *Death and Deliverance*, p. 18.

(3) この議論についての詳細かつ興味深い考察は、ibid.; Friedlander, *The Origins of Nazi Genocide;* and Klee, *Euthanasie im NS-Staat* を参照せよ。

(4) Klee, *Euthanasie im NS-Staat*, pp. 31–32.

(5) Burleigh, *Death and Deliverance*, p. 97; p. 315, n. 11 をも参照せよ。

(6) Ibid., p. 97, and p. 315, n. 12.

(7) NA RG 59 LM 193/16, 862. 1232/3, 9 July 1934, "Cremation Law of 15 May 1934."

(8) Noakes and Pridham, eds., *Nazism*, Vol. 2, Doc. 720, p. 1003.

(9) Klee, *Euthanasie im NS-Staat*, pp. 76–77.

(10) Götz Aly et al., *Cleansing the Fatherland: Nazi Medicine and Racial Hygiene*（Baltimore, 1994）, pp. 29–30.

(11) Burleigh, *Death and Deliverance*, p. 99.

(12) Christian Pross and Götz Aly, eds., *Der Wert des Menschen. Medezin in Deutschland, 1918–1945*（Berlin, 1989）, Plate 78.

(13) NA RG 238, Nuremberg Doc. NO-1313, 20 August 1940.

(14) Noakes and Pridham, eds., *Nazism*, Vol. 2, Doc. 740, p. 1021; Friedlander, *The Origins of Nazi Genocide*, p. 67.

(15) Aly et al., *Cleansing the Fatherland*, pp. 48–49.

(16) Full text in Klee, *Euthanasie im NS-Staat*, pp. 303–4.

(17) NA RG 338/334/54, ETO/USFET/ECAD/MISC DETS/Detachment F1F3, "Asylum at Kaufbeuren."

(18) Burleigh, *Death and Deliverance*, pp. 105–7.

(19) Friedlander, *The Origins of Nazi Genocide*, p. 166.

(20) Linda Orth, *Die Transport Kinder aus Bonn* (Cologne, 1989) pp. 45–48.

(21) Friedlander, *The Origins of Nazi Genocide*, p. 168.

(22) Klee, *Euthanasie im NS-Staat*, p. 429.

(23) Ibid., p. 310.

(24) NA RG 59, LM 193/57/819, 862. 143/12.

(25) NA RG 59, LM 193/57/806, enclosure to 862. 1241/15, 13 March 1941.

(26) NA RG 238, Nuremberg Doc. NO-836, Attorney General of Stuttgart to RJM, 12 October 1940.

(27) NA RG 238, Nuremberg Doc. NO-629PS, 8 July 1940.

(28) NA RG 238, Nuremberg Doc. NO-829, Chief Prosecutor of Stuttgart to Reich Minister of Justice, 1 August 1940.

(29) Burleigh, *Death and Deliverance*, pp. 169–71.

(30) NA RG 238, Nuremberg Doc. NO-832, 24 July 1940.

(31) NA RG 238, Nuremberg Doc. NO-002, 25 November 1940.

(32) NA RG 238, Nuremberg Doc. NO-018, 19 December 1940.

(33) Burleigh, *Death and Deliverance*, p. 167.

(34) NA RG 59, LM 193/57, 862. 12/33, 2 February 1941, Enclosure 2 to Report 380, U. S. Consulate Stuttgart.

(35) Noakes and Pridham, eds., *Nazism*, Vol. 2, Doc. 757, p. 1035.

(36) Ibid., Doc. 758, p. 1036.

(37) Burleigh, *Death and Deliverance*, p. 180; Noakes and Pridham, eds., *Nazism*, Vol. 2, Doc. 761, p. 1040.

(38) NA RG 238, Nuremberg Doc. NO-896, Schellmann affidavit.

(39) Aly et al., *Cleansing the Fatherland*, p. 221, Wentzler to Blankenburg BAP KdF #242.

(40) Ibid., pp. 216–19.

(41) Burleigh, *Death and Deliverance*, pp. 117–18, 265.

(42) Aly et al., *Cleansing the Fatherland*, p. 224; Nuremberg Doc. L 170, n. 169.

(43) Klee, *Euthanasie im NS-Staat*, p. 300.

(44) Testimony of H. Bunke, in Aly et al., *Cleansing the Fatherland*, pp. 225–26.

第3章　支配人種の増殖

(1) ナチ家族政策に関する優れた論考は、Jill Stephenson, *Women in Nazi Society* (New York, 1975), and Pine, *Nazi Family Policy* を参照せよ。

(2) Willems, *In Search of the True Gypsy*, pp. 259–60.

(3) NA RG 238/M894/16, Doc. NO-5351, Affidavit von Schlippenbach, 6 October 1947, and Doc. NO-5351c, Higher SS Leader for Bohemia and Moravia to S., 19 January 1944.

(4) Stephenson, *Women in Nazi Society*, p. 47.

(5) Bock, "Racism and Sexism in Nazi Germany," p. 276.

(6) Pine, *Nazi Family Policy*, pp. 19–20.

(7) Stephenson, *Women in Nazi Society*, p. 42.

(8) Gitta Sereny, *Albert Speer: His Battle with Truth*（New York, 1996）, p. 110.

(9) Pine, *Nazi Family Policy*, pp. 26–28, 34, 38.

(10) Ibid., pp. 72–87.

(11) Ziemer, *Education for Death*, pp. 34–35.

(12) Ibid., pp. 35–43.

(13) Pine, *Nazi Family Policy*, p. 31.

(14) Ziemer, *Education for Death*, pp. 47–51.

(15) Stephenson, *Women in Nazi Society*, pp. 48–51.

(16) Ibid., pp. 63–65, and Pine, *Nazi Family Policy*, pp. 42–44.

(17) Noakes and Pridham, eds., *Nazism*, Vol. 1, Doc. 363, p. 493.

(18) NA RG 238/M894/14, Nuremberg Doc. NO-3325, "Instructional Pamphlet #3 of the SS Health Office," 31 May 1937.

(19) Larry V. Thompson, "*Lebensborn* and the Eugenics Policy of the *Reichsführer SS*," *Central European History* 4（1971）, p. 71, n. 41.

(20) Ibid., pp. 61–62.

(21) Ibid., pp. 64–65.

(22) Georg Lilienthal, *Der "Lebensborn e. V." Ein instrument nationalsozialistischer Rassenpolitik*（Stuttgart, 1985）, pp. 42–43. これは「生命の泉」に関する権威のある研究である。

(23) Nuremberg Doc. NO-3325, p. 2.

(24) Lilienthal, *Der "Lebensborn e. V.,"* pp. 85–86.

(25) Ibid., p. 94.

(26) Ibid., p. 63, and Dorothee Schmitz-Köster, *"Deutsche Mutter, Bist du Bereit . . ." Alltag im Lebensborn*（Berlin, 1997）, p. 98.

(27) Lilienthal, *Der "Lebensborn e. V.,"* pp. 63–64 and n. 54.

(28) Schmitz-Köster, *"Deutsche Mutter,"* pp. 147–48.

(29) Lilienthal, *Der "Lebensborn e. V.,"* p. 68.

(30) Ibid., p. 77.

(31) Ibid., pp. 98–99.

(32) Ibid., pp. 96–97, and Schmitz-Köster, *"Deutsche Mutter,"* pp. 107–9.

(33) Lilienthal, *Der "Lebensborn e. V.,"* pp. 242–44.

(34) Stephenson, *Women in Nazi Society*, pp. 67–68.

(35) NA RG 238, Nuremberg Doc. NO-2825–PS, "SS Soldatenfreund 1943," pp. 31–33.

(36) *Die Schwarze Korps*, 24 July 1941, in NA RG 59, LM193/57/ 799, U. S. Consul General, Zurich, to State, 22 September 1941.

(37) Ibid., p. 2.

(38) Oron J. Hale, "Adolf Hitler and the Post-War German Birthrate: An Unpublished Memorandum," *Journal of Central European Affairs* 17: 2 (July 1957), pp. 166–73.

第4章　世界新秩序を担う者の教育

(1) Hitler, *Mein Kampf*, pp. 370–74.

(2) NA RG 59 LM 193/25, R. Geist memo, "The Aryan Law in Germany Regulating the Number of Students," 25 April 1933.

(3) Richard Grunberger, *A Social History of the Third Reich* (New York, 1979), p. 561.

(4) NA RG 59 LM193/58, "Statement of Archbishops and Bishops of Germany Gathered at the Tomb of St. Boniface," 26 June 1941, and sermon of Bishop Galen at Overwater Church, Münster, 30 July 1941.

(5) NA RG 59 LM193/58, 862. 404/320, Tittmann to SecState, 16 October 1941.

(6) NA RG 59 LM193/58, 862. 404/323, Morris to SecState, 3 November 1941.

(7) NA RG 59 LM193/58, 862. 404/318, Stewart to SecState, 15 October, 1941.

(8) Bernt Engelmann, *In Hitler's Germany* (New York, 1986), pp. 3–6.

(9) Noakes and Pridham, eds., *Nazism*, Vol. 1, pp. 430–32.

(10) Helga Bergas, Leo Baeck Institute, New York, Marion Kaplan, *Beyond Destiny and Despair: Jewish Life in Nazi Germany* (New York, 1998), p. 25 に引用。

(11) E. C. Helmreich, "Jewish Education in the Third Reich," *Journal of Central European Affairs* 15: 2 (July 1955), p. 136.

(12) NA RG 59 LM193/25, GRC862. 42/77, Geist to SecState, 12 January 1934, p. 4.

(13) Jurgen Herbst, *Requiem for a German Past* (Madison, WI, 1999), p. 57.

(14) NA RG 59 LM193/25, 862. 42/73, G. C. Dominian to SecState, 27 November 1933.

(15) NA RG 59 LM193/25, 862. 42/77, Geist to State, 12 January 1934.

(16) NA RG 59 LM193/25, 862. 42/95, Dodd to State, 21 November 1934, p. 2.
(17) Ibid., p. 4.
(18) Herbst, *Requiem for a German Past*, p. 58.
(19) NA RG 59 LM193/25, 862. 42/77, Dodd to State, 12 January 1934.
(20) Franz Braun and A. Hillen Ziegfeld, *Geopolitischer Atlas zur Deutschen Geschichte* (Dresden, 1934).
(21) NA RG 59 LM193/12, 862. 014/61, U. S. Consul, Stuttgart, to SecState, 25 September 1933.
(22) Ziemer, *Education for Death*, p. 69.
(23) この問題については、Philip Dray, *At the Hands of Persons Unknown: The Lynching of Black America* (New York, 2002), p. 338, およびたとえば、*New York Times*, 19 October 1933, "Mob of 2000 Hangs Negro in Maryland," p. 1 を参照せよ。
(24) Maschmann, *Account Rendered*, p. 66.
(25) Erika Mann, *School for Barbarians* (New York, 1938), pp. 66–68.
(26) From Richard Alshuer, *Sprachkundische Kleinarbeit in Neuen Geiste* (Leipzig), ibid., p. 70 に引用。
(27) Mann, *School for Barbarians*, p. 57.
(28) H. W. Koch, *The Hitler Youth: Origins and Development, 1922–45* (New York, 1996), pp. 140–41.
(29) Stephenson, *Women in Nazi Society*, Chapter 6, pp. 116–28.
(30) NA RG 59 LM193/25, 862. 42/102, Leverich report, 28 March 1935.
(31) Lewy, *The Nazi Persecution of the Gypsies*, pp. 89–90.
(32) Dorothea Schosser in Johannes Steinhoff et al., eds., *Voices from the Third Reich: An Oral History* (New York, 1994), p. 45.
(33) Hans A. Schmitt, *Quakers and Nazis: Inner Light in Outer Darkness* (Columbia, MO, 1997), pp. 41–42.
(34) Marianne Regensburger in Steinhoff et al., eds., *Voices from the Third Reich*, pp. 59–61.
(35) Gideon Behrendt in Bertha Leverton and Shmuel Lowensohn, eds., *I Came Alone: The Stories of the Kindertransports* (Lewes, UK, 1996), p. 30.
(36) Frau Verena Groth in Alison Owings, *Frauen: German Women Recall the Third Reich* (New Brunswick, NJ, 1995), p. 106.
(37) Kaplan, *Beyond Destiny and Despair*, p. 108.
(38) Ernest Heppner, *Shanghai Refuge: A Memoir of the World War II Jewish Ghetto* (Lincoln, NE, 1995), p. 13.

(39) Klaus Scheurenberg in Steinhoff et al., eds., *Voices from the Third Reich*, p. 54.

(40) Kaplan, *Beyond Destiny and Despair*, p. 96.

(41) H. P. Herz in Steinhoff et al., eds., *Voices from the Third Reich*, p. 48.

(42) Marta Appel in Mark M. Anderson, ed., *Hitler's Exiles: Personal Stories of the Flight from Nazi Germany to America* (New York, 1998), pp. 49–50.

(43) Ibid., p. 58.

(44) この議論は、Peter Kramp and Gerhard Benl, *Vererbungslehre, Rassenkunde und Rassenhygiene: Lehrbuch für die Oberstufe Höherer Lehranstalten*, 2 vols. (Leipzig, 1936), および Otto Steche, *Leitfaden der Rassenkunde und Vererbungslehre der Erbgesundheitspflege und Familienkunde für die Mittelstufe* (Leipzig, 1934) に基づいている。

(45) Steche, *Leitfaden*, p. 40.

(46) 数多くの事例史は、Kaplan, *Beyond Destiny and Despair*, pp. 98–99 を参照せよ。

(47) Peter Gay, *My German Question: Growing Up in Nazi Berlin* (New Haven, CT, 1998), pp. 94–95.

(48) Marta Appel in Anderson, *Hitler's Exiles*, p. 52.

(49) Frau Verena Groth in Owings, *Frauen*, pp. 111–12.

(50) Kaplan, *Beyond Destiny and Despair*, pp. 103–4.

(51) Kenneth Carey in Leverton and Lowensohn, *I Came Alone*, pp. 52–53.

(52) NA RG 59 LM193/25, 862. 42/112, Dodd to SecState, 16 September 1935.

(53) Helmreich, "Jewish Education in the Third Reich," p. 144.

(54) NA RG 59 LM193/25, 862. 42/76, Dodd to SecState, 10 July 1934.

(55) Geoffrey J. Giles, *Students and National Socialism in Germany* (Princeton, NJ, 1985), pp. 108–9.

(56) Klemperer, *I Will Bear Witness*, Vol. 1, p. 212, 11 February 1937.

(57) Ibid., pp. 15, 174.

(58) Ibid., pp. 30–31.

(59) *Ambassador Dodd's Diary*, pp. 219–20, 250.

(60) Rhoda Sutherland, Lady Margaret Hall, Oxford, conversation with author, 1963.

(61) Giles, *Students and National Socialism in Germany*, p. 251.

(62) *Morning Post*, 30 July 1935, in Grunberger, *A Social History of the Third Reich*, p. 393.

(63) Giles, *Students and National Socialism in Germany*, p. 252.

(64) Ibid., pp. 4–6.

(65) Ibid., pp. 253–54.

(66) Grunberger, *A Social History of the Third Reich*, p. 402.

(67) R. G. S. Weber, *The German Student Corps in the Third Reich* (London, 1986), p. 150.

(68) Giles, *Students and National Socialism in Germany*, pp. 139–43.

(69) Ulrich von Hassell, *Journal d'un conjuré, 1938–44* (Paris, 1996), p. 62.

(70) Ibid., pp. 258–60.

(71) Weber, *The German Student Corps in the Third Reich*, pp. 129–30.

(72) NA RG 59 LM193/25/862. 42/108GDG, Dodd to SecState, 8 July 1935.

(73) Giles, *Students and National Socialism in Germany*, p. 139.

(74) Ibid., pp. 174, 219, 248–49.

(75) Weber, *The German Student Corps in the Third Reich*, p. 166.

第5章　ヒトラーの子どもたち

(1) Noakes and Pridham, eds., *Nazism*, Vol. 1, Reichenberg, 4 December 1938, No. 297, p. 417.

(2) *New York Times*, 21 August 1933.

(3) Gay, *My German Question*, p. 55.

(4) Heppner, *Shanghai Refuge*, pp. 8–10.

(5) Koch, *The Hitler Youth*, p. 96, n. 90.

(6) Gerhard Rempel, *Hitler's Children: The Hitler Youth and the SS* (Chapel Hill, NC, 1989), p. 10.

(7) Koch, *The Hitler Youth*, p. 113.

(8) Maschmann, *Account Rendered*, p. 11.

(9) *Völkischer Beobachter*, 1 August 1934, in NA RG 59 LM193/25, 862. 42/87, "Education of Nazis," Dodd to SecState, 14 August 1934.

(10) Herbst, *Requiem for a German Past*, p. 91; Maschmann, *Account Rendered*, p. 18.

(11) Ziemer, *Education for Death*, p. 96.

(12) Noakes and Pridham, eds., *Nazism*, Vol. 1, p. 422.

(13) Ibid., pp. 55–59; Rempel, *Hitler's Children*, p. 177; Koch, *The Hitler Youth*, pp. 112–13.

(14) Hans J. Massaquoi, *Destined to Witness: Growing Up Black in Nazi Germany* (New York, 1999), pp. 97–103.

(15) Herbst, *Requiem for a German Past*, pp. 23–25.

(16) Erna Tietz, in Owings, *Frauen*, p. 267.

(17) Albert Bastian, in Steinhoff et al., eds., *Voices from the Third Reich*, p. 14.

(18) Maschmann, *Account Rendered*, pp. 44–45, 35.

(19) Peter Kurth, *American Cassandra: The Life of Dorothy Thompson*（Boston, 1990）, pp. 200–201.

(20) Alfons Heck, *A Child of Hitler: Germany in the Days When God Wore a Swastika*（Frederick, CO, 1985）, pp. 19–26.

(21) William Shirer, *Berlin Diary*（New York, 1941）, entries for September 9–14, 1938.

(22) William H. Kern, "The Second World War, 1939–1945: Growing Up in Wartime Germany," unpublished ms., p. 2.

(23) Koch, *The Hitler Youth*, p. 229.

(24) Noakes and Pridham, eds., *Nazism*, Vol. 1, Doc. 310, p. 430.

(25) Rempel, *Hitler's Children*, pp. 31–32.

(26) Hans Holtzrager, Die Wehrertüchtigungslager der Hitler-Jugend, 1942–1945, Ein Dokumentarbericht（Ippesheim, 1991）, pp. 17–21.

(27) 飛行部隊についての生彩のある記述は、For a vivid description of an Aviation unit, see Heck, *A Child of Hitler*, pp. 57–85 を参照せよ。

(28) Koch, *The Hitler Youth*, p. 104.

(29) Herman Rosenau, in Steinhoff et al., eds., *Voices from the Third Reich*, pp. 301–5.

(30) Rempel, *Hitler's Children*, pp. 180–81.

(31) NA RG 59/LM193/25/739/862. 42/82, White to SecState, 7 April 1934.

(32) 農村奉仕団と親衛隊の関係については、Rempel, *Hitler's Children*, Chapter 5 を参照せよ。

(33) Maschmann, *Account Rendered*, p. 33.

(34) Ibid., pp. 32–35.

(35) Noakes and Pridham, eds., *Nazism*, Vol. 1, Doc. 241, p. 354.

(36) Ibid., Doc. 243, pp. 355–56, SOPADE Berichte, 1938, pp. 480–81.

(37) 異議申し立ておよび偵察部隊については、Rempel, *Hitler's Children*, Chapter 3; Koch, *The Hitler Youth*, Chapter 10 を参照せよ。

(38) Rempel, *Hitler's Children*, p. 58.

(39) Koch, *The Hitler Youth*, p. 219.

(40) NA RG 59 LM193/57/703 #2115, A. Kirk, 20 March 1944.

(41) Massaquoi, *Destined to Witness*, p. 160.

(42) Ibid., p. 162.

(43) Rempel, *Hitler's Children*, p. 104.

(44) Herbst, *Requiem for a German Past*, pp. 75–76.

(45) Noakes and Pridham, eds., *Nazism*, Vol. 1, Docs. 299 and 300, pp. 419–20.

(46) Rempel, *Hitler's Children*, p. 71.
(47) Karma Rauhut, in Owings, *Frauen*, pp. 347–57.
(48) Rempel, *Hitler's Children*, pp. 97–100.
(49) Ibid., pp. 74–75.
(50) Herbst, *Requiem for a German Past*, p. 64.
(51) Koch, *The Hitler Youth*, p. 103.
(52) NA RG 260/185, Nuremberg Doc. 136–PS.
(53) Koch, *The Hitler Youth*, pp. 199–203.
(54) Ibid., p. 201.
(55) Ibid., pp. 196–99.
(56) NA RG 238M894/14, Doc. NO-3736, Heissmeyer to Brandt, 21 September 1944.
(57) Koch, *The Hitler Youth*, p. 181.
(58) Ibid., p. 185.
(59) P. Petersen, in Steinhoff et al., eds., *Voices from the Third Reich*, p. 8.
(60) Hans Bieber, in *NSD Oberschule Starnbergersee, 1937–38* (Munich, 1938), p. 26. The yearbook was kindly provided to me by Dr. Walter Filley.
(61) Interview with Walter Filley; yearbook, pp. 15–17.
(62) Conversation with Frank Lee, March 2002.
(63) Filley interview.
(64) Gene Keith, in *The Choate News*, June 4, 1938, p. 1.
(65) Theo Loch, in Steinhoff et al., eds., *Voices from the Third Reich*, p. 11.
(66) *The Choate News*, May 14, 1938, p. 2.
(67) Ibid., and Filley interview.
(68) Jost Hermand, *A Hitler Youth in Poland: The Nazis' Program for Evacuating Children During World War II* (Evanston, IL, 1997), pp. xxiv-xxvi; Koch, *The Hitler Youth*, pp. 195, 241 をも参照せよ。
(69) Hermand, *A Hitler Youth in Poland*, p. 49.
(70) Ibid., p. 50.
(71) Ibid., pp. 53–56.
(72) Ibid., pp. 68–73.
(73) Ibid., p. 88.

第6章　閉ざされた脱出口

(1) Sergei Hackel, *Pearl of Great Price: The Life of Mother Maria Skobtsova, 1891–1945*

(New York, 1981), p. 1.

(2) Schmitt, *Quakers and Nazis*, pp. 13–17. これらの企画は1924年にドイツ政府が引き継いだ。オーストリアに対する援助は1933年まで続けられた。

(3) T. H. Watkins, *The Hungry Years: A Narrative History of the Great Depression in America* (New York, 1999), pp. 157–58.

(4) Ibid., pp. 54–55, 58, 71.

(5) George Orwell, *The Road to Wigan Pier* (New York, 1958), p. 63.

(6) Watkins, *The Hungry Years*, pp. 398–401.

(7) Georges Mauco, *Les Étrangers en France* (1932), pp. 558, 560, cited in Weber, *The German Student Corps*, pp. 90–91n.

(8) A. J. Sherman, *Island Refuge: Britain and Refugees from the Third Reich, 1933–1939* (Ilford, UK, 1994), Appendix 2.

(9) アメリカの移民政策についての徹底的な分析は、David S. Wyman, *Paper Walls: America and the Refugee Crisis, 1938–1941* (Amherst, MA, 1968), および Richard *Breitman and Alan M. Kraut, American Refugee Policy and European Jewry, 1933–1945* (Bloomington, IN, 1987) を参照せよ。W. D. Rubenstein's *The Myth of Rescue* (London, 1997) は興味深い統計を掲載し、また別の見解を提示している。

(10) Michael R. Marrus and Robert O. Paxton, *Vichy France and the Jews* (Stanford, CA, 1995), p. 36.

(11) Sherman, *Island Refuge*, pp. 47–48.

(12) Anderson, *Hitler's Exiles*, p. 136.

(13) Marta Appel, cited ibid., p. 148.

(14) Sherman, *Island Refuge*, pp. 39–40.

(15) *Ambassador Dodd's Diary*, entries for 18 October 1933, 9 August and 1 November 1934, pp. 50–51, 145–46, 183–84.

(16) Ibid., 7 February 1933, pp. 78–79.

(17) Judith Tydor Baumel, *Unfufilled Promise: Rescue and Settlement of Jewish Refugee Children in the United States, 1934–35* (Juneau, AK, 1990), pp. 16–19.

(18) Breitman and Kraut, *American Refugee Policy*, pp. 24–25.

(19) Braumel, *Unfulfilled Promise*, p. 19.

(20) Sherman, *Island Refuge*, p. 52.

(21) Ibid., p. 60.

(22) Claude G. Bowers, *My Mission to Spain: Watching the Rehearsal for World War II* (New York, 1954), p. 284.

(23) Dorothy Legarreta, *The Guernica Generation: Basque Refugee Children of the Spanish Civil War* (Reno, NV, 1984), pp. 34–36.

(24) Ibid., pp. 20–22.

(25) NA RG 59 LM074/5 AFSC, bulletin of Committee on Spain, 28 June 1937.

(26) NA RG 59 LM074/5, bulletin of Spanish Relief Conditions, Committee on Spain, AFSC, Vol. 1, No. 4, 5 August 1937.

(27) Legarreta, *The Guernica Generation*, pp. 35–36.

(28) Ibid., pp. 30, 25.

(29) Bowers, *My Mission to Spain*, p. 343.

(30) Statement by Father A. Onaindia, ibid., p. 345.

(31) Bowers, *My Mission to Spain*, p. 344.

(32) Ronald Fraser, *Blood of Spain: An Oral History of the Spanish Civil War* (New York, 1979), p. 442.

(33) *FRUS* 1937, Vol. 1, p. 546, Bowers to SecState, 2 September 1937.

(34) Fraser, *Blood of Spain*, p. 167.

(35) Ibid., pp. 156–57.

(36) Ibid., pp. 455, 152, 477–48.

(37) Legarreta, *The Guernica Generation*, pp. 38–39.

(38) *FRUS* 1937, Vol. 1, p. 525, Chapman to State, 9 July 1937.

(39) "Annual Report of the Secretary of Labor, 1939," in Rubenstein, *The Myth of Rescue*, p. 99.

(40) *FRUS* 1937, Vol. 1, pp. 498–547. For pro/con correspondence of organizations, NA RG 59 LM074/3/729–70.

(41) *FRUS*, 1938, Vol. 1, Efforts for the Relief of Spanish Refugees, pp. 364–83.

(42) Ibid., and NA RG 59 LM074/3/729–70.

(43) これと以下の記述は、Legarreta, *The Guernica Generation*, pp. 103–6.

(44) Ibid., pp. 162–64.

(45) Fraser, *Blood of Spain*, pp. 433–37.

(46) Stéphane Courtois et al., eds., *The Black Book of Communism: Crimes, Terror, Repression* (Cambridge, MA, 1999), p. 350.

(47) Legarreta, *The Guernica Generation*, p. 145.

(48) Ibid., Chapter 3.

(49) NA RG 59 LM074/4/881, 852. 48/415, Paris, Wilson to SecState, 14 March 1939. Enclosure I, Noel H. Field, "Confidential Report on Conditions in Spanish Refugee Camps in Southern France," 4 March 1939, p. 2.

(50) Ibid., pp. 2–3.

(51) Ibid., p. 7.

(52) NA RG 59 LM074/5 ONI 854. 48, Attaché's report, "Visit to Spanish Refugee Camp at 'Guers,' Basse-Pyrenees," 19 July 1939.

(53) NA RG 59 LM074/5/181, International Commission for the Assistance of Spanish Child Refugees, report, 10 July 1939.

(54) G. E. R. Gedye, *Fallen Bastions: The Central European Tragedy* (London, 1939), pp. 295–96.

(55) Milton and Friedlander, eds., *Archives of the Holocaust*, Vol. 2, AFSC Philadelphia, Part 1, 1932–39, doc 117, p. 344, Florence Barrow to Clarence Pickett, 19 May 1938.

(56) Gedye, *Fallen Bastions*, p. 349.

(57) Breitman and Kraut, *American Refugee Policy*, p. 58.

(58) *FRUS* 1938, Vol. 1, p. 740.

(59) Marrus and Paxton, *Vichy France and the Jews*, pp. 60–62.

(60) *FRUS* 1938, Vol. 1, p. 742, Gunther to SecState, 13 April 1938.

(61) *FRUS* 1938, Vol. 1, p. 743, Welles to Gunther, 21 April 1938.

(62) L. de Jong, *Het Koninkrijk der Nederlanden in de Tweede Wereld Oorlog*, 14 vols. (The Hague, 1974), Vol. 1, pp. 462, 479, 488.

(63) Sherman, *Island Refuge*, pp. 98–99; PRO FO 371/21634, C3588/1667/62, 21 April 1938.

(64) PRO FO372/3284 51593 T 7056, "Visas for Holders of German or Austrian Passports Entering the United Kingdom. General Principles," 27 May 1938.

(65) PRO FO 372/3284 51593 T10774, Gaines to Hutcheson, 9 August 1938.

(66) De Jong, *Het Koninkrijk*, Vol. 1, pp. 472–73.

(67) Ibid., p. 143.

(68) この問題については、Sherman, *Island Refuge*, pp. 139, 221 を参照せよ。

(69) NA RG 59 LM193/58, 862. 4016/1800, Biddle to SecState, 29 October 1938.

(70) *FRUS* 1938, Vol. 1, pp. 778–80, Biddle to State, 30 August 1938.

(71) *FRUS*, 1938, Vol. 1, pp. 835–36, Memo, Pierrepont Moffet, 19 November 1938.

(72) Sherman, *Island Refuge*, p. 164.

(73) NARA RG 59, LM193/58, Cables 862. 4016/2078, 2093, 2129, Winship, Biddle, Warsaw, to SecState, 25, 27 January, 27 February 1939.

(74) Milton and Friedlander, eds., *Archives of the Holocaust*, Vol. *2*, Doc. 215, p. 618, "Perry Report of Trip to Poland, July 20–27, 1939."

(75) NA RG 239/66, Nuremberg Doc. 2237–PS.

(76) NA RG 59 LM193/58, Honaker to Messersmith, 862. 4016/2002 15/11/38, and Honaker to Wilson, 800/840. 1, "Anti-Semitic Persecution in the Stuttgart Consular District," No. 307, 11 December 1938.

(77) De Jong, *Het Koninkrijk*, Vol. 1, p. 485.

(78) *FRUS*, 1938, Vol. 1, pp. 847–49, Waller to State, 1 December 1938.

(79) 註 76 を参照せよ。

(80) Heppner, *Shanghai Refuge*, p. 45.

(81) Truus Wijsmuller-Meijer, *Geen Tijd voor Tranen* (Amsterdam, undated), pp. 120–25.

(82) Sherman, *Island Refuge*, pp. 232–37.

(83) George Rublee, "Reminiscences," unpublished ms. of interviews by the Oral History Research Office, Columbia University, p. 298. ジョージ・ラブリー 2 世の好意により提供された。

(84) Wyman, *Paper Walls*, p. 55. For a full discussion of the Intergovernmental Committee, see Chapter 2.

第7章　子どもたちの救出

(1) Wijsmuller-Meijer, *Geen Tijd voor Tranen*, p. 48.

(2) この組織の活動に関する完全な報告は、Amy Zahl Gottlieb, *Men of Vision: Anglo-Jewry's Aid to Victims of the Nazi Regime, 1933–1945* (London, 1998) を参照せよ。

(3) Ibid., pp. 99–100.

(4) Ibid., pp. 66–72.

(5) Sara Kadosh, director, AJDC Archives, USHMM Symposium, 3 April 2003.

(6) IWM, Dept. of Documents, MISC 53/818, Papers of Margareta Burkill, "The Refugee Children's Movement Ltd., 1938–1948," p. 3.

(7) De Jong, *Het Koninkrijk*, Vol. 1, p. 488.

(8) Wijsmuller-Meijer, *Geen Tijd voor Tranen*, pp. 70–75.

(9) De Jong, *Het Koninkrijk*, Vol. 1, p. 489.

(10) Wijsmuller-Meijer, *Geen Tijd voor Tranen*, p. 105.

(11) Ibid., p. 106.

(12) De Jong, *Het Koninkrijk*, Vol. 3, p. 412.

(13) Karen Gershon, ed., *We Came as Children: A Collective Autobiography* (London, 1966), p. 22.

(14) Ibid., pp. 22–25.

(15) Wyman, *Paper Walls*, p. 76.

(16) Papers of Robert F. Wagner, Georgetown University, Washington, DC, Alien Files 1938, 1939, Boxes 636–47.

(17) Wyman, *Paper Walls*, p. 78.

(18) この記述はワイマンの詳細な分析（ibid., pp. 75–98）に基づいてまとめられている。

(19) Leverton and Lowensohn, *I Came Alone*, p. 30.

(20) Ibid., p. 91, account of Charles Feld.

(21) Gershon, *We Came as Children*, p. 26.

(22) Ibid., p. 27.

(23) Ibid., p. 30.

(24) Ibid., p. 28.

(25) Ibid., passim.

(26) Wijsmuller-Meijer, *Geen Tijd voor Tranen*, pp. 87–88.

(27) Gershon, *We Came as Children*, p. 64; Gottlieb, *Men of Vision*, pp. 117–19, 123–25.

(28) Sherman, *Island Refuge*, p. 258.

(29) そうしたホームについての感動的な報告は、Ian Buruma, "Churchill's Cigar," *Granta* 65（Spring 1999）, pp. 327–43 を参照せよ；ポール・クレイマーの好意的な教示による。

(30) Ruth E. Wolman, *Crossing Over: An Oral History of Refugees from Hitler's Reich*（New York, 1996）, pp. 8–11.

(31) Speech by Lord Attenborough, June 15, 1999, at the sixtieth anniversary of the Kindertransports, London.

(32) Gershon, *We Came as Children*, p. 49.

(33) Interview, Egon Guttmann, Washington, DC.

(34) Gershon, *We Came as Children*, p. 52.

(35) De Jong, *Het Koninkrijk*, Vol. 2, pp. 114–17, 373–75.

(36) これとその後の出来事については、Henri Amouroux, *La Grande Histoire des Français sous l'occupation*. Vol. 1, *Le people du désastre, 1939–1940*（Paris, 1976）, Chapter titled "Le Moral des Civils" を参照した。

(37) Travis L. Crosby, *The Impact of Civilian Evacuation in the Second World War*（London, 1986）, Chapter 2.

(38) Edward R. Murrow, *This Is London*（New York, 1941）, entries for 28 and 31 August, and 4 September 1939.

(39) Susan Isaacs, ed., *The Cambridge Evacuation Survey: A Wartime Study in Social Welfare and Education*（London, 1941）, pp. 34–35.

(40) IWM, Dept. of Documents, 91/5/1, Papers of Terence Nunn, pp. 41–44.

(41) IWM, Dept. of Documents, 92/9/1, Papers of Mrs. M. D. Brand, p. 2.

(42) Isaacs, *The Cambridge Evacuation Survey*, p. 40.

(43) これとそのほかの問題に関する優れた議論は、Ruth Inglis, *The Children's War: Evacuation, 1939–1945*（London, 1989）を参照せよ。

(44) Gottlieb, *Men of Vision*, pp. 167–71; Sherman, *Island Refuge*, p. 256.

(45) Gershon, *We Came as Children*, p. 91.

(46) Ibid., pp. 92–96.

(47) Interviews, Walter Fletcher and Fred Hochberg, Kindertransport Reunion, 1999.

(48) Shirer, *The Rise and Fall of the Third Reich*, p. 723.

(49) Shirer, *Berlin Dairy*, May 20, 1940.

(50) De Jong, *Het Koninkrijk*, Vol. 3, pp. 98–100.

(51) Jacques De Launay, *La Belgique à l'heure allemande*（Brussels, undated）, p. 44.

(52) Amouroux, *La Grand Histoire*, Vol. 1, p. 379.

(53) Ibid., p. 389.

(54) Donald A. Lowrie, *The Hunted Children*（New York, 1963）, pp. 29–30.

(55) Amouroux, Vol. 1, p. 394.

(56) Ibid., p. 400.

(57) Lowrie, *The Hunted Children*, p. 28.

(58) Joël Mettay, *L'Archipel du Mépris: Histoire du camps de Rivesaltes de 1939 à nos jours*（Canet, 2001）, pp. 14–15.

(59) Marrus and Paxton, *Vichy France and the Jews*, p. 65.

(60) Ibid., pp. 165–66.

(61) Lowrie, *The Hunted Children*, Chapter 8 を参照せよ。

(62) Wyman, *Paper Walls*, p. 129.

(63) Ibid., p. 134.

(64) Mettay, *L'Archipel du Mépris*, pp. 45–49.

(65) Ibid., p. 130.

(66) Ibid., pp. 64–67.

(67) Lowrie, *The Hunted Children*, pp. 122–23, 144.

(68) Inglis, *The Children's War*, p. 82.

(69) Ibid., p. 83.

(70) Ibid., p. 85.

(71) Wyman, *Paper Walls*, p. 117.

(72) Ibid., pp. 98–101.

(73) Ibid., p. 133.

(74) Inglis, *The Children's War*, pp. 105–9.

(75) Wyman, *Paper Walls*, p. 119.

(76) Ibid., pp. 120–21.

(77) Ibid., pp. 124–25.

(78) Vera Brittain, cited in Inglis, *The Children's War*, p. 113.

(79) IWM, Dept. of Documents, 88/26/1, Papers of M. A. Walford, p. 4.

(80) IWM, Dept. of Documents, 91/37/1, Papers of Mrs. A. W. Winter, pp. 12–14.

(81) IWM, Dept. of Documents, 97/3/1, Papers of Cadet Officer D. Haffner, "The Torpedoing of the SS *City of Benares*," unpaginated.

(82) IWM, Dept. of Documents, 91/37/1, Papers of Miss B. Walder, letter to Miss Simonis, 1 October 1940.

(83) IWM, Dept. of Documents, 97/3/1, Haffner, "The Torpedoing of the SS *City of Benares*."

(84) PRO MT9/3461/51557, clipping, *Montreal Gazette*, 23 September 1940.

(85)「渡海児童」の経験についての魅力的な記述は、Anthony Bailey, *America Lost and Found: An English Boy's Adventure in the New World*（New York, 1980）を参照せよ。

第8章　良質な血

(1) NA RG 59 LM 193/12/333–336, 344, Dodd cables, 7/17/33, 7/21/33, and 8/15/33.

(2) Otto Schaefer, *Sinn und Wesen des VDA*, Frankfurt, 1933, p. 21, Alton Frye, *Nazi Germany and the American Hemisphere, 1933–1941*（New Haven, CT, 1967）, p. 17 に引用。

(3) *DGFP*, Series C, Vol. 2, Doc. 140. 12/14/33, pp. 255–59.

(4) LC/MS, Captured German Records, DAI, Reel 290.

(5) Ibid., Reel 443.

(6) Ibid., Reel 290, Correspondence German Consulate, Chicago, 9/27/37, 11/8/37.

(7) NA RG 59 LM 193/12/274, Scanlan memo, 8/18/38, 862. 012/122.

(8) LC/MS, Captured German Records, DAI, Reel 292.

(9) Ibid., Reel 443, VDA Rundschreiben Nr. 6–Karteikarten, 7/11/38, to DAI.

(10) Ibid., Reel 292.

(11) Ibid., Reel 474, Kloss to Stahmer (VoMi), 2/15/38.

(12) Ibid., Reel 474, unidentified clipping.

(13) Dray, *At The Hands of Persons Unknown*, p. 497, n. 339.

(14) Frye, *Nazi Germany and the American Hemisphere*, Chapter 6, pp. 82–91 を参照せよ。

(15) *DGFP*, Series D, Vol. 4, Docs. 500–502, 11/8–15/38.

(16) Ibid., Docs. 509, 510, and 513, 12/16–19/38.

(17) NA RG 238M894/16, Doc. NO-5630, Himmler memo to Bormann, 4/23/42.

(18) Frye, *Nazi Germany and the American Hemisphere*, pp. 65–79.

(19) LC/MS, Captured German Records, DAI, Reel 474, "Politisches Bericht uber das Mandatsgebiet Neuguinea," 9/22/36.

(20) Robert L. Koehl, *RKFDV: German Resettlement Policy and Population Policy, 1939–1945: A History of the Reich Commission for the Strengthening of Germandom* (Cambridge, MA, 1957), pp. 40–41 を参照せよ。これはドイツ民族強化全権に関する権威のある研究である。

(21) *DGFP*, Series D, Vol. 8, Doc. 153, p. 162, Weizsacker to Ribbentrop, 9/28/39.

(22) *DGFP*, Series D, Vol. 8, Doc. 176, p. 188, "Memo of a Conversation Between the Führer and Count Ciano," 10/2/39.

(23) Nuremberg Doc. NO-3075, "Decree by the Führer and Reich Chancellor for the Consolidation of German Folkdom, 10/7/39, cited in Koehl, *RKFDV*, p. 247.

(24) Berlin Document Center, *The Holdings of the Berlin Document Center: A Guide to the Collections* (Berlin, 1994), pp. 12, 37, and n. 50.

(25) Dietrich A. Loeber, *Diktierte Option: Die Umsiedlung der Deutsch-Balten aus Estland und Lettland, 1939–1941* (Neumünster, 1972), Doc. 109, p. 136, German Legation in Reval to Foreign Ministry, 10/15/39.

(26) *DGFP*, Series D, Vol. 8, p. 227, Hitler's speech to the Reichstag, 10/6/39.

(27) NA RG 59 T1243/40, 760i. 62/37, Wiley (Riga) to SecState, 10/8/39.

(28) NA RG 59 T1243/40, 760i. 62/35, Leonard (Tallinn) to SecState, 10/8/39.

(29) *DGFP*, Series D, Vol. 8, Doc. 239, p. 266, 10/11/39.

(30) NA RG 59 T1243/40, 760i. 62/46, Steinhardt (Moscow) to SecState, 10/14/39

(31) *Times* (London), 10 October 1939.

(32) Loeber, *Diktierte Option*, Docs. 310–15, pp. 635–62 を参照せよ。

(33) Ibid., Doc. 39, p. 163, *Rigasche Rundschau*, 10/9/39.

(34) Ibid., Doc. 142, p. 185, *Revalsche Zeitung*, 10/11/39.

(35) Ibid., Doc. 321, p. 672, Arvid von Nottbeck, *Baltische Briefe*, 1963, No. 11, p. 4.

(36) Ibid., Doc. 153, p. 207, 10/10/39, and Doc. 154, p. 208, 10/15/39.

(37) Ibid., Doc. 132, p. 167, "Frau Kurtson will nicht," *Rigasche Rundschau*, 11/9/39.

(38) Ibid., Doc. 156, pp. 210–11, November 1939.

(39) Joseph B. Schechtman, *European Population Transfers, 1939–1945* (New York, 1946), p. 103.

(40) *Rigasche Rundschau*, 12/9/39, cited ibid., p. 98.

(41) Schechtman, *European Population Transfers*, p. 105.

(42) Olrik Breckoff, "Zwischenspiel an der Warthe-und was daraus wurde," in *Jahrbuch des Baltischen Deutschtums, 1994*, p. 142.

(43) Berndt von Staden, "Erinnerungen an die Umsiedlung" in *Jahrbuch des Baltischen Deutschtums, 1994*, p. 62.

(44) A. Meyer-Landruth, in Steinhoff et al., eds., *Voices from the Third Reich*, p. 103.

(45) Karen Grunerwald, "Ich werde Landfrau in Kalisch," *Jahrbuch des Baltischen Deutschtums, 1994*, pp. 101–2.

(46) Ibid., p. 102.

(47) Berlin Document Center, *Holdings*, pp. 43–44.

(48) Koehl, *RKFDV*, pp. 106–7.

(49) Breckoff, "Zwischenspiel," pp. 144–45.

(50) N. N. Metz, "Heim ins Reich," in *Jahrbuch des Baltischen Deutschtums, 1994*, pp. 131–33.

(51) A. Meyer-Landruth, in Steinhoff et al., eds., *Voices of the Third Reich*, p. 103.

(52) NA RG 238, Nuremberg Doc. No. 2916–PS.

(53) Maschmann, *Account Rendered*, pp. 63–75.

(54) LC/MS, Captured German Records, Reel 490, "Der BDM-Osteinsatz hilft Heimat schaffen."

(55) NA RG 242 T81/277; Frames 397640–962 には東方に派遣された時の経験を義務として記した一連の日記と報告書が含まれており、ここで引用されている。

(56) Maschmann, *Account Rendered*, pp. 126–27.

(57) Ibid., pp. 93–97.

(58) Ibid., pp. 115–17.

(59) Ibid., pp. 81–83.

(60) NA RG 242 T81/277/397 958.

(61) Hermand, *A Hitler Youth in Poland*, p. 82.

(62) Milton and Friedlander, eds., *Archives of the Holocaust*, Vol. 11, BDC, Part 1, Doc.

150, p. 276.

(63) NA RG 242 T81/277, L. Hintz diary, summer 1940.

(64) Maschmann, *Account Rendered*, pp. 119–22.

(65) NA RG 242 T81/277, "Generalbericht vom studentenischen Osteinsatz, 1940–1941," Josef N. report, pp. 124–27, 397, 813–16.

(66) Herbst, *Requiem for a German Past*, Chapter 6.

(67) Maschmann, *Account Rendered*, pp. 130–31.

(68) LC/MS, Captured German Records, Reel 490, "BDM-Osteinsatz," p. 17.

(69) Rempel, *Hitler's Children*, pp. 155–56.

第9章　悪質な血

(1) *DGFP*, Series D, Vol. 7, Doc. 193.

(2) NA RG 59M982 740. 00116/74, Biddle to SecState, 9/19/39.

(3) Sevek Finkelstein and Ben Helfgott, in Martin Gilbert, *The Boys: Triumph over Adversity* (London, 1996), pp. 52–54.

(4) ポーランドにおける行動部隊については、Richard Breitman, *The Architect of Genocide: Himmler and the Final Solution* (New York, 1991), pp. 66–71, および Ian Kershaw, *Hitler, 1936–1945: Nemesis* (New York, 2000), pp. 240–48 を参照せよ。

(5) Polish Ministry of Information, *Black Book of Poland*, p. 134, cited in Richard Lukas, *Forgotten Holocaust: The Poles Under German Occupation, 1939–1944* (Lexington, KY, 1986), p. 3.

(6) Noakes and Pridham, eds., *Nazism*, Vol. 2, Doc. 654, pp. 937–38.

(7) Hilberg, *The Destruction of the European Jews*, p. 75.

(8) ニスコ作戦についての詳細な議論は、Jonny Moser, "Nisko: The First Experiment in Deportation," *Simon Wiesenthal Center Annual* 2 (1985), pp. 1–30 を参照せよ。

(9) *New York Times*, 20 November 1939, p. 6, col. 3.

(10) Ibid., 17 November 1939, p. 7, col. 2.

(11) Noakes and Pridham, eds., *Nazism*, Vol. 2, p. 1054.

(12) NA RG 238, Nuremberg Doc. 2233–PS, undated excerpts from Frank diaries, 10/25–12/15/39.

(13) Noakes and Pridham, eds., *Nazism*, Vol. 2, Docs. 776 and 777, pp. 1057–58.

(14) Ibid., Doc. 655, pp. 938–40.

(15) 共同配給委員会およびそのほかの機関についての詳細な議論は、Yehuda

Bauer, *American Jewry and the Holocaust: The American Jewish Joint Distribution Committee, 1939–1945*（Detroit, 1981）, Chapters 3 and 13 を参照せよ。

(16) Ibid., p. 90.

(17) Leon Harari, "Die Kinderrepublik des Janusz Korczak. Erinnerungen," in *Die Verfolgung von Kindern und Jugendlichen*, Dachauer Hefte No. 9, Dachau, November 1993.

(18) テレージエンシュタット（テレジン）における子どもたちの生活については、Marie Krísková et al., eds., *We Are Children Just the Same: Vedem, the Secret Magazine by the Boys of Terezin*（Philadelphia, 1995）, および Deborah Dwork, *Children with a Star: Jewish Youth in Nazi Europe*（New Haven, CT, 1991）, Chapter 4 を参照せよ。

(19) Niklas Frank, *In the Shadow of the Reich*（New York, 1991）, pp. 136–37, 151–53.

(20) Bauer, *American Jewry and the Holocaust*, pp. 98–99.

(21) 戦争難民委員会の役割についての完全な考察は、David Wyman, *The Abandonment of the Jews: America and the Holocaust, 1941–1945*（New York, 1998）, pp. 280–84 を参照せよ。

(22) Abraham Lewin and Emmanuel Ringelbaum, quoted in Dwork, *Children with a Star*, p. 200.

(23) Sabina Wylot, in Wiktoria Sliwowska, ed., *The Last Eyewitnesses: Children of the Holocaust Speak*（Evanston, IL, 1998）, pp. 144–45.

(24) Dwork, *Children with a Star*, pp. 202–3.

(25) Zygmunt Klukowski, *Diary from the Years of Occupation, 1939–44*（Chicago, 1993）, entry for 23 July 1940, p. 103.

(26) *IMT*, Nuremberg Doc. 2916–PS.

(27) Klukowski, *Diary from the Years of Occupation*, pp. 120–21.

(28) Ibid., pp. 132–33.

(29) Kyril Sosnowski, *The Tragedy of Children Under Nazi Rule*（New York, 1983）, Chapter 5.

(30) NA RG 242 T81/277, Generalbericht vom studentischen Osteinsatz, 1940–41, pp. 201–2.

(31) NA RG 238M894/16, Doc. NO-3089, Conti to Himmler, 3/9/42 and Himmler to Conti, 3/21/42.

(32) NA RG 238M894/15, Doc. NO-1125, "Re Handling of Subsistence Claims of Illegitimate Polish Children Against Their Polish Fathers," Conference at Reich Ministry of Justice, 3/10/43.

(33) Noakes and Pridham, eds., *Nazism*, Vol. 2, p. 979, Doc. 691.

(34) Ibid., p. 933, Doc. 651.

(35) NA RG 238M894/14, Doc. NO-4616, Reichsführer SS to Delegate of the RKFDV, Kattowitz, 10/23/40.

(36) NA RG 238M894/14, Doc. NO-3732, W. Gross, NSDAP, Treatise on the Treatment of Poles and Jews, 11/25/39.

(37) NA RG 238M894/14, Doc. NO-1880, "Reflections on the Treatment of Peoples of Alien Races in the East," 5/15/40.

(38) Noakes and Pridham, eds., *Nazism*, Vol. 2, Doc. 652, pp. 934–35.

(39) NA RG 238M894/15, Doc. NO-1615, Greifelt memo—Regulation 67/I.

(40) NA RG 238M894/15, Doc. NO-5268, Wawelska interrogation.

(41) NA RG 238M894/15, Doc. NO-5251, Suliscz affidavit.

(42) NA RG 238M894/15, Doc. NO-5256, Dzieginska affidavit.

(43) NA RG 238M894/15, Docs. NO-4899–4903, Bukowiecka correspondence.

(44) NA RG 238M894/15, Doc. NO-4945, 11/30/44 and 12/23/44.

(45) NA RG 238M894/15, Docs. NO-5252–5253, Schwakopf and Hammer affidavits.

(46) NA RG 238M894/14, Doc. NO-1669.

(47) NA RG 238M894/15, Doc. NO-5268, Wawelska affidavit.

(48) NA RG 238M894/15, Doc. NO-4822, Heinze-Wisswede affidavit, p. 5.

(49) NA RG 238M894/15, Doc. NO-1616, Regulation 67/I, p. 9.

(50) NA RG 238M894/15, Doc. NO-2793, Bader memo, 12/10/42.

(51) NA RG 238M894/16, Doc. NO-5131, Antczak affidavit.

(52) NA RG 238M894/15, Doc. NO-5229, Hauser affidavit.

(53) NA RG 238M894/15, Doc. NO-4822, Heinze-Wisswede affidavit.

(54) NA RG 238M894/15, Doc. NO-4950.

(55) NA RG 238M894/16, Doc. NO-1387, Ebner to Solmann, 8/25/41, "Report of My Visit to the Orphans from the Banate."

(56) NA RG 238M894/15, Doc. NO-4821, Heinze affidavit.

(57) NA RG 238M894/15, Doc. NO-2870, Bauke to Ebner, 11/5/43; Ebner to Legal Office, 11/16/43.

(58) NA RG 238M894/15, Doc. NO-5251, Sulisz affidavit.

(59) NA RG 238M894/16, Doc. NO-5131, Antczak affidavit.

(60) NA RG 238M894/15, Doc. NO-4821, Heinze affidavit.

(61) NA RG 238M894/16, Doc. NO-3463, Vaclar Hanf, p. 1.

(62) Ibid., pp. 2–3.

(63) UNA-NY, PAG 4/4. 2/81, Cornelia D. Heise, ed., 1 February 1948. UNRRA "History of Child Welfare," Exhibit 5, Fischer to Lodz Office, 12 June 1942.

(64) *New York Times*, 11–13 June 1942.

(65) Edna St. Vincent Millay, *The Murder of Lidice* (New York, 1942), Verse 18, p. 25.

(66) NA RG238M894/15, Doc. NO-435, illegible to Brandt, 13 June 1944; Sosnowski, *The Tragedy of Children Under Nazi Rule*, Annex 54. Data from V. Konopka, *Zde stavaly Lidice* (Prague, 1959).

(67) NA RG 238M894/16, Docs. NO-5470 and NO-5471, Hronik and Kohlicek affidavits.

(68) NA RG 238M894/15, Doc. NO-4173, 6/21/43, and Doc. NO-2218, 5/20/44.

(69) NA RG 238M894/14, Doc. NO-2481, Greifelt to Himmler, 8/2/41.

(70) NA RG 238M894/14, Doc. NO-3938, Himmler Ordinance No. 51, 10/1/41.

(71) NA RG 238M894/14, Doc. NO-2267, Creutz to Himmler, 2/20/42.

(72) NA RG 238M894/15, Doc. NO-5269, Pieskarska interrogation.

(73) NA RG 238M894/14, Doc. NO-2760, Brandt to Baron Oeynhausen, 11/9/44.

(74) NA RG 238M894/14, Doc. NO-2762, Oeynhausen to Brandt, 11/20/44.

(75) Ulrich Herbert, *Hitler's Foreign Workers: Enforced Foreign Labor in Germany Under the Third Reich* (Cambridge, UK, 1997), pp. 28–29.

(76) Ibid., pp. 61–64.

(77) Ibid., pp. 71–79.

(78) Klukowski, *Diary from the Years of Occupation*, 19 May 1940, pp. 86–87.

(79) Herbert, *Hitler's Foreign Workers*, p. 85.

(80) Christoph U. Schmink-Gustavus, *Hungern für Hitler: Erinnerungen polnischer Zwangsarbeiter im Deutschen Reich, 1940–1945*, (Hamburg, 1984) "Julian Nowak. Von Lager zu Lager," pp. 32–68.

(81) Ibid., p. 26.

(82) Ibid., pp. 45–49.

(83) Ibid., pp. 23–24.

(84) Celina Drozdek, "Dorn Meiner Jugend. Erinnerungen an die Zwangsarbeit in der Bremer Jutespinnerei, 1940–1942," in Schmink-Gustavus, *Hungern für Hitler*, pp. 181–214.

(85) Herbert, *Hitler's Foreign Workers*, p. 203.

(86) Henryk Grygiel, "Hungern für Hitler. Erinnerungen an die Zwangsarbeit bei Focke-Wulf," in Schmink-Gustavus, *Hungern für Hitler*, pp. 138–39.

(87) Courtois et al., eds., *The Black Book of Communism*, pp. 366–67.

(88) Irena G. Gross and Jan T. Gross, *War Through Children's Eyes* (Stanford, CA, 1981), Introduction.

(89) N. S. Lebedeva, "The Deportation of the Polish Population to the USSR, 1939–41," in Alfred J. Rieber, ed., *Forced Migration in Central and Eastern Europe, 1939–1950* (London, 2000), p. 30.

(90) Gross and Gross, *War Through Children's Eyes*, p. 21.

(91) Ibid., pp. 24–27.

(92) Lebedeva, "The Deportation of the Polish Population," pp. 31–33.

(93) Gross and Gross, *War Through Children's Eyes*, Doc. 68, p. 156.

(94) Lebedeva, "The Deportation of the Polish Population," pp. 33–34.

(95) Gross and Gross, *War Through Children's Eyes*, Doc. 44, p. 104.

(96) Ibid., Doc. 110, p. 207.

(97) Ibid., Doc. 110, p. 207; Doc. 91, p. 172; Doc. 43, p. 101.

(98) Ibid., Doc. 23, pp. 78–79.

(99) Lebedeva, "The Deportation of the Polish Population," p. 42.

(100) Janka Goldberger, *Stalin's Little Guest* (Chatham, UK, 1988), pp. 18–19.

(101) Gross and Gross, *War Through Children's Eyes*, Doc. 1, pp. 46–48.

(102) Goldberger, *Stalin's Little Guest*, Chapter 4.

(103) Lebedeva, "The Deportation of the Polish Population," p. 35.

(104) Harold Olin, *An Oral History*, Heartland Historical Research Service, 2000, pp. 19–21.

(105) Gross and Gross, *War Through Children's Eyes*, p. 66.

(106) Olin, *An Oral History*, p. 28.

(107) Gross and Gross, *War Through Children's Fyes*, Doc. 8, p. 54.

(108) Olin, *An Oral History*, p. 28.

(109) Gross and Gross, *War Through Children's Eyes*, Doc. 57, p. 123.

(110) Irena Wasilewska, "Note Concerning Children Deported into the USSR," Hoover Institution, PAC, File 266, cited ibid., p. xxiv.

(111) Goldberger, *Stalin's Little Guest*, Chapter 24.